教育人学散论

魏贤超 等著

ZHEJIANG UNIVERSITY PRESS
浙江大学出版社

撰写说明

本书第一章"美育价值的人学反思"由王真撰写,第二章"当代教育的人学反思"由金柏燕撰写,第三章"人、智慧与教育"由邵琪撰写,第四章"大学育人与教学文化"由李侠撰写,第五章"德育人学的教材设计样本"由魏贤超撰写。全书由魏贤超、金柏燕统稿。

前　　言

　　当代中国教育,基于物质基础与技术手段的发展,取得了长足的进步,但也存在着明显的问题。在一定程度上,在当前的教育实践中,"物质导向"已成为一种"现象","技术至上"也呈现为一种"倾向",并可能继续演变为一种"趋势"。在一定意义上,这是一种"见物不见人""目中无人"的教育现象。

　　从理论的角度来看,正如我们在《教育原理散论》《价值教育散论》等论著中多次提出和探讨的,近现代以来,有一种重要的哲学和心理学观点对教育发生着根本性的影响,简要地说,这种观点认为:人与物是一样的。从笛卡儿的"动物是机器"到梅特里的"人是机器",从华生的"行为主义"到斯金纳的"教学机器",共同的观点是:人是物质,是机器,是动物;人和物是一样的。因此,可以用自然科学的还原方法分析人;可以通过条件反射作用训练和塑造人。这种哲学与心理学关于人与教育的论述中人性的缺失,加上作为教育基础的物质与技术发展的影响,使得古代以来的那种还算正常的教育的概念及其实践,从近现代开始,被歪曲地理解和实施为通过条件反射作用来传递(知识、科学、技术、文化)、灌输(道德)、训练(技能、能力)和塑造(行为习惯)的活动和过程。因为人与物被认为是一样的,"物性"取代了人性,从近现代以来,无论是教育实践,还是教育理论,人这一本应站在教育舞台中心的主角,在相当程度上已退居教育舞台的边缘,成为无关紧要的配角。

　　从物质这个基础层面来看,当人类从农业时代走进工业时代并进一步迈向后工业时代时,当人类逐步从实物媒体、模拟媒体时代走向数字媒体时代时,教育的物质、技术和工具基础已经开始并且必然会继续发生根本的改变,有关教育的一系列重大问题将会逐步出现:曾经和仍然被作为教育之主要任务的知识(传递),对于真正的教育来说,是否可能只是沧海之一粟,冰山之露出水面之一角? 在传统的狭义的科技知识之外的情感、态度、价值、审美、文化等,是否更应该和必将成为教育的核心目标? 人类的教育和学习过程应该像迄今为止认为的那样"快"一点(掌握各种科学、技术、知识),还是应该"慢慢来"(人生的展开,生命的成长)? 经过数字媒体的加速,在"文化反哺"或"后喻文化"趋势下,教育者和学习者之间传统的非对称关系被明显颠覆,从而是否可能导致严重的"教育失语"? 未来的物理学、生物学、数字技术以及人工智能技术的发展,是否会因为技术将可以"塑造"人的一切,从而从根本上把教育从人类历史舞台中驱逐出去,或者说,把人从未来"教育"发展的历史舞台中驱逐出去? 教育,这一人类文明发展中最为重要的活动,在未来的人类社会发展中继续存在的依据、基础、价值或魅力究竟在哪里? 人类、人类的教育,是否会遭遇或面临其本身是否应该存在的本体性危机?

　　进入 21 世纪以后,在物质和技术越来越成为社会发展主要力量的背景下,上述现象和问题变得越来越明显和严重。在新的时代,应该以马克思主义人学理论和教育人学观为指导,对由"物质导向"和"技术决定"为主要因素引发的"目中无人"的教育"现象"或"倾向",进行系统和深入的反思。应该明确:在教育中,人是一切工作的出发点、归宿和中心,物质只是教育的基础之一,而不能起导向作用;技术则是教育的手段和工具之一,不应起决定作用。应该探索建立一种"基于物质又超越物质、应用技术又主导技术"的教育,一种"回到人"的教育。在物质空前丰富、技术高度发达的新背景下,要及时反思和预防"物质人""技术人"的目标导向,确保教育坚守"人是目的"的出发点、中心与归宿,发挥教育对人进行"人文化育"的本体价值和根本职能。这就是教育人学所要探讨的重要问题。

目　　录

第一章　美育价值的人学反思

"美育"被正式写入教育方针已过去近二十年,在这期间,美育的理论研究和实践探索都取得了丰硕的成果。但是,在各种复杂因素的影响下,当前的美育面临着一系列困境,其中不乏偏离美育"本真"的情况。我们试图从马克思人学理论的角度剖析和把握美育及其价值困境,立足于"回到人"的立场探讨美育价值的本原、本质,探索美育本真价值的生成理路,促进受教育者得到自由、全面的发展,回归到人的本真状态。

第一节　美育的概念界定

一、国外学者对美育的阐释

1793 年,席勒在《美育书简》中第一次提出了美育的概念,并对美育作出了系统、全面的论述。席勒认为,在他所处的时代,欲求占了统治地位,把堕落了的人性置于它的专制桎梏之下。利益成为时代的伟大偶像,一切力量都要服侍它,一切天才都要拜倒在它的脚下。在这个拙劣的天平下,艺术的精神贡献毫无分量,它得不到任何鼓励,从而消失在该世纪嘈杂的市场中。[1] 在席勒看来,要改变这一现状,只有通过美育。他说,只有美的观念才使人成为整体。[2] 那么,什么是美育呢? 席勒说,有促进健康的教育,有促进认识的教育,有促进道德的教育,还有促进鉴赏力和

---

[1]　席勒.美育书简[M].徐恒醇,译.北京:社会科学文献出版社,2016:29.

[2]　同[1]209.

美的教育。这种促进鉴赏力和美的教育就是美育。这种教育的目的是培养人们的感性和精神力量达到尽可能整体的和谐。① 可以发现，席勒认为美育是一种感性教育，是使人从感性的人过渡到理性的人的中间桥梁，美育的目的在于使人成为完整的人，恢复人的自然本性，去往自由的王国。席勒对美育作出的定义具有深远的影响。通过翻阅马克思的论述，可以发现马克思与席勒对于美和美育的看法的一致之处。马克思尤其赞同席勒关于大机器生产扭曲和物化人性的观点。在大机器生产的背景下，现代的人出现了分裂。他耳朵里听到的永远只是他推动的那个齿轮发出的单调乏味的嘈杂声，他永远不能发展他本质的和谐。他不是把人性印在他的天性上，而是仅仅变成他的职业和他的专门知识的标志。② 想要恢复人的本质，有必要通过艺术的手段，在审美的游戏中获得自由，恢复人性。

与席勒差不多同时代的教育家裴斯泰洛齐继承和发展了卢梭的美育思想，也对美育作出了论述。卢梭认为，一个人的审美能力取决于其感受力，这种感受力要在后天形成和培养。因此，人们要到自然和社会中认识和鉴赏美，充实自己的生活。受卢梭的影响，裴斯泰洛齐也很重视自然美，并将其与培育人的道德感联系起来。他说，美育是牵着自然之手的艺术，把我们提高到真理和智慧的高度。③ 德国教育家赫尔巴特则在吸收了裴斯泰洛齐的教育思想和德国哲学思想的基础上，阐明了他对美育的理解。赫尔巴特在《论世界的美的启示为教育的主要工作》中说，教育的唯一工作与全部工作可以总结在这一概念之中——道德。道德普遍地被认为是人类的最高目的，因此也是教育的最高目的。④ 可见，赫尔巴特认为教育的目的是培养具有完美德性的人，美育也是服务于这一目的的。在赫尔巴特看来，美育就是使人们的心灵和行为都能够自由自主地服从于道德的要求。不难发现，裴斯泰洛齐和赫尔巴特对美育的认识，更接近

①　席勒.美育书简[M].徐恒醇，译.北京：社会科学文献出版社，2016：144.

②　同①48.

③　裴斯泰洛齐.裴斯泰洛齐教育论著选[M].夏之莲，译.北京：人民教育出版社，2001：346.

④　戴本博.外国教育史：中卷[M].北京：人民教育出版社，1990：249.

于把美育看作一种道德情感教育,这一认识或可上溯至古希腊时期。古希腊时期的人们把美育当作陶冶心灵的教育,这一观点至今仍有一定的影响。

黑格尔也对美育作出了较为重要的论述。黑格尔一方面重视席勒的美育思想,认为艺术接近人们的感觉和情感;另一方面,不同于席勒的是,黑格尔认为艺术是与绝对真理联系着的。他说,艺术并不是一种单纯的娱乐、效用或游戏的勾当,而是要把精神从有限世界的内容和形式的束缚中解放出来,要使绝对真理显现和寄托于感性显现。① 因此,美育实际上是一种艺术教育,这一看法深刻地影响了美育的发展。19世纪美国教育家哈里斯(W. Harris)就继承和发展了黑格尔的观点。他认为,道德、宗教与审美是密不可分的,艺术风格与宗教理想是相互联系的。② 艺术就是人类接近神——或者说绝对真理——的一种途径。因为艺术有这样重要的含义,学校需要教给人们欣赏美的能力。哈里斯认为,艺术教育的目标,是培养学生对美的热爱和创造美的事物的能力。

同样在19世纪,英国的拉斯金(J. Ruskin)接受和改造了英国传统经验主义美学思想。他说,艺术的本质是美,而美的本质则在于它对感官的吸引力。拉斯金认为美育是艺术教育。他认为,创造艺术和对艺术的反映涉及两个方面,即创造力和感知力。获得创造力的人可谓凤毛麟角,因为它是上帝的恩赐。相比之下,感知力是可教授的。艺术教育的功用在于帮助个体感知物质世界中上帝造物的美。③ 即是说,美育是培养学生感受美的能力。

哈里斯和拉斯金关于美育概念的论述虽然有细微的区别,但他们都将美育视为艺术教育。随着学校教育的普及,艺术教育成为学校人文教育的重要组成部分,今天西方国家的美育大多延续了这一认识。

必须补充的是,19世纪之后,俄国的美育思想受到马克思主义哲学思想和俄国革命进程的影响,他们对美育的认识有别于英美等国家。车

---

① 黑格尔.美学:第3卷下[M].朱光潜,译.北京:商务印书馆,2006:335.
② 艾夫兰.西方艺术教育史[M].邢莉,常宁生,译.成都:四川人民出版社,2000:170.
③ 同②173.

尔尼雪夫斯基认为美是生活，文学是"生活的教科书"，美育就是用这本教科书培养具有"广博的知识、思考的习惯以及感情的崇高"的新人，去为"本该如此"的美好生活作斗争。① 乌申斯基（K. Ushinsky）则认为，美育要培养人的审美能力，这种审美能力不是源于审美的享受、消遣，或者将艺术作为谋利的工具，而是与劳动紧密联系着的。艺术欣赏这种高尚的享受要充分和持久，就要靠劳动来换取，与劳动发生活生生的联系。② 有了审美能力作基础，美育才能够培养和发展人的感知、情感、想象、理解等综合心理能力。美育是一种"智慧"的教育，对于全面提高人的科学、文化、道德素质，培养"完美的人"，有着智育、德育、体育所不可替代的作用。③ 俄国革命时期学者对美育的看法，对苏联教育家关于美育的定义产生了较大影响。举例来说，苏霍姆林斯基称美育为情感教育。美育是通过感受美，触动学生的心灵，唤醒他们的良知，从而发展人的情感。苏霍姆林斯基说，美育是教会孩子从周围世界的美中看到精神的高尚、善良、真挚，并以此为基础确立自身的美，成为美好的人。④ 可见，在俄国学者看来，美育是情感教育，其目的是培养完整的人。

总的来说，在西方，从古希腊时期人们将美育视为德育的手段，到近代席勒将美育视为感性教育，再到现代西方学者认为美育是艺术教育。可见，西方学者对美育的定义是随着哲学、美学的发展而不断发展的。这些发展是在吸收了原有认识的基础上，不断产生的新认识。如果缺少前一个阶段的理论研究成果，那么就不会产生后一个阶段对美育概念的新看法。因此，在当代西方学界，对美育的定义存在一种较为主流的认识，那就是将美育视为一种艺术教育，美育是为了培养受教育者感受和欣赏美的能力，是人文教育的重要组成部分。与西方相比，目前我国学界对美育概念的看法较为多样。

---

① 车尔尼雪夫斯基.车尔尼雪夫斯基论文学：下卷[M].辛未艾，译.上海：上海译文出版社，1982：163.

② 陈育德.西方美育思想简史[M].合肥：安徽教育出版社，1998：250.

③ 乌申斯基.人是教育的对象[M].李子卓，译.北京：科学出版社，1959：367.

④ 苏霍姆林斯基.苏霍姆林斯基论美育[M].李范，编.长沙：湖南人民出版社，1984：7.

二、国内学者对美育的阐释

在近代,美育思想传入中国,创造"美育"一词的席勒及其思想受到了广泛的重视,美育研究迅速发展起来。王国维在《论教育之宗旨》中提出,完全之人物不可不备真、善、美之三德⋯⋯教育亦分三部:智育、德育、美育是也。[①] 蔡元培也认为,美育要完全独立,才可以保有它的地位。[②] 在蔡元培、王国维等人的大力倡导下,美育的独立价值得到了普遍认同。朱光潜认为美育价值在于"造就全人",使人的真、善、美的需要都得到满足,他认为美育叫人创造艺术,欣赏艺术与自然,在人生世相中寻出丰富的兴趣。[③] 随着马克思主义在中国的传播,美育理论得到了进一步发展,马克思主义教育研究者也十分重视美育的独立价值。杨贤江认为,从人生目的上看真、善、美的自身,都是同等的为社会文化而为我们心身所要求的;所以"美"自有它独立存在的价值,绝不是为了别种方便才有价值。[④] 新中国成立后,虽然美育一度被取消,但学界并未因此完全否定美育的价值。例如黄济先生在1982年出版的《教育哲学初稿》中,不仅系统梳理了对美的本质的争论,指出了美育的意义和任务,还明确呼吁恢复美育的地位,称其为"一项刻不容缓的任务"[⑤]。在美育学科地位得到恢复之后,有关美育价值的研究大多较为系统和深入地肯定了美育的独立价值。学者们普遍认为,美育是教育学体系中必不可少的组成部分。

目前,我国对美育的定义主要有感性教育说、情感教育说、人格教育说、娱乐教育说、审美教育说、艺术教育说和美学教育说等。

(一)感性教育说

从字面来看,感性教育说是从美育的英文名称"Aesthetic Education"直译而来。这一认识来源于席勒的美育思想。美育是感性教育,就

---

① 王国维.王国维文集:第3卷[M].北京:中国文史出版社,1997:7.
② 蔡元培.蔡元培全集:第7卷[M].杭州:浙江教育出版社,1997:377.
③ 朱光潜.朱光潜全集:第4卷[M].合肥:安徽教育出版社,1987:145.
④ 杨贤江.杨贤江全集:第1卷[M].郑州:河南教育出版社,1995:303.
⑤ 黄济.教育哲学初稿[M].北京:北京师范大学出版社,1982:166.

是指对人的感性方面进行教育。这里的感性,不是心理学意义上的感性,而是哲学意义上与理性相对的感性概念,具有较强的思辨色彩。王岳川从西方美育思想的角度出发,阐释了美育为什么是感性教育。他说,只有感性的审美解放,才能使经济人、社会人向审美人超越。[①] 在他看来,作为一种感性教育,美育可以唤醒一个处于麻木状态的人,使之成为真正意义上的审美的人。这一认识是从席勒那里继承和发展而来的。席勒认为,人们应该借由审美,从必然王国走向自由王国。王岳川的感性教育说有一定的合理之处,但在20世纪90年代,中国全面推行以经济建设为中心的国家战略之后,感性教育说一度较为沉寂。进入21世纪后,以杜卫为代表的许多学者进一步深化了感性教育说。

杜卫认为,感性教育是美育的本质,其宗旨是保持人的感性自发性,保护生命的活泼和原创力,维护人与自然之间天然的、肉体化的联系;其本义是感性教育,就是在理性教育的同时,对人的感性方面,如感知、想象、情感、知觉乃至无意识等进行教育。[②] 这段话中的"感性"具有丰富的内涵,不只是限于抽象的、思辨的内容,而且可以具体到人的知觉、情感。用杜卫的话说,"感性"是一种贯通了肉体和精神的个体性概念。这里的感性教育说,是用触发人的感性、感觉、情感等非理性的那些方面来定义美育,将美育的最终目的概括为发展人的感性。从学科建设的意义上讲,感性教育说一方面是将美育回归、还原到最初鲍姆嘉通对美学的定义,去追寻、探索美育的意义;另一方面,感性教育说又超越了感性教育的原本含义,将美育置于当下的社会历史背景之中,试图采用感性体验的方式,将感性涉及的知觉、想象等诸多方面,统摄于美育之中,借此弥补理性教育的不足。

(二)情感教育说

自美育一词传入中国以来,情感教育说是在美育的概念界定中较为主流的一种认识。王国维、蔡元培等学者都认为美育是一种情感教育。蔡元培曾明确指出,美育的目的就是陶养情感。王国维也说,美育者,一

[①]　王岳川.美育本体论[J].人民音乐,1987(3):6-7.

[②]　杜卫.美育论[M].北京:教育科学出版社,2000:54.

面使人之感情发达，以臻完美之域，一面又为德育和知育之手段，此又为教育者所不可不留意也。① 他们将美育视为情感教育，主要是受到西方哲学中将人的心理划分为"知—意—情"结构的影响。

在当代，以曾繁仁教授为代表的许多学者，也把美育看作情感教育。曾繁仁在《试论美育的本质》中明确指出，美育就是情感教育。② 在他看来，情感教育有两层含义，一是美育主要是对人的情感领域起作用，二是人的审美判断本身是一种判断力，具有丰富的内涵，不是绝对的感性的盲目。那么，什么是审美判断呢？曾繁仁在前人关于情感教育论述的基础上，结合马克思主义美学观，给出了审美判断的定义。他说，美感经验是人类艺术地掌握现实的一种特殊的能力，即审美判断的能力。作为情感教育的美育，就是培养受教育者的情感判断力。③ 在后来出版的《审美教育新论》中，曾繁仁进一步将情感教育规定为一种非功利的、非认识的，以自由和创造力为特征的情感教育。④ 这种审美情感是心灵涌现出的一种无功利的、观照的情感，与道德情感存在一定的区别。用曾繁仁的话说，审美情感只是为了满足人的情感需求。情感教育说明确地区分了教育中的德育与美育，保证了美育的独立性，目前在国内学界影响较大。

（三）人格教育说

美育是培养高尚人格的教育这一观点，在西方教育史中具有较为悠久的历史，对我国学界也产生了不小的影响。柏拉图认为，人格的养成要从和谐的艺术教育入手，从小受到艺术美滋养的人，"性格也会变得高尚优美"。⑤ 柏拉图的这一观点，是完善人格说观点的重要来源。自古希腊先贤开始到康德、席勒，再到近现代的思想家，都肯定了美对人、对人的生活的积极作用，认为美育有利于完善人格。在当代，不少学者赞同这一看法，把美育视为一种人格教育。仇春霖教授说，美育的本质，美育的意义，

---

① 王国维. 论教育之宗旨[M]//舒新城. 中国近代教育史资料：下册. 北京：人民教育出版社，1961：108.

② 曾繁仁. 试论美育的本质[J]. 文史哲，1985(1)：53-60.

③ 同②.

④ 曾繁仁，高旭东. 审美教育新论[M]. 北京：北京大学出版社，1997：123.

⑤ 柏拉图. 柏拉图文艺对话集[M]. 朱光潜，译. 北京：商务印书馆，2013：60.

美育的目的,席勒和黑格尔都说得比较清楚了,所以我们说美育是人类认识世界并按照美的规律去改造客观世界和主观世界的一种手段。通过美育,不仅培养人们的审美能力,其终极目的还在于审美人格的塑造,在于美化人类自身。[①] 蒋冰海教授也持这一看法,他认为,美育就是运用人类社会所创造的一切美,通过陶冶情操,使人具有一颗丰富而充实的心灵,并渗透到整个内心世界与生活中去,形成一种自由的人格力量。因此,美育的本质在于全面地培养人,这也可以说是美育的灵魂。[②] 人格教育说从美育对个体的价值的角度出发来界定美育,将美育的目标总结为个体的全面和自由的发展,体现了美育的人文性和理想性。

(四)娱乐教育说

持娱乐教育说的学者认为,美育是娱乐教育。美育必须具有寓教于乐的性质,在快乐中陶养、教化受教育者。如果是强制的、不愉快的美育,那么这种美育不能说是真正的美育。蒋孔阳指出,美育应该是非常愉快的,不仅用不着强制或勉强,而且应该是心甘情愿、乐而忘返的。[③] 这是因为,审美活动作为一种认识活动,应该是无功利的,能够带给人精神上的自由,所以美育应当让人感受到无功利的快乐。就像席勒所说的那样,审美活动所得到的乐趣与"游戏"的乐趣相似,人们只有处于快乐的、忘我的状态时,才能够自由地发挥自己的才华,品格得到升华,作为人的本真的一面才能够自由而充分地表现出来。娱乐教育说是对刻板化、抽象化美育的一次反拨,这一观点明确区别了美育与德育、智育和体育之间的不同之处,肯定了美育对恢复人的本真状态的作用,有一定的影响。

(五)审美教育说

审美教育又称为美感教育。审美教育说是一种影响力很大的观点,这一观点的代表人物是朱光潜。朱光潜认为美是主客观的统一。在这个前提下,他提出美育主要是一种美感教育。所谓的美感,是人们进行审美活动时,美的形象作用于人的心理而产生的审美体验。朱光潜认为,美育

---

① 仇春霖.大学美育[M].北京:高等教育出版社,1997:13.
② 蒋冰海.美育学导论[M].上海:上海人民出版社,2001:8.
③ 蒋孔阳.美学原理[M].北京:中央民族大学出版社,2005:221.

就是引导受教育者通过美感的获得，超越世俗和功利，最终获得高尚的人格与人性的解放。很多学者赞同这一观点。例如，王道俊、王汉澜编写的《教育学》一书就指出，美育又称审美教育，是运用艺术美、自然美和社会生活美培养受教育者正确的审美观点和感受美、鉴赏美、创造美的能力的教育。审美教育说将自然美、艺术美和社会生活美都划入了美的范畴之中，突显了审美这一美育的重要特征。

（六）艺术教育说

艺术教育说也是一种较有影响力的观点。受到西方艺术教育思想的影响，一些学者认为美育可以等同于艺术教育。这种认识在美育实践中表现得尤为明显。提及美育，大多数人往往将其与音乐、美术等艺术课程联系起来。艺术教育说，就是看到了美育与艺术教育之间密切的联系。艺术是美的集中体现，用黑格尔的话说，艺术美是美的典型。艺术美具有普遍性的美的价值。艺术教育说的观点在美育实践中较为常见。

（七）美学教育说

这一看法在当代美育概念论争中提及较少，但为了更全面地说明人们对于美育概念的界定，也作一介绍。有学者认为，美育是美学理论在教育实践中的应用。这一表述是根据理论与实践相结合的方法论来界定美育的概念。李田教授在《美育，是"美学方面的教育"》一文中就提到了"美学"即是指美育活动的观点。这里的"美学方面"的提法，是将美育、美学、教育三者合为一体。为什么美学教育的提法，是将美育所涉及的复杂内容合为一体呢？李田进一步解释说，美学是对美育内容和方式的规定，教育则是对美育时间方面和环境条件的规定。可见，所谓的美学教育，就是将美学视为理论环节，将教育视为实践活动，二者合为美育，即美学方面的教育。① 美学教育说分析了美学和教育对美育分别起到什么样的作用，有一定的意义。

可以说，学者们对美育所作出的不同定义，是分别从不同的角度切入的。感性教育说与情感教育说在一定程度上看是相似的，学者们都看到了美育区别于德育、智育、体育的较为重要的特点，那就是美育重视人的

---

① 李田.美育，是"美学方面的教育"[J].教育研究,1990(11):67-72.

体验、感性与情感。娱乐教育说、审美教育说与美学教育说更多的是从美学的角度,规定了美育的任务,界定了美育的概念。艺术教育说从美育的实践角度界定了美育的概念。这些看法均有一定的道理,丰富了美育的内涵,值得深入学习和思考。

我们认为,美育是教育者在教育过程中,有目的、有计划、有组织地丰富受教育者的感性体验,培养受教育者的审美能力和艺术创造力,进而升华受教育者的情感,完善受教育者的人格,以此促进受教育者感知和获得自身的存在价值,得到自由、全面的发展。

在这个定义中,"教育过程"是指艺术教育和其他可能具有美育功能的教育。虽然并非在一切教育活动中都有美育因素,具有美育的功能,但不能忽略德育、智育和体育中时常出现的美育因素。例如,在德育课程中,教育者经常使用图片,帮助受教育者理解较为抽象的道德。在这个过程中,图片中生动的形象,无形中带给了受教育者审美的体验,这也是一种美育。

在美育教育的过程中,教育者是有目的、有计划、有组织地进行美育,而不是无目的、无计划、随意地进行美育。美本身就有一定的教育作用。例如,一些油画清楚地描绘了行星的运行轨迹,是用艺术手法表现自然科学知识。美既带给人丰富的感性体验,也给了人丰富的知识和营养。但美的教育性本身是无目的、无计划、较为随机的,不能说欣赏美和创造美可以等同于美育。美育是教育者有目的、有计划、有组织地在教育活动中实施的,具有预设的教育目的和目标。这是美和美育之间的重要区别,也是界定美育概念时不可忽略的一点。

美育丰富受教育者的感性体验,培养受教育者认识美和创造美的能力。这是美育与德育、智育和体育之间非常重要的区别。不论是艺术美、自然美还是社会美,人在感知、接触美的事物的时候,首先获得的是一种感性的体验,而不是理性的认识。这种感性体验是美育的起点。没有感性体验,就不能说人是在进行审美活动。这里的感性体验,是一种主客观相统一的认识。仅仅丰富受教育者的感性体验还不够,美育还需培养受教育者认识美和创造美的能力。这是因为,美归根结底是社会实践的产物,是人使用工具对物质世界的改造。在感性体验之后,受教育者应当学会进行审美判断,学会对物质世界进行美的改造和创造。要认识美和创造美,不是仅凭感觉器官和感性就能实现的,还需结合人的理性。在这一过程中,受教育者不仅能综合运用过去所拥有的经验、知识等,还能够学习新的经验、知识等,获得新的体验,使情感得到升华、人格得到完善。而在这个对物质世界的认识和改造的过程中,受教育者不断地通过实践回到一种本真的状态,获得自由、全面的发展。当然,这一对美育概念的界定在未来还需进一步完善。

新中国成立后,教育领域虽然经历了一些波折,但总体上是较为重视美育的,中国美育正式从传统步入现代。新中国成立后所颁布的各种相关的教育政策文件中大多提及了美育。1952年中央人民政府公布的《中学暂行规程(草案)》中规定,中学应对学生实施智育、德育、体育、美育等方面发展的教育。教育应陶冶学生的审美观念,并启发他们的艺术创造力。① 在《小学暂行规程(草案)》总则中提出,小学要实施德育、智育、体育、美育全面发展的教育。该规程特别指出,美育应使儿童具有爱美的观念和欣赏艺术的初步能力。② 这是继1912年蔡元培第一次正式提出美育的实施方案之后,中国教育部门正式把美育确定为全面发展教育的有机组成部分。1956年,教育部公布了各级各类学校的美育方案。1990年以后,美育被写入教育方针中,与智育、德育和体育居于同等重要的地位,是素质教育的重要组成部分。可见,从新中国成立至今,现代美育得到了普遍的推广和长足的发展。但必须承认的是,当代中国的美育仍面临着一些困境。

当代中国处于一个复杂多变的环境之中。传统的中国文明和现代的西方文明发生了直接碰撞,两种文明尖锐对立,引发了两种不同价值之间的冲突。现在这种复杂多变的环境,是中国自身的传统文明与现代文明、中国文明与其他国家和地区的文明之间的价值对话与冲突不断交织的环境。复杂多变的社会环境引发了种种价值问题或者困境,其中也包括美

---

① 中国教育年鉴编辑部.中国教育年鉴(1949—1981)[M].北京:中国大百科全书出版社,1984:729.

② 同①727.

育。在这种情况下，一方面，如果按历史发展阶段，将新文化运动之后的中国美育作一时间上的划分，可能会有所遗漏，不能完整、通盘地考虑整体的价值状况。因为在当代中国美育的发展历程中，前一阶段代表性的价值困境日益突显之时，已经埋下了后一阶段价值困境的种子；而后一阶段的价值困境逐渐暴露之时，前一阶段的代表性的价值困境并未就此消失，而是仍然呈现在美育的复杂现状中，甚至在一些情况下仍是主要的价值困境。另一方面，分析当下中国的美育价值问题，又必须将其与时间的发展顺序联系起来，才能较为准确地把握其中的因果关系。如果孤立地对待现有的某个问题，难免出现环节上的缺失，使最终的结论缺乏说服力。在综合考虑之后，这里将以美育恢复一级学科地位为时间起点，以逻辑为主要线索，分析当代美育的功利化、工具化倾向，尝试分析现代中国美育困境产生的根源。

第二节　美育价值的工具化倾向

美育价值的工具化主要表现为两种倾向：一种较为间接，表现为将美育视为德育、智育或体育的工具，忽视了美育自身的独立价值；另一种则比较直接，将美育直接作为谋利、谋生的工具。下文将对这两种倾向展开详细的分析。

一、美育作为德育、智育或体育的工具

美育被正式写入教育方针，恢复了一级学科地位后，作为教育的有机组成部分，越来越受到重视。1994 年，国务院发布的《关于〈中国教育改革和发展纲要〉的实施意见》指出，"中小学的美育对全面提高学生素质、陶冶学生情操、培养全面发展人才具有重要作用，应当切实加强"①。1999 年，中共中央、国务院《关于深化教育改革全面推进素质教育的决

---

① 国务院法制办公室.中华人民共和国法规汇编(1993—1994)：第 11 卷[M].北京：中国法制出版社,2005：745.

定》指出,"美育不仅能陶冶情操、提高素养,而且有助于开发智力,对于促进学生全面发展具有不可替代的作用"①。在现实中,美育也得到了普遍的实施。但是,美育也时常成为德育、智育或体育的工具,其自身的独立价值被相对忽视。总体上看,人们虽然认识到了美育的价值,但更强调美育对德育、智育、体育的促进作用,特别是对德育的促进作用。

(一)美育作为德育的工具

在现实中,美育作为德育的工具的现象仍然存在。德育有广义与狭义之分。广义的德育包括政治教育、道德教育和基本思想观点教育。鲁洁教授认为,广义的德育是按一定的社会要求,有目的、有计划地对受教育者心理上施加影响,以培养教育者所期望的思想品德。② 狭义的德育则专指道德教育,是让受教育者形成一定的道德意识与道德行为的教育。我们这里所涉及的德育主要是指狭义的德育。客观地说,德育与美育之间既有联系又有区别。

德育和美育有一定的内在联系。首先,美和善具有内在的、必然的联系。许多学者曾对美与善的关系作出较为经典的论述,如:夏夫兹博里认为审美和道德在根本上是相通的,康德曾说美是道德的象征,苏霍姆林斯基认为美是道德纯洁的强大源泉,等等。美和善的确具有一定的相似性。从生理学的角度来看,人们是通过大脑和感觉系统来认识美和善的,两者具有相同的生理基础。从心理学的角度看,人们是在感觉、直觉、想象、情感活动、理解等心理活动的协同作用下,对美和善作出美与丑、好与坏的判断,两者具有类似的心理活动过程。从价值的角度来看,美与善虽然分属于不同的价值范畴,但是都满足了人们一定的需要,在实践中实现主体对客体的认识,两者具有内在结构上的相似性。从美与善的历史发生过程来看,美与善都是随着人们认识和改造世界的发展而不断丰富的。正因为美和善具有内在的相似性,而美和善又分别构成了美育和德育的内涵,所以美育和德育也有一定的相似之处。

---

① 何东昌.中华人民共和国重要教育文献(1998—2002)[M].海口:海南出版社,2003:286.

② 鲁洁.教育学[M].南京:河海大学出版社,1998:143.

其次,美育和德育在教育过程中也具有相似性。一般来说,德育的培养过程是由培养人的道德认知、道德情感、道德意志和道德行为四个环节组成;美育则是以感性为起点,使受教育者体验美、认识美和创造美。在人的感受、认识、理解和行动的心理阶段,美育和德育都具有交叉、重合之处。

最后,美育与德育在教育目标上是一致的。美育和德育都是教育的重要组成部分,其教育目的在根本上是一致的,即培养自由、全面发展的人。

总而言之,由于美育与德育的密切联系,在很多情况下,美育与德育能够相互促进、相互依存。一方面,人们经常通过生动、活跃的审美形象,促进受教育者理解和接受社会道德,潜移默化地受到道德教育。我国现代著名艺术家丰子恺先生曾回忆说:他在儿时曾唱过一首《励学歌》,唱到"亚东大陆将沉没"一句,"惊心跳胆,觉得脚底下这块土地果真要沉下去似的","所以我现在每逢唱到这首歌,无论何等逸乐、何等放荡、何等昏迷、何等冥顽的时候,也警惕起来,振作起来,体验到儿时纯正刚烈的爱国的心情"。① 这个例子清楚地说明,美育能够对人产生较为强烈的道德感化作用。另一方面,德育也能促进美育的实施。其一,良好的德育能够促进人们树立正确的审美观,如黄济先生所言,"没有正确的审美观,不仅谈不上欣赏,也不可能有正确的美的创造"②;其二,美育的教育内容主要包括自然美、艺术美和社会美,所谓社会美,在很多情况下是指人性的光辉,道德"善"的美,可以说,道德"善"是美育的重要内容,侧面反映出德育对美育的促进作用。

但是,美育与德育也有一定的区别。首先,美与善在本质上存在着区别。就评价标准而言,一般来说,善的评价标准与社会伦理规则、个人利益紧密联系,而美的评价标准通常与利益、欲望无关,只关乎愉快或不愉快。狮子在看到或听到一只鹿的时候感到愉悦,是因为这意味着一顿佳肴,而人却通过其他感觉体验到愉悦,产生感性印象的和谐。从艺术创作

---

① 杜卫.试论丰子恺的美育思想[J].浙江师范学院学报(社会科学版),1984(3):34-40.

② 黄济.美和美育[M]//成有信,编.教育学原理.开封:河南教育出版社,1993:380.

的角度来说,美与善的不同就更为明显,造就好人的善良意志不能造就一个艺术家。① 从心理学的角度来看,人既有美的需要,也有道德的需要,两种需要并行不悖,道德经验不能等同于审美经验。其次,美育和德育的内容也有一定的区别。德育的内容主要是围绕个体与他人、个人与社会之间的关系展开,较少涉及人与自然的关系;而自然美是美育的重要内容之一,欣赏自然美可以带给人们丰富的审美感受和审美经验。再次,德育和美育的功能也有区别,两者是从不同的角度影响和塑造人的。叶朗认为,德育主要作用于人的意识、理性的层面,而美育主要作用于人的感性、情感的层面。② 叶朗的看法有一定的道理。德育是按照一定的道德伦理规则来规范、调整人的行为的,从某种意义上说,是促进个体社会化的重要方式;美育则是培养受教育者感受美、认识美和创造美的能力,使人的情感得到解放和升华,通过协调人的感性和理性来完善自我。苏霍姆林斯基曾说,美是一面镜子,你在这面镜子里可以照见你自己,从而对自己采取这样或那样的态度。③ 可见德育和美育在目的上有区别。最后,美育和德育在教育方式上也有不同之处。德育主要是采用动之以情、晓之以理的方式,运用概念、判断、逻辑对受教育者施加影响,促进受教育者形成预定的德育目标。与德育不同,形象在美育的领域中占着主要的地位,美育主要是以感性形象来感染、丰富受教育者的审美体验和情感体验,陶冶受教育者的情操,对其产生潜移默化的影响。

　　正因为美育和德育既有密切的联系,又有显著的区别,从理论上说,加强美育和德育的联系,合理地将美育渗透于德育、德育渗透于美育,能够促进人的自由、全面发展。实际上,许多教育者的确有意识、有目的地在美育课堂上渗入德育的因素,取得了较好的效果。在一次非正式访谈中,一位小学教师表示,自己在美术课件中有意设置了一个儿童不小心丢掉绘画工具的小环节,结果课堂上有 90% 的学生提出要主动帮助该儿童

---

① 朱光潜.文艺心理学[M].上海:复旦大学出版社,2009:98.
② 叶朗.德育不能包括美育[J].中国音乐教育,1997(4):41.
③ 苏霍姆林斯基.给教师的建议:上册[M].杜殿坤,编译.北京:教育科学出版社,1980:166.

捡起绘画工具。类似的例子在实际的美育教学工作中并不少见,受教育者既能够受到美的熏陶,也能够形成道德品质。但是,机械、生硬地"以德育代美育"的情况也时有发生。许多学生认为美育很有必要,但实际上课的时候,学生对美育的兴趣并不高。美育教材所选用的经典艺术作品,本是人类文化的精华,但在课堂上为了提高效率,不少教师选择压缩或者省去学生欣赏艺术作品的时间,直接讲述作品表达的主旨,使美育课程空洞而乏味。例如,在对一位中学美术教师的非正式访谈中,该教师展示了他的一节美术课教案,课程内容主要是学习毕加索的抽象画《格尔尼卡》,包括如下几个环节:(1)导入,用时5分钟,用投影仪观赏画作;(2)内容分析,用时15分钟,教师介绍画作,启发学生思考画家的创作意图;(3)深入分析,用时15分钟,教师分析画作是如何通过细节表达反对战争的主题的;(4)小结,用时5分钟,教师总结,引导学生热爱祖国、渴望和平、反对战争。从这份教案来看,教师仅留出课堂开始时的5分钟用来欣赏画作,剩下的时间多为"灌输式"的教学,通过讲解画作蕴含的反战精神,引导学生深化爱好和平、反对战争的观念。由于欣赏时间过短,而抽象画理解起来较为复杂,学生可能难以从自己的直观感受中获得美感,更多的是被动接受教师的讲解,其感受和欣赏美的能力没有得到充分的提升。这位教师还表示,这一节课是准备得较为充分的美术课。他坦言,有时候美术课"就是上上德育课,剩下的时间让学生画画"。这位中学美术教师所说的现象,在基础教育中并不罕见,由于大部分学校的美术课课时安排少,教学内容多,大部分课上是由教师直接讲述画作的思想主题。甚至有一些教师认为,美育从属于德育。于是在实际教学中,美育时常成为德育的工具,而美育自身的目的、价值受到了一定程度的忽视。

(二)美育作为智育的工具

美育作为智育的工具的现象也较为广泛地存在。智育和美育有很大的不同。从概念上看,智育是指有目的、有计划、有组织地向受教育者传授系统的科学文化知识和技能,主要发展受教育者的逻辑思维能力和认知能力,养成受教育者追求真理的精神。智育更侧重于发展人的理性。而美育是有目的、有计划、有组织地培养受教育者感受美、认识美和欣赏美的能力,陶冶受教育者的情操,完善受教育者的人格。美育更侧重于发展人的感性。从教学过程来看,智育与美育的区别更为明显。在现代教育中,智育是以个体的认知心理规律为主要依据,课程内容一般是按照现代科学的知识与技能体系组织起来的,主要依靠受教育者的逻辑思维能力来学习。美育以个体的审美规律为主要依据,一般是通过历史上感性形象的发展演变来形成体系组织的,主要依靠受教育者的感性认识来学习。

　　虽然智育和美育有很大的区别,但是二者也有一定的联系。首先,美与真有一定的联系。许多哲学家对此有过很好的论述。亚里士多德认为,美在事物本身之中,在事物的"秩序、匀称与明确"的形式方面。他肯定了美的形式、比例。虽然亚里士多德没有明确地把真与美联系起来,但他试图从客观事物中找出美的规律,其本质是用"真"来解释"美",认为二者是一致的。亚里士多德的这一观点在后世得到了普遍的认可。黑格尔认为,美的外部表现、感性形式,也就是亚里士多德所言的"线条、形式、比例"等,是绝对理念的感性显现。可以说,黑格尔把美与真从根源上建立起了联系。海德格尔则认为,美是真理作为无蔽而发生的方式之一。伽达默尔继承和发展了海德格尔的观点。他说,美学是一种在艺术之镜里反映出来的世界观的历史,即真理的历史……在艺术经验本身中为真理的认识进行辩护这一任务在原则上得到了承认。① 我们赞同这些学者的认识,美与真具有一定的联系,美之中蕴含了真。其次,智育中天然地包含着美育的因素。蔡元培说,各学科无不于智育作用中,含有美育之原素。② 例如,在生物课上,受教育者通过观察自然界的动植物,会发现其中蕴含着自然美,能够引发受教育者的美感;在历史课上,受教育者除了学习人类历史的起源与发展,还能感受到人类伟大的艺术成就和崇高精神,这也是美育的内容。再次,美育中也包含着智育的因素。对于受教育者而言,一定的知识和技能可以促进受教育者更好地理解和创作艺术作品。对于教育者而言,实施美育除了需要具备一定的审美能力和创作能力,还要掌握大量的美学、心理学和教育学等知识,否则美育无法正常、顺

---

① 伽达默尔.美的现实性[M].张志扬,译.北京:生活·读书·新知三联书店,1991:7.
② 蔡元培.美育[M]//沈善洪,编.蔡元培选集:上册.杭州:浙江教育出版社,1993:307.

利、有效地施展。

美育与智育存在着内在的联系,美育和智育是相互促进、相互渗透的。许多学者认为,美育对智育有重要的促进作用。布鲁纳(J. Bruner)认为,艺术教育所训练的直觉思维有助于提高人的创造力。他说,直觉思维、预感的训练,是正式的学术学科和日常生活中创造思维的很被忽视而又重要的特征。机灵的预测、丰富的假说和大胆迅速地作出的实验性结论,这些是从事任何一种工作的思想家极其珍贵的财富。① 阿恩海姆(R. Arnheim)将美育视为智育的重要途径。阿恩海姆认为,艺术的基础是感知,艺术教育可以强有力地提高人的感知能力,这种感知能力是任何一个研究领域中的创造性思维中不可或缺的……艺术作品的巨大优势之一,就是以最小限度的技术训练即足以向学生提供独立发展他们自身心智源泉的需要的训练——艺术作品的智力追求在于使学生有意识地掌握知觉经验的各个方面。② 国内外的不少教育实证研究,也证明美育中的感性、情感体验能够促进受教育者的理性、逻辑思维的发展。1993 年,罗斯彻(F. H. Rauscher)通过对比 19 名上音乐课的学前儿童与 14 名不上音乐课的同班儿童,发现上音乐课的儿童的空间智商有 46% 的提高,而不上音乐课的儿童仅有 6% 的提高。罗斯彻据此认为,音乐教学能改善儿童的空间智力,且维持的时间很长,甚至永久。③ 黄君模仿该实验所做的折纸剪纸测验也证明,聆听音乐者的成绩显著高于无声静息者的成绩。④ 刘兆吉教授的研究也表明,美育对智育有正相关性,在他对 5 个城市中小学美育与智育成绩的相关统计中,有 2 个年级的统计结果显示美育与智育高度相关,有 16 个年级显著相关。⑤ 由于实验条件等不确定性因素的限制,有部分研究认为,音乐或其他艺术手段对智育的促进作用在于"兴奋唤起",其产生机制和发生作用的机制仍有待进一步研究。但可以确定的是,音乐或其他艺术手段与人的认知机制具有较为明显的相关性。可

① 布鲁纳. 教育过程[M].邵瑞珍,译.北京:文化教育出版社,1982:33.
② 阿恩海姆. 艺术心理学新论[M].郭小平,翟灿,译.北京:商务印书馆,1994:201.
③ 刘沛. 音乐与儿童智慧及儿童发展[J].中国音乐教育,1995(6):33-35.
④ 黄君. 音乐与空间推理能力[J].中央音乐学院学报,2010(2):124-129.
⑤ 刘兆吉. 美育心理研究[M].成都:四川教育出版社,1993:520.

以说,美育通过感觉的唤起,作用于人的大脑和神经系统,能够改善人的情绪,对智育有重要的促进作用。

不仅美育对智育有促进作用,智育也能促进美育的发展。艺术创作离不开一定的社会历史、文化背景的影响。就美育培养受教育者感受美、欣赏美的能力来说,在很多情况下,受教育者不仅要通过感觉器官来感受美,还要运用一定的理性思维,才能更好地全面理解艺术作品的深刻内涵。美育除了培养受教育者感受美、认识美的能力,还培养着受教育者创造美的能力,而一定的科学知识影响着受教育者创作艺术作品的能力。例如,一个没有学过人体结构和肌肉走向的受教育者的绘画作品,很有可能存在比例失谐的问题,这会影响作品在整体上的美感。总而言之,美育和智育应当是相互依存、相互作用、相互促进的关系。

然而,在当前的美育实践中,部分地存在着美育知识化、技能化的现象,在一定程度上,这一现象表现出了美育价值的工具化倾向。

美育知识化倾向中的"知识",主要是指艺术知识,包括美学知识、艺术常识和审美技巧等。知识化倾向是指在美育过程中,着重强调知识的传授,相对轻视受教育者对美的感受和体验,认为受教育者只要掌握了一定的艺术知识,就算完成了美育的任务。美育的知识化倾向在美育教材中体现得较为明显。以基础教育为例,目前全国各地所使用的美育教材版本众多,这些教材很大程度上是专业艺术院校教材的简易版,教材中较为全面地组织了专业艺术的知识体系,对于学习和掌握系统的艺术知识很有帮助。但是,这些教材不完全符合中小学生的认知和审美的发展规律,这就导致了这些艺术教材涉及的知识量过大,不仅可能超出了中小学生的实际需要,而且教材中所包括的艺术作品可能过于艰深,中小学生难以很好地理解。

美育的知识化倾向还体现在美育的教学过程中。教育者将艺术手法、技巧和常识等从作品中抽离出来,孤立地将其传授给受教育者,而不是通过引导受教育者主动感受作品、体验作品,通过与作品发生情感共鸣来理解艺术作品。在这种教学方法下,检验美育效果主要是以掌握美学知识的多少为标准。假如受教育者了解更多的美学相关知识,在测验中获得好成绩,该受教育者的审美能力就"较高",反之,即使受教育者对艺术作品有一定的感受、思考和理解,如果没有掌握教育者所规定的知识,那么该受教育者的审美能力也会受到质疑。在对几位七年级学生的非正式访谈中,学生们大都表示,艺术课程多是学习艺术的知识和技巧,只有这样考试才能通过。

客观地说,美育并不是不让受教育者学习和掌握必要的艺术知识,具备一定的艺术知识是欣赏美和创造美的重要条件,也是审美能力的有机组成部分。但艺术知识只是美育的基础,不是美育的全部,不能把学习和掌握艺术知识看作美育的最终目的。如果美育的知识化倾向加剧,把知识作为美育的全部内容,那么美育将仅停留在传递知识的层面,受教育者面对艺术作品、自然风景或是社会美的时候,可能只会产生数字式的、机械的反应,美育不能深入到审美层面和情感层面,从而使美育的应有作用无法充分发挥。

美育的技能化倾向是美育实践中另一个较为突出的现象。这里的技能,是指受教育者通过系统的训练,所学习和掌握的艺术技能和审美技巧。在学习艺术技能、审美技巧的过程中,应当充分调动受教育者的观察力、理性思维能力、想象力和创造力等,配合动手能力,以促进受教育者身心的全面发展。美育的技能化倾向,是指在美育过程中,过于强调某种艺术技能和技巧的学习,并以专业的艺术标准来考察技能的掌握程度。

举例来说,在音乐教学中,我国受到西方国家的影响,多采用"识谱—唱歌"的教学模式。这种教学法是以唱歌为中心,从歌曲中取材,以此为基础,向受教育者传授音乐知识和技能。虽然唱歌教学法能够提高课堂效率,但该方法忽视了受教育者的情感体验,强调音准等专业艺术技巧,较为刻板、枯燥。提出多元智能理论的加德纳(H. Gardner)就曾说,"中国的音乐教育在保证学生掌握一定的技能之后,学生没有欲望和想象力来运用他们的能力创新和创造有意思的作品"①。

美育的技能化倾向也存在于美术教学中。在美术教学中,绘画具有十分重要的地位,它能够检验受教育者的艺术创造力,是考察美育效果的

---

① 加德纳.关于音乐教育的讲话[M]//中国音协教育委员会,中国音乐函授学院,编.迎接美育的春天.太原:山西人民出版社,1988:602.

重要依据。但是,在个别美术教学中,绘画被当作一种实用的技能来传授,这些绘图教学往往让受教育者大量地、重复性地临摹著名的艺术作品,强调视觉上的准确性,如是否选择同样颜色的颜料、细节是否精确。以临摹为中心的绘画教学能够培养受教育者的审美创造力,对美育有较为重要的促进作用,但是仅仅依赖机械的反复练习,不从整体上提高受教育者的审美素质和人格涵养,所培养的可能只是技巧高超的模仿者。例如,在小学美术最基本的色彩填充课上,太阳必须是黄色或者红色,而不能是绿色或者蓝色。假如该学生是红绿色盲,无法达到教师的要求,教师就会判定学生的绘画作品不及格,甚至认为学生是有意在课堂上"捣乱"。表面上看,教师纠止了学生的"错误"画法,而实际上,教师也压抑了学生的创造力和想象力。美术史告诉我们,视力衰弱不一定会阻碍画家的艺术创作,也可能带给画家丰富的艺术创作灵感。以印象派油画的代表人物莫奈(C. Monet)为例,莫奈的作品以其对色彩和光影效果的把握而闻名,但据后人的科学分析,莫奈患有白内障,他的作品中对光斑、云雾的细致描绘,具有强烈的朦胧、梦幻的特征。在莫奈晚年,为了作画进行了白内障手术,但视力恢复"标准"后,他的作品色调却不复以往的光彩,转而以蓝、紫等模糊、沉郁的色调为主。可见,个体差异对艺术欣赏与创作有重要的影响。如果在美育中太强调技能技巧的学习,一味强调作品的准确性,忽视了学生的个体差异,那么美育可能仅是一种艺术技能、技巧的训练。

美育的技能化倾向还存在于语文教学中。我国语文教学受苏联的语文教学影响颇深,重视系统的语法知识的学习,通过解读文学作品中的思想情感,训练受教育者的阅读和写作技能。这种做法有一定的好处,但也相对忽视了受教育者自身对文学作品的审美体验。

掌握一定的艺术技能和审美技巧,是美育的重要目的。马克思曾说:"对于没有音乐感的耳朵来说,最美的音乐也毫无意义。"①没有良好的艺术技能和审美技巧,受教育者可能不仅无法产生审美体验,引发审美情

---

① 马克思.1844年经济学哲学手稿[M].中共中央马克思恩格斯列宁斯大林著作编译局,编译.北京:人民出版社,2014:82.

感,也将难以进行审美创造。但是,不能把掌握艺术技能和审美技巧当作美育的全部内容,或是美育的最终目的。丰子恺曾说:"依艺术教育的原理,图画科的目的不在作成几幅作品,即不在技巧的磨练,而在教人美的鉴赏力和创造力,以养成美的感情,是受用于其生活上。"①如果过于重视技能技巧的训练,忽视受教育者自身对美的感受、欣赏与创作,忽视受教育者审美情感的生发,那么美育就不能全面地发展受教育者的想象力和创造力,不能完成其陶养人的情感、品格的任务,而沦为机械的技能训练,这在某种程度上说,是智育对美育的"越界"。

(三)美育作为体育的工具

美育与体育也有密切的联系。自古希腊时代开始,力与美就紧密地联系在一起,体育中包含了许多美育的因素,美育可以促进体育的发展。可以说,美育与体育的相互促进与相互作用,能够使人的身心健康、协调地发展。在美育的实践中,舞蹈、健美操、形体训练等相关课程,是按照科学的方法、遵循美的规律来进行训练和塑造的,使力与美有机结合,促进人的全面发展。不过,如果仅仅简单机械地训练某些体育技能、技巧,忽视了其中蕴含的美的规律,就会影响到最终呈现的效果,无法给人以美感,使之不再是美育,而仅是一种"锻炼身体"的手段。

综上所述,美育与德育、智育、体育之间应当是相互作用、相互促进的,同时又有所区别,各司其职。近几年来,随着美育的发展,人们对美育的认识逐渐深化,美育价值得到了一定的彰显,但是,美育成为德育、智育或体育的工具的现象仍然时有发生,并未完全消失。这些现象之所以长期存在,一方面是美育本身就含有一定的德育、智育、体育因素;另一方面,与美育价值的工具化倾向有关。如果说把美育作为德育、智育或体育的工具,忽视美育自身的作用,只是间接地反映了其美育价值的工具化倾向,那么将美育作为谋利、谋生的工具,则更为直接地表现出了美育价值的工具化倾向。

---

① 丰子恺.艺术趣味[M].长沙:湖南文艺出版社,2002:24.

二、美育作为谋利、谋生的工具

改革开放以来,中国走上了"以经济建设为中心"的发展之路,市场经济促进了中国社会的快速发展,人们的物质生活水平不断提高。但是,市场经济的核心是追求利润,结合全球化背景与信息化语境,不免给社会的思想、文化等方面带来了一些负面影响,存在着片面追求经济效率,轻视、忽视道德等人文价值的现象,美育也受到了波及。

美育作为谋利或谋生的工具,最直接也是最显著的表现是"艺考热"现象。所谓艺考,是指高等院校(系)艺术类招生考试。自 1999 年高校扩招以来,在严峻的高考形势下,艺术类院校要求的高考成绩相对较低,"艺考热"随之兴起。"艺考热"的兴起,主要是受到美学热、艺术热和国家大力实施素质教育等因素的影响。20 世纪 80 年代,受"实践是检验真理的唯一标准"的大讨论所带来的思想解放,以及改革开放政策的影响,西方美学思想大量涌入国门,受到了大批学者的重视,得到了较为深入的研究。"美学热"间接带动了艺术创作的复苏,尤其是在市场经济的推动下,艺术品市场高速发展。欧洲艺术基金会和雅昌艺术市场检测中心的联合报告显示,从 2000 年到 2014 年,全球艺术品拍卖成交额从 100 亿美元左右波动上升至 300 亿美元以上,年复合增长率不到 10%;而中国艺术品拍卖成交额从不到 3 亿美元快速增长至近 100 亿美元,年复合增长率超过 30%。① 2017 年,中国市场已是全球第二大的艺术品市场,当年成交额达到 51 亿美元,占全球成交额的 34.2%。② 自 20 世纪 90 年代起,教育界反思应试教育,大力倡导素质教育,艺术教育成为实施素质教育的主要渠道之一。在多方作用下,艺术类高等院校入学考试制度逐渐建立、完善,经过十多年的发展,"艺考"的热度仍然较高。

从全国艺术类专门院校的数目来看,据统计,1994 年全国公办高校

---

① 中国的艺术品投资市场异军突起[EB/OL]. http://auction.artron.net/20150701/n755031.html,2015-7-1.

② 2017 年全球市场报告:艺术品为何越来越贵[EB/OL]. http://auction.artron.net/20180310/n990561.html,2018-3-10.

设置艺术类专业的数目为 30 所。到 2005 年，该数目增至 597 所，2013 年更增至 1679 所。① 除此以外，民办高校、高职高专院校设立艺术类专业的就更多了。

从艺考招生规模来看，据不完全统计，从 1988 年《高等艺术院校（系科）招生暂行规定》实施到 1994 年，全国高等艺术院校（系科）招收本、专科生和研究生总共只有 2.4 万多人。1997 年，全国高等艺术院校（系科）招生 5947 人。2005 年，全国高等艺术院校（系科）招生 6.8 万人，这一数字在 2015 年攀升至 37.2 万人，是 1997 年的 62 倍。② 而高等院校的招生人数，自 1995 年的 92.6 万人到 2015 年的 737.8 万人，其规模仅扩大 7 倍左右。艺考招生规模的快速扩大由此可见一斑。

必须指出的是，如果将全国高等艺术院校（系科）招生人数的增长与高考报名人数的变化加以对照，则能够更为清楚地看到艺考之"热"。自 2009 年以来，高考报名人数呈明显的回落态势。国家统计局的数据显示，2009 年高考报名人数为 1020 万人，2010 年为 947 万人③，此后一直保持在 900 万人左右。而结合上文数据来看，全国艺考的报名人数不仅没有减少，反而持续增长。这说明，在高校扩招、高考变得相对"容易"之后，艺考的热度仍是有增无减。

"艺考热"的持续升温，使得艺考生之间的竞争加剧了。例如，北京电影学院 2009 年本科招生计划为 440 人，实际报考人数却有 13019 人，报考人数和招生计划比约为 30∶1。④ 到了 2015 年，北京电影学院当年的本科招生计划为 489 人，实际报考人数多达 24626 人，报录比为 50∶1。⑤ 部分非热门院校的热门艺术类专业，报录比也较为悬殊。例如，2015 年

---

① 周星. 2013 中国艺术教育要况概评[J]. 艺术评论，2014(4)：92-95.

② 郑若玲. 苦旅何以得纾解：高考改革困境与突破[M]. 南京：江苏教育出版社，2011：221.

③ 中华人民共和国国家统计局. 中国统计年鉴：2011[M]. 北京：中国统计出版社，2011：752.

④ 北京电影学院 2009 年本科招生简章[EB/OL]. http：//www.bfa.edu.cn/zs/2008-12/03/content_22523.htm，2008-12-03.

⑤ 北京电影学院 2015 年本科、高职招生简章[EB/OL]. http：//www.bfa.edu.cn/zs/2015-01/01/content_79543.htm，2015-01-01.

南京艺术学院的广播电视编导专业计划招生 55 人，却有 8500 多人报名，报录比达 155∶1。① 可见，即使要面对激烈的竞争，大量学生依然选择"艺考"进入高等院校学习。

"艺考热"现象的形成原因是复杂的。客观地说，"艺考热"与"美学热""艺术热""素质教育"一样，是社会经济发展之后，人们产生更高层次需求的必然结果。然而也应该承认，目前"艺考热"是一种非理性的"热"，它是在高考制度的作用下，主要由高等院校、中学、家长和考生的不同功利目的共同催生而成的。

从高等院校的角度来说，自 20 世纪 90 年代末高校扩招以来，学校规模的扩大、物价的上涨、教育成本的提高等因素，使得许多高等院校必须面对办学经费不足这一难题。在国家将高校办学自主权部分下放之后，不少高校采取扩大办学规模、设置新专业等手段，以扩大招生规模，解决经费问题。比较而言，艺术类专业的学生学费通常比普通专业高出一倍，因此，许多高校设置艺术类专业、扩大艺术类专业的招生规模，通过收取艺术类专业的学费来缓解经费压力。例如，2017 年，作为专业艺术类院校的中央美术学院，其美术类本科专业学费是每学年 1.5 万元。② 清华大学美术学院的美术类本科专业学费是每学年 1 万元③，而清华大学的普通本科专业（包括文史类专业和理工科专业）的学费是每学年 5000元④。在其他高等院校的招生简章中，收费标准也是类似的。可以发现，艺术类专业的学费通常略高于普通专业。在功利性目的的引导下，高等院校增开艺术类专业，扩大艺术类专业招生规模，假如没有充分考虑到高校自身的实力和发展的需要，就不免产生一些消极的后果，如高质量师资

①　南京艺考报名现场排长队，报考人数创新高［EB/OL］. http://news.163.com/photo-view/00AP0001/83221.html,2015-01-21.

②　中央美术学院教育收费公示［EB/OL］. http://cw.cafa.edu.cn/bszn/xssw/4683.htm,2017-10-11.

③　清华大学美术学院 2017 年本科招生简章［EB/OL］. http://join-tsinghua.edu.cn/publish/bzw/7546/2017/20170103153841589890480/20170103153841589890480_.html,2017-01-03.

④　清华大学 2017 年本科招生简章［EB/OL］. http://www.join-tsinghua.edu.cn/publish/bzw/7539/2017/20170626135047435221210/20170626135047435221210_.html,2017-06-26.

缺乏、学生就业较为困难等。有调查显示,某地的一所农业大学趁着"艺考热"创办了一个几百人规模的艺术院校,仅有的 4 名教师都不是从正规的艺术类高校毕业的,而是毕业于本地的幼儿师范学院,[①]其教学质量不难想象。

如果说部分高等院校(系科)创办艺术类专业和扩大艺术类招生规模,只能从侧面反映出美育的工具化倾向,那么从中学、考生和家长的角度来看,这种倾向则更为明显。这一切都是因为,高等院校(系科)对艺考生的高考录取分数线的要求要比普通高考的录取分数线低很多。因此,自 2013 年起国家就有意对艺考进行改革,出台了一系列政策,如《艺术学门类专业招生工作的指导意见》《关于做好 2014 年普通高等学校艺术类专业招生工作的通知》等,提高艺术生文化课的录取分数线。2017 年,教育部又出台了《关于做好 2017 年普通高等学校部分特殊类型招生工作的通知》,进一步要求合理划定特殊类型招生最低录取文化课分数线,并逐步提高文化课成绩录取要求。[②] 但是,艺考类专业的录取分数线仍然远低于普通高考的录取分数线,正是这种录取分数线的差别,直接导致了不少高中、考生和家长,抱着功利性的目的投入艺考。

站在中学的立场来说,在高考升学率的引导下,由于艺术类高考能够兼报文理专业,一些高中鼓励、动员学习成绩一般的学生报考艺术类专业,这样能够增加录取机会,提高学校的升学率。这种现象在一些地方的"普通"高中里尤其突出。一般来说,"重点"高中是指那些办学水平高、办学质量得到普遍认可、在家长和学生中声誉较好的学校,其升学率有一定的保障,能够吸引较为优质的生源。与"重点"高中相对照的"普通"高中,其生源、办学条件和升学率都难以与"重点"高中比肩。在这一背景下,不少教学质量一般的高中为了提高升学率,专门设置了美术班、音乐班等艺术类班级,让参加艺术类高考的学生从普通班转至艺术班,从而提高艺术

---

① 谢清滢.高等农业院校美育现状探讨[D].武汉:华中农业大学,2015:43.

② 教育部办公厅关于做好 2017 年普通高等学校部分特殊类型招生工作的通知[EB/OL]. http://www.moe.gov.cn/srcsite/A15/moe_776/s3258/201701/t20170106_294162.html,2017-01-03.

类高考的升学率。越是高考竞争激烈的省份,普通高中设置艺术班的现象越为常见。曾有报道,山东省某所普通高中考取本科院校的人数,一度超过该地区的省重点中学,就是因为该普通高中有 50% 以上的学生考取了艺术院系。①

　　从考生和家长的角度来说,艺考是一条通向高等院校的"捷径"。在东北师范大学艺术学院担任副院长的殷小烽曾表示,"因为文化课成绩不好,才去报考艺术的考生达 80%,他们学艺术的目的并不真诚,更多是为了上学和就业"②。这番话道出了参加艺考的考生和家长的普遍心态。在对一位通过艺考考上本科院校的设计师的非正式访谈中,她表示,"我当年的高考成绩是 360 分,还不到 400 分,如果参加普通高考,那就只能考上一个大专,通过艺考我上了本科,现在已经在一家知名的设计公司工作了"。问及同学的状况,她坦言,"我的很多同学,都是通过艺考拿到了本科文凭。找工作时,本科比专科更有竞争力"。除了因为成绩达不到本科录取分数线而通过艺考获取本科文凭的学生,还有一类参加艺考的学生,其学习成绩本来就不错,但在严峻的高考形势下,选择通过艺考考取重点大学。在对一位就读中央美术学院学生的访谈中,该学生表示,"我高中的成绩在班里前十名,上个普通本科大学肯定没有问题,但是我想考上一本,就选择了参加艺考,因为现在很多用人单位重视第一学历,重点大学比普通大学更能找到好工作"。两位艺考生的事例说明,许多选择艺考的学生很大程度上是因为艺术类专业对文化课成绩的要求比普通专业要低,考取理想的高校更为容易一些。不仅考生如此,不少家长也是出于这一目的,支持考生参加艺考。我们访谈了一位让女儿"半路出家"参加艺考的家长,该家长表示,"说实话,主要想用艺考来补文化课的不足,曲线迂回"。可见,在相当一部分家长和考生眼里,艺考学的是什么,学到什么程度,可能并不是家长和考生们最看重的,他们更为关心的是艺考所带

---

① 关于艺术类考试"热"背后的"冷"思考[EB/OL]. http:// edu. qq. com/a/20120217/000335_1. htm,2012-02-17.

② 胡卫,张继玺. 新观察:中国教育热点透视(2012—2014):上册[M].上海:上海人民出版社,2015:48.

来的好学历、好工作。艺考热中的考生接受美育教育，其目的有一定的功利色彩。

"艺考热"的功利性还体现在一个耐人寻味的细节中。不论是考生、家长，还是学校的教师和工作人员，时常将艺术类考试内容称为"艺术课"，将普通高考的考试内容称为"文化课"。一个"文化课"的用词恰好说明，在许多人心目中，"文化"很大程度上是指知识，是市场最需要、能换来某种"利益"的知识，而美育的内容却是"非文化"的，是教育中的异类。

除了"艺考热"，美育作为谋利、谋生的工具也体现在其他方面。例如，部分学校为了获得荣誉，或是应对有关教育部门对素质教育实施力度的考察，大量组织学生参加文艺比赛和评估。还有一些学校（这种情况多出现在高校中）则会组织有艺术特长的学生参加社会上的文艺表演或文艺比赛，学校不仅能从中获得直接的经济回报，还能够提高声誉。

在社会层面，将艺术教育课程作为牟利工具的现象更为普遍。举例来说，部分艺术辅导班不够重视办学质量，而是将目光主要放在"创收"上，并为此颇费心思。我们收集了一些针对儿童的艺术辅导机构的宣传材料，发现这些机构的宣传内容大多围绕着"不输在起跑线上"这一中心，宣传艺术可以显著提高儿童的智商，培养儿童的特长。但是，这些机构大多对儿童的年龄、身体条件等是否适合学习该门艺术避而不谈。在大多数艺术辅导机构看来，招收更多的学生可以增加学校的收入，提高教职工的待遇，其美育目的基本与"美"本身没有太多关系，而是将美育与直接的经济利益相联系。另外，部分家长对待美育的态度，也助长了将美育作为工具的现象。在对一些学生家长的非正式访谈中，有多位家长表示，送孩子去艺术辅导班，本是想让其学习一技之长，受到美的熏陶，提高综合素质，但是，在与其他家长交流时，发现别人的孩子可能已经学了两三种艺术，自己的孩子落后了。本着不能落后的观念，学习艺术无形中演变成了一场家长之间的竞争。

总的来看，美育价值的工具化倾向，受到了多方参与者的功利目的的影响。客观地说，美育有其工具性的一面，艺术技能可以帮助创作者谋利、谋生，这是合理的，但是美育不能只关注其工具性的一面，也应看到美育对人的情感、个性的陶冶作用。

第三节　美育价值工具化的内在根源

上文对美育价值工具化倾向的表现作出了简要的叙说。虽然美育价值工具化倾向在具体艺术教育课程中的表现方式和深入程度有所差异，但究其根源，我们认为主要是受到了现代性的影响。

自 20 世纪 80 年代以来，现代性一直是中国学界探讨的重要话题，在教育领域的出现频率也较高，教育研究者在分析许多教育理论和实践活动的问题时，时常会意识到这些问题与现代性之间的深刻关联。一般而言，现代性，包括由现代性衍生的后现代性，各种阐释较为多样，借用维特根斯坦的话说，现代性是一个"家族相似"的概念。现代性概念最初是由波德莱尔（C. Baudelaire）提出的。波德莱尔认为现代性就是现代生活的特性，他说："现代性就是过渡、短暂、偶然，就是艺术的一半，另一半是永恒和不变。"①这一概念在现代性的研究史上具有重要的意义。不过，波德莱尔所说的现代性只是现代性的一个面向，而现代性的意义远不止如此。在西美尔（G. Simmel）看来，现代性是一种瞬间性的都市生活，人们越来越精于算计，在奔流不息的金钱溪流中，所有的事物都以相等的重力飘荡着，所有事物都处于相同水平上，它们相互的差异只是体现在它们覆盖空间的大小上。② 与波德莱尔发现现代性充满激情的一面不同，西美尔发现了现代性乏味的、千篇一律的一面，他深刻地把握了现代性在经济领域的表现。韦伯则认为，现代性与西方理性主义之间有内在的联系，它始于人的内在性与超越性的相互依赖，即人类的自我确证和自我控制；不仅如此，现代性还意味着科学和技术的发展，现代官僚政治体系的建立，以及相应的个人从这些发展中获得力量，更多人的权利被认可等。韦伯对现代性的描述较为全面和深刻，他用合理化和祛魅的概念来阐释现代性的产生与发展。吉登斯（A. Giddens）对现代性的看法与韦伯有相似之

---

① 波德莱尔. 波德莱尔美学论著选[M]. 郭宏安，译. 北京：人民文学出版社，1987：485.
② 西美尔. 时尚的哲学[M]. 费勇，译. 北京：文化艺术出版社，2001：191.

处,都指出了现代性在制度层面对现实生活的影响。吉登斯认为,现代性是指社会生活或组织模式,大约 17 世纪开始在欧洲出现,并且在后来的岁月里,程度不同地在世界范围内产生影响。[①] 吉登斯还指出,现代性包括三个维度:工业主义、资本主义和民族—国家。在吉登斯看来,现代性的显著特征是现代制度所带来的日常生活的嬗变。福柯则强调现代性在思维方式上有别于传统。福柯认为,现代性是一种思维方式,实质上是一种控制和统治的形式。他将现代性分为古典和现代两个时期,在古典时期,一种强有力的控制人类的方式就已经形成,到了现代时期达到高峰。这种力量是从神学中被解放出来的,之后渗透到了人类社会的方方面面。福柯认为,人们或许能把现代性看作一种态度而不是历史的一个时期,这里的态度是指对于现时性的一种关系方式,一些人所作的自愿选择,一种思考和感觉的方式,一种行动、行为的方式。[②] 在福柯看来,在现代社会,个体被这种力量控制和塑造。对于现代性是否已经完成,学者们则有不同的意见。哈贝马斯认为,"现代"一词在内涵上是为了有意识地强调古今之间的断裂,表达一种新的时间意识。[③] 哈贝马斯同时强调,现代性是一项未完成的设计。可以说,哈贝马斯倾向于从现代的时间意识及自我确证的要求来把握现代性。利奥塔(J. F. Lyotard)从语言学的角度来分析现代性,他认为现代主义本质上是一种"共识法则";一句含有真理要素的话,要通过"共识法则"才能被接受。[④] 利奥塔进一步指出,现代性的共识法则来源于"启蒙叙事学说",即认为理性能够解决一切问题,既包括科学真理,还包括克服历史发展中的种种矛盾,带来公平与社会进步。利奥塔把理性、自由和解放的允诺等宏大叙事看作现代性的重要标志。哈贝马斯和利奥塔对现代性的分析有不同之处,哈贝马斯认为现代性未完成,而利奥塔认为人类社会已进到后现代社会中,但两人都认为现代性很大程度上源于启蒙时期对理性的强调。

---

① 吉登斯. 现代性的后果[M]. 田禾,译. 南京:译林出版社,2011:1.
② 福柯. 福柯集[M]. 杜小真,译. 上海:上海远东出版社,2003:534.
③ 哈贝马斯. 后民族结构[M]. 曹卫东,译. 上海:上海人民出版社,2002:178.
④ 利奥塔. 后现代状况:关于知识的报告[M]. 岛子,译. 长沙:湖南美术出版社,1996:2.

有关现代性的观点还有很多，在此不一一列举。大体上说，现代性发轫于启蒙时期，它的出现意味着传统社会和现代社会的某种"断裂"。现代性的意义不仅在于一种历史阶段的划分，还在于一种复杂的价值取向。在现代性内部充满了矛盾和悖论。现代性给人类社会带来的影响具有两面性。一方面，现代性反对宗教蒙昧主义，推动了科学技术的发展；现代性还重视个人权利，重视人的个性，谋求人的全面解放，追求人道主义；现代性内化于人类现代文明进程，在推动人类社会进步方面，起到了重要作用。另一方面，也应该看到现代性的产生与发展，与笛卡儿以来强调的主体性之间存在密不可分的联系，现代性所促成的"主体至高"的倾向，对人类社会造成了种种消极影响。

当代中国处于现代化进程中，存在着现代性问题，而且，这些现代性问题带有鲜明的中国特征。从中国自身来看，自鸦片战争以后，中国就开始了现代化进程，主要表现为通过人对科学知识和真理的追求、对自然的征服来强化国力，建立完整的现代工业生产体系，加快城市化的进程等。现代性的理念就内蕴在这个过程之中。汪晖曾指出，自近代以来，中国知识界的历史反思集中于中国如何实现现代化和为什么中国未能成功地实现现代化。[①] 而在当前政治全球化、经济一体化的国际背景下，已完成现代化建设的西方国家，其现代性观念必然或有意、或无意地传入中国，影响中国社会。在一定意义上说，现代性是中国现代化完成与否的标志之一。金耀基认为，中国的现代化，在根本的意义上，是要建构一个中国的现代性，或者换一种说法，即是要建构一个中国现代文明的新秩序。这是中国人 20 世纪的未竟之事，也是中国人 21 世纪最根本的大业。[②] 可以说，中国正处于现代化进程中，面临着现代性问题。同时，如果超越西方中心主义，从中国现代化进程的曲折历史来看，中国的现代性问题具有与西方截然不同的、复杂的中国特征。中国的传统文化，马克思主义哲学在中国的传播等，在中国的现代化过程中起到了重要的、不可替代的作用。总之，中国的现代化进程还未结束，现代性也仍处于尚未完成的状态，同

---

① 汪晖.去政治化的政治[M].北京：生活·读书·新知三联书店，2008：60.

② 金耀基.从传统到现代[M].北京：中国人民大学出版社，1999：6.

时，受中国自身的历史、社会因素以及西方国家的后现代性兴起（且不论后现代性是否是现代性的一个新的发展阶段）的影响，中国的现代性问题具有复杂性和独特性。

中国当代美育的价值问题，也受到了中国社会发展进程的影响，现代性的价值取向影响着美育的价值取向。在有关现代性的研究中，存在着不同的分析范式，它们各有其合理之处。卡林内斯库认为，启蒙现代性是现代性自身的认同力量，是启蒙运动和资本主义经济全面现代化的产物，其主要特征是崇尚工具理性与计算原则。① 卡林内斯库的这一说法，在哈贝马斯那里也有类似的表述。哈贝马斯认为，现代社会存在着两种不同功能与形态的现代性，一种是经济政治制度的现代性，另一种则是审美文化活动的现代性，两种现代性相关又相异。② 我们认为，美育价值的工具化倾向很大程度是现代性的后果。现代性是启蒙理性和现代科学技术发展过程中产生的一种理性化的社会运行机制和文化模式，其核心在于理性及理性异化出的工具理性。因而可以说，美育价值的工具化倾向，主要受到了理性及其异化的工具理性的影响。

一、理性的异化

在分析理性及工具理性对美育价值的影响之前，需先对西方哲学的理性主义传统作出一定的说明。在古希腊时期，以柏拉图为代表的哲学家们就非常重视理性。柏拉图试图探究如何从现象的、直觉的和经验的世界超越到一个超感的、"理念（理式）"的世界。在柏拉图看来，理念世界具有一切现实世界的原型，理念对现象的、感性的"影子"世界"放光芒"，人的灵魂也源自理念世界。人们无法用感官去把握这个世界，只能通过沉思，也就是运用理性才能接近这个世界，获取真正意义上的完善。在柏拉图看来，理性是超越感官世界的媒介，具有重要意义。由于在理念世界中，善是最高的理念和秩序，规定着人类感官世界的社会秩序和道德规范，因此理性不仅代表着思维的能力，还意味着人的良知或者说秩序。

---

① 卡林内斯库. 现代性的五副面孔[M]. 李瑞华，译. 北京：商务印书馆，2002：48.
② 哈贝马斯. 现代性的哲学话语[M]. 曹卫东，译. 南京：译林出版社，2004：4.

从这一点出发,柏拉图要求驱逐诗人,他强烈地批判诗歌中所描述的无序的、非理性的生活,因为诗歌"摹仿"了这个现象的、感性的世界以及人性的"卑劣",而这会给社会的秩序、公民的道德带来威胁,让公民无法过上审慎的生活。柏拉图说,"这类诗对于听众的心灵是一种毒素"①。到了中世纪,哲学家、神学家们在吸收了古希腊哲学,特别是柏拉图哲学中对理性的理解的基础上,也认为理性是通往超验世界的桥梁。在当时的教育领域,理性被认为是不可或缺的因素。理性决定了人类对待世界的态度,人们通过理性认识事物,以此理解上帝或是真理。

中世纪的哲学家和神学家通常更为关注凌驾于人的超验世界,这时的理性精神,更多的是认识真理或者宗教的一种重要手段。随着社会的发展,人们越来越强烈地意识到,以往无论是柏拉图的"理念"还是宗教中的上帝,作为一种超验的绝对存在,一定程度造成了对人的压抑和束缚,人的价值受到了遮蔽。人们抨击将宗教作为绝对权威来指导人的生活的做法,转而论证人本身就具有理性能力。这一过程始于笛卡儿。笛卡儿把自我作为认识和价值的主体,重新审视人所在的"此世"的意义和人的价值,于是,理性作为一种认识手段,就与主体意识紧密联系在了一起。这时的理性与古希腊时期和中世纪的理性精神有显著的不同,可以称之为启蒙理性。霍克海默对此有十分准确的评价,他说:"从方法论上把一切神话学说意义上的自然足迹都彻底消除之后,自我也就不再是肉体、血液、灵魂,甚至原始自我,但是自我一旦被提升为先验主体和逻辑主体,它就会构成理性的参照点和行动的决定因素。"②当然,西方近代生产力的发展、文艺复兴运动的影响等,也促进了理性的启蒙。例如有学者认为,启蒙理性的兴起是资本主义生产方式发展的产物。③

在启蒙思想家看来,理性是人的本质,是人之为人的根据。理性以自身作为依据,提供给人们新的价值标准和价值体系。以往的一切社会形

---

① 柏拉图.柏拉图文艺对话集[M].朱光潜,译.北京:商务印书馆,2013:64.

② 霍克海默,阿道尔诺.启蒙辩证法:哲学断片[M].渠敬东,曹卫东,译.上海:上海人民出版社,2006:23.

③ 刘同舫.启蒙理性及现代性:马克思的批判性重构[J].中国社会科学,2015(2):4-23,202.

式、传统观念、宗教学说，都必须在理性面前听从判决。理性成了权利和真理的合法源泉，理性取代从前"神"的地位"放光芒"，理性之光既穿透了神学的帷幕，也照亮了尘世的生活。在启蒙理性试图祛除神话、宗教的迷信时，它自身成了新的神话，"启蒙为了粉碎神话，吸取了神话中的一切东西，甚至把自己当作审判者陷入了神话的魔掌"①。启蒙理性促使人们不再盲目追求凌驾于人的终极的、绝对的世界，而是把人本身作为认识的对象，从人的角度来审视人的生活，探寻人的价值和意义，引导人走向尘世的幸福，这是一个"祛魅"的过程，也是"唤醒人""发现人"的一个"施魅"的过程，对后世影响深远。理性可以说是现代性的核心课题。从社会现实来说，理性在反对宗教迷信、促进科学进步和生产力发展方面也起到了重要的推动作用。恩格斯认为，理性的推动作用使"资本主义在它的不到一百年的阶级统治中所创造的生产力，比过去一切世代创造的全部生产力还要多，还要大"②。

启蒙运动以理性为主要原则，试图建构一个"自由"和"解放"的理想未来。有学者指出，"现代性所追求和展现的原本就是一种关于美好社会的理性预期和无限敞开的价值想象"③。但是，随着启蒙运动向纵深发展，人类并没有实现真正的解放。最为明显的例子就是法国大革命的失败。恩格斯指出："为革命作了准备的 18 世纪的法国哲学家们，如何求助于理性，把理性当作一切现存事物的唯一的裁判者……这个永恒的理性实际上不过是恰好那时正在发展成为资本家的中等市民的理想化的知性而已。因此，当法国革命家把这个理性的社会和理性的国家实现了的时候，新制度就表明，不论它较之旧制度如何合理，却绝不是绝对合乎理性的。理性的国家完全破产了。"④法国大革命的失败，在某种程度上说，是

---

① 霍克海默，阿道尔诺.启蒙辩证法：哲学断片[M].渠敬东，曹卫东，译.上海：上海人民出版社，2006：8.

② 马克思，恩格斯.共产党宣言[M]//中共中央马克思恩格斯列宁斯大林著作编译局，编译.马克思恩格斯选集：第 1 卷.北京：人民出版社，1995：256.

③ 袁祖社.现代社会价值本体确立与认同的困惑[J].哲学研究，2006(6)：25-31.

④ 恩格斯.反杜林论[M]//中共中央马克思恩格斯列宁斯大林著作编译局，编译.马克思恩格斯选集：第 3 卷.北京：人民出版社，1995：407-409.

过于强调理性所带来的负面影响的一次预演。不过,这一失败并未阻止理性走向泛化。当理性的触角深入科学、文化、自然乃至社会生活的一切领域之后,不可避免地,理性部分地异化为工具理性。

谈到工具理性,人们往往会想到韦伯关于理性的经典论述。理性化又称为合理化,是韦伯反思现代化社会、反思现代性的核心概念。合理化是指将理性悬置于人类社会上方,作为价值信念和行为准则的状态,韦伯形容它"以越来越精确的计算合适的手段为基础,有条理地达成一特定既有的现实目的"①。在韦伯那里,合理化被划分为形式合理性和实质合理性,也就是工具理性和价值理性。根据韦伯的定义,工具理性是通过对外界事物的情况和其他人的举止的期待,并利用这种期待作为条件或是手段,以期实现自己合乎理性所争取的和考虑的作为成果的目的。② 可见,工具理性是指人们为达到目的,考虑各种可能的手段及其带来的后果,以选取最优策略,它强调手段之于目的的适配性。价值理性则是通过有意识地对一个特定的行为——伦理的、美学的、宗教的或作任何其他阐释的——无条件的固有价值纯粹信仰,不管是否取得成就。③ 换言之,价值理性是不考虑行为或者手段所产生的后果的,它关注行为本身的价值,具有显著的理想性。工具理性和价值理性是二元对立的,韦伯认为现代文明的全部成就与全部问题的根源就在于工具理性和价值理性的紧张关系。韦伯曾经一度认为,理性统治的现代社会摆脱了传统社会的束缚和压抑,但在经历了战争之后,他的态度转向了悲观。韦伯认为,当工具理性成为压倒一切的行动纲领时,随之而来的将是效率至上的生产方式、科层化管理的现代官僚体系等非人性化的社会秩序。个体的个性特征、价值选择等被忽视甚至抹杀,现代社会与现代人将会笼罩在理性的"铁笼"之中。这个"铁笼"是由理性所铸就的坚硬的牢笼——严丝合缝且冷酷无情。当现代文明"被合理化"后,这种合理化反过来加诸人性,脱离了人的

---

① 韦伯.韦伯作品集 V:中国的宗教,宗教与世界[M].康乐,简惠美,译.桂林:广西师范大学出版社,2004:492.

② 韦伯.经济与社会:上卷[M].林荣远,译.北京:商务印书馆,1997:56.

③ 霍克海默,阿道尔诺.启蒙辩证法:哲学断片[M].渠敬东,曹卫东,译.上海:上海人民出版社,2006:56.

控制。

在韦伯之后,法兰克福学派,尤其是霍克海默和阿多诺,对工具理性及其影响的揭示变得更为深入和明确。在《否定的辩证法》中,阿多诺认为工具理性在现实中表现为一种同化逻辑,是扩张现代性的潜在力量。阿多诺称这种同化逻辑为同一性原则,其外表是思想本身、思想的纯形式内在固有的。思维就意味着同一。① 这里的思维是指主体的理性。阿多诺将"铁笼"进一步描述为"被管理的世界",同一性思维正是"铁笼"控制世界的逻辑法则。同一性思维具有强制性,它预定了每一件事的意义。用哈贝马斯的话说,在同一性原则下,"自我确证的问题不仅得到了解决,而且得到了太好的解决"②。同一性原则否定差异性,将主体以外的客观世界当作自己的支配对象,在这个客观世界中,必须依据一种可以数字化、能够精确计算的理性方式加以衡量和控制。正如霍克海默说的,对启蒙运动而言,任何不符合算计与实用规则的东西都是值得怀疑的。③ 人们借助数字和逻辑的方法推演现实世界的结果,是事物与事物(包括人与人)之间的差异性被降低为量的、数字化的、机械的差别,世界展开为一张冷冰冰的、机械化的有序图景。在这幅图景之上,可能出现的混乱和无序作为"异化物",迟早将被理性的、有序的规则所同化和吸收。必须补充的是,尽管法兰克福学派对同一性原则作出了无情的批判,但是同一性原则并非全无可取之处,它作为人类自我保存和自我维持的工具,本身的确具有霍克海默所说的"洞察万物之意义"的作用,只是这种思维方式在现代社会被作为一种工具、技术或者手段,扭曲了其原本的价值。

二、理性的异化对美育的影响

理性及理性异化的产物——工具理性——对教育产生了深刻的影响。理性肯定了人的价值,人是教育的目的。在《大教学论》一书之中,夸

① 阿多诺. 否定的辩证法[M]. 张峰,译. 重庆:重庆出版社,1993:3.
② 哈贝马斯. 现代性的哲学话语[M]. 曹卫东,译. 南京:译林出版社,2004:45.
③ 霍克海默,阿道尔诺. 启蒙辩证法:哲学断片[M]. 渠敬东,曹卫东,译. 上海:上海人民出版社,2006:4.

美纽斯一再强调人是上帝的造物,上帝慷慨地赋予人类生存、活力、感觉与理性。他说,人要成为上帝的形象,就要像他的原型一般完美。[1] 人接受教育很大程度上是为了成为上帝的完美的形象。不过,在夸美纽斯对"宗教人"的强调之下,隐藏着的是培养"理性人"的教育目的。夸美纽斯说,一切生而为人的人,生来都有一个同样的目的,就是要成为人,即要成为理性的动物。[2] 在理性的指导下,教育效率大大提高了,这在一定程度上推动了人类社会的进步。现代学校教育体系能够很好地说明理性促进了教育的发展。一般而言,现代学校教育体系是由班级授课制发展而来的。班级授课制起源于 17 世纪的欧洲,在 18—19 世纪,随着大工业生产在国民经济中地位的确立和资产阶级政权的巩固,社会要求学校教育为社会物质生产服务,为科学文学的普及与发展服务[3],由此班级授课制很快得到了推广和普及。班级授课制是按照受教育者的年龄、身心发展规律和知识程度将其划分为不同年级,同一年级再编列若干人数的固定教学班,按照教学计划和课程计划,采用集体教学的形式,向受教育者传授知识和技能。班级授课制是现代学校的基本组织形式。随着班级授课制的普及,为了提高效率,教育进一步制度化,人们建立了一整套详细的规章制度,以此形成一个有序的现代学校教育系统。不仅如此,现代学校教育体系还规定了明确而严格的教育评价标准,即对受教育者应具有怎样的素质,在某一教育层次上应达到何种发展程度,有着具体的考察标准。可以说,现代学校教育体系较为集中地体现了工具理性的标准化、统一化、可计算性特征。

　　但必须承认的是,工具理性对教育也产生了一些消极影响。在古希腊,教育目的主要是培养一个博学多才、善于思考的人;在中世纪,教育目的主要是培养一个乐于助人、自食其力的人;在中国传统社会,教育目的主要是培养敏而好学的仁义君子;而在现代社会,教育多半考虑的是人如何生存和生活,这不免产生一些消极的影响。鲁洁教授曾指出,近一个世

①　夸美纽斯.大教学论[M].傅任敢,译.北京:教育科学出版社,1999:11.

②　同①37.

③　叶澜.新编教育学教程[M].上海:华东师范大学出版社,1991:41.

纪以来教育的主要宗旨只是教人去追逐、认识、掌握、发展这个外部的物质世界,放弃了对学生进行"为何而生"的教育,而仅仅致力于传授"何以为生"的本领。[1] 美国教育家托夫勒(A. Toffler)也曾指出,我们的学校把大量的精力用来造就"工业人",一种能在一个将比他们自己还更早死亡的制度中生存下来的人。[2] 受教育者像是流水线上规模化生产的产品,被动地接受"一对多"的"加工"和"组装",人的个体性差异被相对忽视。

美育是教育的重要组成部分,美育也受到了理性的影响。理性对美育的产生和发展起到了一定的推动作用。就学科而言,美学和美育都是由理性主义哲学衍生而来的。就教育目的而言,启蒙理性强调人的价值,进一步赋予了美学和美育重要的价值。就教育内容而言,在理性的影响下,文化、艺术突破了从前贵族精英的小圈子,得以快速发展,这些新的充满了人性光辉的艺术作品,丰富了美育的内容。但是,在一定程度上,工具理性造成了美育价值的工具化倾向。最大的效益,最佳的支出—收获比率,是工具理性的衡量尺度。[3] 在工具理性的驱动下,人们侧重于追求美育的"效率",受教育者只是被动地接受知识或技能的训练,美育不再是以受教育者获得情感的陶冶、人格的完善为目的,而是以智育、德育或体育的目的为目的,或是直接以获得经济价值为目的,难免出现美育价值工具化的倾向,从而影响人的自由、全面发展。

必须补充的是,现代性的核心课题之一虽然是理性,但不能就此说理性构成了现代性的全部内容,现代性还包括生产方式、政治经济制度和文化形态等一整套现代性秩序。这就是说,仅用工具理性解释美育价值的工具化倾向还不够全面,还必须考虑到现实的因素。熊彼特(J. A. Schumpeter)认为,理性的逻辑及行为发端于经济模式,"经济模式是逻辑的母体",商品经济是"人类行为理性化的推进力量"。[4] 换言之,在理性与现实的经济模式的结合下,人的情感价值遭到了漠视,这才造成了美

① 鲁洁.教育的返本归真——德育之根基所在[J].华东师范大学学报(教育科学版),2001
(4):1-6,65.

② 托夫勒.未来的震荡[M].任小明,译.成都:四川人民出版社,1985:443.

③ 泰勒.现代性之隐忧[M].程炼,译.北京:中央编译出版社,2001:5.

④ 熊彼特.资本主义、社会主义与民主[M].吴良健,译.北京:商务印书馆,1999:199-202.

育价值的工具化倾向。

　　总而言之，美育价值的工具化倾向主要是由于理性在美育中的"僭越"，而如何改变工具对人的异化的问题，马克思作出了深入的论述，这为我们寻找美育本真价值的道路指引了方向。

第四节　人学视野下的美育价值

　　自有哲学以来，人的问题一直在哲学研究中占有重要的位置。卡西尔在《人论：人类文化哲学导引》中指出，认识自我乃是哲学探究的最高目标，在各种不同哲学流派的一切争论中，这个目标始终未被改变和动摇过，它已经被证明是"阿基米德支点"，是一切思潮的牢固的、不可动摇的中心。① 对人的本质的思考，贯穿于整个人类历史的发展中。

一、马克思主义哲学中关于人的本质的探讨

　　在传统的中国社会，人们对人的本质的认识与"天人合一"思想紧密联系在一起，天是人伦之天、自然之天与义理之天，天与人因"理"而同构。到明清时期，不少思想家认为人的本质是由理与欲构成的。

　　西方哲学对人的本质的认识与中国古代哲学有较大的区别。在古希腊，人们已经开始探寻人的本质这一问题。人是万物的尺度，是存在者存在的尺度，也是不存在者不存在的尺度。如果说普罗泰戈拉是将感性经验作为人性的全部，仍没有从人是动物性、自然性存在中脱离出来，那么苏格拉底的"认识你自己"，就已经将人看作一种爱智慧的、追求理性的存在物。人受到善的理性的引导，与动物相区别，在自然界居于主体地位。

　　近代西方的宗教改革为主体性哲学的建构提供了思想基础。中世纪神学思想认为，上帝是一种永恒的客观存在，人只可信仰，不能理解。这就将人与上帝、主体与客体划为对立的二元。近代宗教改革者路德（M.

_____

　　① 卡西尔.人论：人类文化哲学导引[M].甘阳，译.上海：上海译文出版社，2013：3.

Luther)则认为,信仰应该基于人们对上帝的坚定信心。上帝的裁决不是人类能够左右的,而人们的信仰则完全取决于个体的意志,因此他主张"因信称义"。路德认为,人因信仰而成为"义人",获得恩典叫作"称义",是一个内在转化和再生的过程。① 可以发现,路德承认在绝对客体面前,信仰主体具有主体性、个体性和自由,这就为哲学从神学中、世俗世界从神学世界中解脱出来提供了基础。

在笛卡儿主客体二分思想的影响下,哲学逐渐由本体论研究转向认识论研究,而在认识论视野下,对人的本质的研究主要围绕着人的主体性展开。"主体"一词在古希腊时代就存在了。"主体"的拉丁文为"subjectum",原意是基础的东西、在前面的东西,具有强烈的本体论色彩。笛卡儿说"我思故我在",这里的"我思"即是说人作为主体,具有主体性。他说,我就是那个在感觉的东西②,严格说来我只是一个在思考的东西,也就是说,一个精神,一个理智,或者一个理性③。主体性是人的活动的先决条件,主体与客体相对立。不过,笛卡儿的"思"不是独立存在的,主体需要身体作为一种前置性存在,这就引出了绝对可靠的"思"的立足点是不完满的这一矛盾,笛卡儿将这一问题求助于上帝。

康德进一步论证了人的主体地位问题,提出了人的"理性为自然立法"这一名言。在康德这里,人先天具有认识能力,作为主体的人运用理性去把握和理解法则与规律,知识与经验的普遍性与必然性不是来自于物自体,而是人的认识结果。人作为主体认识和把握现象世界。

黑格尔继承和发展了康德的思想,他用绝对理念和感性确定性两个概念将主体性形而上学发展到了极致。绝对精神既有客观性,又有能动性,以此论证了实体性与主体性的辩证统一。

马克思主义哲学对人的本质,尤其是人的主体性问题作出了深刻的分析。马克思从历史唯物主义的角度阐释了"什么是人"这一问题。在马克思看来,人类的历史是人的自由自觉的活动所创造的历史。人的自由

---

① 叶秀山,王树人.西方哲学史:第 3 卷[M].南京:江苏人民出版社,2005:714.
② 笛卡儿.第一哲学沉思集:反驳和答辩[M].庞景仁,译.北京:商务印书馆,1986:28.
③ 同②26.

自觉的活动是人的内在本质的体现,与人的主体性有密切的关系。人与动物的根本不同在于人不是盲目地、无意识地去认识和改造外部世界,而是在不断适应外部世界的同时,也能动地促使外部世界来适应人本身,为人的生存和生活服务,满足人的不断增长和变化的需要。这个过程是一个双向的过程,自然界作为客体作用于人,对人施加影响,人则运用理性不断作用于自然界。这也就是说,人具有主体性。马克思说,一切对象都应当成为人自身的对象化,成为确证和实现他的个性的对象,成为他的对象。① 假如人丧失了主体性,那么人就会像动物一样,只是消极地适应外部世界。更进一步说,在马克思主义哲学中,主体不是抽象的主体,而是现实的、具体的、实践的主体。人在实践活动的过程中,将自身从认识世界的主体提升为改造世界的主体,人赖以生存的自然界变成了认识和改造的客体,人与物的关系就是一种主客体相互作用的关系。这种相互作用的主客体关系不是一般的、物与物之间的相互作用,如物理学上讲的力的相互作用,也不是孤立的、物质与精神之间的相互作用,而是将相互作用的主客体关系涵盖在实践活动当中,即马克思所说的能动的主体与受动的对象在实践中的相互作用。在人类的自由自觉的活动中,这种具有二重性的、客体世界与主体世界统一的世界不断地展现在人的面前,通过人的主观能动性,人在实践活动中按照脑中确定好的计划和方案改造客体,并随着外部世界的变化不断调整和改变他的计划,世界不断被改造为体现了人的主体性的、人类所向往的世界。

从前面的分析来看,马克思不仅从认识论的角度理解主体性,更是从实践的角度真正把握主体性的本质,从而把握人的本质。人的主体性具有认识主体性与实践主体性两重性。现实的人既是认识主体,又是实践主体,认识与实践相互依存、相互促进。马克思曾说,从前的一切唯物主义的主要缺陷是,对对象、现实、感性只是从客体或者直观的形式去理解,

① 马克思.1844 年经济学哲学手稿[M]//中共中央马克思恩格斯列宁斯大林著作编译局,编译.北京:人民出版社,2014:86.

而不是从实践的主体方面去理解。① 实践活动是人特有的、本质的生活与存在的方式，人以实践的方式去把握世界。马克思对主体性的认识，是从人被宗教、封建制度奴役走向追求自我解放的过程中逐步得以确认的。必须指出的是，人只有作为主体的时候才具有主体性；当人失去作为主体的价值属性时，人作为客体而存在着，不能说其具有主体性。换言之，人的主体性内蕴着作为人本身的、能动的、自由自觉的价值。有学者指出，主体意味着一种属人的价值关系，只有处在这种关系中的人才是主体。因而从价值的角度看，价值主体处于关系的中心，对其他事物起到支配的作用，具有自主性和能动性。

二、马克思主义哲学对美育价值的启示

从马克思主义哲学的角度来看，如果用关系范畴认识美育价值，那么美育的价值就是指作为价值客体的美育，与作为价值主体的人和社会发展需要之间的满足、引导和提升的效应关系。可见，美育价值是由主体对美的需要，承载、蕴含着美的客体，以及客体对主体需要的满足三个因素组成的，其中主体及主体的需要是美育价值的核心。

这里需要澄清两个问题。第一，我们说的美育主体，是指受教育者。传统的教育主体理论以教师一元主体论和教师、学生二元主体论为主，但是从价值的视角来看，受教育者是美育的对象，决定了美育价值的实现与否，因此我们将受教育者视为美育价值的主体，教育者则担任美育的引导者、促进者和监督者，起着主导性作用，但不具有主体地位。第二，我们说的美育主体，不是单指审美主体或是艺术创作主体。审美主体是指对艺术美、自然美或社会美等运用审美意识，作出主观审美判断的人。在审美活动中，一方面，审美主体自始至终受到审美客体的"刺激"，把握的是审美客体的有特征的形态，获得直接的感性体验，不考虑现实的或功利的因素；另一方面，当审美客体引发审美主体的审美判断时，审美主体在审美认识活动中倾注的情感、态度、价值观等，将审美客体"主体化"，作出个性

---

① 马克思.关于费尔巴哈的提纲[M]//中共中央马克思恩格斯列宁斯大林著作编译局，编译.马克思恩格斯选集:第1卷.北京:人民出版社，1995:54.

化的审美评价。在这两个方面的作用下，审美主体得以进入王国维所描述的"审美境界"，审美需要或兴趣获得满足。艺术创作主体与审美主体类似。艺术创作主体是指与客观世界处于审美关系中，以审美意识观照客体世界，并以形象的形式来能动地、自觉地进行艺术创作的人。艺术创作主体同样受审美自律原则的影响，虽然不考虑创作结果的功利价值，但创作结果，也就是艺术品，会反映出现实社会生活和创作者的内心世界。在创作过程中，正如马克思说的，"艺术创作主体直接地是自然物"，艺术创作主体不是简单地将现实搬进作品或者机械地拼凑"质料"，而是在实践中注入主体的情感、想象、态度、价值观、理想等，从而创作出鲜活的艺术形象，艺术创作主体创造美的需要、兴趣得到了充分的满足。从严格意义上说，审美主体或是艺术创作主体，都是指美学意义上的主体。易言之，美学意义上的主体与美育意义上的主体既有联系，又有区别。一般而言，美的事物都可以作为美育的教育内容，美育主体可以是审美主体或艺术创作主体，但区别在于，美学意义上的价值主体与美育价值主体出于不同的价值需要，对价值客体的认识也有所不同。例如，有些存在物是美学意义上的客体，但受社会现实或是历史的局限，不能称其为美育意义上的客体。从以上两点澄清出发，我们对美育的价值主体有了一个更为明确的认识。美育主体，在美育活动中居于主体地位，是复合主体而非单一主体。美育的主体是受教育者，在美育过程中，受到教育者的引导，通过学习美育内容，提高各个方面的能力。美育的主体还是审美者和艺术创作者，在美育过程中，受教育者感受美、欣赏美和创造美，得到自由、全面的发展。由此可以发现，满足美育价值主体的需要，主要应从两个维度进行分析，一是对教育的需要，二是对美的需要。

在中西方思想史上，人们提出过许多关于"需要"的理论。目前，我国教育学界比较熟知的是马克思的需要理论和马斯洛的需要层次理论。二者在目的和方法等方面有区别，但对人是需要的主体，需要是人的行动的动力方面的认识较为一致。马克思主义哲学将人的需要建立在社会实践活动的基础上。马克思在《关于费尔巴哈的提纲》中指出，全部社会生活在本质上是实践的。实践是主体对客体的能动活动，是人类文明发展的动力,也是认识产生和发展的基础。① 在这个基础上,马克思认为,在哲学上说,需要是人对物质生活资料和精神生活条件的依赖关系的自觉反映。人的需要是由人的属性决定的。人是自然的产物,人具有自然的属性。一方面,人具有能动的自然性,作为有机体,人具有多种生理欲望,产生了需要;另一方面,人也有受动自然性,受自然界的制约,自然界的客观存在与人的生理系统如神经系统、循环系统等相互作用,产生其他的生理需要。总之,人的自然性寓于人的生存之中。这就是马克思所说的,主体是人,客体是自然,人是自然的一部分。在人的自然属性的基础上,马克思进一步指出,人的社会属性决定了人的社会需要。自然属性是人的自然存在基础,社会属性则是人的本质规定,是人的现实存在基础。马克思说,可以根据意识、宗教或随便别的什么来区别人和动物,一旦人们自己开始生产他们所必需的生活资料的时候,他们就开始把自己和动物区别开来。② 人在社会实践活动中,形成了人的社会性,产生了人与动物的本质区别。人具有社会属性,人的生活、创造和享受,包括学习和工作,都要按照人的样子来进行,这就产生了社会物质需要。马克思还指出,人的精神属性决定了人的精神需要。人是有意识、有理智、有感情的存在物。意识的存在决定了人的精神属性,将人的生命活动变为自己的"意志和意识的活动",正是在这个条件下,人成为类的存在物。人意识到自己的需要和如何满足这些需要,驱使人进行自由、自觉的有意识的活动,人具有了精神属性。精神属性决定了人具有享受和创造精神文化成果的需要,如进行艺术创作或者做一个有道德的人的需要等。在马克思看来,精神需要是人类的本质力量的证明和人的本质的充实。精神需要体现了人的真正本性和类的特征,是需要系统中不可或缺的环节。总之,在马克思主义哲学看来,人的需要是多样化的,需要驱动着人的行为,也是人们衡量自身活动和结果价值的尺度。人的需要及满足需要的能力是随着人的社会实践活动一起发展的,人类在历史进程中产生了新的需要,就会产生新的

---

① 马克思.关于费尔巴哈的提纲[M]//中共中央马克思恩格斯列宁斯大林著作编译局,编译.马克思恩格斯选集:第1卷.北京:人民出版社,1995:56.

② 同①67.

行为来满足这些需要,从而促进人的能力不断发展,人的本质力量不断丰富。

　　马克思从哲学的高度对人的需要作出了深刻的剖析,马斯洛则对人的需要作出了心理学层面的深度探讨。马斯洛是人本主义心理学的创始人,他提出了"需要层次"的著名理论。马斯洛认为,人的行为源于人的内在需要,这些需要组成了高低不同的层次结构,没有被满足的需要是人的一切行为的动机。在马斯洛看来,需要满足的程度与人的心理健康程度呈正相关关系。一个人之所以不能得到心理健康的标准,是其需要没有得到满足,反之,如果一个人的大部分需要都得到了满足,他的心理健康程度就会不断提高,成为一个积极、乐观、有归属感的人。

　　马斯洛在《动机与人格》一书中将人的需要按等级排列,由低到高分别规定为生理、安全、归属与爱、尊重和自我实现五大类需要。其中,生理的需要是人最低级别、最低层次的需要,如人对氧气、睡眠、水和食物的需要,这也是人类生存和发展的基本保障。生理需要得不到满足的人,不能发展出更高级的需要。安全的需要是人寻求生命、财产等维持生活的东西免于威胁、侵犯并得到保障的心理需要,它紧随在生理需要之后。归属与爱的需要,也是一种社交的需要,它是社会需要,包括在人际交往中获得关爱与忠诚,被共同体与社会所接纳等。归属与爱的需要是较高层次的需要。尊重的需要包括被人尊重与自我尊重两方面,当人们获得了归属与爱后,就会追求尊重的需要。自我实现的需要是指实现个人的理想,发挥个人的能力。自我实现是最高层次的需要,只有当前四类需要得到满足后,自我实现的需要才会成为主要需要。越是高级的需要,对于维持纯粹的生存就越不迫切,其满足也就越能长久地推迟。[①] 一般来说,这五大类需要是按层次递进的,只有低层次的需要被满足时,才会出现高层次的需要,尚未满足的需要是人的行动的驱动力。这五类需要可以分为低级和高级两个级别,生理需要、安全需要和归属与爱的需要是必须依靠外部条件才能满足的低级需要,而尊重和自我实现的需要是通过自身努力就可实现或满足的高级需要。此外,人是活生生的、存在着的人,一个新

――――――――――

　　① 马斯洛.动机与人格[M].许金声,程朝翔,译.北京:华夏出版社,1987:114.

的需要绝不是在前一个需要满足后，突然间按下开关、跳跃式出现的，而是逐渐从边缘地位过渡到主要位置的。五大类需要之间是相互影响、相互渗透、相互转化的。

比较来看，马克思的需要理论和马斯洛的需要层次理论有很多相似之处。他们都把人的生存需要看作基础性需要。人们为了生活，要满足起码的衣食住及其他需要，这是人生存的前提，也是历史发展的前提。进一步看，两者都认为需要有高低层次之分，且由低向高递进。生理需要是最低层次的需要，满足生理需要之后，满足需要的活动和已经获得的满足需要的工具，将会引起新的需要。低层次需要与高层次需要之间是由量变到质变的辩证发展关系，需要是动态发展的。由于个体或者历史、社会等的差异，需要层次关系会有所变化，而非一成不变。最后，二者都认为人的需要是人的行为的最为直接、有力的动力。马克思是从历史的、宏观的角度论证了这一点，马斯洛则是从心理健康的角度作出了分析。

马克思的需要理论与马斯洛的需要层次理论之间也存在显著的差异。首先，马克思主要是站在哲学的高度，从人类整体的状况分析需要的，马斯洛则是从个体的心理发展入手，研究人的需要，再将其发展为人类的需要。马斯洛曾数次修正他的需要层次说，即是由于他对个体心理的认识发生了变化。其次，马克思主要是从社会实践的角度，与历史、现实相联系研究人的需要，人只有在社会实践活动中才是具体的、现实的人，其需要才能得到满足，才能称之为需要。而马斯洛从纯心理学的角度去分析人的需要，忽略了社会实践活动对人的作用。再次，马克思的需要理论把个体的需要与社会的需要、类的需要联系起来，而马斯洛的需要理论建立在抽象的人性论基础上，需要的最高层次停留在个人的自我实现上，忽视了个体与社会、族群的内在联系。

马克思的需要理论与马斯洛的需要层次理论对探讨美育主体的需要均有一定的启示，应当综合运用两种理论。马克思从人的社会实践活动的角度，解读了需要的属性和作用，重视人的历史性与现实性，应该将其作为分析人的美育需要的指导思想。马斯洛把需要的种种类型作出了系统化的处理，具有多样性、动态性和科学性，符合马克思主义哲学辩证法，但是他没有看到需要也受到客观存在的影响，具有自我中心的倾向，从而将人与社会割裂开来,没有把握住需要的本质。马斯洛也没有对需要作出价值上的判断,他认为需要都来源于先验人性中善的部分,其实,需要也有正当与不正当之分。我们应当汲取马斯洛需要层次理论中的有益部分,如他对人格与审美的研究,运用到美育主体需要的具体分析当中。

美育主体有教育的需要。受教育者作为人,有生存和发展的需要。从教育的中西词源来看,教育有引导、发展人的能力的意思,可以说,教育满足人的生存和发展需要。当主体的教育需要得到了满足,主体就得到了一系列的人生发展方式和价值表现机会,为人成为社会群体的一员提供了充足的准备,为人的自我价值的实现和促进社会的发展提供了可能。相反,如果主体的教育需要得不到满足,其主体性就不能充分发挥,缺乏对个人理想和未来生活的期望和保证,无法创造人生价值与社会价值。总之,受教育者的教育需要是共同和普遍的,是正当的且应该被满足的需要,而且,教育需要是具体的、现实的,随着社会历史的发展而变化着的。

根据马斯洛的需要层次理论,人的需要具有多样性,美育主体的教育需要同样具有多样性。金生鈜教授曾将人的教育需要分为三类:一是学校安全与秩序的需要,即校园物质性的生命安全问题。这是爱护受教育者的生命安全的底线。二是学习与发展机会的需要,即获得知识和经验,通过学业成就而获得自我表现和自我确认的需要。三是价值感和精神的需要,即受教育者的内在发展需要,通过教育丰富受教育者的心灵,使受教育者的心理健康发展。① 金生鈜教授的分类综合了马克思的需要理论和马斯洛的需要层次说,对我们分析美育主体的教育需要有一定的参考价值。

美育主体的教育需要,也可大体分为三种需要。最基本的需要是受教育者在美育活动中的安全和秩序的需要。受教育者进行审美欣赏或艺术创作时,如学习雕塑或者篆刻,会使用刻刀等专业工具,美育活动应当保障受教育者的安全。在学校美育中,美育往往是以班级为单位展开教学的,只有形成有序、规范的课堂秩序,才能保证美育活动的有效开展。在满足美育主体的安全和秩序需要的基础上,美育主体有发展审美能力

---

① 金生鈜.论人的教育需要[J].中国人民大学教育学刊,2011(2):5-15.

和艺术创作能力的需要。美育主体要保存和发展自身,必须获得一定的审美能力和艺术创作能力。通过发展审美能力和艺术创作能力,美育主体能够从美的角度认识和理解客观世界,获得用美的手段改造客观世界的实践能力,为自我的保存和发展提供有力的保障。合理的美育能够促进德育、智育和体育,进一步丰富美育主体的知识和经验等,使美育主体的自我价值得到实现,促进社会的发展。美育主体还有情感的需要。这里的情感主要是指道德情感,如追求平等、渴望自由、维护公正、爱护他人等。情感的生成可以促进人与群体、社会的价值观念相一致,预防或避免主体不健康心理的产生,使受教育者尊重自己,也得到他人的尊重和重视。

美育主体有美的需要。人们会产生美的需要,从美的本质是在实践中主客观相统一来看,美的需要是人类能动地进行社会实践活动时自然产生的需要。人类需要通过一定的审美认识能力和艺术创作能力,生产用以维持生存与发展的产品,而这些产品又反过来促使人们产生美的需要。这就是马克思说的,"生产不仅为需要提供材料,而且它也为材料提供需要,在消费脱离它最初的自然粗陋状态和直接状态之后……消费对于对象所感到的需要,是对于对象的知觉所创造的。艺术对象创作出懂得艺术和能够欣赏美的大众"①。美育需要是在人类社会实践过程中产生的,是一种动态变化的、具有多样性的特殊需要。按马斯洛的需要层次理论,美的需要是一种较高层次的需要。美的需要的满足较为依赖人的主观能动性,它具有一定的特殊之处。

首先,主体最基本的美的需要是一种感性、情感上的满足或愉悦。这一点可以追溯到康德所说的"愉快或不愉快的判断",甚至追溯到古希腊时期的一些思想。这种情感上的满足产生于人类对客观事物的能动认识与创造过程中,例如狩猎的成功、钻木取火或者观察宇宙自然的变化,这些行为不一定都是心理学意义上的快乐,也可能是失败、沮丧等情绪,但都可以使人类获得精神上的满足,丰富人的心灵,使人与动物从本质上相区别。

---

① 马克思.政治经济学批判[M]//中共中央马克思恩格斯列宁斯大林著作编译局,编译.马克思恩格斯选集:第2卷.北京:人民出版社,1995:9-10.

可以说,这种情感上的满足是"自然的人化"所带来的,在它诞生之后,人们一方面通过回忆和想象创作艺术作品,复现这种愉快的情感,满足美的需要;另一方面,人们的社会实践活动又反过来产生新的美的需要。

其次,主体对美的需要是一种超越功利的需要。随着社会的发展,人类文明不断进步,在人类的审美愉悦不断被满足和丰富的基础上,当主体能动地认识或创作一些客观事物,不再考虑具体的功利时,独立的美的价值就出现了。这些美的事物虽然仍部分地附加功利价值,但主要是为了满足人的精神愉悦,使主体沉浸到美的情境中,获得自由、全面的发展。

最后,人们对美的需要还是一种回到自由自觉的人的本真状态的需要。主体在认识和创造美的过程中,采取一种无功利的态度观照客观世界,人的各项生理和心理机能高度地协调一致,体验到一种纯粹的自由和愉快。席勒所说的"通过美的游戏达到必然世界",王国维所说的"境界",都是指这一需要的满足。用马斯洛的话说,当审美主体达到更纯粹、更个别化的"自己"时,他也就更能够同世界融合在一起,同从前的非自我融合在一起……同一性、自我中心的最大成就是在有自身的同时也有超自身,一种在自我中心之上和之外的状态。① 从需要层次理论来看,这种需要的满足是最高层次的个体价值的实现。

还要补充的是,一般而言,美的需要属于较高层次的需要,但在主体的美的需要中,仍有一定的低级需要因素。美产生于人类的社会实践活动,其本质具有实践性和社会性,美的需要不能完全摆脱功利性的因素。易言之,美的需要中仍包含着主体安全的需要,以及主体生存和发展的需要等。例如,梵高在创作油画的过程中仅追求艺术性,但在他生活较为潦倒的情况下,绘画也能够帮助他满足温饱。类似的例子从古至今不计其数。应当辩证地看待主体对美的需要,在大多数情况下,在主体的美的需要中,低层次需要仅占总体比例的一小部分,高层次需要占据主流,但不能完全忽视低层次需要。

综合上面所提到的主体的教育需要和美的需要,可以发现二者有一定的相同之处,也有一些不同的地方。共同之处在于,不论是主体对教育

---

① 马斯洛.存在心理学探索[M].李文湉,译.昆明:云南人民出版社,1987:96.

的需要还是主体对美的需要,其目的性,或者说价值追求是一致的,即为了实现主体的价值,帮助主体建立稳定、高尚的人格,促进主体自由、自觉的发展,二者之间不是矛盾对立的关系,而是一个相互依存、相互渗透和相互转换的关系。区别在于,主体对教育的需要,从根本上说是为了满足主体的生存和发展,不可避免地具有功利性、现实性的因素,而主体对美的需要更倾向于非功利的、超越性的因素。

人的本质是现实的、具体的、实践的人,人性是复杂的,人的需求是多样的,需求的满足与否不足以全面衡量美育价值。

教育活动的核心和目的是人。美育价值通过美的熏陶、情感的升华,使人得到自由、全面的发展。在美育活动中,受教育者与教育者是共同感受、认识和创造美的。用杜威的视角来看,教育者在美育活动中充当的是最贴切不过的引导者,而非灌输者的角色。更进一步看,由于人与人之间的生活背景、理解和感受能力等存在差异,在理想情况下,美育中的教育者和受教育者的关系处于对称、平衡、彼此启发的状态,甚至有可能出现教育者与受教育者的身份互换的情况。从这个意义上说,要理解美育价值的生成,必须正确地认识受教育者和教育者。

先看如何认识受教育者。美育价值的生成,主要是考察受教育者的美育需要是否得到双重意义上的满足。一是受教育者个体的美的需要、教育的需要的满足;二是受教育者与他者、与世界的联系的强化。为了实现这一目的,我们认为要实现美育价值,首先要转变对受教育者的认识。在以往的教育活动中,受教育者往往被认为是固定不变的,尤其在学校教育中,由于多采用班级授课制,受教育者的个体性差异容易受到忽视。美育是一种特殊的教育活动,不论美育课堂是否传授了系统性、理论性的审美观念或艺术创作理念,在具体的美育情境中,受教育者对如何感受美、认识美和创造美都可能存有一套主观的认识,对于教育内容会产生"横看成岭侧成峰"的感受和体会,传统的、灌输式的、同一化的教育方法可能是低效的,甚至会引起受教育者的逆反情绪。此外,美育课堂上有时会出现师生的"身份互换"。尤其是在今天的互联网时代,人们获取信息的途径大大增多,受教育者与教育者关系对调的情况是很有可能发生的。例如,现今的音乐教师大多学习钢琴等西洋乐器,学习中国传统乐器的音乐教师较少,而基础教育课程中安排有一定比例的中国传统音乐赏析,假如某一班级有学生专门学习中国传统乐器,他的乐曲准备和乐理知识未必比专业教师少,对民族音乐的感受和理解可能超过了教师,在这种情况下,这位学生就可能担任着引导其他学生感受美、欣赏美的"教师"的角色。

我们认为,从人的本身可以较好地认识和理解美育活动中的受教育者。在美育中,应当确立一种整全的人的观念,在身心统一的立场上来理解身体,理解受教育者。① 梅洛-庞蒂将身体置于人的本体地位,身体是理解"世界"的起源与中心。梅洛-庞蒂曾说,身体始终和我们在一起,因为我们就是身体。应该用同样的方式唤起我们对世界的体验,因为我们通过我们的身体在世界上存在,因为我们用我们的身体感知世界。② 这里的身体既不是动物性的感觉者,也不是抽象心灵的承载者,而是如马克思所认识的,物质是世界的存在基础,身体是人存在的前提,人是身与心的统一。身体延伸了受教育者的思维、心灵和情感,受教育者的精神通过身体的感知觉而升华。不仅如此,身体还赋予了受教育者能动性,冲动成为完整经验的开始。③ 受教育者的存在是一切美育活动的充分条件和必要条件,也是介入美育活动、进入美的世界的主体。从这个意义上说,受教育者不是一个浅薄的、被灌输的容器,而是一个有无限可能的、未完成的、全息的人。莫兰曾说,任何个人,即使是闭锁在他的最平庸的生活中的人,在他本身也构成了一个宇宙。他在他身上蕴含着他的内在的多重性,包括他的潜在的几个人格,许许多多幻想的人格,处于想象和现实、睡眠和清醒、服从和反抗、公开和隐蔽之间的多重存在,在其难以预测的洞穴和深渊中幼虫般蠕动的各种念头。④ 受教育者不仅限于感知外在的世界,也参与到情感的升华过程之中。总之,从整体的身体的角度认识受教育者,承认受教育者的身体的在场,即是在美育活动中把受教育者看作一个实实在在的经验者。杜威认为,经验指开垦过的土地、种下的种子、收

---

① 孙元涛.身体问题的教育学思考[J].教育理论与实践,2006(19):5-8.
② 梅洛-庞蒂.知觉现象学[M].姜志辉,译.北京:商务印书馆,2001:265.
③ 杜威.艺术即经验[M].高建平,译.北京:商务印书馆,2010:67.
④ 莫兰.复杂性理论与教育问题[M].陈一壮,译.北京:北京大学出版社,2001:43.

获的成果以及日夜、春秋、干湿、冷热等变化,也指这个过程的愉快、希望、畏惧和计划。经验具有"两套意义"。① 在美育活动中,受教育者将普遍意义上的经验升华为审美经验,通过自身的感受、思维的认识等,将"两套经验"融合在一起。这是一种参与式的、全息的美育,受教育者的主体性素质能够在整体上平等有序、全面充分和自由主动地发展。② 一旦受教育者通过感受、认识和创造美获取了这种经验,美育就实现了其价值,哪怕它是"凝结在一个短暂的时刻之中",也可以不间断的在生活经验中"涌现"。换言之,在专门的美育课程之外,受教育者也能够以相似的方式获得美的经验,在生活世界中生成美育价值。在这个意义上说,只要受教育者"在场",就有可能达到席勒所说的那种自由的状态,即:人只有在游戏的时候,才是最自由的、最解放的,才是感性和理性协调统一的人。

更进一步看,受教育者的身与心的平衡、经验的获得,是通过自身的活动而获得的主动的平衡,这一平衡不是教育者刻意营造的,而是在恰当的、协调的情境中看似散漫地自动达到的。这就是马克思所说的,人自由、自觉地认识和改造世界。从这个角度看,可以把握美育中的理性认识和感性体验的应然问题。从人的本质来看,人首先是感性的人。人不仅通过思维,而且以全部感觉在对象世界中肯定自己。③ 人是自然存在物。马克思说,个人怎样表现自己的生活,他们自己也就怎样。人的自由自觉的活动是建立在现实的、感性的基础上的。说一个东西是感性的,即现实的,这是说,它是对象,是感性的对象,从而在自身之外有感性的对象,有自己的感性的对象。④ 这就是说,感性一方面确证了客体的现实存在,因为,不仅五官感觉,而且所谓精神感觉、实践感觉,人的感觉、感觉的人性,都只是由于它的对象——人化的自然界,才产生出来;另一方面感性也证实了主体的现实存在,主体是感性的、现实的、经验的主体。可见,美育应当充分重视感性体验在教育活动过程中的作用,感性体验是美育的起点,

---

① 杜威.经验与自然[M].傅统先,译.南京:江苏教育出版社,2005:8.
② 魏贤超.德育课程论[M].哈尔滨:黑龙江教育出版社,2004:21.
③ 马克思.1844年经济学哲学手稿[M]//中共中央马克思恩格斯列宁斯大林著作编译局,编译.北京:人民出版社,2014:78.
④ 同③107.

没有感性体验,受教育者根本感受不到美,遑论认识和创造美了。遗忘了感性的美育不是真正的美育,而是冷冰冰的、机械的指导、规训。但是,美育中的感性又不能仅停留在受教育者对客体的感知觉层面,而要向更高层次的情感升华。感性证实了人之为人,而不是动物或者机器,人的感性体验不止于感官的满足,应当指向更高层面的人的本质及其本质力量,在感性体验中观照和确证人的属性、人的价值和人的追求。举例来说,元代文学家马致远《天净沙·秋思》中的小桥、流水、人家、古道、西风、瘦马、夕阳,七个词语勾勒出简单的意象,经过感性的升华,能够让读者体会到作者深切的思乡之情以及对生命的珍惜。这种感性有别于简单的感知觉,是升华了的情感体验,可以称之为某种重构的体验,或者马尔库塞所说的"新感性",它将感知觉作了自发性排序或重塑,充分反映出人的价值、力量和本质。由此可见,感性天然地内蕴于美育之中,美育应该重视人的感性发展。同时,应辩证地看待感性。美育所发展的人的感性是人的本质和美的本质的双重体现,美育的感性不是动物性的感知觉,也不是过度的、泛滥的感性,而是有度的、体现着人的本质的感性。

仅发展和满足人的感性还不是人的全面发展,美育也应当发展人的理性,满足人的理性需求。我们分析和反思了理性的异化对美育价值产生的消极影响,但是这不等于要将理性从美育中完全驱逐出去,因为人对世界的认识与改造离不开理性的引导作用。马克思主义政治经济学认为,人是积极地认识和改造自然的,而不是消极被动地适应既定的自然。人类在历史上创造的伟大文明、探索到的自然规律等,无不彰显着人的理性的光辉。假如人的自由自觉的活动过程中没有理性,而是完全按照感觉、本能行事,那么人就失去了他的类本质。不仅如此,在人们对美的认识和创作过程中,也渗透着理性的因素。在艺术作品中,许多事物具有象征性,与深刻的意义相联系。黑格尔曾在《美学》中列举了基督教艺术作品、印度诗歌和伊斯兰文明中所出现的象征符号。在中国文化中,以杜若、兰草等香草比喻君子,也广见于绘画和诗歌等艺术作品中。这说明,如果人不能运用理性去解读艺术作品的象征意义,很难真正把握和理解艺术作品的精髓。叶燮也曾说,"夫情必依乎理,情得然后理真"。尽管对

"理"的理解有古今中外之别,但此言也反映了情感、感性离不开理性。需要注意的是,美育中的理性不只是工具理性,还包括韦伯所说的价值理性。美育价值的工具化是不可避免的。如前所述,从人们对教育的需求、美的需求来看,美育虽然主要是满足人们较高层次的需求,但也不可能无视人们的低层次的需求,相反,只有满足了人们的低层次的需求,才能更好地满足较高层次的需求。也就是说,不论是学校美育、家庭美育还是社会美育,必然带有一定的工具性、功利性的目的,将感受美、认识美和创造美当作一种外在的技巧来学习,以使受教育者能够在现实社会中更好地生存和生活。当然,从根本上说,美育最终指向的是人的内在的、本质的东西,美育价值追求的是人之所以为人的价值,更倾向于满足人的较高层次的需求。这样,理性在美育中应当与感性相配合,引导受教育者的感性体验经过理性的排序、重组,在克服动物性的感性体验或是工具理性的"物化"倾向,获得升华了的情感体验的同时,实现对客体世界的"解蔽",达到或者说回归人的本真状态。用黑格尔的话说,这是在感性直接观照里同时了解到本质和概念。① 这种本质和概念不是唯心主义的绝对存在,而是人的本质及其本质力量,是受教育者对人生意义、价值的真正发现与阐明,这是美育中理性应起到的作用,也是美育的本真价值所在。从以上的分析可知,美育应当辩证地运用理性。一方面,美育不可因噎废食,完全抹除工具理性在美育中的存在价值,而应当正确处理工具理性的因素,充分考虑功利性的、工具性的美育对受教育者的现实需求的满足;另一方面,美育也不可偏废,仍是要站在人的本质的立场,恰当把握价值理性在美育中的作用,使其参与、渗透到受教育者的感性体验之中,将美育的功利价值与超功利价值调和起来。

总的来说,在实践活动中应从三个层次理解和处理美育中感性与理性的关系问题,一是辩证地看待和把握受教育者感性体验中的感性与超感性;二是辩证地看待和把握受教育者理性认识中的工具理性和价值理性;三是辩证地看待和把握受教育者的感性和理性,建立一种感性和理性

---

① 黑格尔.美学:第 1 卷[M].朱光潜,译.北京:商务印书馆,2006:166.

之间的相互协调、融合的关系,消除二者的对立和差异。这样一来,美育的受教育者才能克服和超越工具化倾向和虚无化倾向,实现人的全面、自由的发展。从这个意义上说,处理美育活动中理性和感性的关系,不应以外在的、生硬的、强制的手段去控制和执行,而是要在一种自由发展中达到动态的平衡。如果教育者机械地将理性与感性协调在一起,可能会造成适得其反的效果,导致福柯所说的"负面的规训"。规训的作用是辩证的。不论中西方,在传统教育中都存在着规训,例如中国古人学习"礼"的过程,也是一个"规训"的过程。在一定程度上,规训有其合理之处及存在的必要性,但是在美育活动中,人为地通过外在手段强行规定受教育者如何调节理性与感性,可能会造成美育价值的异化。换言之,如果强行规定受教育者用理性认识或者用感性体验美,就会背离美育的本真的价值。

从以上的分析来看,在美育活动中存在着复数的教育者,教育者同时也是美育活动的参与者。教育者与受教育者一样,是在美育活动中不断地从不平衡状态到平衡状态的过程中对受教育者施加影响的。我们认为,实现美育价值,除了以马克思主义哲学辩证的、变化的、关系的视角看待受教育者,也应以辩证的、变化的、关系的视角看待教育者。首先,就教育活动本身而言,教育者是教育活动的引导者,对受教育者施加着有目的、有计划的影响。教育者引导和促进受教育者认识和学习美育内容中的知识和技能,令受教育者自觉地"内化"美育内容,使美育价值能够生成。其次,美育是一种特殊的教育,蕴含着丰富的审美内容。在美育活动中,教育者对受教育者的引导和影响,不仅限于美育课程所预先规定好的那些内容,而是有更为深层的、不可见的东西需要教育者加以引导和规范。例如,有一些艺术作品用夸张的方式表现作者内心的情感,如蒙克的《呐喊》用暗淡的笔触把声音描绘为静止的画面,淋漓尽致地表达了人类极端的孤寂与苦闷。在美育课程中讲解这幅画,如果教育者不加以引导,受教育者可能会受到画作的影响而产生消极、负面的情绪。这就是说,教育者的任务不仅仅是完成教学工作,而是既要有规划、有步骤地引领受教育者感受和认识美,学习美育中蕴含的知识和技能,获得审美经验,又要循循善诱,有导向性地促进受教育者与美背后的"作者"交流,只有这样,受教育者才可能真正理解美,得到情感的升华。这就是普莱所说的,这些思想来自我读的书,是另外一个人的思考。它们是另外一个人,而我却成了主体;由于理解的达成,"我们就不再仅仅是我们自身"。① 最后,教育者也不能忘记自己是美育的参与者,教育者在与受教育者的交往与对话中,可以将自身的审美经验传授给受教育者。实际上,在美育过程中,教育者也是一个本真的存在者,是"在场"的,是美育活动这个"情境"的参与者之一,也受到了美的影响,自觉或不自觉地感受美、认识美和创造着美。教育者是在对话的、交往的过程中对受教育者施加影响,教育者与受教育者之间是双向的交往而不是单向的灌输。对话是美育活动的重要策略。佐藤学认为,所谓学习,就是跟客观世界的交往与对话,跟他人的交往与对话,跟自身的交往与对话……可以说是构筑世界、构筑伙伴、构筑自身的实践。② 到美育活动中,教育者与受教育者的交流有着深刻的意义,合理的、平等的对话具有深刻的内涵,而不局限于表层化的问答。这样一来,教育者通过对话改变原子式的、单向度的教育模式,促进受教育者不断从思考、反省中发现意义、获得理解。交往也是美育应有的存在的状态。教育者是意义的具体承载者,但教育者不是因知识、技能或经验的优势而凌驾于受教育者之上,而是作为"他者"参与到美育过程中,是作为受教育者的尺度或者镜子,将平等的对话与交往作为一种存在状态来介入美育活动。在美面前,人与人是平等的,但人与人之间又具有显著的差异。正如杜夫海纳所指出的,人是通过他人的模型学会认识自己,通过诉诸他人与自己的类比,以及在他人身上感到的东西来推论自己是谁。他人更多的是作为一个榜样,启发自己成为什么样的存在,而不仅仅是告诉自我并确证自我已经怎样存在的见证人。

总之,从人学角度看,对话与交往是美育价值生成的重要途径,教育者和受教育者不拘泥于"教师"或"学生"的身份,而是一种作为人本身的"在场"。教育者与受教育者的关系是平等的、对称的关系。易言之,美育

---

① 普莱.批评意识[M].郭宏安,译.南昌:百花洲文艺出版社,1992:251.
② 佐藤学.学习的快乐——走向对话[M].钟启泉,译.北京:教育科学出版社,2004:20.

活动是双向甚至多向的、敞开的，需要教育者和受教育者的自觉介入与配合；教育者与受教育者之间固然存在差异，但他们之间的交往是实在的、具体的，这就达成了对话与理解的可能，教育者和受教育者通过真正的对话来交流、理解，不断生成着美育价值。

第二章　当代教育的人学反思

　　随着工业革命、科学革命的兴起和资本主义的快速发展，人类重功利、重技术和重物质的社会风气愈演愈烈，教育领域也未能幸免。现代技术进步和经济发展为教育带来教学手段的创新，也给教育带来了各种困扰。物质主义和技术决定论使教育日益走向"非人"的发展道路。在中国，经历了几十年的以经济建设为中心的改革开放之后，以人为中心、全面看待社会发展和人类自身生活的教育理念依然没有充分形成，如何合理地回归人的社会生活和教育生活，依然是一个亟待解决的重要问题。

　　新中国成立之后，我国"目中无人"的教育始于"阶级斗争"时期，改革开放后依然未能得到彻底改变，甚至在新型科学技术日益发展的今天，人的主体地位依然是模糊的。人的"存在"并没有获得应有的重视。相反，在人与人之间越来越激烈的竞争中，人们却逐渐开始迷失自己，在外在物质利益的驱动下，人被奴化；在各种看似光鲜的荣誉背后，人被物化。与"异化"一样具有相似含义的"物化"概念，最初出现在"西方马克思主义"三大创始人之一的匈牙利共产党人卢卡奇（G. Lukács）的《历史与阶级意识》（*Geschichte und Klassenbewusstsein*）一书中。在该书中，卢卡奇提出，商品结构本质的基础是人呈现物的特征和由此而获得的"'幽灵般的对象性'，这种对象性以其严格的、仿佛十全十美和合理的自律性（Eigengesetzlichkeit）掩盖着它的本质，即人与人之间关系的所有痕迹"。[1] "异化"是指"在国民经济的实际状况中，劳动的这种现实化表现为工人的非现实化，对象化表现为对象的丧失和被对象奴役，占有表现为

---

① 卢卡奇.历史与阶级意识[M].杜章智,任立,燕宏远,译.北京:商务印书馆,2017:131.

异化、外化"。①"人的异化，一般地说，人对自身的任何关系，只有通过人对他人的关系才得到实现和表现。因此，在异化劳动条件下，每个人都按照他自己作为工人所具有的那种尺度和关系来观察他人。"②在《1844年经济学哲学手稿》一书中，马克思曾详细地阐述了在资本主义社会中异化劳动的四种基本特征。其中，人与自己的类本质相异化和人与人相异化③，这两种基本特征不仅遮蔽、而且还消解了人与人之间的关系。卢卡奇的"物化"和马克思的"异化"都指向人与人之间疏远的关系，人不再是具有类本质的人，人远离了人的生活，人走向了非人的生活。

　　人的异化形态在我国的现代化进程中持续发酵着，并很不幸地引领着一种看似"正常"的社会秩序。虽然中国社会的"压缩式"现代化与西方国家的"漫长式"现代化是两种概念，但是它们对人的发展都起着一定的异化的作用。无论是压缩式还是漫长式的现代化，都是把经济发展的目标置于其他目标之上，甚至把对物的追求等同于对人性的追求，使得人趋同于物；另一方面，他们把人看作千篇一律的"人"，即只看到人与人之间的共同点，而忽视了人与人之间的不同点，对人实行大规模的规训成为一种普遍"合理"的社会行为。于此，个体的人渐渐失去存在意义，人的精神空间受到外在事物的挤压和吞噬。

　　当技术已经无孔不入地入侵生活，物质与技术一样也充斥着人的世界之时，人被物质所裹挟、技术所控制，人还是那个人吗？在物质主义与技术决定论的双重影响下，"人—物"关系以及"人—技"关系都发生了颠覆性的变化。在物质和技术面前，人处在被支配的地位，人失去了自由，人与人的关系也出现了疏远和异化。因此，在这个现实世界之中，人已经失去其中心地位。虽然技术的进步与物质的丰盈不断地推动着人类社会的前进和发展，但是人的主体性地位依然没有得到足够凸显，相反其在社会中的地位越来越不重要。人的主体性存在成了虚无的样态，人与人之

---

　　① 马克思.1844年经济学哲学手稿[M].中共中央马克思恩格斯列宁斯大林著作编译局，编译.北京：人民出版社，2014：47.

　　② 同①54-55.

　　③ 同①54.

间的对话在虚拟与现实之间徘徊,人再也回不去,再也成不了那个自己。然而,"人的过失是一种幸运的过失,一个无过失的世界将是次善的"①。因此,正确看待人的过失与过失的世界,就需要我们认识到社会中主体"人"消失的原因,复归教育中"人"的中心位置。我们需要在基于物质而又超越物质主义中重新审视教育中"人—物"的关系,在基于技术而又超越技术决定论中再反思"人—技"的关系,从而在一定意义上和一定程度上扭转"目中无人"教育的不堪局面,回归真正的、属于人的教育。一言以蔽之,人是目的。

第一节 何为教育人学

如何界定教育人学? 怎样给教育人学下定义? 谢弗勒(I. Scheffler)在《教育的语言》(*The Language of Education*)一书中,认为其一般定义有三种类型,即规定性定义(为了交流)、描述性定义(为了解释)和纲领性定义(为了体现行动的计划)。② 虽然现实中并不存在纯粹意义上的规定性定义(stipulative definition)、描述性定义(descriptive definition)和纲领性定义(programmatic definition),但是随着对定义对象多元化需求的产生,定义的类型也逐渐由单一走向复合。正如"思维无内容是空的,直观无概念是盲的"③一样,概念(界定)是直观形式的基础,也是思维得以借助内容而实存的基本要素。因为知识之间有边界,而学科之间也是有界限的,所以为进一步保证研究的科学性和准确性,对"教育人学"概念的界定就显得重要而紧迫。但是教育人学究竟是一门科学还是一种教育理论,或是一门学科,不是简单地用只言片语就能轻易阐述清楚的。下面我们分别通过对"人性""人学""马克思主义人学"和"教育人学"这四个概念

---

① 梅洛-庞蒂. 意义与无意义[M]. 张颖,译. 北京:商务印书馆,2018:130.

② SCHEFFLER I. The Language of Education[M]. 3rd ed. Springfield: Charles C Thomas Publisher,1964:22.

③ 康德. 纯粹理性批判[M]. 邓晓芒,译. 北京:人民出版社,2017:41.

的界定过程,来进一步地廓清和确立教育人学的概念边界和概念解释框架。

一、人性

(一)人的起源

自从有了人,便有了与人有关的讨论,这是一个永恒不变的主题。因为人的存在使得世界上的一切都与之发生联系,人由此自然而然地来到世界的舞台,然而舞台的中心位置会预留给人吗?或者说只有人才配得上这个位置吗?这些问题需要我们进一步地去思考和探讨。假如人是这个世界的主宰者,即使世界是被物质包裹着,人是否可以不被物质所控制?我们从一个比较古老的问题开始——人是什么?

著名的斯芬克斯之谜来自《俄狄浦斯王》这一古希腊戏剧。斯芬克斯是希腊神话里的一个狮身人面的怪兽,它常要求路人猜谜:早晨四条腿走路,中午两条腿走路,晚上三条腿走路的东西是什么?假如路人猜错答案,就会被害死。戏剧中提及,俄狄浦斯猜到了谜底是"人"。因为婴儿用四条腿爬行,成人用两条腿直立行走,最后老年人用三条腿走路(即用拐杖辅助行走)。这便是关于人的古老问题的由来,后来人们把斯芬克斯比喻为像谜一样的人。斯芬克斯之谜肇启了"人"这个既古老又永恒的谜题,吸引着人们不断地对其探究和思考。在这一探究和思考的过程中,人类不断加深对自身的追问,即"认识自我",也逐渐开启了人类理性的大门。

生物分类学的主要目的是理清各生物群之间的进化关系和亲缘关系,这是从生物学的视角出发来看人的起源。自瑞典生物学家林奈以降,生物学家们才开始用域(Domain)、界(Kingdom)、门(Phylum)、纲(Class)、目(Order)、科(Family)、属(Genus)、种(Species)对生物加以分类。其中"种"和"属"分别是最小的和最常见的分类单位。据可查资料记载,现代人的祖先是后期智人。人科"包括南方古猿(Genus australopithecus)和人属(Genus homo),前者今已灭绝,后者包括能人(H. habi-

lis）、直立人（*H. erectus*）和智人（*H. spasiens*）三种"①。那么现代人（智人）又是如何进化而来？一个重要的转折点便是现代人（智人）对工具的使用。工具出现了，人类的文化便有了新的起点，人类的文明也就此迈上了新的台阶。对工具的使用成为人的发展的重要标志之一。但是，除了工具以外，人的发展与成长还受到"语言、社会组织等重要文化现象"②等的影响，因此，对"人是什么"这一问题的回答尚不够充分。要正确理解人性，显然离不开对人格的追问。

（二）人格

人格是人的主要属性。人格，首先从词源上看，又称"人性"（Persona），最早起源于拉丁文，其意思是"面具"或"脸谱"，指的是在舞台表演时呈现给观众的面孔，特指在戏剧中扮演的特殊角色。在德语中，人格（Persönlichkeit）的意思是指有个性的人。于是，"角色""人格""人性""面具""个性""自我"等都有了接近的含义。之后，哲学、心理学、伦理学、法学、美学、宗教等领域都将"人格"列为主要研究对象，这使得人格具有了多重规定。虽然人格与人性都是人的重要方面，但是它们之间依然有所不同。不同的概念，需要通过不同的语境或范畴来具体把握、详细考察。

从心理学上看，人格可以认为是"个体在行为上的内部倾向，它表现为个体适应环境时在能力、情绪、需要、动机、兴趣、态度、价值观、气质、性格和体质等方面的整合，是具有动力一致性和连续性的自我，是个体在社会化过程中形成的给人以特色的心身组织"③。把人格看作一种自我和一种心身组织，有助于在特定的社会情境下，系统地考察个体的内部状态以及外显行为的样式，从而能够有助于全面地研究人。可见，人格心理学是从个体的整体性、持续性和生存环境等角度全面概括了人格定义。进一步讲，基于人的整体性的研究视角为人格概念的未来发展提供了重要的基础。

---

① 庄孔韶.人类学通论[M].太原：山西教育出版社，2003：91.

② 韩青民.当代哲学人类学：第1卷[M].北京：中国社会科学出版社，2015：9.

③ 黄希庭.人格心理学[M].杭州：浙江教育出版社，2002：8.

从伦理学上看,人格通常被理解为人品(人的善与恶,即人品好与坏)或思想水平(高尚与低下,或节制与放荡)。在现实世界中,"大丈夫"或"男子汉",一般是指有节操、有气节的人;而那些虚伪的人常常被称为"伪君子"。由此可见,从应用伦理学的视角来看,人们对人格的认识大多数是基于一定意义上约定俗成的价值判断。如对"大丈夫"或"伪君子"的判断,基本的标准是个体(人)的品格、道德境界、思想水平等。然而,这些实际上又都是社会文化环境对人产生的影响。如此,人格的伦理学意义不仅是伦理层面的,还应当包括社会文化对人的影响作用。

在美学上,可以从不同的审美视角来考察人格的美学含义。第一,美不自美,因人而彰。这句话出自柳宗元《马退山茅亭记》一文。原文为:"夫美不自美,因人而彰。兰亭也,不遭右军,则清湍修竹,芜没于空山矣。是亭也,僻介闽岭,佳境罕到,不书所作,使盛迹郁埋,是贻林间之愧。故志之。"①这一视角所指向的审美人格蕴含着明显的主体色彩,如主体的选择和判断。因为美的事物或者说以美的形式而存在的事物,它们之所以是美的,并不完全取决于其自身,在大多数情况下是由人来决定的。正如一千名读者就会有一千个哈姆雷特。第二,"象"如日,创化万物,明朗万物。宗白华对此的解释是:"'象'为建树标准(范型)之力量(天则),为万物创造之原型(道),亦如指示人们认识它之原理及动力。"②这一视角所呈现的审美人格与人的审美活动有关。人在特定的审美活动中,不仅提升自身境界,还升华自我人格,同时他还创造了一个点亮人生、充满情趣的意象世界。美学意义上的人格不仅突出了人的主体性,也强调审美实践活动对人自身境界提升的助推作用。

概而言之,人格与人的起源一样,都具有一定程度上的模糊性、不确定性和无规律性等共同特征。因此,全面地看待人格,可以把人格看作心灵与身体的具身共存,它系统地概括了一种整体人的精神面貌。人格和精神面貌以及人性三者之间具有内在的高度同一性。

---

① 柳宗元.柳宗元集[M].北京:中华书局,1979:729.
② 宗白华.宗白华讲稿[M].重庆:重庆大学出版社,2014:153.

（三）人性

从西方思想史来看，自希腊文明以降，理性被看作人性的核心要素。如柏拉图把人视作理性的动物，亚里士多德提出人是政治的、社会的动物。到中世纪，上帝的神性取代了理性，成为人格的基础。在这一时期，神性高于人性，神性高于一切。再到近现代，人的主体性得到了宣扬，人与人之间的主体间性得到了显现。可见，自亚里士多德提出人是政治的、社会的动物以后，对人性的研究主要是在探究人的本质，通过把人与动物区别开来，实现对人的本质的探究。由于存在目的论（Teleology）"在希腊语中是指目的、目标和意图的研究"①的理论传统，西方的理论家们在人性的研究上一直承袭着这一传统。由此可见，"目的论"的研究传统是研究人性的主要路径之一，也是著名的苏格拉底命题"认识你自己"的出发点。之后，梅特里（L. Mettrie）、卡西尔等在传统目的论的基础之上都取得了人性研究的重要理论成果。

梅特里在《人是机器》（L'Homme Machine）一书中指出给人下定义的复杂性，他说："人是一架如此复杂的机器，要想一开始便对它有一个明确的完整的概念，也就是说，一开始便想给它下一个定义，这样的事是不可能的。"②他用类比的手法，把人类比成机器，同时强调了人的复杂性。现实中，身为医生的拉·梅特里是从人的身体（物质）出发来探讨人性。他一方面继承了亚里士多德关于人是一种政治动物的言说，另一方面强调在起源方面人与动物非常相像，而且人是生而具有智慧和敏锐道德本能的一种动物。③

卡西尔在《人论：人类文化哲学导引》（An Essay on Man：A Intro-duction to a Philosophy of Human Culture）一书中提出了一个著名的命题："符号即人的本性之提示。"④或者说人的本性是符号，也就是说"人是符号的动物"。他认为，对于人的认识"首先就必须摆脱人的一切外部

① 麦克利什.人类思想的主要观点——形成世界的观念：下卷[M].查常平，刘宗迪，胡继华，等译.北京：新华出版社，2004：1437.

② 梅特里.人是机器[M].顾寿观，译.北京：商务印书馆，1959：17.

③ 同②70-71.

④ 卡西尔.人论：人类文化哲学导引[M].甘阳，译.上海：上海译文出版社，2013：40.

的和偶然的特性"①,在排除所有非内在的特性之后,人的本性才能得到解蔽。因此,探究"人是什么"的问题应该从人的内部向人的外部延伸。人应该是什么? 一般来说,人在文化创造的实践中,既离不开人的理性判断能力,也离不开人的感性认识。或者说,如果人没有对自己的感性认识,就不会有对自己的理性筹划,而人对自身的理性筹划又是人对自身感性认识的升华。因此,文化创造的过程就是人的感性与理性交融的过程,正是感性与理性的圆融一体,才折射出了人的意识和思想文化的光辉。因为人是主体性的人,人的对象世界只能是人的世界,而动物没有对象世界,它们充其量只是生活在人的世界里的生物。不过梅特里与卡西尔都没有真正厘清人与动物的区别,当然也没有能够真正地凸显出人的独特性。实际上,梅特里比卡西尔更加强调人的物质性,即从人的身体维度探索人的特性;卡西尔则强调人的抽象性,即从符号的维度探析了人的特征。在梅特里与卡西尔之间,休谟、康德和舍勒也为人性的研究贡献了各自的理论观点。

大卫·休谟关于人性的理论都集中在他早年的著作《人性论》(*A Treatise of Human Nature*)一书中。他从构成人性的知性、情感和道德这三个基本要素出发阐释了"人的科学","这种人的科学必须建立在经验和观察上,哲学必须引用'推理的实验方法'"②。休谟试图通过在精神科学中采用实验推理方法来探索人性的奥秘。休谟继承和发展了约翰·洛克的"天赋"观念和乔治·贝克莱的"存在就是被感知"的思想,提出人类心灵中的一切知觉都可以分为"印象"和"观念"两种。前者是指进入心灵时最强最猛的那些知觉,如感觉、情感和情绪;后者一般指感觉、情感和情绪在思维和推理中的微弱意象。③

从《实用人类学》(*Practical Anthropology*)到《哲学人类学》(*Philosophical Anthropology*),从伊曼努尔·康德到马克斯·舍勒,"人是什么"的设问一直都是谜一样的存在。对"人是什么"的问题,刘小枫在《哲

---

① 卡西尔.人论:人类文化哲学导引[M].甘阳,译.上海:上海译文出版社,2013:13.
② 梯利.西方哲学史:增补修订版[M].葛力,译.北京:商务印书馆,1995:384.
③ 休谟.人性论:上册[M].关文运,译.北京:商务印书馆,1980:1.

学人类学》编者前言中提出："前者是基于启蒙哲学废除了习传宗教的教化，后者是把现代性问题作为其人学思想的出发点。"①最先提出哲学人类学即人学的德国哲学家马克斯·舍勒认为，"人"与"动物"具有本质上的区别。"人"作为一种总体概念是与"动物"完全对立的，这才是人的本质，它"赋予作为人的人一个特殊地位，任何一种有生命的物种的任何其他特殊地位都无法与之比拟"②。

马克思一方面从新唯物主义的视角提出人的本质，另一方面从实践的视角提出人类创造活动的特性，这实际上是对人与动物本质区别的最有力的揭示。马克思指出："费尔巴哈把宗教的本质归结于人的本质。但是，人的本质不是单个人所固有的抽象物，在其现实性上，它是一切社会关系的总和。"③"没有自然界，没有感性的外部世界"④，人什么也不能创造。马克思的实践观认为："通过实践创造对象世界，改造无机界，人证明自己是有意识的类存在物。"⑤人是主体、他者及类主体的聚合体，是兼具自然属性与社会属性的存在物，是认识主体与价值主体的统一。

从中国思想史上看，先哲们对人性的探讨始于孔子、孟子的性善论和荀子的性恶论。之后董仲舒充分吸收并发展了性善论和性恶论，并在其基础上形成了独特的新人性论——性三品说。性三品说是指上等的"圣人之性"为先天之善，下等的"斗筲之性"为下愚之性，中等的"中民之性"为多数人之特性。他还认为："性者，天质之朴也。善者，王教之化也。无其质，则王教不能化。无其王教，则质朴不能善。"⑥总之，从先天纯粹性到后天现实性，董仲舒把人心分为"性"和"情"两个方面，并重新理解了性与善之间的关系。韩愈（公元 768—824 年）继承和发展了董仲舒的性三

①　舍勒.哲学人类学［M］.魏育青，罗悌伦，等译.北京：北京师范大学出版社，2014：3.

②　同①132.

③　马克思，恩格斯.马克思恩格斯文集：第 1 卷［M］.中共中央马克思恩格斯列宁斯大林著作编译局，编译.北京：人民出版社，2009：505.

④　马克思.1844 年经济学哲学手稿［M］.中共中央马克思恩格斯列宁斯大林著作编译局，编译.北京：人民出版社，2014：48.

⑤　同④53.

⑥　董仲舒.春秋繁露［M］.长沙：岳麓书社，1997：177.

品说,他在《原性》中强调性与情之区别,提出了"情之于性视其品"的新观点。从孔子到韩愈,他们都是围绕着"性"与"情"的辩证关系来探讨人性。从人性一元论到人性多元论,与人性有关的研究虽然尚处初步阶段,但却为周敦颐、张载、程颢、程颐、朱熹、陆九渊等哲学家继续从事人性研究打下了理论基础。

周敦颐(公元1017—1073年)提出了性五品说。他认为人性是由金、木、水、火、土五行的特性所规定的,而且这些特性是由外物触发人的内心而呈现出来的。他用"诚者,圣人之本",解释了如何通达"中庸"的人性境界。张载(公元1020—1077年)从"气"一元论的宇宙观出发来阐明人性,提出人性有"气质之性"和"天地之性"之分。他的人性学说不仅超越了性善、性恶的人性一元论,还实现了对人性的还原,从而使人性理论的研究进入到下一阶段,成为宋明理学人性学说的一个重要部分。程颢(公元1032—1085年)和程颐(公元1033—1107年)共同确立了理学研究的最高范畴就是"理"。程颢认为"天者,理也",程颐则提出了"性即理"的命题。他们分别从道德修养和人的本性两个方面构建了新的人性理论。之后,程颢的思想发展成为"心"学派,陆九渊沿袭了这一学说传统;程颐的思想演变成了"理"学派,并为朱熹所继承。

朱熹(公元1130—1200年)继承了理学传统,史称"朱学"。朱熹对"性与理""心与性""事与理"这三对关系进行了整体把握。他创造性地提出了"性"即天地之理的观点,即"性"是性、理、心和事的总和。他还把"天理"与"人欲"对立起来。陆九渊(公元1139—1193年)继承了心学传统,史称"陆学"。陆九渊认为:"道塞宇宙,非有所隐遁。在天曰阴阳,在地曰柔刚,在人曰仁义。故仁义者,人之本心也。"[①]在此基础之上,他提出了"心即理""心为本"的宇宙观。换言之,人都有此心,心都有此理,因而,宇宙万物也只有一个理,人也只有一颗心。可见,陆九渊努力调和"天理"与"人欲"的对立关系,也尝试建构了"天人合一"的新人性观。综上,程颢、程颐、朱熹、陆九渊从不同方面丰富了人性理论的内涵。

王阳明(公元1472—1529年)主张"心即理"的观点,他提出了"心即

---

① 陆九渊.陆九渊集[M].北京:中华书局,1980:9.

理"的人性一元论。之后,在人性一元论的基础上,王阳明创立了"天人合一"的阳明心学。颜元(公元 1635—1704 年)在阳明心学的基础上,再次从心和性的关系出发,提出了"气质之性"的人性一元论。此后,中国人学思想的发展,开始向近代过渡。

随着近代工业社会的到来,"目的论"的传统遭到了破坏,"技术决定"与"物质主导"的社会现象也直接影响了教育领域。虽然教育应该面向现代化,但是伴随着现代化的不断推进,各种不良教育问题也接踵而来。基于此,此处研究人性主要遵循三条线索。第一,遵循古代人性论的发展逻辑;第二,随着近代工业的发展,在"物质主导"和"技术决定"的双重压力下,重点探究"目中无人"教育现象的成因、形成机理及破解之道;第三,在新时代的感召之下,倡导回归"目的论"的传统,重新强调"人是目的"的基本主张,回到人的教育。

二、人学

(一)有关"人学"的各种英文翻译

关于"人学"一词的英文译名有不少。如 Hominology[①]、Human

---

① KAHN T C. An Introduction to Hominology: The Study of the Whole Man[M]. Springfield: Charles C Thomas Publisher,1969;题目的中文翻译是《人学导论:关于整体人的研究》。陈志尚在《人学新探索:来自马克思主义哲学视角的反思》一书提出,"人学(hominology)不同于人的科学(the science of man)",此处的"人学"也被翻译成 hominology。冯建军 2017 年在《华东师范大学学报(教育科学版)》第 2 期上发表了《关于建构教育人学的几点设想》一文;该文章题目的英文翻译是:Some Ideas about Constructing Educational Hominology。扈中平、蔡春、吴全华等 2015 年在高等教育出版社出版了《教育人学论纲》一书;题目的英文翻译是:Compendium of Education Hominology。中国人学学会简介 [EB/OL]. http:// ex. cssn. cn/mkszy/zgrxxh/201408/t20140806_1282023. shtml, 2014-08-02;中国人学学会的英文翻译是:China Hominology Society,缩写 CHS。

Studies①、Philosophical Anthropology②、Human Dimension③ 等。从"人学"的各种英文名称可以看到,人学研究的对象是人,但人学研究的范围却很广,人学研究的方法也很多元。

(二)关于"人学"的思考

在《人学导论:关于整体人的研究》(*An Introduction to Hominology: The Study of the Whole Man*)一书中,卡恩(T. C. Kahn)认为"人学"一词是"人"的拉丁语 homini 和 "知识"的希腊语 logos 混合而成。④换句话说,"人学"应是关于人的逻辑知识的合体。在中国第一部《人学词典》中,学者们提出,人学是"关于作为整体的人及其本质的科学"⑤,是"关于人的各个方面的综合性的科学理论,它应该提供人的完整图景和人的本质"⑥。

卡恩概括了人学所具有的五个方面特征:第一,人学是非学科化和非专业化的;第二,人学研究抽象的问题,如人的伦理(道德、价值、宗教);第三,人学关注人的过去、现在和未来;第四,人学作为理解人类的先决条件,它建议让学生去尝试自我理解,以便学生能够意识到影响他自身所构成假定的哲学承诺;最后,人学强调中立性的态度,它不会为学生提供任

---

① 祁志祥. 人学原理[M]. 北京:商务印书馆,2012;书名的英文翻译是:Principles of Human Studies。

② 沈亚生,李莹,袁中树. 人学思潮前沿问题探究[M]. 北京:社会科学文献出版社,2010;书名的英文翻译是:Frontier Issues of Philosophical Anthropology Doctrines。舍勒. 哲学人类学[M]. 魏青青,罗悌伦,等译. 北京:北京师范大学出版社,2014;书名的英文翻译为 Philosophical Anthropology。

③ 舒志定. 马克思为教育设定的人学前提[J]. 陕西师范大学学报(哲学社会科学版),2019(1)27-34;题目的英文翻译是:Marx's Establishment of the Human Dimension of Education Premises。徐晓宇. 康德的自由观及其人学维度[D]. 长春:吉林大学,2012;题目的英文翻译为:Kant's Freedom Theory and Human Dimensions。

④ KAHN T C. An Introduction to Hominology: The Study of the Whole Man[M]. Springfield: Charles C Thomas Publisher,1969:6.

⑤ 黄楠森,夏甄陶,陈志尚. 人学词典[M]. 北京:中国国际广播出版社,1990:1.

⑥ 同⑤前言.

何教条或指示。①

针对卡恩对人学特征的第一点概括,中国学者赵敦华在《西方人学观念史》一书的序言中写道:"卡恩把人学理解为'非学科'和'非专业'的观点是可以商榷的,但他对人学性质的这一描述至少反映了这样一个事实,即大多数西方的和中国的学者还没有把西方人学史当作一门学问来研究,甚至没有把人学作为一门学科。但是,人学在各门学科中又可以说是无所不在。"②

此外,赵敦华还认为,人是一种文化的存在,人的哲学在此层意义上就是文化的哲学。"人学的归属是哲学,但不是现有哲学史上讲的那种纯哲学,而是一种大哲学,即更多涉及的是宗教、政治、经济、科学、社会等领域的文化观念。"③综上所述,赵敦华与卡恩一样,他们都认同人学的"无所不在"的特点。虽然卡恩把"人学"当成"非学科"和"非专业"的观点有待商榷,但是他对人学研究的最大贡献在于引起了人们对人学研究的关注。否定之中含有肯定,对卡恩人学性质描述的否定,实际上既肯定了他对人学理论建构的贡献,也肯定了他所建构的人学理论体系的相对完备性,为今后人学发展成为一门真正的科学奠定了坚实的基础。

从卡恩到赵敦华,我们可以试着作这样几点思考:第一,人学研究对象的普遍性决定了人学应是宏观层面上的哲学,因此人学研究方法应该符合历史与逻辑的统一;第二,人学是一门综合、独立的学科,这是不争的事实。因为它不仅是关于人的综合研究,而且还以整体人的自身为其研究对象,所以人学研究实际上离不开对"人—物"和"人—技"等关系的拷问,也离不开关于人的本质以及人的存在的一般规律的探讨;第三,虽然哲学和人学的研究对象都是人,但是人学与哲学是不一样的学科,假如把人学与哲学等同起来,那么这将在一定程度上窄化人学研究的范围,也会在一定意义上忽视人学这门学科的独立性。总的来说,人学不仅与哲学

---

① KAHN T C. An Introduction to Hominology: The Study of the Whole Man[M]. Springfield: Charles C Thomas Publisher, 1969:5-6.

② 赵敦华.西方人学观念史[M].北京:北京出版社,2005:1.

③ 同②2.

相关,它还与心理学、社会学、教育学等都有着密切关系。

综上所述,从本体论视角出发,本研究视域下的人学是关于整体的人及其本质的科学,即"关于人性和人的本质的学说"①。另一方面,人学与人的哲学、人的科学都既有联系又有区别。人的哲学是指"能使我们洞见这些人类活动各自的基本结构,同时又能使我们把这些活动理解为一个有机整体"②的学问;人的科学是指研究人的具体科学,如教育学、心理学、人类学等,主要研究组成人的各个部分。可见,人学不同于人的科学,也不同于人的哲学。它们三者之间的联系体现在研究对象上,如人的哲学、人的科学和人学都是以人为研究的出发点;它们之间的区别体现在研究范畴上,如人学的研究范畴蕴含了人的哲学和人的科学。

值得人们重视的是,人学在中国一般是指马克思主义人学。中国的马克思主义人学研究始于20世纪80年代,在我国物质文明与精神文明的建设初期。从那时起,国内学术界就对"人"的问题越来越关注,从而开始了关于"人道主义"的真理标准大讨论。综合来看,人学实际上泛指一切与人有关的问题的研究,因而更接近于人的哲学。正如东欧马克思主义者亚当·沙夫(A. Schaff)所认为:对哲学而言,人的命运是一个主题。③ 如在德尔斐神庙前"认识你自己"的铭文那样,"人"始终是人类社会探索的永恒命题。

三、马克思主义人学

马克思曾在《1844年经济学哲学手稿》中提出:"自然界是关于人的科学的直接对象。人的第一个对象——人——就是自然界、感性;而那些特殊的、人的、感性的本质力量,正如它们只有在自然对象中才能得到客观的实现一样,只有在关于自然本质的科学中才能获得它们的自我认

---

① 李中华. 中国人学思想史[M]. 北京:北京出版社,2004:5-6.
② 卡西尔. 人论:人类文化哲学导引[M]. 甘阳,译. 上海:上海译文出版社,2013:115.
③ SCHAFF A. A Philosophy of Man[M]. London: Lawrence & Wishart,1963:49.

识。"①这是马克思最早提出的关于人的自然科学和人文科学两者融合的观点，这一观点深刻地揭示了人的本质兼具感性和自然性的特征。

以黄楠森、韩庆祥、陈志尚、丰子义等为代表的马克思主义人学研究的中国学者，参与了中国的马克思主义人学理论的建设工作。20世纪80年代"人道主义"大讨论后，黄楠森、韩庆祥和陈志尚等大批学者出版了一系列人学研究的著作②，大大丰富和发展了中国马克思主义人学理论。1997年中国人学学会的成立，标志着中国人学研究迈向了新的历史阶段。中国人学学会每年举行年会，最近2018年的中国人学学会年会由天津师范大学举办，主题为"新时代社会主要矛盾与人的发展"。在我国从事马克思主义人学研究的学者众多，以下介绍黄楠森、韩庆祥和陈志尚这三位马克思主义人学的代表性学者的主要学术观点。

（一）黄楠森的观点

黄楠森认为，马克思主义人学研究的关键，首先就是要弄清楚人学的基本概念。他提出，人学研究要从三个既有区别、又有联系的概念出发。一是人的属性。人的属性很宽泛，指人的任何性质，包括大小、高低、深浅等，也是人学概念中的最外层的部分。二是人性。人性是人学概念中的次外层部分，是指能把人和动物区别开来的任何性质，也是人的属性中范围比较小、层次比较高、深度比较深的部分。三是人的本质，指人性的最根本部分，即人的社会实践。人的本质是人学概念中最核心的部分。人的物质性、生命性、动物性、社会性以及其他性质都是人的属性，其中，社会劳动或社会实践是人的本质。③ 人学的基本概念要从上述三个层次来全面把握。

---

① 马克思.1844年经济学哲学手稿[M].中共中央马克思恩格斯列宁斯大林著作编译局，编译.北京：人民出版社，2014：87.

② 韩庆祥.马克思的人学理论[M].郑州：河南人民出版社，2011；韩庆祥.现实逻辑中的人：马克思的人学理论研究[M].北京：北京师范大学出版社，2017；黄楠森.人学的科学之路[M].郑州：河南人民出版社，2011；陈志尚.人学新探索：来自马克思主义哲学视角的反思[M].北京：北京师范大学出版社，2016；人民出版社.关于人的学说的哲学探讨[M].北京：人民出版社，1982.

③ 黄楠森.黄楠森自选集[M].北京：学习出版社，2005：115-133.

其次,是要把握人学研究的基本问题。人学研究的对象对应着人学研究的基本内容。明确规定这点后,人学在科学体系中的地位才能得以成立。针对人学研究的对象,黄楠森指出:"人学是对一般的个人而不是对由一切个人构成的人类进行研究,虽然这两种研究很难截然分开;它不是对人的某一侧面进行专门研究,而是运用哲学的方法和各门学科的知识,对人的各个不同侧面进行综合研究,借以获得人的完整形象,也就是作为整体的人的图景。因此它以一切关于人的具体科学而不是某一特定的具体科学为基础,同时又超越具体科学之上;它以哲学为指导,同时又不同于哲学;它对人的研究既是静态的,又是动态的,即不但要揭示人的本质,而且要揭示人存在和发展的规律。"①黄楠森还认为,人学研究的基本内容应该包括人与自然、社会、历史、个人生活、社会生活的人的现代图景,还应该从人的本质、人的地位、人的发展以及人的存在和发展的规律等来揭示人的本质特征。②

再次,黄楠森充分借鉴了钱学森关于科学技术体系的观点,指出了人学在科学体系之中具有重要地位。他认为,人学应该是比一般哲学低一个层次的科学,在某种程度上接近于人的哲学,但是人学与人的哲学、哲学人类学以及人类学等既有区别、又有联系。③

总的来说,黄楠森的人学观强调人学是在实践活动中探究整体(完整)的人的发展的学问,它不是横向地研究人,也不是纵向地看待人,而是以纵横交错的实践方式来研究作为整体的人的发展。因此,黄楠森的人学研究告诉我们,必须用辩证唯物主义和历史唯物主义的方法来研究人学,明确地规定人学研究的对象,并审慎地鉴别人学与相邻学科的研究对象。唯有如此,才有可能构建一个关于人学的科学体系,为人学能够发展成为一门真正意义上的科学作努力。

(二)韩庆祥的观点

韩庆祥在《人学何以可能——兼评近年来我国的人学研究》一文中提

---

① 黄楠森.黄楠森自选集[M].北京:学习出版社,2005:361-362.
② 同①362-371.
③ 同①372-382.

出,要建立一门相对独立的马克思主义人学,才能填补当前人学研究上的空白。目前我国人学研究亟须对西方人学理论进行理性、自觉和科学有效的分析和客观的评价,与西方学者进行平等的对话。韩庆祥认为:"人学研究完整的个人时,既注意个人在横断面(静态)上的完整性,即探究个人的完整本质和存在,又注重人在纵向(动态)上的完整性,即完整考察个人历史发展的一般规律。"①在韩庆祥看来,马克思强调个人自由和全面的发展,这是马克思人学的出发点,也是马克思人学成为一门科学的人学的理论基础,还是人学理论中个人和社会关系的统一。

马克思人学理论的形成和发展经历了五个重要时期,第五个时期,即《资本论》时期显得尤为重要。韩庆祥认为,人学理论可以成为一种科学形态,是因为"它从个人和社会经济关系一出发,并遵循一定的科学方法论,全面系统而又深入地研究了人的或个人的问题的各个方面,形成一套完整的人学理论"②。韩庆祥还认为,"在马克思的学说中,不仅蕴含着专门而又系统的人学理论,而且这一理论自始至终是他关注的重要问题之一"③。韩庆祥通过对马克思人学思想全面、系统的梳理,完成了对马克思人学理论的建构和阐释。总之,无论是基于一般的人学研究,还是马克思人学研究,或者是马克思主义人学研究,韩庆祥的人学研究进一步阐释了马克思关于人的基本学说,将它建立在对人的完整图景和人的本质学说的理解基础之上,从而实现了对马克思主义人学理论的建构。

(三)陈志尚的观点

人学是21世纪的显学。陈志尚首先把人学定义为"从整体上研究人的存在、人性、人的本质、人的活动和发展的一般规律以及人生价值、目的、道路等基本原则的学问"④。他从"现实的人"出发,摒弃"抽象的人",

---

① 韩庆祥.人学何以可能——兼评近年来我国的人学研究[J].学术月刊.1997(1):28-35,47.

② 韩庆祥.现实逻辑中的人:马克思的人学理论研究[M].北京:北京师范大学出版社,2017:115.

③ 同②119.

④ 陈志尚.人学新探索:来自马克思主义哲学视角的反思[M].北京:北京师范大学出版社,2016:5.

将"以人为本"的原则贯穿于人学研究中,通过对事物和概念具体的、历史的、辩证的分析,来逼近人学的核心问题——如何正确认识人性和人的本质。[①] 与黄楠森和韩庆祥的人学观点相比较,陈志尚第一次提出了要把"系统论"运用于马克思主义人学的理论研究中。此外,他还提出了"古为今用"的马克思主义人学主张,把源自中国古代《管子》中的"以人为本"的"民本思想"作为马克思主义中国化的一个典范。他提出,古代的"民本思想"具有崭新的含义,它与"马克思人学思想的精神实质是完全一致的"[②]。概而言之,马克思主义人学的发展不仅需要立足于当代,还要运用历史唯物主义和辩证唯物主义的基本原理,来对"民本思想"加以丰富和改造。

综合来看,黄楠森、韩庆祥和陈志尚的马克思主义人学理论观点为之后的教育人学研究提供了路径或线索。通过他们的研究,我们发现:教育人学研究定然离不开马克思主义理论的指导,马克思主义人学理论是教育人学理论发展的重要理论基石;研究教育人学,首先要研读马克思主义的经典文本;教育人学研究需要借助文本分析和理论分析的综合方法。

四、教育人学

国内教育人学研究的理论观点主要散见于王啸、扈中平、冯建军和魏贤超等学者的相关学术著作中。王啸认为,作为人学的教育学应当完成人学的两大使命,即反奴化和反物化。扈中平同样认为,人所遭遇的生存的价值与意义危机,在于人"生活在别处",即人已经被"物化"与"异化"了。冯建军则提出,教育只有先关注整体人的发展,才能构造出完整的教育图景来。而魏贤超强调,人与人不一样,人与物也不一样,教育要回归人的教育。

(一)王啸的观点

王啸在《教育人学——当代教育学的人学路向》一书中,首先亮出了

---

① 陈志尚.人学新探索:来自马克思主义哲学视角的反思[M].北京:北京师范大学出版社,2016:24-27.

② 同①24.

"教育学是人学"的基本主张。这是因为,"人是他自己命运和生活的创造者"①,要"让人回到教育,让'人是目的'成为教育的基本原则,并以人的方式来把握人、理解人。因为,'人'的观点改变了,'教育'的观点也必然随之发生改变。所以,改变对'教育'的看法,关键在于重新理解人、人的本性、人与世界的关系"②。换言之,教育只能是人的教育。王啸的教育人学观点主要围绕三个方面展开:(1)从"人是教育的对象"和"人是认识教育的主体"两条基本线索出发,强调教育是以"人"为目的的;(2)基于人之生成的存在论、价值论和目的论三个维度,综合探究了人的存在方式;(3)从批判决定论出发,把教育理解为是一种人对人的活动,认为教育是师生认识、关切、交往的一种活动,而"关切"是师生关系的灵魂所在。③

(二)扈中平的观点

与王啸一样,扈中平在《教育人学论纲》一书中,也提出了"教育学乃人学"的观点。"教育学乃成人之学,所有与人有关的学科都与教育学相关",而且"教育学与教育实践奠基于关于'世界'的学问与关于'人'的学问"④。扈中平指出了教育人学与人学在话语体系和分析框架上的差别,他认为:"教育人学绝不能照搬人学的术语体系与分析框架,而是要在人学世界观、信念和方法论指导下,整体性、实质性地把握与透视教育,对教育(学)世界进行生动但深刻的描绘,使真实的、大写的'人'凸显于教育中,并使这种教育人学世界观成为每一位教育实践者的个人教育哲学,成为教育者的内隐的教育观念;因为只有成为教育者的内心信念,'人'才有可能真正获得展示自我的机会。"⑤可见,教育人学研究的过程,不是理论和实践的简单叠加,而是理论和实践的纵横交错式递进。教育人学不仅要研究教育人学的理论,还要研究教育人学是如何进行实践的。教育人学与人学的重要差别之一是,教育人学的实践性强于人学。教育人学更加注重实践,通过实践,即实际教学工作,来理解教育人学的意义。因此,

---

① 王啸.教育人学:当代教育学的人学路向[M].南京:江苏教育出版社,2003:12.
② 同①9.
③ 同①243-402.
④ 扈中平,蔡春,吴全华,等.教育人学论纲[M].北京:高等教育出版社,2015:2-3.
⑤ 同④4.

在一定意义上和一定程度上，教育人学不仅是关于整体人的学说，还应该关注教育理论与教育实践的交互观照，从而全面而系统地理解教育的人学意蕴。最后，扈中平的教育人学研究团队还提出，需要从人的存在（"是"，Being）和人存在的过程（"如何"，How）这两条路径，建构教育人学的世界观。其中，人的存在关乎的是"人的存在本身对于教育的意义"，而人存在的过程关乎的是教育实践中"如何将'抽象的人'培养成现实社会历史活动的主体"①。

（三）冯建军的观点

冯建军是整个教育学界第一个明确给教育人学下定义的学者。他提出："教育人学是一门运用人学的原理和方法，探讨教育与整体的人之间的关系及一般规律的一门独立的综合性学科。"②他还认为，只有先有作为整体的人这一教育的对象，而后才会有对整体的人进行教育的这一教育的内容。只有科学的研究对象，才会有科学的研究内容，教育的对象与教育的内容之间是一一对应、辩证统一的关系。

显而易见，冯建军在综合王啸和扈中平等人的教育人学观点基础之上，进一步提出，教育人学的研究是"以人为本的教育"和"作为学科的教育人学"。虽然冯建军给教育人学下了定义，但是如何系统把握整体的人与完整的教育之间的关系，他并没有给出明确而具体的规定。

（四）魏贤超的观点

与冯建军一致的是，魏贤超也强调先有整体的人，而后才是整体的教育。他还认为人是教育的出发点，是教育的归宿。人之不同于其他一切物种的地方在于，人可以"按照美的尺度"来劳动和创造。曾经和仍然被作为教育之主要任务的知识和技术，对真正的教育来说，可能只是其中之沧海一粟，是冰山之露于水面之一角。实用功利只是幼年时期的人类对于教育的初级要求。而真正的教育，要越过狭窄的知识走廊，超越眼前的

---

① 扈中平，蔡春，吴全华，等.教育人学论纲[M].北京：高等教育出版社，2015：4.
② 冯建军.关于建构教育人学的几点设想[J].华东师范大学学报（教育科学版），2017（2）：57-67，120.

功利小道,来到广阔的价值天空。①

　　教育人学的理论研究要立足于当代教育实践。正如魏贤超所指出的那样,在教育劳动中,人与人之间的关系是由工具决定的,数字化工具使获得知识和文化的速度和效率大大提高了。然而,虽然技术提高了教师的教学效率,促进了学校和教育发展,但是教育不是简单的技能和技术的训练和培训,而是对人的整体的教育。② 这恰恰是教育人学所重视和强调的。在当代教育实践中,我们如何全面而系统地对"物质导向""技术决定"的"目中无人"教育现象进行深刻的人学反思?如何站在前辈巨人们的肩膀之上,重拾"人是目的"的教育观,把人的维度贯穿到所有教育环节当中?这就是我们要研究的问题。

　　下面拟运用马克思主义人学理论,立足"人是目的"和"人是教育的出发点和归宿"的教育人学观,对当代中国教育实践中的"物质导向"与"技术决定"的教育观进行反思与批判,并试图推导出教育实践中"人—物""人—技"关系应具有的正确取向。

第二节　"人—物"关系

　　对当代教育实践中"人—物"关系的反思与批判,是建立在对物质主义的批判之上的,是对物质主义的一种超越。物质对人既有积极作用,又有消极影响。我们将从"目的论"、教育实践和消费主义三个不同视角出发,分别阐述"人—物"关系的现象、"人—物"的应然关系和"人—物"的实然关系,并分析教育中"人—物"之间的辩证关系。如何全面地理解"人—物"关系?一般可分三步走:(1)从"目的论"视角出发,揭示教育中"物质导向"的现象;(2)从该教育现象出发,阐发"人—物"的应然关系;(3)回到"消费主义"的现代线索,阐释"人—物"的实然关系。

---

①　此处系《人与价值》(载《价值教育散论》一书)中的主要观点。
②　此处系《工具与教育》(载《教育原理散论》一书)中的主要观点。

一、目的论

这一部分将从"目的论"出发,按照"人是理性的主体"—"人是目的"—"人的合目的性与规律性的统一"的逻辑线索,分析教育中"人—物"关系的现象。

（一）人是理性的主体

人是理性的主体。笛卡儿用"我在思想,所以有我"[①]（Cogito, ergo sum）这一名言,恰如其分地阐释了理性主体的绝对地位。只有理性主体得到了确立,哲学研究才能实现从本体论到认识论的转向。将这一思想运用到教育学中,可以得出如下结论:由于教育的对象是整体的人,所以当人们高举理性旗帜之时,教育中就会出现"心身二分"的现象。在这里,人的整体性就遭到了破坏,人性被拆分为理性、感性及其他部分。

休谟从怀疑论的视角出发,批判了笛卡儿的二元论。虽然"精神以某种方式转向其自身,并且考虑其自身里的某一个观念;而在想象时,它会转向物体,并且在物体上考虑某种符合精神本身形成的或者通过感官的得来的观念"[②],但是,"物质的每一种形式,无论多么不同,各种各样,都存在于同一实体中,并保留了它们的区别特征,而不是将它们传达给它们所在的那个主体"[③]。在休谟看来,影响"人—物"关系的主要因素,不是物对人的作用,而是人的心理习惯和主观印象对物的作用。于是,人是处于主导地位的,而物是处于被支配地位的。换言之,物不能能动地反映人,物性不能取代人性。

梅特里在笛卡儿"动物是机器"的基础上提出,人是一架复杂的机器。但是,笛卡儿与拉·梅特里关于机器的运作方式,看法上存在明显差异。如笛卡儿认为机体是机械式运转的,而拉·梅特里却认为机体是有情感、有序运作的。拉·梅特里还认为,人们绝不要限制自然的潜在力量。当

---

① 笛卡儿. 谈谈方法[M]. 王太庆,译. 北京:商务印书馆,2000:xii.

② 笛卡儿. 第一哲学沉思集:反驳和答辩[M]. 庞景仁,译. 北京:商务印书馆,1986:78.

③ HUME D. A Treatise of Human Nature: Volume 1[M]. NORTON D F, NORTON M J. eds. New York: Oxford University Press,2011:158.

这种潜在力量和一种伟大的技术结合在一起的时候,这种潜在力量是无穷无尽的。[①] 可见,"人是机器"这一著名论断,饱含了拉·梅特里对自然力量的崇敬之心。他的论断充分说明,人的世界,才是现实的世界。唯有人能够超越"物"而独立存在。因此,我们要在人的世界里,探讨人(性)、物(性)、"人—物"关系,努力构筑一个以人为目的的世界图景。

总之,理性主义、怀疑主义和机械唯物主义告诉我们,人虽是理性的主体,但是人却不能脱离物而存在。人只有在以其自身为目的时,才能实现对物质主义的超越。

(二)人是目的

人是目的。康德对"人是目的"有一个著名的论断,他说:"无论在你的人格还是其他每个人的人格中的'人',你始终同时当作目的,决不只当作工具来使用。"[②]在康德看来,当人以其自身为目的的时候,其意愿行为应是出于道德的法则而做出的;而当人是完成某种结果的手段的时候,其意愿行为只是根据合乎道德的原则来实施。虽然,康德在这里并没有直接提出"人是目的"的观点,但是其批判哲学三部曲,却都指向了"人是目的"的价值判断。

实际上,康德提出的问题如"我能知道什么""我应该做什么""我可以希望什么",都是在回答"人是什么"这一问题。为此,康德还出版了一本《实用人类学》的书,集中阐释了经验世界中具体的"人"的含义。受卢梭哲学的影响,康德从自然主义出发,得出了人与物都来自于自然的结论。换言之,人是相对于物而存在的,或者物是相对于人而存在的。概括地讲,人既具有自然属性,也具有社会属性,而这恰恰是人区别于物的重要特性之一。然而,虽然人与物之间存在重要的本质区别,人与物之间不可避免地存在着互为目的与手段的紧密关联。在康德看来,人们可以从纯粹理性出发推导出人性的公式。然而,如何看待经验世界中具体的"人",除了纯粹理性,还需要回到事实本身。教育本身并没有目的,只有人才有

---

① 梅特里.人是机器[M].顾寿观,译.北京:商务印书馆,1959:30.

② 康德.道德底形而上学之基础[M].李明辉,译.台北:联经出版事业股份有限公司,2003:5.

目的,这已是不证自明的事实。教育始终都是人的教育,即以人为目的的
教育。

(三)人的合目的性与规律性的统一

人是合目的性与规律性的统一体。马克思曾指出:人也是按照美的
规律来构造的。[①] 在他看来,人是构造的对象,美的规律是构造的理论基
础。构造实际上就是一种实践,它在实践过程中使人合乎美的目的与规
律,即实现了人的合目的性与规律性的统一。马克思还认为:"当物按人
的方式同人发生关系时,我才能在实践上按人的方式同物发生关系。因
此,需要和享受失去了自己的利己主义性质,而自然界失去了自己的纯粹
的有用性,因为效用成了人的效用。"[②]可见,马克思强调了"人—物"关系
中人对物的绝对地位和优先地位。与康德"人是目的"的著名命题相比,
马克思关于人的学说更具体而清晰,也更具操作性。马克思对"人—物"
关系的阐释,极大地凸显了人的主体地位。但是,他并没有阐明人是如何
避免物质对其产生羁绊从而实现了人对物质的控制的。

类似的问题,我们也可以在舍勒的人学思想中寻找答案。马克斯·
舍勒在他的《哲学人类学》一书中,最早阐释了他的人学思想。他以"人在
宇宙中的位置"为出发点,探究了"人—物"关系的复杂性。首先,舍勒提
出:"使人之为人的新原则,存在于所有我们可以最广意义上称之为生命
的东西之外,……应把原因归结到事物本身最高的原因——那个它部分
显现就已是'生命'的原因。"[③]其次,他认为"只有人才有清晰明显的、具
体的物和物质范畴"[④]。最后,他还认为,"心理物质被想象性假定存在,
只应是精神的现实的统一被不公正地物化的结果",也就是说,"'没有'作
为物的人(即使作为相对恒常的物),而只有一种永恒可能的、在任何时候
都能自由地实现人化,一种也在历史时间中永不静止的人的生成,包括经

----

① 马克思.1844年经济学哲学手稿[M].中共中央马克思恩格斯列宁斯大林著作编译局,
编译.北京:人民出版社,2014:53.

② 同①82.

③ 舍勒.哲学人类学[M].魏育青,罗悌伦,等译.北京:北京师范大学出版社,2014:134.

④ 同③140.

常有力地向相对深化的返回"①。综合来看,舍勒强调了人之为人的"生命"特质,框定了相对于人而存在的物的范畴。他也提出了人在"人—物"关系中处于绝对、优先的地位。与马克思不一样的是,舍勒预设了"没有"作为物的人,且一切都能够永恒、自由地实现人化,因此,他较好地规避了物对人的影响。

　　恩斯特·卡西尔提出,"人是符号的动物"。他认为:"符号思维克服了人的自然惰性,并赋予人以一种新的能力,一种善于不断更新人类世界的能力。"②卡西尔试图用符号来象征、取代人,把"人—物"关系等同于"符号—符号"关系。在《人论:人类文化哲学导引》一书中,卡西尔运用符号哲学思维,阐释文化问题,探讨了人的学说。一方面,卡西尔认为"哲学思维揭示出所有创造物据以联结在一起的一种普遍功能的统一性"③;另一方面,他还认为,人的本性"必须摆脱人的一切外部的和偶然的特性"④,而且人的本性还意味着"在它的各种形式中存在着一切的差别和对立,然而这些形式都是在向着一个共同目标而努力"⑤。卡西尔对"人—物"关系的看法,实际上强调了人的内在的和必然的特质,指出文化才是统一创造物(也包括人)的必由之路。卡西尔还提出了人运用符号创造文化的观点。中国学者赵敦华也作出过"文化学就是人学"⑥的判断。无论是卡西尔还是赵敦华,他们两者都强调了"人"的研究,要回到文化、回到人、回到人学中去。

　　马斯洛认为,个人与世界之间的沟通关系是一种相互交织、升降的动力学关系;沟通本身具有一种"可逆的同型"作用;从沟通关系出发来理解"人—物"关系,实际上是指双向的互动关系。换言之,人(地位)的上升,对应着物(地位)的下降。只有强调人的主体地位,才能弱化物质对人的

---

①　舍勒.哲学人类学[M].魏育青,罗悌伦,等译.北京:北京师范大学出版社,2014:194.
②　卡西尔.人论:人类文化哲学导引[M].甘阳,译.上海:上海译文出版社,2013:104.
③　同②120.
④　同②13.
⑤　同②120.
⑥　赵敦华.西方人学观念史[M].北京:北京出版社,2005:3.

影响。马斯洛还认为，缺乏高峰体验的人，"生活于工具之中，而非目的之中"①。因此，在克服"低俗化"（desacralizing）和"约拿情结"（Jonah Complex）两大心理障碍之后，人才能自我实现，人才能获得高峰体验，才能成为社会上有价值的人。而获得高峰体验、有价值感的人，生活在"目的"之中，而非生活在"工具"之中。

马丁·布伯的人学思想着眼于"我与你"的对话。在往返于"我与你""我与它"的双重世界经历中，他提出，要实现人的价值，关键在于超越"人—物"关系。布伯还认为，"我所观察知悉的一切——图像与运动、种类与实例、规律与数量——此时皆汇融成不可分割的整体"②。且"他不是'他'或'她'，不是与其他的'他'或'她'相待的有限物，不是世界网络中的一点一瞬，不是可被经验、被描述的本质，不是一束有定名的属性，而是无待无垠、纯全无方之'你'，充溢穹苍之'你'"③。因为，"唯有一种'在'，每一物皆是'在'；所存在者在事件之发生中向人显露自身，所发生者又作为存在降临于人。除了这唯一的'在'，无物当下存在，但唯一的'在'蕴含整个世界"④。布伯与卡西尔一样，都试图通过一定总体的世界，映射"我与你"的世界，也就是人与人的世界。在人的世界里，物朝向人而显现出真身，物的存在与人的存在必然会交织在一起。对物而言，人并不对其显现自身；对人而言，物对人的显现方式取决于人的自由自觉的活动。

雅斯贝尔斯认为，教育的危机源于缺乏统一的教育观念。他认为，"人—物"关系是指人与物一起构筑了统一人和物的大空间（世界）和谐共存关系。他提出了三种应该执行不同教育方法的不同环境。一是在训练中。在这种环境中，人应被看成纯粹的客体。二是在教育中。在这种环境中，人应处在有计划的教育氛围之中。三是在存在交往中。在这种环境中，人应将自己的命运与他人相连，应处于一种身心敞放、与他人互为完全平等的关系之中。⑤ 他指出，当第三种教育方法成为可能之时，"人

---

① 马斯洛.马斯洛说完美人格[M].高适，编译.武汉：华中科技大学出版社，2012：102.
② 布伯.我与你[M].陈维纲，译.北京：生活·读书·新知三联书店，1986：22.
③ 同②23.
④ 同②48.
⑤ 雅斯贝尔斯.什么是教育[M].邹进，译.北京：生活·读书·新知三联书店，1991：2.

就能通过教育既理解他人和历史,也理解自己和现实,就不会成为别人意志的工具"①。换言之,在"存在交往"中,人始终以人的身份出场,以人的身份与(他)人交往。由于人既不是物(工具),也不是纯粹的客体,因此,不能对人进行训练。教育本无目的,只有人才有目的。在现实的教育环境中,人始终是教育的对象。一言以蔽之,正确认识"人—物"关系,需要教育回到人的教育,回到"人是目的"的教育原则。

二、物质主义

(一)物质

我们应该积极看待物质的作用。因为它不仅能满足人们日常生活的需要,而且还构成了经济文明建设的重要部分。但是,若过度崇拜物质,人们就会陷入物质主义的窠臼而不能自拔。对物质的过度崇拜,会导致不健康的消费观念。通过对物质的占有来满足精神上的需要,是一种不正常的消费观念。人在物质面前不再独立,人终将会走向一条"通往奴役的道路"。

物质还是"商品拜物教"中的"物"。在《资本论》第一卷中,马克思用"商品的拜物教性质"来说明私人劳动的社会关系"不是表现为人们在自己劳动中直接的社会关系,而是表现为人们之间的物的关系和物之间的社会关系"②。这实际上指明了,人与人之间的关系和物与物之间的关系的相似性。马克思还指出:"商品世界的这个完成形式——货币形式,用物的形式掩盖了私人劳动的社会性质以及私人劳动者的社会关系,而不是把它们揭示出来。"③换言之,用物与物的关系掩盖人与人的关系,把一切关系都隐藏在物之下。如此,在马克思看来,人与人之间的真正关系不仅没有得到揭示,反而变得更加模糊。

卢卡奇在《历史与阶级意识》一书中也批判了类似的"拜物教"的观

---

① 雅斯贝尔斯.什么是教育[M].邹进,译.北京:生活·读书·新知三联书店,1991:2.
② 马克思.资本论[M].中共中央马克思恩格斯列宁斯大林著作编译局,编译.北京:人民出版社,2018:90.
③ 同②93.

点。在商品交换行为的掩盖之下,人与人的关系被物与物的关系所取代。商品的使用价值被消解,商品交换行为的背后,体现了人的价值判断。在"物质第一""消费第一"的消费观念指引下,教育领域也不可避免地被此种消费观念所挟持。当人失去了对"好的行为"的正确理解,人的道德观念就会出现偏差,如有的人高价购买学区房、报名天价培训班,等等。可见,他们把金钱(物质)当成了筹码和利益交换的媒介;他们用物质(资本)的优越性,遮蔽了人的主体性;他们把教育当成一种交易来达成物的目标,满足人(精神)的需求。在一定意义上,物性已经取代人性,甚至超越了人性。那么,这个(物的)教育还是那个(人的)教育吗? 换言之,在市场交易中,人的教育也不幸地成了一种商品。人们通过学区房、教育培训班等物的载体,实现了与人的教育之间的交换。在商品(学区房、教育培训班)与商品(教育)的交换过程中,一方面削弱了人与人之间的天然联系,另一方面却加强了物与物之间的联系纽带。总而言之,教育绝不能一味地依赖于物质,虽基于物质,但必须超越物质主义。

(二)物质主义

杜维明在《现代性与物欲的释放》一书中认为,"影响现代制度建设和变迁的价值观是经济主义和消费主义,而经济主义和消费主义的实质是物质主义"①。什么是物质主义? 对物质主义的概念界定五花八门。一些学者认为,物质主义是一种"把个人的幸福与财富的多少联系在一起"②的生活态度。另一些学者提出,物质主义是一种极为粗俗的价值观(和人生观),它把尽可能多地占有"难得之货"(如科技含量高、造型精美的汽车)作为人生意义的追求。③ 还有些学者把物质主义定义为一种对"获得"和"花费"感兴趣的思维形态。④ 此外,卢风在《超越物质主义》一

---

① 杜维明,卢风.现代性与物欲的释放:杜维明先生访谈录[M].北京:中国人民大学出版社,2009:3.

② CHAN K, PRENDERGAST G. Materialism and social comparison among adolescents [J]. Social Behavior & Personality,2007,35(2):213-228.

③ 同②3.

④ HENDERSON P W, PETERSON R A. Mental accounting and categorization[J]. Organizational Behavior & Human Decision Process,1992,51(92):92-117.

文中提出,物质是指由原子构成的各种物品——如书本、笔记本电脑等,而物质主义则是一种精神,是一种意识形态;物质主义价值导向是现代性的要害,是现代工业文明的基本精神,是现代发展的精神动力。因此,需要从物质主义转变到后物质主义,即由首先重视物质财富增长转到首先重视生活质量的提高和对人生意义的追求上来。[①]

综上所述,物质主义下的"人—物"关系,实际上是"占有与被占有"的关系。消费主义的野蛮横行给人们造成了物质主义是一个新兴概念的印象,以为它是在唯物质、唯经济的 21 世纪社会发展下的新产物。实际上,这是一个假象。自古以来,众多哲学家、教育家、经济学家、文学家,通过不同的方式阐明了物质主义中人性的贪婪(自私自利、唯利是图、好逸恶劳)和虚荣(攀比心态、名牌心理、享乐思想)。因而,物质主义古已有之,它不仅从未离开过我们,而且时时刻刻渗透在我们的生活中,无时无刻不对我们的生活施加影响。可见,无论是物质主义还是消费主义,它们都不是新兴概念,也不是社会经济发展下的新事物。

相对于前现代社会把人的物质贪欲视为洪水猛兽,现代社会则把人的物质贪欲视为进步的动力和创新的源泉。现代社会已经被这种不正常的物质贪欲引向了一条不归之路。当"人—物"关系从人对物的控制逐渐走向人被物控制的时候,人的命运也被物质所掌控。人在物的面前失去了其自身的尊严,物的优越性与至上性逐步取代了人的主体性。然而,人的发展离不开物质基础,更离不开精神支持。当人与物质、精神发生作用之时,人需要协调好二者的关系。在"人—物"交互作用的过程中,人如何才能摆正、摆好自己的位置?人又如何才能实现全面发展?人如何才能避免人类中心主义?

在教育中,见物不见人,俨然成了非人教育的典型现象。特别是我国改革开放四十年来,提倡以经济建设为中心,极大地提高了人民的生活水平,成就巨大,但是也给教育乃至整个社会造成了一定的负面影响。人们过于重视物质,过于重视自身利益,以至于在不少人的眼里,只有物没有人。本书研究的物质主义,建立在综合分析杜维明和卢风的相关学术观

---

① 卢风.超越物质主义[J].清华大学学报(哲学社会科学版),2016(4):154-160,197.

点之上,从物欲的视角出发,把物质主义定义为粗俗价值观(世界观),突出强调追求人生意义不在于对物质的占有,而在于实现人的全面发展的观念。

三、消费主义

从国外对"消费主义"的已有研究来看,我们可以发现两条探究路径:一是关于"消费"的观点;一是关于"物化"的观点。在 20 世纪 90 年代,我国已开始进行"消费主义"的研究。之后,随着于光远《谈谈消费文化》等文章的发表,物质主义的研究一时成为研究的热点。进入 21 世纪以来,伴随着王宁《消费社会学》等著作的问世,国内学者并始着手从多学科的交叉视角来研究物质主义。目前国内消费主义研究的重点和难点,主要集中在"人的价值"的问题上。

(一)消费的观点

自现代语言学之父费尔迪南·德·索绪尔(F. Saussure)在《普通语言学教程》(*Cours de Linguistique Générale*)一书中阐述"符号理论"以来,让·鲍德里亚(J. Baudrillard)在《消费社会》(*La Société de Consommation*)中认为,人们从来不消费物本身(使用价值)——人们总是把物(从广义的角度)当作能够突出人的符号。人类社会实现了从生产社会到消费社会的发展。在这一转变过程中,许多学者都参与了相关研究,如亨利·列斐伏尔(H. Lefebvre)的《日常生活批判》(*Critique de la Vie Quotidienne*)和居伊·德波(G. Debord)的《景观社会》(*La Société du Spectacle*)。

索绪尔把概念和音响形象的结合叫作符号,并用所指代替概念、能指代替音响形象。[①] 他还认为,价值之所以存在是因为它具备两个因素:"一种能与价值有待确定的物交换的不同的物;一些能与价值有待确定的物相比的类似的物。"[②]可见,索绪尔与卡西尔一样,都把符号当成了媒介。但是不一样的是,卡西尔的符号是文化的媒介,而索绪尔的符号是物

---

① 索绪尔.普通语言学教程[M].高名凯,译.北京:商务印书馆,1980:102.
② 同①161.

的媒介。

1968年,后现代理论家让·鲍德里亚出版了第一本学术专著《物体系》(*Le Système des Objets*)。该书从后现代主义视角出发,探究了现代法国的消费社会,强调"一种新的消费理论,用以描述人类和他们的现代消费环境之间的关系"[①]。鲍德里亚认为,除了"人—物"关系之外,消费还应是人、集体以及世界三者间的关系。进一步说,"消费是一个虚拟的全体,是一种符号的系统化操控活动"[②]。他还认为,消费的对象虽然是物,但是消费的永远是理念,而不是物本身。在这个消费过程中,"一种关于物及其消费的精确理论由此不能建立在一种需求及其满足的基础之上,而是要建立在一种社会回馈(La Prestation Sociale)及其意指(Signification)的理论之上"[③]。于是,随着物品转化成符号,人与人的关系,实际上就演变成一种消费的关系,即自我消费。生命不停,消费不止。消费从来都是建立在不足的基础之上,不足并不是指满足之后欲望的升级,而是指欲望从未得到过满足。消费也不是指对满足的一种延迟性给予,而是指实实在在的一种欠缺。消费"是一种主动的集体行为,是一种约束、道德、制度。它完全是一种价值体系,具备这个概念所必需的集团一体化及社会控制功能"[④]。概而言之,鲍德里亚的消费理论实际上是一种符号消费理论。他的消费社会思想与亨利·列斐伏尔的日常生活批判理论,以及居伊·德波的景观社会理论,都是密切关联的。

日常生活批判理论之父——亨利·列斐伏尔对"人—物"关系的探究,主要集中在著名的《日常生活批判》中。该书第一卷是"概论",第二卷是"日常生活社会基础",第三卷是"从现代性到现代主义",即关于日常生活的哲学。列斐伏尔认为:"物质性的劳动(脑力劳动提供了基本工具——技术、理论、知识)创造了产品。有些产品是生产资料,另外一些是物品或消费品。合在一起,产品和劳动组成了'人的世界'。然而,活生生

---

① 莱恩.导读鲍德里亚[M].柏愔,童晓蕾,译.2版.重庆:重庆大学出版社,2016:171.
② 鲍德里亚.物体系[M].林志明,译.上海:上海人民出版社,2018:213.
③ 鲍德里亚.符号政治经济学批判[M].夏莹,译.南京:南京大学出版社,2015:2-3.
④ 鲍德里亚.消费社会[M].刘成富,全志钢,译.南京:南京大学出版社,2014:63.

的人和消费品之间的关系在什么场合和在哪种领域里体现出来？就此而言，这些消费品在什么场合下成为具体词义上的商品？如何占有这些商品？需要和商品在日常生活里相遇。……日常生活的物质——在日常生活的简单和丰富之中的'人的原料'——贯穿于所有的异化，建立'去异化'。如果我们辩证地和从完整意义上使用'人性'这个词语的话，我们可以说，日常生活批判研究具体的人性。"①可见，社会与人的关系不再是"你与我"的对立矛盾关系，而是作为一个整体存在。在这个整体中，人和社会保持着各自的独特性。列斐伏尔以日常生活批评来研究具体的人性，把人理解为完整的人，并把它定义为在其"本质方面是人与他自己的统一，尤其是个人与社会的统一"②。

　　居伊·德波的《景观社会》与瓦纳格姆（R. Vaneigem）的《日常生活的革命》（Révolution dans la vie Quotidienne）属于同时期作品，它们都阐释了"景观"的概念。与瓦纳格姆不一样的是，德波的思想虽然受到了黑格尔、马克思和青年卢卡奇等的影响，但是他却认为，"如果说资本主义生产方式在人的生存方式上已经从存在堕落为占有，那么景观社会则进一步把占有转变为外观"③。德波还认为，人的生活变成了他的产品，此时他已经与自己的生活相分离了。④ 他进一步指出，商品拜物教是通过"可感觉而又超感觉的物"进行社会统治的，景观就是为了让人们看到一个既在场又不在场，能够统治人的所有被经历东西的商品世界而出现的。⑤ 在景观社会的时代背景下，德波呼吁人们要从颠倒真理的物质基础中解放出来。⑥ 在德波看来，整个社会生活都呈现为一种巨大的景观积淀，生活中的一切都在逐渐远离人们；景观关系呈现为拜物教的表象，而这种单纯客观的表象再一次掩盖了人与人、阶级与阶级之间的关系。

---

　　① 列斐伏尔.日常生活批判：第 1 卷[M].叶齐茂，倪晓晖，译.北京：社会科学文献出版社，2018：89-90.

　　② 同①69.

　　③ 德波.景观社会[M].张新木，译.2 版.南京：南京大学出版社，2017：代译序 9.

　　④ 同③14.

　　⑤ 同③，19，89-90.

　　⑥ 同③139.

综上所述,消费理论的主要主张是,把物作为消费行为中的符号。这种看法掩盖了物自身的使用价值,将"人—物"之间的关系等同于消费与被消费的关系。消费理论揭示了:人要想过真正属于自己的生活,既需要突破景观世界对自身生活方式的束缚,也需要努力减少拜物教表象世界对自身的负面影响。唯有如此,人才能解除第二自然①以命定法则的方式对生活的控制,才能回归真正的生活。

(二)物化的观点

西美尔在《货币哲学》(*Philosophie des Geldes*)一书中明确地指出,货币是人与人之间交换活动的物化,是一种纯粹功能的具体化。②韦尔施(W. Welsh)在《重构美学》(*Undoing Aesthetics*)一书中提出了"日常生活审美化"的观点,他指出,在现代社会中,人的内在价值被货币的"绝对目的"引起的物化与客观化所遮蔽,被服务于经济目的的享乐心态所支配,人的审美行为被社会主流价值观所牵引。阿克塞尔·霍耐特(A. Honneth)在《物化:承认理论探析》(*Verdinglichung:Eine anerkennungstheoretische Studies*)一书中,借助卢卡奇的物化理论分析了社会中的物化现象,并从中得出了承认理论的雏形。此外,还有一些相关学者的研究,如本雅明(W. Benjamin)的《机械复制时代的艺术品》(*The Art in the Age of Mechanical Reproduction*)、费瑟斯通(M. Featherstone)的《消费文化与后现代主义》(*Consumer Culture and Postmodernism*)等。

西美尔是一个悲观的浪漫主义思想者,其思想主要受康德和叔本华的影响。西美尔认为:"人是一种'制造工具'的动物,货币或许是这个事实的最清楚的表达和展示,然而,这个事实本身又与人是一种'目的性'动物这一事实联结在一起。"③与马克思一样,西美尔也认为,人不能作为达成纯粹目的的手段。西美尔还指出:"金钱只是通向最终价值的桥梁,而

---

① 第二自然,实际上是卢卡奇的核心议题,他认为在资本主义下,物化充当了人类的第二自然。霍耐特提出第二自然的观点是指所有参与资本主义生活的方式的主体,都以习以为常的、以无生命物的方式理解自身以及身边的所有一切。

② 西美尔. 货币哲学[M]. 陈戎女,耿开君,文聘元,译. 北京:华夏出版社,2018:176.

③ 同②187.

人无法栖居在桥上。"①即人无法控制金钱。在前现代,人与人之间的关系是具体、实在的关系,并没有受到金钱(物质)的影响。在现代,金钱正在瓦解人与人之间的关系,人与人的关系发生了转变,即从具体、实在转向了抽象、超验。人们对物的需求,并不总是来自于人的内在、自然的本源。人的内在自我正在消失,更严重地讲,人的内在自我已经灰飞烟灭。此时,人的外在自我所呈现出来的表象,被人自己误以为那就是他自己:一个空心的人,一个失去内在自我的人;一个失去灵魂、精神的人,即一个不完整的人。正如德勒兹所不能接受的当下社会的一个主流观念,"即人是可以'进化',可以被工具化,可以被化约为一个事物、末人甚至更糟糕地,被化约为末等事物:惰性物质、碎屑"②。

　　卢卡奇的物化概念强调了人与人之间的关系被物与物之间的关系所取代,即人被贴上了物的标签。霍耐特重新定义了卢卡奇的"物化"概念,他提出,"若'承认先在'是人类普遍存有的普遍事实,那么反面而言,任何型态的物化关系(对人、对己、对物),都可理解为一种'承认遗忘'"③。霍耐特强调,人与人之间的自然关系是先天的,不是后天的,且人与人之间的关系只有回到承认④一定的普遍事实,才有可能是人与人之间的社会活动,才有可能是属于人的一种关系性的存在。霍耐特认为,"物化了的社会关系呈现的其实只是错误的诠释框架,或一种存有的遮蔽,遮蔽的背后潜藏着人真正的存在方式的事实性"⑤。虽然霍耐特认同西美尔的观点,即人们的消极自由是由于大幅增长的各种经济关系所导致的,但是他又指出,当我们将自身心理感受仅视为可观察的或待制造的对象物的时候,自我物化的倾向才会发生。⑥换言之,霍耐特从外部环境和个体内部

① 西美尔.货币哲学[M].陈戎女,耿开君,文聘元,译.北京:华夏出版社,2018:7(中译本前言).

② 卢迪内斯特.风暴中的哲学家[M].汤明洁,译.上海:华东师范大学出版社,2018:285.

③ 霍耐特.物化:承认理论探析[M].罗名珍,译.上海:华东师范大学出版社,2018:译者导言 vi.

④ 承认是阿克塞尔·霍耐特承认理论的逻辑起点,他提出把联系自我与世界的原初形式称为承认。

⑤ 同③39.

⑥ 霍耐特.物化:承认理论探析[M].罗名珍,译.上海:华东师范大学出版社,2018:137.

环境两个视角出发,全面地看待了"人—物""人—人""物—物"之间的关系。他还在承认理论的指引下,强调需要首先观照个人的心理感受。

（三）批判的观点

国内关于"人—物"关系研究的主要观点有三种:(1)有学者指出了用"物性"取代人性观点的荒谬性;(2)有学者强调,要用制度来规范教育与消费的关系,从而实现对教育中"人—物"关系正确取向的引导;(3)有学者认为,应通过摆脱物的依赖性,超越物质,回归人的社会生活。

王向华在《对话教育论纲》一书中指出,近现代教育进步的代价是沉重的,人与物被认为是一样的。教育在相当程度上"目中无人",见物不见人,"物性"取代了人性。① 人的个性和共性的双重缺失,使得古代教育的概念及实践,从近现代开始被理解和实施为通过条件反射作用来传递、灌输、训练和塑造的活动和过程。靳玉乐和王磊在《消费社会境遇下教师身份的异化与重构》一文中认为,在教育情境中,应"借助制度力量来规范教育与消费的关系。在共同体中,教师群体通过对话、协作的方式,借助知识共享、情感共鸣以及愿景共铸等途径,对教师存在的特性与价值进行集体澄清,对教师存在与消费生活的复杂关系进行集体辨认,对消费社会下教师存在的现实窘境进行集体反思,并在达成共识判断之后付诸集体实践"②。综合来看,王向华是从人的本质出发探讨了"人—物"关系;靳玉乐和王磊是从规范的视角出发,以教师群体为例,强调要用制度来规范教育与消费关系的重要性。

另外,李雨燕和郭华在《消费主义:"物的依赖性"社会形式中人的生存境遇》、卢风在《超越物质主义》、张志丹在《解构与超越:当代物质主义的哲学追问》中,都提出了要超越物质才能回归人的社会生活的观点。其中,李雨燕和郭华认为:"消费主义的本质是物质主义,其产生和发展深植于'物的依赖性'社会之中,是人类在'物的依赖性'时代所遇到的生存困

---

① 王向华.对话教育论纲[M].北京:教育科学出版社;2009:序.
② 靳玉乐,王磊.消费社会境遇下教师身份的异化与重构[J].全球教育展望,2018(1):83-92.

境,扬弃'物的依赖性',实现'以人为本',是超越消费主义的必经之路。"①张志丹指出:"批判和超越当代物质主义,不仅有利于发挥当代中国主流意识形态的价值牵引和社会整合功能,而且有利于促进科学发展和社会和谐,进而助推民族伟大复兴。从价值哲学上看,人生观上的享乐主义、金钱观上的拜金主义、消费观上的消费主义、发展观上的物本主义是当代物质主义蕴含的四大价值误区。在当代中国,拒斥并超越物质主义的基本进路,应该在洞悉物质主义根源之基上,通过科学发展、制度约束和价值观教育等三大举措来加以解决。"②只有当人摆脱了对物的依赖时,才能实现人对物的超越,从而构建和谐的"人—物"关系。

　　总而言之,从批判的视角出发,国内学者对"人—物"的实然关系进行了多方面的考察。他们发现,与物化观点和消费观点一样的是,人与人的关系被物与物的关系所遮蔽。在教育中,人与人的关系实际上已演变成物与物的关系。当物性取代人性的时候,人的本性就会被贴上物的标签。然而,人不能等同于物,物也同样不能取代人。为了实现人的教育,人们唯有超越物质主义,努力减少教育中物对人的负面影响,积极发挥教育中物对人的正面作用。

第三节　"人—技"关系

　　在技术决定论的视角下,人们通过还原技术的本质,厘清了"人—技"的关系。由于技术是"使某物进入开放状态的一种方式"③,因此,需将技术置于工业革命的不同发展阶段来观其变迁的过程。蒸汽机的发明驱动了第一次工业革命。流水线作业和电力的使用,引发了第二次工业革命。

---

　　① 李雨燕,郭华.消费主义:"物的依赖性"社会形式中人的生存境遇[J].学术论坛,2012(9):5-8.

　　② 张志丹.解构与超越:当代物质主义的哲学追问[J].南京师大学报(社会科学版),2017(1):27-35.

　　③ DAHLSTROM D O. The Heidegger Dictionary[M]. New York: Bloomsbury Publishing Plc. , 2013:205.

半导体、计算机、互联网的发明和应用,催生了第三次工业革命。在数字革命的背景下,第四次工业革命已悄然来临,这次革命不仅改变了人类的行为方式,还极大地改变了人类的思想观念。

在《第四次工业革命》(*The Fourth Industrial Revolution*)一书中,世界经济论坛创始人兼执行主席克劳斯·施瓦布(K. Schwab)指出:"技术和数字化将会改变一切。"①同样的道理,"人—技"关系也正发生着颠覆性的变化。人们反思"人—技"关系,即"我们还没有面对喧嚣的技术去经验技术的本质现身,……我们愈是临近于危险,进入救渡的道路便愈明亮地开始闪烁,我们便愈加具有追问之态。因为,追问乃思之虔诚"②。如何克服技术?"克服技术不是靠人的主体的行动,而是依赖于事物和世界的真理的本源表现。在技术世界中为这事变开辟活动领域,这是人的最高任务"③。反思是指什么?反思应是"一种关于危险与失落的意识,亦即一种对根本危机的意识"④,人们通过反思"人—技"关系来揭示教育中技术对人的影响和作用。

技术对人的作用既有积极的方面,也有消极的方面。积极方面:一定意义上,技术的发展不仅激发了人的学习潜能,还为人的教育提供了极大的可能性;在一定程度上,技术的创新与应用不仅为人的教育打开了一扇通向开放世界的大门,还颠覆了传统的教学方式,实现了教育的现代化。消极方面:在教育实践中,技术的介入使得人与人之间的关系从疏远走向陌生;网络技术的崛起增强了获取知识的便捷性,也削弱了学生的想象力和创造力。

人们对"人—技"关系问题的反思,不是在于人性是否能改变,而是在于它在目前的情况下应怎样被改变。这个问题归根结底属于最广义的教育问题⑤。下面从技术决定论的视角出发,探究"人—技"关系的应有

---

① 施瓦布.第四次工业革命[M].李菁,译.北京:中信出版社,2016:6.
② 海德格尔.演讲与论文集[M].孙周兴,译.北京:商务印书馆,2018:40.
③ 绍伊博尔德.海德格尔分析新时代的技术[M].宋祖良,译.北京:中国社会科学出版社,1973:202.
④ 雅斯贝尔斯.时代的精神状况[M].王德峰,译.上海:上海译文出版社,1997:75.
⑤ 杜威.人的问题[M].傅统先,邱椿,译.上海:上海人民出版社,2006:164.

取向。

一、技术决定论

(一)技术

阿明·格伦瓦尔德(A. Grunwald)在《技术伦理学手册》中言明,"技术"最早可以追溯到"亚里士多德对'自然的'和'人工的'这两个概念所作的区分"①。其中,"人工"的技术是指技艺,在"希腊文中原为 techne,意思是'手的技艺'及相应的学问,是科学原理在日常生活问题中的应用。它是为人类所特有的能力"②。

吴国盛曾指出,技术还应是"人的存在方式"③。可见,技术与人密切关联。由于技术的多重用途,在一定意义上,技术可被看作是一个中性词。然而,由于任何事物都具有"意向性结构",即在一定程度上,具有特定的价值取向,这其中自然也包括技术,这样,技术是中性的观点就被消解了。而且技术的这种"意向结构"是人所赋予的,因为技术本身没有并不构成任何"意向结构",显然,"人成了一切意义的来源,一切意向性的来源"④。由是观之,人与技术的关系表现为:人主宰、决定、控制技术,人运用、创造、发展技术。

(二)技术决定论

技术决定论(Technological Determinism)是指"把技术看成是人类无法控制的力量,技术的状况和作用不会因其他社会因素的制约而变更;相反,社会制度的性质、社会活动的秩序和人类生活的质量,都单向地、唯一地决定于技术的发展,受技术的控制"⑤。技术决定论"在贬义上指称凡勃伦、威廉·奥格本、莱斯利·怀特、肖林恩·怀特、雅克·埃吕尔、法

---

① 格伦瓦尔德.技术伦理学手册[M].吴宁,译.北京:社会科学文献出版社,2017:21.
② 麦克利什.人类思想的主要观点——形成世界的观念:下册[M].查常平,刘宗迪,胡继华,等译.北京:新华出版社,2004:1436.
③ 吴国盛.技术哲学讲演录[M].北京:中国人民大学出版社,2009:2.
④ 同②11.
⑤ 于光远.自然辩证法百科全书[M].北京:中国大百科全书出版社,1995:225.

兰克福学派诸多理论家等的技术与社会关系主张"①。技术决定论一般有两种类型,即强技术决定论和弱技术决定论。② 其中,强技术决定论强调,技术决定社会的发展,其代表人物是威廉·奥格本;弱技术决定论强调,技术影响社会的发展,其代表人物是维纳。自然主义的理论主张,技术决定论"通常见于生物人类学、进化生物学、社会生物学和社会学代表人物的理论和学说中,此外,还常见于自然科学家和技术科学家的观点以及工业领域中。其思想来源有两个方面:生物学和社会分工体系中技术生产的生物学类比情况。在个体层面上,人被看作为了生存而使用工具的生物。在集体层面上,人这个物种的进化被按照重大技术革命,特别是按照近代工业革命的标准来进行衡量"③。生物人类学的理论主张,技术决定论是指"人类通过运用到技术中的智慧弥补了自己的直觉缺陷,或者说实现了其自然本性的可塑性。工具的使用让人类能够使自己适应自然,同时也让自然适应自己"④。

在教育人学的研究中,技术决定论主要是指技术在教育发展过程中的绝对领导力量,技术侵占了人在教育中的主体地位,技术颠覆了教育中人对技术的绝对统治。在忽视"人是目的"的前提下,人们被技术至上的思想所引领。这种人被技术控制的现象,预示了"见物不见人"的无人教育的发生。

（三）技术工具论与技术价值论

技术工具论与技术价值论从两条路径探讨了技术的问题。杨庆峰的《技术作为目的——超越工具主义的技术观念》是技术工具论的例子;巨乃岐的《技术价值论研究》是技术价值论的例子。杨庆峰认为,"工具主义的技术观念无法回答技术的本质问题(即工具性的东西意味着什么),无

---

① 黄晓伟,张成岗.技术决定论形成的历史进路及当代诠释[J].南京师大学报(社会科学版),201703):59-66.

② SMITH M, MARX L. Does Technology Drive History? The Dilemma of Technological Determinism[M].Cambridge：The MIT Press,1994：xii-xiv.

③ 格伦瓦尔德.技术伦理学手册[M].吴宁,译.北京:社会科学文献出版社,2017:216-217.

④ 同③217.

法回答技术对于人意味着什么这些问题，因此超越其就显得非常必要。'目的'、'生产'和'存在'是理解技术的关键观念"①，这是技术工具论的理解。巨乃岐则指出，"技术价值是指技术在与主体和客体以及主客体所在环境系统之间相互联系、相互适应、相互依存的互动关系中所产生的效应，既包括技术对主体、客体及其主客体所在环境系统的效应，也包括主体、客体及其所在环境系统对技术的效应"②。这是技术价值论的理解。

从技术价值论出发，学者们重点研究了技术应具有的"为人而存在"的属性。如徐继存的《教学技术化及其批判》、李政涛的《人工智能时代：教育的"变与不变"》、李凯和祝智庭的《论知识技术创新的价值尺度》、尹睿的《当代学习环境结构的新界说——来自技术哲学关于"人－技术"关系的思考》、叶妮和王宏波的《"乌托邦"与"实践性"——理解人工智能时代的物我关系》、魏贤超等的《教育原理散论》等，都有涉及技术价值论的研究。

徐继存认为，"教学技术化的最直接结果是改变了教学活动的本性，导致教学活动成为一项纯技术性活动，失去了其最基本的人文向度和价值属性。教师要克服教学活动的技术化，做教学技术的主人，就必须对教学技术所内蕴的'实用理性'的功利倾向予以深刻的批判"③。换言之，教育要坚守其自身的人文向度和价值归属。尹睿认为，"重新界定当代学习环境结构的新形态：界面环境、网络空间环境和以学习为中心的'功能共同体'环境，彰显出'人与技术'整合同一的文化本性，即当代学习环境中的本质是满足学生的学习需要、促进学生的发展"④。即在同一文化情境下，构建"人—技"的和谐关系。叶妮和王宏波提出，"后人类时代，技术不是简单理解为对身体的超越、延伸或渗透，而是通过技术将人的身体转型

①　杨庆峰.技术作为目的——超越工具主义的技术观念[D].上海：复旦大学,2003.
②　巨乃岐.技术价值论研究[D].太原：山西大学,2009.
③　徐继存.教学技术化及其批判[J].教育理论与实践,2004(2)：48-51.
④　尹睿.当代学习环境结构的新界说——来自技术哲学关于"人—技术"关系的思考[J].电化教育研究,2012(11)：24-29.

或扩张,使得人的'本质化'问题复杂化"①。即随着技术的发展,人的问题变得复杂化,继而影响了"人—技"关系的和谐发展。魏贤超等人指出,在教育劳动中,人与人之间的关系由工具决定,数字化工具使获得知识和文化的速度和效率大大提高了。② 技术虽然提高了教师的教学效率,促进了学校和教育的发展,但是教育本身不是训练、培训和塑造,所以,技术应是为人而存在的技术。

(四)技术与教育的共生

对教育与技术的共生问题的探讨,有张铭凯等的《技术与教学相遇:历程检视与进路选择》、顾建军的《技术的现代维度与教育价值》等。顾建军认为,"技术的现代维度的多元认识敞开了'百科全书式'的技术世界,为技术教育价值体系的崭新建构提供了无限生机,也为我们当下的教育变革带来前所未有的机遇与挑战。技术教育不仅具有个人发展的价值,而且具有社会发展的价值;对个人来说不仅具有工具价值,而且具有发展价值"③。张铭凯等提出,"教学以其强大的生命力和传播特质,推进了技术的发展,位于教学场域中的技术不断改进,教学发展的诉求也不断为技术发展提出新的要求。技术与教学的矛盾运动发展,既促成了技术本身的完善,也推动了基于技术的教学变革,而这都根植于技术与教学的深度融合"④。

总的来看,技术对个人和社会的发展都具有重要的价值。教育中的技术,既有优点也有缺点。当技术与教育实现共生的时候,"人—技"关系也会逐渐走向共生、共存、和谐的美好未来。

---

① 叶妮,王宏波."乌托邦"与"实践性"——理解人工智能时代的物我关系[J].科学技术哲学研究,2017(6):113-119.

② 魏贤超,胡伟,邱昆树,等.教育原理散论[M].杭州:浙江大学出版社,2013:1-4.

③ 顾建军.技术的现代维度与教育价值[J].华东师范大学学报(教育科学版),2018(6):1-18,154.

④ 张铭凯,廖婧茜,靳玉乐.技术与教学相遇:历程检视与进路选择[J].教育发展研究,2016(12):28-32.

二、技术与功能论证

古希腊哲学家柏拉图和亚里士多德曾通过"功能论证"（ergon）对"人—技"关系进行了研究，他们认为需要从两个方面来理解"人—技"关系。一是人的主体功能，即人通过选择不同工具来行使不同的功能；二是工具的本体功能，即每一种工具都有其特有的功能。工具的功能不仅会直接影响人对工具的选择，还会间接影响人的功能。在柏拉图看来，剪枝刀的功能就会影响人对剪枝刀的选择。亚里士多德指出，一个人的好（善）在于他的功能。他提出，"人—技"关系应是人对技术（技艺）掌握的熟练程度，如琴师的功能在于演奏（理性活动），优秀琴师的功能在于演奏得好（善的活动），或者说，"我们认为人的功能是某种生活，并认为这种生活是灵魂伴随理性的活动和行动，那么卓越之人的功能就是将这一点做好和做得高贵"①。亚里士多德还从"做得好"和"活得好"两条路径来阐释幸福的含义。余纪元认为，几乎每个哲学家都对"幸福"有所研究，但无论是"活得好"还是"做得好"，实际上都基于一个共同的认识基础：幸福的含义，首先是"活得好"，而后在"活得好"的基础上，去探讨各种善和思辨的活动。② 这是对幸福含义的解释。

"功能论证"一词有多重含义。从欧文（T. Irwin）对"ergon"的第六条注释来看，"它有功能、表示特性的工作、活动以及目的等含义"③。在此处的语境中，"ergon"就是"功能"的意思。亚里士多德在《尼各马可伦理学》第一卷曾明确指出，最高的善就是幸福。即"如果我们先掌握了人类的功能（ergon），此时，我们应该会寻找到最高的善"④。在亚里士多德

---

① 刘玮. 功能论证：从柏拉图到亚里士多德[J]. 道德与文明，2017(3)：73-79.

② 余纪元."活得好"与"做得好"：亚里士多德幸福概念的两重含义[J]. 世界哲学，2011(2)：246-260.

③ ARISTOTLE. Nicomachean Ethics[M]. 3rd ed. IRWIN T, trans. Indianapolis：Hackett Publishing Company，1999：331.

④ 同③8.

看来,体现最高善的"三种生活"①信念分别是:(1)享乐生活。即"追求钱财和满足各种欲望的生活"②。(2)政治生活。即荣誉是政治生活的目的,但对于我们所追求的善而言,荣誉显得太肤浅③。(3)沉思的生活。即"追求知识的思辨的生活"④。亚里士多德认为,将钱财和欲望当作目标,人就会成为奴隶。这实际上就是一种动物性的生活。他进一步指出,德性应该是政治生活的目的,荣誉相对于追求德性而言则是肤浅的。政治生活的幸福观强调了人对幸福的主动获取,凡是依赖于他人的评价和认可的,所获得的幸福并不是真正的幸福。可见,以荣誉为追求目的的生活也不是最好的生活。

随着工业化时代的到来,现代技术的含义与古希腊时期的技术概念出现了分野。在绝大多数情况下,现代的技术被等同于"工具"。"人的幸福""人的善(好)""人的功能"等以"人为目的"的"人—技"关系不再被重视。我们的研究遵循"人的训练""人的延伸""人的异化"这三条线索,全面而系统地探究"人—技"关系的演变过程。

三、技术与人的训练

从华生到斯金纳,从刺激到反应,他们都认为,通过塑造和训练人的行为,可达到教育人的目的。这是行为主义对人的训练的理解。华生认为,复杂行为的形成,完全取决于学习(训练),"学习的决定因素是外部刺激,外部刺激是可以控制的,控制的最基本的途径是条件反射"⑤。斯金纳发明了教学机器,支持机器教学的观点,"学习就是条件作用,学习就是行为,甚至思维也是一种能够被分解和编制成详细行为目录的行为"⑥。但是机器教学把动物的学习原理应用在人身上,显然混淆了人性与动物

---

① ARISTOTLE. Nicomachean Ethics[M]. 3rd ed. IRWIN T, trans. Indianapolis: Hackett Publishing Company, 1999:4-5.

② 余纪元. 亚里士多德伦理[M]. 北京:中国人民大学出版社,2011:47.

③ 同①4.

④ 同①47.

⑤ 高觉敷. 西方近代心理学史[M]. 北京:人民教育出版社,2011:264.

⑥ 同⑤13.

性的差异。从自然的角度来看,行为主义者把人的行为看成是刺激、反应之后的简单结果,他们试图用外在的技术(改变环境)手段来控制和反映人的内在心理情境,此时技术早已奴役和操纵了人。

综上所述,行为主义者认为,可通过改变人的外显行为来达到对人的内在心理的改变,改变的手段包括塑造、训练等。行为主义强调的"人—技"关系,就是训练、塑造的机械式的刺激活动。这种被冠名为"训练"的行为,实际上不仅没有看到人与动物的区别,反而是把人等同于动物。行为心理学家把在动物身上行之有效的活体实验直接迁移到人的身上,从应用伦理的视角来看,这种做法是有待商榷的。

四、技术与人的延伸

麦克卢汉(H. M. McLuhan)的《理解媒介:论人的延伸》(*Understanding Media：The Extensions of Man*)和波兹曼(N. Postman)的"媒介批评三部曲"——《娱乐至死》(*Amusing Ourselves to Death*)、《童年的消逝》(*The Disappearance of Childhood*)和《技术垄断》(*Technopoly*),从传播学的视角出发,探讨了技术对人的延伸作用。麦克卢汉与波兹曼分别从技术乐观主义和技术悲观主义出发,探讨了"技术是人的延伸"的观点。麦克卢汉认为,"技术可能是人类身体的、思想的或者存在的延伸"[①],通过"泛媒介"统一与人发生作用。他还认为,技术可以促进人性的完整,存在使人回归幸福生活的可能。波兹曼指出,当文化被技术统治甚至垄断的时候,人类文化正走向衰败和灭亡,技术将取代文化,人的地位被边缘化。

加拿大的罗伯特·洛根(R. K. Logan)在《理解新媒介——延伸麦克卢汉》(*Understanding New Media：Extending Marshall Mcluhan*)一书中,用麦克卢汉自己的观点,即媒介是人的延伸、媒介即讯息,概括了媒介研究的方法论。洛根认为,旧技术成为创造新技术的认知框架,而几乎所有的技术都是叠加在一起的,其启动的机制是人的某种延伸;由于不断持

---

① 胡伟.技术对教育影响研究[D].杭州:浙江大学,2015.

续地使用技术,使得技术成为人的延伸,反之人也成为技术的延伸。①

因此从作为媒介的技术来看,"人—技"是双向、互动的关系。技术是人的延伸,同时人也是技术的延伸;在技术服务于人类社会的同时,技术也在不断地完善其自身。如果说技术对人的延伸是正当而合理的话,那么人们就可以在技术的辅助下延伸其自身。人不仅扩展了活动的空间,还延长了学习、工作的时间。人并不是以实体形式而持存的自在之物,相反他成了无所不闻、无所不见、无所不在的后人类。总之,正确处理"人—技"关系的关键,还是要回归"人是目的"的核心,积极努力地消解技术对人的负面影响。尤其是在学校中,传统的对话教学和现场的教学示范活动仍需得到人们的重视。数字化课堂的学习方式不能完全取代传统的教学方式,智能课堂、教学现代化充其量只能是对已有教学方式的一种补充。一言以蔽之,教育要回到人的教育,回到"人是目的"的传统,回到人创造、运用又控制、主导技术的教育。

五、技术与人的异化

从批判理论来看,技术使人异化。马克思、胡塞尔、马尔库塞和埃吕尔(J. Ellul)分别在《1844 年经济学哲学手稿》《欧洲科学危机和超验现象学》《单向度的人:发达工业社会意识形态研究》和《技术社会》中,探讨了"技术导致人异化"的问题。批判理论强调指出,技术让人与人越来越疏远,解放技术并不能转变技术对人的负面影响。"人的解放并非物质—技术层面的解放,而是生存—存在层面的解放"②;"人不仅仅像一件物品那样存在着,他要使自己和他的世界生存起来,在任何时候任何境遇下'创造'他自己和他的世界"③。

赫伯特·马尔库塞在《单向度的人:发达工业社会意识形态研究》(*One Dimensional Man*)一书中提出,要实现人的自由就必须征服技术,

---

① 洛根.理解新媒介——延伸麦克卢汉[M].何道宽,译.上海:复旦大学出版社,2012:17.
② 马尔库塞.现代文明与人的困境——马尔库塞文集[M].李小兵,等译.上海:上海三联书店,1989:3.
③ 同②9.

如果"以技术的进步作为手段,人附属于机器这种意义上的不自由,在多种自由的舒适生活中得到了巩固和加强"①,人就与机器一样,成了一种工具、一种物的存在。人处于被技术奴役的状态之中,即技术对人的物化。马克思指出,只有在"共产社会"才没有异化现象的存在;而马尔库塞则用"前技术世界"来描述人和自然都未被看作是物或者工具的世界。前者是高度文明之后无异化现象,后者是落后的、未开发的无技术影响下的工具与物的世界。两者的出发点不同,但是都指向了同一个事实,即人们无法回避现实的生活世界。正如弗洛伊德所理解的那样,人的历史也就是人被压抑的历史——"效益的日益提高却导致了生命本能的日渐式微,导致了人的退化"②。人如何才能从被技术压抑的状态中解救出来?也许尼采的"封闭圆圈"能够帮助人们克服当下的困境,实现自我的超越,即达到"永恒的回归"。

马克思也认为,技术是人的延伸。在绝大多数情况下,马克思从自然主义的朴实观点出发,研究技术对人的作用。值得重视的是,异化理论是马克思在研究人的概念时提出的,也是他的著名理论之一。科尔涅耶夫认为:"如果人不是技术的奴隶,而是技术的主人(只有在社会主义和共产主义条件下他才可能这样),那么他就有一切可能克服与技术相关的空虚和压抑的感受,而且甚至还能把它们改造成积极因素。在这里必须以马克思关于技术是人的天然器官的特殊的延伸和加强的思想为依据。甚至最简单的劳动工具在一定意义上也延长了人的自然的肢体。"③

美国学者伯特尔·奥尔曼(B. Ollman)在《马克思的异化理论》(*Alienation：Marx's Concept of Man in a Capitalist Society*)一书中指出,异化的突出表现形式是外在于人的、非人的力量统治着一切。人欲要摆脱外在、非人的"技术"力量的控制,首先要明晰,"人之为人的本质要素是被理解为独立存在的,并且,在某些情况下,所有和它相关的强有力的

---

① 马尔库塞.单向度的人:发达工业社会意识形态研究[M].刘继,译.上海:上海译文出版社,2008:28.

② 马尔库塞.爱欲与文明[M].黄勇,薛民,译.上海:上海译文出版社,2012:107.

③ 科尔涅耶夫.现代哲学人类学批判[M].李昭时,译.北京:东方出版社,1987:51.

实在呈现出的绝不是它真实的样子"①。换句话说,技术对人异化的本质就在于:技术使得人的整体被分裂成许多部分,而且部分与部分以及部分与整体之间的关系都是不清晰的。根据马克思的异化理论,技术对人的发展更多的是破坏,不是建设。在马克思看来,"人—技"关系一直都是紧张的状态。他提出,只有在共产主义社会,非异化的生活才有可能出现。但是,在现实世界中,人与技术是无法割裂的。也就是说,技术对人的异化作用,是一种伴随"人—技"关系的不断发展而浮现的副产品,这种副产品不仅分有了人的所有缺点,还分有了技术的所有缺点。现在,更多学者开始关注和研究"人—技"和谐关系的新取向。如兰登·温纳(L. Winner)的《自主性技术》、UNESCO 的《学会生存》和伊德(D. Ihde)的《技术与生活世界》,都对技术本质和人、技术、社会之间的"均衡说"进行了分析。

总的来说,国内外学者对教育中"技术决定"现象的研究,仍存在着一些不足。第一,一些学者从符号概念出发,抽象演绎物质如何疏远人与人之间的关系,从人对"物的依赖性"出发,简单地阐述消费社会中人的地位。第二,一些学者从工具和价值两个方面,浅显地阐释了"人—技"关系,而较少涉及技术的功能与人的价值之间关联的研究。我们的研究力图弥补当前学界对"人—物"和"人—技"关系研究的不足,系统而深入地研究当代教育实践中人的价值主体问题。

第四节　人学立场的教育观

教育是什么?教育是为了人的发展,即为更丰富、灵动、现实的人性提供无限可能。然而,现实的教育却沦为经济目的、政治目的等的附庸,人成了附庸物。物的生产代替了人的发展,物性成了人性的代名词。人是达成各种经济目的、政治目的的手段,"人是目的"的传统被破坏,人无

---

① 奥尔曼.马克思的异化理论[M].王贵贤,译.2 版.北京:北京师范大学出版社,2018:180.

法自由地选择,人只能被外在的目的所操控。人的自由选择权已被剥夺,被动地接受将是人的唯一出路。"目中无人"的教育,便是在这样的社会背景下发生的。教育要回到人。尤其是在科学技术迅猛发展的今天,构筑人学立场的教育观具有重大意义。鉴于此,我们将试图回答三个问题:第一,何为人学立场? 第二,知识取向的人学立场如何达成具身的教育?第三,价值取向的人学立场如何向人回归?

一、人学立场:一种新的解释范式

人学立场指从现实出发,把人看作是独立、自由的主体,通过面向事实本身来构筑人的意义世界,最终形成一种可被共同遵守、共同分有的解释观念。

(一)从抽象的人到现实的人

"认识你自己"是人对其自身本性的多重追问。何为人的本性? 通过"摆脱人的一切外部的和偶然的特性"①,在撤除了所有外部、偶然的特性之后,人的本性才有可能得到解蔽。因此,探究人的本性应从人的内在特性出发。

由于人之为人的差异表现就在于其本质上的含混性,因而即便是在超然的状态下,也没有一种权力或力量能够制造一个虚(构)的人。但我们可以在自然状态下,去把定一个(真)实的人。人之所以能够成为一个"真实"的存在物,第一,在于人具有对周遭事物作出反应的能力,这种能力又是人依赖于自身而呈现出的自主性存在;第二,人能够成为一个"有责任"的存在物,这意味着人同时也是一个道德主体;第三,道德的主体应是有责任的主体,而有责任的主体不一定是道德的主体,因此,前者对后者是充分非必要条件,后者对前者是必要而非充分条件。在道德与责任之间,人们要优先承认道德,而后才是责任。

怀疑论拥护者虽然怀疑一切有关事物特性的普遍原理,但是他们却从不否定"认识你自己"的重要性。前者的"怀疑"仅指向全新、更有效的

---

① 卡西尔.人论:人类文化哲学导引[M].甘阳,译.上海:上海译文出版社,2013:13.

研究方式,后者的"不否认"意在提出"认识你自己"的可能性和必要性。怀疑论者对"人的本质"的内省原点就在于,它作为人本主义的复本,其怀疑行为均是以人作为各项行动的出发点和落脚点。因此,他们不仅认为人有认识自己的自由,还认为人就是为了自由而存在。人要想获得真正的自由,就需要破除绑缚自身与外界的锁链。而认识自我是第一步,没有认识就不会有自由。人不是什么?人不是动物。人拥有动物没有的抽象语言,动物只是相对于人类而言的低级生物,尽管人类最初是从人猿进化而来的。人还具有主体性,且人的对象世界只能是人的世界。对动物而言,他们没有对象世界。达尔文说过,"适者生存",那么,人之为人而存在,动物之之为动物而存在,也可看作是他(它)们各自适应自然的结果。

认识世界是人认识自己的前提,人应以其自身为出发点,主动去认识世界。在古希腊时期,柏拉图提出,"人是理性的动物"。理性能力是人的本质属性之一,是人所独有的能力。人类活动的本质就在于,人会用理性来思考和想象世界。因此,人不可能脱离理性去理解、解释世界。但是若只从理性出发来解释人,这显然不足以全面阐释"人之为人"的道理。

如何实现人从抽象走向现实?首先需要区分抽象的人与现实的人。抽象的人是指理念世界中的人,即在忽视人的主体性和社会性的前提之下,试图用纯粹理性去创造一个"自然"的人。对教育而言,教育应该观照现实的人,即当下的人。现实的人是指经验(现实)世界中的人,即把人还原到现实的生活世界中,通过将人"悬置"来"本质直观"地呈现人的原初样态。现实的人是感性与理性的统一体。没有人的感性认识就不会有人的理性筹划,而人对自身的理性筹划又是人对自身感性认识的升华。人的现实生活就是人的感性与理性交融的过程,也正是感性与理性的圆融一体,才折射出了人是自由的,人也必将超越自由。

(二)从自在的人到自为的人

"认识你自己"不是一句哲学的口号,而是人对其本性的追问。在谈到费尔巴哈时,马克思指出:"费尔巴哈把宗教的本质归结于人的本质。但是,人的本质不是单个人所固有的抽象物,在其现实性上,它是一切社会关系的总和。"①"没有自然界,没有感性的外部世界"②,人什么也不能创造。马克思的实践观认为:"通过实践创造对象世界,改造无机界,人证明自己是有意识的类存在物。"如果自在的人是被动的人,且缺乏选择的自由,那么他就是一个抽象的存在。自为的人应是一种自由创造的存在。人们要想超越既有的生活、创造新生活,这就意味着人应该从自在走向自为,实现选择、创造的自由。

文化哲学的集大成者卡西尔提出,人是一种符号动物,人运用符号创造文化。当人在不自觉地运用符号理解世界和解决问题的时候,人就会创造与人有关的文化。更进一步讲,在卡西尔看来,符号还担负着文化与人之间的桥梁作用。可见,符号在卡西尔文化哲学体系中起着关键的作用。卡西尔在强调人的主体性的基础上,提出了人的发展离不开社会的观点。从符号的视角出发,卡西尔所探讨的人实际上仍是抽象意义上的人,而不是现实情境中的人。虽然卡西尔努力地呈现出人的现实性,但是在《人论》一书中,人的本性早已被符号化,人的世界早已被符号所阻断。实际上,人既不是(抽象)符号的存在也不是(大写的人)总体的存在,人应该是自然属性与社会属性的整合,后者是人的本性的主要方面,前者是人的本性的基础。

席勒是现代美育的开山之人,其人本主义美育思想对我国20世纪初美育的发展影响较大。王国维、蔡元培、朱光潜、宗白华、李泽厚、蒋孔阳等我国著名美育大师都与其有着历史渊源。席勒在《审美教育书简》一书中提出,人的第三种性格是"美的性格"③,即自由的性格。或者说,人的美的存在就是自由的存在。人如何获得自由? 席勒进一步指出,"人同美只是游戏,人只同美游戏";"只有当人游戏时,他才完全是人";"只有当人是完整意义的人,他才游戏"。与卡西尔一样,席勒的人性论也是建立在抽象人性的基础上,他把抽象的人分为"人格"和"状态"两个部分。前者

---

① 马克思.马克思论费尔巴哈[M]//马克思,恩格斯.马克思恩格斯选集:第1卷.中共中央马克思恩格斯列宁斯大林著作编译局,编译.北京:人民出版社,2012:139.

② 马克思.1844年经济学哲学手稿[M].中共中央马克思恩格斯列宁斯大林著作编译局,编译.北京:人民出版社,2014:48.

③ 席勒.审美教育书简[M].冯至,范大灿,译.北京:北京大学出版社,1985:18.

指根植于人自身的部分,因此是不变的、必然的、理性的;而后者指与外在时间相关联的部分,因此是变化的、偶然的、感性的。人格与状态即"自我和他的各种规定,依据我们的想象在绝对存在那里是同一的,而在有限存在那里,它们永远是两个"①。这里的"绝对存在"是指"神",而"有限存在"是指经验中具体的人。神乃是理性统治的代表,而具体的人却是受感性支配的标志。完整的人格需要统一神与人,即统一理性与感性,通过把身体内的必然理性转化为身体外的现实感性,从而使现实感性服从必然理性(客观规律)。在两种对冲的力量帮助之下,完人才能实现双重任务,即统一理性与感性。对冲的力量可被理解为冲动,冲动又可分为理性冲动和感性冲动。席勒用游戏冲动来同一感性冲动和理性冲动,游戏冲动是感性冲动和理性冲动的集合体。感性冲动的对象是作为现实人的当下生活,理性冲动的对象是"本义和转义的形象"②,而游戏冲动的对象是活的形象,"活的形象即广义的美"③。由此可见,美是完整人性的最高表现,而完整人性也只能由美来体现。因此,人就是一种美的存在。在席勒看来,人自由地创造美,是人从自在走向自为的标志。概而言之,当人实现对美的自由创造和超越之时,人早已持有自身的主体性存在,自由创造与超越自由,也必将指引人去过更值得过的生活。综合来看,与卡西尔一样,席勒对人的本性的论述也未能脱离抽象人性的窠臼,从而不可避免地跌入了唯心主义的阵营。

(三)从人学空场到人学在场

人学"是一个宽泛的科学概念,它指一切以人为直接研究对象的科学领域,是关于人的科学"④。教育的基本要义,旨在促进人的长足式发展。这已是一个不证自明的事实。以人为本位的教育目的观是教育的起点,亦是终点。回顾历史,"无人"的教育取代了人的教育,它以异化的教育形态粉墨登场,从而出现了"人学空场"。因此,解放、唤醒、回归人性,是"人

---

① 席勒.审美教育书简[M].冯至,范大灿,译.北京:北京大学出版社,1985:57.
② 同①76.
③ 同①76.
④ 弗洛姆.自为的人——伦理学的心理探究[M].万俊人,译.北京:国际文化出版公司,1988:1.

学空场"向"人学在场"转变的必由之路。

对人性的唤醒实际上就是对人性的启蒙。发生在 18 世纪欧洲的解放思想运动——启蒙运动，它的总体特征可概括为"注重理性和主张怀疑、反对教权和剖析人性、推动进步和注重自然"①。"启蒙"（Enlighten-ment）是"对专制主义者和独裁主义者的一种反抗"②，也是对愚昧人性的唤醒。法国最后一位启蒙思想家孔多塞在《人类精神进步史表纲要》（L'Esquisse d'un Tableau des Progrès de L'esprit Humain）一书中提出："假如能有一门预见人类进步、能指导进步、促进人类进步的科学，那么人类所已经作出了的进步的历史就应该成为这门科学的主要基础。"③如果这门科学存在的话，那么人学便是最有可能成为那门可以预见人类进步、能指导和促进人类进步的科学。从"人学空场"的教育来看，"中国教育之'无人'可具体分为奴化教育、物化教育等形态"④。奴化和物化教育形态都是异化教育的不同表现形式。奴化不仅指处在封建社会时期的人，还指向在物质利益的驱使下失去了自我的人。人被物质所操控、愚化以及奴化。从"人学空场"到"人学在场"，教育需要在发扬"启蒙运动"精神的过程中，揭示教育的本质，回到以人为目的的教育。

雅斯贝尔斯认为："真正的教育应先获得自身的本质。教育须有信仰，没有信仰就不成其教育，而只是教学的技术而已。"⑤过程哲学家怀特海在《教育的目的》（The Purpose of Education）一书中指出了教育的精神属性："教育属于一种精神范畴的事物，但我们在教育自己的子女时，必须使精神附着于躯体，还要给躯体一副骨架。我们面临的最艰难而又最重要的任务，是为精神、探索性实验以及生活提供自由的空间。"⑥教育的本质在于从其自身出发，对教育的元问题进行反思，即思考教育的起点和

---

① 季广茂. 反启蒙[M]. 北京：高等教育出版社，2016：19-38.

② 伯茨. 西方教育文化史[M]. 王凤玉，译. 济南：山东教育出版社，2013：280.

③ 孔多塞. 人类精神进步史表纲要[M]. 何兆武，何冰，译. 北京：生活·读书·新知三联书店，1998：9.

④ 王啸. 教育人学——当代教育学的人学路向[M]. 南京：江苏教育出版社，2003：32.

⑤ 雅斯贝尔斯. 什么是教育[M]. 邹进，译. 北京：生活·读书·新知三联书店，1991：44.

⑥ 怀特海. 教育的目的[M]. 庄莲平，王立中，译注. 上海：文汇出版社，2012：3.

终点；而教育的独特性在于其精神属性，正如怀特海所指出的那样。教育倾向于自我的和谐发展，教育的最终目的是为了人的自由发展。教育的目的要兼顾人的两个方面的发展，即个性与社会性的发展。教育本是一项良心事业，是为全人类社会谋福祉的事业。人们看待"教育，不能没有虔敬之心，否则最多只是一种劝学的态度。对终极价值和绝对真理的虔敬，是一切教育的本质，缺少对'绝对'的热情，人就不能生存，或者人就活得不像一个人，一切就变得没有意义"①。教育是为了现实的人，这与英国哲学家斯宾塞所说的"教育是为了完满生活做准备"的观点是不一样的。中国新时代背景下的教育理想应当是：教育要面向自由的个人，回归人性、回到"人学在场"。

二、知识取向：具身的教育

（一）知识与灵魂

柏拉图在《理想国》的第七卷中，提出了著名的"洞穴之喻"。在该寓言中，一群囚徒自出生起就一直被幽禁、限制在洞穴之中，并且背向入口，无法扭动头部，因此他们对外面的世界一无所知。在幽禁期间，偶尔会有人或者其他物体从洞口路过，这时会在洞壁上投射出影子。他们把这种影子，理解为真实的事物。有一天，一个囚犯被释放了，他第一次被带到了洞穴外面的世界。他对新环境中的一切都很难接受，无法确认他周围的事物是否是真实存在的。事实上，囚徒在洞穴之中看到的影子，既不是事物本身，也不能是事物，只有当囚徒适应外界环境之后，他才会明白什么才是实存的事物。于是，当他返回洞穴与其他囚徒分享他的新发现的时候，此时的他已无法适应洞内的黑暗环境，而其他囚徒也不认为他变得聪明了，反而是更愚蠢了。柏拉图通过这个比喻来表明，多数人对自己的无知是心安理得的。他们并没有意识要运用自己的理性去反思和体悟当下。或者说，即使他们身体的部件是完整的，但是没有了理性思考能力的身体就等于是一具没有心灵的躯体。我们需要打开心结让光照进心灵，

---

① 雅斯贝尔斯.什么是教育[J].邹进，译.北京：生活·读书·新知三联书店,1991:44.

把被遮蔽的心灵解放出来。因为"这样的洞穴犹如思维的牢狱,限制了人们面向现实世界的视野,遮蔽了本来真实存在的事物。走出这个洞穴,才能拓展视野,看到被遮蔽的事物"①。"洞穴之喻"告诉我们:第一,人们获取知识的途径,除了感性体验还应包括理性判断;第二,人们对自身经验的怀疑,应是其获取真正知识的前提;第三,心灵完整的重要性不言而喻,但是集心灵与身于一体才是根本,否则偏向任何一方都会陷入"残缺不全"的沼穴。

　　"洞穴之喻"所提示的教育对人的本性的影响,实际上是在召唤"向人回归的教育",即"实现人的灵魂转向"的教育。事实上,人的本性本无优劣或高低之别,但是在古希腊哲学家柏拉图那里,他更强调的是人的理性能力的发展。众所周知,理性能力的发展离不开教育的作用和影响。因此,这才有了教育对人的本性的影响,以及受教育之人与未受教育之人之间的差异。理性能力的发展是以知识为前提条件的。正如囚徒一样,他们虽然具有理性思考的能力,但是所获取的还是错误的知识,他们仍然不能作出"基本的认识判断"②。这可看作受过教育与未受过教育的人之间的区别。

　　灵魂的转向是对知识的一种限定性条件,没有灵魂的转向人们就不会知觉到"真"知识。当洞穴中被解救的囚徒发现光是知识的来源之后,他就会不断地反思和批判所见之物,并把它们与之前的认识相比较。此时陷入沉思状态中的囚徒,是更趋于身心统一的人。他的灵魂和身体是浑为一体的。他的理性思考和对知识的追问,使得其灵魂和身体越来越紧密地贴合在一起。

　　知识与个人经验有关。"当我相信'雪是白的',我就说'雪是白的'是真实的。"③从个人经验出发,捕捉、获取知识,属于认识的初级阶段。回

---

　　①　庞学铨.新现象学之"新"——论新现象学的主要理论贡献[J].浙江学刊,2017(4):21-28.

　　②　BUTCHVAROV P. The Concept of Knowledge[M]. Bvanston: Northwestern University Publications,1970:4.

　　③　波兰尼.个人知识——迈向后批判哲学[M].许泽民,译.贵阳:贵州人民出版社,2000:256.

到"洞穴之喻",可以从三个方面来总结灵魂转向与知识之间的关系。(1)依据囚徒的经验,没有灵魂转向,就不会获得真正意义上的知识;(2)知识与经验有关,"洞穴之喻"强调了经验的重要性,如理解太阳光对四季和年份的规制等;(3)知识存在于灵魂(图式)之中,当灵魂获得转向或者说让光照进灵魂的时候,人就获得知识。苏格拉底曾经明确告诉格劳孔:光是世界上一切事物的来源,这显然包括知识。谈古论今,教育本就扮演着苏格拉底心中"光"的角色。教育不是盲目的教育,教育应有其目的,而教育的目的与教育的本质有着密不可分的关系。教育的本质是以人的发展为起点,教育的目的是要回到人,回到以人为目的的教育。

(二)知识与身体

著名的哲学命题"我在思想,所以有我"[①]是笛卡儿全部哲学的起点。虽然笛卡儿是公认的唯心主义代表,但是此命题关注的却是纯粹意识的内容。纯粹意识是指把一个人的身体和心灵分开,心灵的重要性大于身体。笛卡儿认为,我就是我的心灵,我有一个身体。"笛卡儿追求思想自由,但克制言论自由和行动自由,承认'除了我们自己的思想以外,没有一样事情可以完全由我们做主'。"[②]毋庸置疑,笛卡儿身处"心身二元论"的阵营。这最早可追溯至苏格拉底,他曾指出,"余意凡人官能所及之物,可分为二部。一部分之物,官能能自辨之,无庸思想之判断。一部分之物,则非官能所能辨,必俟思想辨别"[③]。柏拉图继承和发展了苏格拉底"世界二分"的理论,他把世界分为理念世界和现实世界。柏拉图认为,理念是对理知的"对境",而理知就是"我们所把捉这一种不易的理法的那种作用不得不为某一种感官以上的作用"[④];他还认为,实在界就是理念,即"理念为一"。自 19 世纪以来,从最初的普遍性到个体性,"身心二分"论走向"身心统一"论。"身心统一"论认为,人既有心也有身,据此,"身心统一"中的意识,不是纯粹(pure)的意识,而是身体中(in body)的意识,即

---

① 笛卡儿.谈谈方法[M]王太庆,译.北京:商务印书馆,2000:xii.
② 杨大春.理解笛卡儿心灵哲学的三个维度[J].哲学研究,2016(3):61-68.
③ 柏拉图.理想国[M].吴献书,译.上海:上海三联书店,2009:08.
④ 范寿康.柏拉图[M].上海:商务印书馆,1919:9.

具身的意识。我就是我的身体或"身体本身"(one's own body,本己身体,身心不分),即第三维度。这就意味着这个"身"与笛卡儿的"身"已有所不同。

对于"身体"的认识,始于"身心分离"之后,再回到"身心统一",这经历了一个漫长的阶段。在哲学领域里,"身体"是一个重要的辩题。在教育学领域中,身体也有其不可或缺的地位。"古代教育学"中"身体"的基本形态,表现为希腊精神的"完整的人",这与"身心统一"意义上的整体的人有所不同。前者是以心灵的完整性代替了整体的人,即认为理性高于一切;后者是指一定意义上的人,也就是"身心统一"的、具身的、本己的人。

"摆脱纯粹意识,并不会因此就倒向外在的物质"[①]。在近代的教育学中,"身体"表现为自然化的人。如夸美纽斯在《大教学论》中提出:"人类与树木的境遇原是相似的。因为一株果树能从自己的树干上自行生长,而一株野树则在经过一个熟练园丁的种植、灌溉与修剪以前,是不会结出甜美的果实来的。同样,一个人可以自行长成一个人形,但是若非先把德行和虔信灌输到他的身上,他就不会长成一个理性的、聪明的、有德行和虔信的动物。"[②]从自然主义出发,夸美纽斯用树木来类比人类,并描述两者相似的境遇。在他看来,人类和树木一样,在其年幼期最易受外界的影响。他还用类比的手法,把教育比作园艺,把教师比作园丁,把学生比作花朵。实际上,这直接抹杀了人的多样性和独特性,把人等同于自然物。

夸美纽斯在花朵与学生之间建立了共同联系,即花朵和学生都需要他者的呵护与培育,这似乎是合理的。但是在这看似合理现象的背后,又是不合理的。不同的劳动分工导致人的不完整发展,如教师与园丁的分工不同。而劳动对象的不同也造成了人的不完整发展,如教师的劳动对象是学生,园丁的劳动对象是花朵。教师与园丁的劳动本质不同,一个是

---

① 杨大春.肉身化主体与主观的身体——米歇尔·亨利与身体现象学[J].江海学刊,2006(2):31-36.

② 夸美纽斯.大教学论[M].傅任敢,译.北京:教育科学出版社,1999:26.

人类灵魂的工程师,一个是花草树木的园艺师。教师与园丁的劳动对象不同,教师的劳动对象是受教育者,园丁的劳动对象是花草树木。前者是能动的主体,是人;后者是被动的客体,是物。由是观之,人与物不能等同起来。教育中要避免"见物不见人"的现象,一定要坚守"人是目的"的教育原则,才能回归教育的本质。

依照休谟对伦理问题的见解,"从'是'中推不出'应当'",或者说事实与价值二分。休谟认为,A(学生)与B(花朵)之间都需要被培育的共性,是一种"是"的关系,即事实关系,但是不能据此推导出"关于个人、社会或目的的价值和真理性的判断"的关系,也就是说,这不是"应当"的关系,或者说是"价值"关系。① 休谟提出这样的问题,实际上是想强调事实与价值是不可等同或混为一谈的,而应该分开看待。当以人的自然属性取代人的社会属性的时候,就很容易导致"物性身体"的发生。"人是具有自然属性和社会属性的,因为人既是自然实体,又是社会实体。"②教育的根本任务在于从人的社会属性出发,促进人的全面发展,但在此过程中并不意味着忽视人的自然属性。因为,作为一个人,他首先是一种自然界的存在物,这种自然属性是人与生俱来的。但是人却生活在社会的环境之中,人离不开社会,同样社会的发展也需要人的参与。教育应当从人之为人的现实出发,通过不断地充实、巩固人的社会属性,从而为知识与身体的统一创造条件。

回归"本己身体"或"身体本身"(corps propre)。梅洛-庞蒂和米歇尔·亨利这两位法国哲学家都对"本己身体"作了深入的研究。米歇尔·亨利在《关于身体的哲学和现象学》一书中指出,"针对观念论确定主体性的具体特征,这表明主体性与我们的本己身体混合在一起"③,由此他强调了"作为先验身体的本己身体"。而梅洛-庞蒂的身体现象学却认为,人的身体实际上就是"经验身体的本己身体"④。梅洛-庞蒂关注的是身体的外

---

① 魏贤超.道德判断的基本概念[J].华东师范大学学报(教育科学版),1986(2):30.

② 傅统先,张文郁.教育哲学[M].济南:山东教育出版社,1986:15.

③ 杨大春.肉身化主体与主观的身体——米歇尔·亨利与身体现象学[J].江海学刊,2006(2):31-36.

④ 同③.

延性,米歇尔·亨利强调的是身体的内涵性。可见,他们两人对"身体"理论的研究的进路出现了分野:梅洛-庞蒂强调"由内向外"的身体观,亨利强调"由外向内"的身体观。总的来说,他们都认为,"本己身体"或"身体本身"有助于统一身体(内外或外内)。早期的梅洛-庞蒂的身体观受格式塔心理学"完形"思想影响甚大,他主张,在身体与周遭环境的互动中去弥合心与物的分离,从而促进心与物的合一。在这一互动过程中,梅洛-庞蒂的身体观"不仅作为一种'肉身化的辩证法'为我们克服了传统行为理论的自在和自为、物理与心灵、机械论与活力论之间的选择上的两难,还使我们从二者的'线性因果'走向了'循环因果'"①。然而,国内也有学者认为:"有关身体的研究更多是'关于身体,而不是来源于身体',更倾向于强调'表象的'而不是'体验的'问题。"②

随着对身体的系统研究的进展,人们对"知识与身体"之间关系的认识也越来越深入。"人的身体"应是全面发展的身体,而不是理性的身体或心物分离的身体。总之,人的身体的第一维度可谓是自然的身体(原始的知识),身体的第二维度可谓是对身体的唤醒(知识的理性选择),身体的第三维度可谓是身体的本真(知识与身体的辩证统一)。由此可见,知识的教育是从残缺的身体与不完整的知识开始,接着是物性的身体与僵化的知识,最后再回到身心的统一与知识和身体的高度融合。在这样一个知识与身体交互作用、螺旋式上升的过程中,教育实现了向人复归的具身教育。

(三)知识与教育

英国过程哲学家怀特海在1929年出版了《教育的目的》一书。在怀特海看来,教育首先要促进学生的智力发展,要避免呆滞的思想。如何让一个儿童学会思考? 他指出,重要的是避免"呆滞的思想"。"呆滞的思想"是指大脑接受知识却不加以利用,或不检验,或没有与其他创新的思想统一起来的思想。如何防止这种"呆滞的思想"? 怀特海提出了两条原

---

① 张再林,王建华.梅洛-庞蒂的"身体意向性"与刘宗周的"意"的学说[J].江海学刊,2016(4):30-40.

② 周丽昀."伦理的身体"何以可能[J].学术月刊,2013(4):23-29.

则:"其一,不可教太多科目;其二,所教科目务须透彻。"①此外,他还认为,儿童教育中要特别注重对概念的选择。选择概念的原则有三条:一是所选概念要少而精;二是所选概念之间容易形成组合;三是所选概念容易被应用于现实生活。② 因此,在怀特海看来,学校教育的知识主要是指学科知识,且知识应是灵活的,能够避免学生呆滞思想的产生。

当代分析派教育哲学的大本营——伦敦学派的主要代表约翰·怀特,其教育目的观在《再论教育目的》(*The Aims of Education Restated*)一书中可窥见一斑。该书的核心命题是:教育是为了有意义的生活,或者说,教育的目的是为了能够过上有意义的生活。怀特认为:"教育应增进受教育者的幸福,这种观念可能比那种认为教育应该追求知识本身为目的的观点更有市场。"③事实上,追求知识与增进幸福之间并没有严格的界限。掌握的知识越多,人的思想就越自由,人就越有主见,自然人就越幸福。这里的知识相当于怀特海的避免"呆滞思想"的知识。"掌握知识和理解力本身不是教育目的,但是若没有它,我们便不能够形成必要的气质。"④在怀特看来,学生(受教育者)就是教育的主要对象,教育应该紧紧围绕学生的利益。利益应该是指符合学生身心发展的知识、理解力等,不是社会、家长、老师们所理解的以功利为目的的利益。"学生、老师和家长在坚持教育的内在目的的同时可能而且常常确实含有某种职业上的外在原因。"⑤事实上,从教育的本质来看,教育是贯穿于人的一生的,教育与职业并不矛盾,只是教育的发展应该走在职业的前面。因此,教育的至上地位不可撼动。我们处在竞争激烈的社会,有竞争就会有失败,而越是如此,就越要坚持按照教育的本质来办教育。

综合来看,无论是怀特还是怀特海,他们所理解的教育目的,都是基于对教育本质的思考而来的。从教育目的的视角来看知识教育的问题,知识教育的对象是学习者,教育的辅助手段是教育环境、教育内容;教育

---

① 怀特海.教育的目的[M].庄莲平,王立中,译注.上海:文汇出版社,2012:3.
② 同①3.
③ 怀特.再论教育目的[M].李永宏,译.北京:教育科学出版社,1997:8-27.
④ 同③69.
⑤ 同③25.

的过程和教育成果则是教育在实施过程中的经历和结果。教育目的与知识的关系主要体现在以下三个方面。第一,教育目的为实现知识教育的未来创造了可能。如果教育目的不正确,就不会有好的教育的出现,那么以获取知识为基础的教育就会偏离人的发展。第二,教育目的是教育评价的中心要义。教育目的源自教育本身,真正的教育能观照教育的过程、学习者、教育环境和教育内容之间的关系,从而为好的教育打下基础。第三,以获取知识为目的的教育,是对教育目的的能动反映。

如前所述,获取知识的前提,是实现人的灵魂转向。当人的灵魂得到转向,心灵便得到了唤醒,人就会越来越理性地去看待周边的人和事。一旦知识在人的身上发生作用,人与人之间的差异也会随之显现。于是,教育的标准决定了教育质量,教育质量与知识的关系就决定了教育的目的是否落实到位。知识与(人的)教育之间的关系主要体现在以下几个方面:(1)知识是教育的基础。不以知识为起点的教育活动,是不能称为好的教育的。明确以发展知识为教育目标,是教育得到有效保障的基础。(2)知识的确立为教育预留了自由的空间。教育的好坏不是由教育结果来决定的,它是由学习者、教育环境、教育内容、过程和结果共同来决定的。把人作为教育的本质,才能保证教育目中"有人"。只有当教育目中"有人"时,才能办好教育,教育质量才能得到提高。(3)评价教育,固然有其显性、可量化的评价指标,但是这些指标制定的指导思想,却离不开对"人是目的"的把握与运用。因此,人的教育与知识之间是共生的关系,亦是相互影响的关系。

三、价值取向:向人回归的教育

太阳底下无新事,从笛卡儿的"人是理性的动物"到拉·梅特里的"人是机器",无一不反映了哲学家们对人性本身的积极探索。虽然"人是一架如此复杂的机器"①,但是人们一直都没有停止对人性的追问与探索。德国哲学家赫尔曼·施密茨的新现象学继承了胡塞尔的老现象学理论,

---

① 梅特里.人是机器[M].顾寿观,译.北京:商务印书馆,1959:17.

在"回到事实本身"的现象学方法和原则基础上,实现了研究的新转向,从而构筑了新现象学的思想体系。新现象学强调"人"的真实感受,体现"人"的最初经验,实现"人"的当下。由此出发,人们可以发现,人学立场的教育,不正是立足于对人的真诚关切和真实还原吗?在施密茨看来,"人生存、体验的最基本的事实状态是'当下'"①。实现"人的价值"的教育,应该首先回到具体的"人",并"以赋予知识的方式使人获得自由;同时又赋予一些克服物理环境的方法,来使人解放"②。

(一)人的教育:开放世界的萌生

《世界是开放的》(*The World Is Open*)一书的核心观点:在网络技术飞速发展的背景之下,人的教育在传统与现代之间出现了新的景象。传统教育的知识获取途径,主要依赖于教师(年长者)对学生(年幼者)的传递。而现代教育的知识获取渠道出现了革命性的变化,教师(年长者)与学生(年幼者)不再是由上而下传授知识的关系。互联网技术的大规模应用,使得全世界更紧密地联系在一起,人们获取知识的渠道不再单一,伴随着不同网页的打开,知识的通道也即被打开。技术的发展为人的教育提供了极大的可能性,同时也更好地激发了人的学习的潜能,这直接为人的教育打开了一扇通向开放世界的大门。

技术是一把双刃剑。这主要表现在两个方面:(1)技术能变革传统的教学方式,使得获取知识的通道变得多元;(2)技术使人与人之间出现疏离感,改变了学生与教师之间的传统对话的教学方式。人与人之间因技术的介入而疏远、陌生,导致人的教育状态不自然地偏离了传统教育的轨道。快餐式的知识传授也必然会加速人的异化进程,从而影响到人的自然生长,最终必然会摧毁教育的根基。可见,树立人学立场的教育观是解决这一问题的重要举措。

在信息时代的背景下,人的本质发生着改变。人的异化和疏离化的现象,是在信息技术社会背景下的突出表征。在教育场域,信息技术改变了人的学习和生活的方式,信息技术在给人们提供便利的同时,也给人的

---

① 施密茨.新现象学[M].庞学铨,译.上海:上海译文出版社,1997:16.
② 威尔逊.人性是什么?——人类本性[M].宋文里,译.台北:心理出版社,1984:197.

发展带来了"灾难"。教育，本是教与学的过程，是教师与学生之间对话互动的过程，但是这种必要的、不可回避的对话教学方式，正处于被削弱的地位。当今社会，学生通过搜索引擎便可获得对问题的解答，久而久之学生便会越来越依赖于技术带来的便捷式的获取知识的方式，教师的地位越来越趋于式微，学生与教师之间的对话最终消失的那一天，似已不远。人的主体性存在成了虚无的样态，人与人之间的对话在虚拟与现实之间徘徊，人再也回不去，再也成为不了他自己。

总之，世界是开放的，世界也是纷繁复杂的。世界是在人的主观意识与客观事实的交互影响中实存着，并在相互联系和相互融合中得到了发展。教育要回到具体的人的教育，即在凸显人的主体性和人与世界关联的客观事实的前提下，尝试弥合人与技术的断裂。教育要回到技术的基本功能，改造和充实作为工具的技术的"中介作用"。这种作用不能消解在思维的空中楼阁之中，而只能扎根于人的经验直观之中。

（二）人与人的使命：生活世界的构筑

"生活世界"的概念，最初可见于胡塞尔的现象学。倪梁康在《胡塞尔现象学概念通释》一书中指出："在胡塞尔对自然与精神之奠基关系的反思中，自然观点的世界在'经验世界''（主观的）周围世界''体验世界''自为世界'等等标题下获得了重要的含义……'生活世界'概念才作为确定的术语而接受了上述概念的功能，并且同时在整个先验现象学及其系统联系中获得了中心位置。"①根据倪梁康对生活世界由来的解释，我们可以发现，生活世界是与经验世界、主观世界、体验世界及自为世界一样，都是人存在的根本方式。人如何成为存在？在生存需要面前，人离不开物质，即"人以灵心（spirit-soul）或心灵（soul-spirit）从高层领域降生至物质存在。他使自己穿上了物质存在"②。人也离不开精神，无论是物质空间的"外套"，还是精神空间的"食粮"，人的存在就是物质与精神的统一。人是一个"类"的存在，需要与他人沟通、交流、互动。人与人之间的相遇，灵魂与灵魂之间的碰撞、交流，都会在人与人之间产生紧密的联系。

---

① 倪梁康.胡塞尔现象学概念通释[M].北京:生活·读书·新知三联书店,2007:273.
② 施泰纳.人学[M].颜维震,译.台北:洪叶文化有限公司,2017:6.

然而,一旦这种联系消失了,人的生命无疑会跌落至黑暗的深渊,人的灵魂无疑将是落寞的。

人与人之间互动的使命,不仅仅是为了灵魂的碰撞,更是为了能在现实世界中存在。与其说人与人之间是为了生存,不如说人与人之间有一共同追求的梦想,即对美好幸福生活的向往。亚里士多德曾说过,有三种生活是人可以选择的,其中第三种"沉思的生活"才是最值得人过的生活。沉思的生活是指哲人的生活,是幸福的生活,是超越一般世俗生活和摒弃追名逐利的生活。在信息技术时代,除了拒绝物质对人的利诱,还要消解技术对人的牵制。因此,构筑一个真诚的生活世界是人类共同的使命,也是每一个寻求实存意义上的人的理想。为了丰满的理想,在人与人的世界里,人们就必须从事有意义的教育活动、追求有意义的教育。

(三)人的世界:有意义教育的追求

从生活世界出发,人实现了两个转向。第一个是从抽象到现实的转向;第二个是从自在到自为的转向。在这两个转向的基础之上,教育走向了人学的立场,并试图通过分析"无人教育"的产生的原因,揭示人与人之间的疏远关系的根源。迪尔凯姆认为,病态的社会是过少的社会管制造成的;而马克思则提出,过多的社会管制才是人的异化现象的根源。于是,在多与少之间,人的世界出现了变数。过多的技术应用干扰了人的正常生活,让人的生活失去意义;过少的物质供给影响人的正常生活,让人的生活无法继续。因此,无论是少的物质,还是多的技术,对于人而言,都是"人学"的缺场。人的世界,应是人学在场的世界。

"人学空场"到"人学在场"的转变,为有意义的教育提供了可能,也预示着有意义的教育的必然。何为有意义的教育?可以促进人自由而全面发展的教育,才是有意义的教育;可以夯实人本教育理念的教育,才是有意义的教育。于是,教育不是简单地为了未来的生活作准备,教育应是为了让人过上幸福美好的生活,应是为了教育公平的实现和人的自由全面发展。倡导人学立场的教育观,正是基于这样的现实诉求。教育关注的是好的教育,还是适合人的教育?好的教育不一定是适合人的教育,但是适合人的教育一定是好的教育。换言之,适合人的教育才是有意义的教育。马克思在《1844年经济学哲学手稿》一书中提出,资本主义社会的劳动方式造成了人的片面发展,这是后来马克思关于人的自由全面发展思想的萌芽。当代社会中,技术对人的异化不仅发生在资本主义社会,也出现在全球范围之内。从系统论的视角来看,人的自由全面发展是一个整体的发展,不是单一、少部分的均衡发展,也非简单的罗列、叠加即可预见的发展。人的自由全面发展是指把人当作一个有机的整体,即各部分的要素的内在、必然的逻辑联系式的发展。人学立场的教育观蕴含着的整体的教育人学思想包括:(1)人的发展遵循"自然的人""社会的人"和"自为的人"的逻辑走向;(2)把人的整体发展需要,摆到教育的核心位置;(3)在课程设置方面,更倾向于融合类的综合课程;(4)反对分科知识的绝对性,反对人的整体经验与分科知识的矛盾对立。综上所述,有意义的教育的确立,是以人学立场的教育观为其根基的。人学立场的教育观应是有意义的教育的追求目标,它是人的世界的重要组成,也是人与人之间构筑生活世界的前提,更是在开放的世界中回归了人的教育、回归了人的生活。

第三章　人、智慧与教育

人、智慧与教育之间有着紧密的关系。人是智慧的拥有者和创造者，智慧是人的存在方式和生存状态，人的教育应该致力于启迪人类智慧，因而智慧教育应成为人的教育的存在方式。本章通过对智慧进行究根溯源式的理论探讨，运用马克思主义人学原理分析与建构新的时代背景下智慧与智慧教育的理论体系，深度诠释人、智慧与教育三者之间的复杂关系，从而回归人的有价值的教育与生活。

第一节　智慧教育的国内外相关研究进展

一、"智慧"的国内外研究进展

从广义上讲，整个人类文明的发展史就是一部智慧史，几千年来积累了无数的人类智慧。总体而言，自古代至近代，东西方学术界对智慧的直接研究零散且少，没有研究智慧的专门著述或篇章，只是在其他主题的著述中偶尔被提及，不成体系；直到现代，才出现了对智慧的专门研究，以后相关研究逐渐增多。我们通过梳理古今中外的相关文献，发现对智慧的研究主要集中在哲学和心理学两个领域，因此下面将分别从这两个领域进行阐述。

（一）哲学领域对"智慧"的研究

在我国，早在先秦儒、道、墨、法诸家的典籍中就经常涉及有关智慧的论述。"智慧"最早出自墨子。《墨子·尚贤》说："夫无故富贵、面目佼好则使之，岂必智且有慧哉？若使之治国家，则此使不智慧者治国家也，国家之乱,既可得而知已。"①汉代哲学家王充说:"人,物也,万物之中有智慧者也。"(《论衡·辨祟》)贾谊说:"深知祸福谓之智,反智为愚;极见窕察谓之慧,反慧为童。"(《道术》)在此,贾谊将智慧与愚昧、童蒙相对立,意指深知人生祸福之辨,极见事物义理本质,对社会、人事能够明智理解与理性把握。②冯梦龙在《智囊全集》中,区分了上智、中智和下智,他把智慧看作一种知识和能力。③总体来说,中国古代至近代哲学家们对智慧的论述比较零散,他们会说到、用到"智慧"这一词语,注重人们对它的体悟和运用,却讷于对它进行言说,相关研究较少。

到了现代,著名哲学家冯契先生提出了"智慧学说",他是我国首位系统研究智慧的哲学家。在他看来,智慧就是合乎人性的自由发展的真理性的认识,是关于宇宙人生的总见解,即关于性与天道的认识;智慧使人获得自由,体现在化理论为方法、化理论为德性,而这里的"理论"则指哲学的系统理论,即以求"穷通"(穷究天人之际和会通百家之说)为特征的智慧的哲学;在"智慧学说"中,认识世界与认识自己不是割裂开来的两件事情,而是通过实践基础上的认识世界和认识自己的交互作用,经过凝道而成德、显性以弘道,终于达到自由的德性,体验到相对中的绝对、有限中的无限;冯先生还特别探索了如何通过"转识成智"的飞跃,获得关于性与天道的认识。④钱学森曾独创性地提出了一个多层次的金字塔式的现代科学技术体系的系统理论——"大成智慧学",指出"大成智慧是性智与量智相结合"⑤。靖国平认为,智慧的要义包括三个方面:第一,智慧指向人的实践能力或实际本领,智慧的对象是实际的问题与现实的困惑,智慧的方式是具有实践性、探索性、创造性的活动;第二,智慧指向人的明智的、良好的生存和生活方式;第三,智慧指向人的主体性、价值性、自觉性、自由性等人的"类本质"特征,智慧的道路通往人的自由发展和人的解放。⑥

---

① 孙诒让.墨子闲诂[M].孙启治,点校.北京:中华书局,2001:55.
② 卞敏.哲学与道德智慧[M].南京:江苏古籍出版社,2002:3-4.
③ 冯梦龙.智囊全集[M].栾保群,吕宗力,校注.北京:中华书局,2007:65-88.
④ 冯契.认识世界和认识自己[M].上海:华东师范大学出版社,1996:60-96.
⑤ 钱学森.钱学森书信选:下卷[M].北京:国防工业出版社,2008:746.
⑥ 靖国平.论智慧的涵义及其特征[J].湖南师范大学教育科学学报,2004(2):14-15.

王海明把智慧看作是相对完善的认知能力,首先是因为智慧总是有时间性的,总是一定时代、一定地点的人们的智慧,其次是因为任何一个人的智慧和认知总是某些方面的,而不可能是全面的,由此智慧也就是多种多样的;王海明还从两个角度区分了智慧的不同类型:从主观心理功能角度可将智慧分为观察智慧、记忆智慧、思维智慧、想象智慧和创造智慧,从客观心理内容角度可将智慧分为道德智慧和非道德智慧。① 余华东也对智慧进行了专门论述,他认为智慧就是具有产生新思想的思维能力,智慧的核心是创新思维,创新思维的关键是非逻辑思维,充足理由律是划分逻辑思维和非逻辑思维的一个根本标准;他还对直觉、灵感、顿悟等非逻辑思维的本质特征作了系统的论述,为非逻辑思维能力的训练和培养奠定了理论基础,并在此基础上阐述了智慧培养的三个主要原则。② 王蒙指出:"智慧,是指人的一种高级的、主要是知性方面的精神能力。'智'强调的是知识与胆识,是指能够作出正确的判断、估量、选择与决策。'慧'主要是悟性,是对于是非、正误、成败、得失等的迅速感受与理解掌控。尽管智慧给人的印象首先是一种能力,但能力不可能完全脱离品质与境界。"③ 彭富春首先从哲学的角度辨析了智慧、聪明与愚蠢三者之间的关系:愚蠢就是不知道,即在自己和世界两方面都处于无知状态;聪明是指人有特别的听和看到事物的能力,但有一个无法逾越的限度,即只知小不知大、只知近不知远,因而大多只是小聪明,于是聪明也易变为愚蠢;而智慧与愚蠢、聪明不同,它是真正的知道,能够辨识存在与非存在、真实与虚幻,不仅知道世界,而且知道自己,表现为一种特别的心灵的能力,能洞晓万事万物的奥秘。其次,他还从整体上提出了中国智慧所具有的自然性特征,指出未来的中国智慧要面向生活世界,智慧就存在于欲望、技术和大道共同在场的游戏之中。④ 总之,进入现当代社会以来,对智慧的专门研究逐渐增加,研究内容也日益扩充。尤其是当代,哲学家们对智慧表现出浓厚

---

①　王海明.新伦理学:下册[M].修订版.北京:商务印书馆,2008:1408-1410.

②　余华东.论智慧[M].北京:中国社会科学出版社,2005:3.

③　王蒙.说"知"论"智"[N].光明日报,2011-01-07(15).

④　彭富春.论中国的智慧[M].北京:人民出版社,2010:102-103.

兴趣，纷纷讨论了智慧的内涵、性质、类型、构成和培养方式等内容，对"智慧"的相关研究更加全面和深入。

在西方，从词源学上讲，"哲学"根源于"爱智慧"（Sophia，智慧的最高形式），因此，哲学又常被称为"追求智慧的学说"。最早，哲学中的智慧被理解为是运营于头脑之中的，关于一些最本质、最深层问题的追根溯源式的思考，而不关乎具体的实践事宜。所以，当人们谈及智慧时，往往带有"最终的""本质的""涵括的"和"整体的"意味。苏格拉底认为智慧本身是天生的，它包括一个稳定地超越时空的神圣因素。① 柏拉图认为"共相"是智慧的要素，而"共相"是指普遍必然的知识，即真理。他说："智慧是使人完善化者。"② 赫拉克利特说："智慧只在于一件事，就是认识那善于驾驭一切的思想。"③ 后来，对"智慧"理解的"哲学味"变淡，开始逐渐向实践生活靠拢。亚里士多德将人类活动区分为理论、实践与创制，将智慧区分为形上智慧与实践智慧，并着重强调实践智慧。他还在《形而上学》中首次对智慧提出了确切的定义，并区分了不同层次的智慧。洛克提到对智慧概念的解释，即"它使得一个人能干并有远见能很好处理他的事务，并对事务专心致志。这是一种善良的天性、心灵的努力和经验结合的产物"④。在《教育漫话》中，如果按重要性顺序排序，洛克认为教育的目的依次为美德、智慧、教养和学识：美德是通过良好的道德实践形成的良好品性；智慧是指在管理个人和社会事务时表现出来的洞察力和谨慎性；教养是指养成的正确行为、仪态和礼貌；学识是通过心智训练而获得的智力，并非仅仅通过事实或知识习得获得的。⑤ 罗素认为，好奇心和求知的能力是智慧的主要组成部分。⑥ 怀特海在《教育的目的》中提出，智慧是

① OSBECK L M, ROBINSON D N. Philosophical Theories of Wisdom, in A Handbook of Wisdom: Psychological Perspectives[M]. edited by ROBERT J. STERNBERG, JENNIFER JORDAN. New York: Cambridge University Press, 2005: 61-83.

② 维柯. 新科学[M]. 朱光潜，译. 北京：商务印书馆，1989：174.

③ 北京大学哲学系外国哲学史教研室，编译. 西方哲学原著选读：上卷[M]. 北京：商务印书馆，1981：26.

④ 洛克. 教育漫话[M]. 北京：教育科学出版社，1999：117.

⑤ 伯茨. 西方教育文化史[M]. 王凤玉，译. 济南：山东教育出版社，2013：307.

⑥ 罗素. 教育与美好生活[M]. 石家庄：河北人民出版社，1999：39.

掌握、处理、选择以及运用知识的能力。在他看来,学校的任务在于把孩子的知识转变为成人的力量,这反映出他对人的智慧培养的教育理念。[①]莱恩(S. Lyan)在概述西方哲学家关于智慧本性看法的基础上提出:"S是有智慧的,当且仅当:S有广泛的事实和理论知识;S知道怎样生活得好;S在生活得好方面是成功的;S有非常少没有得到证实的信念。"[②]此后,哲学家们很少专门研究智慧。

(二)心理学领域对"智慧"的研究

相对于哲学领域,心理学领域对智慧的研究是比较短暂的。19世纪,心理学从哲学中独立出来,但当时并没有关注智慧这一问题。20世纪初,心理学家霍尔(G. S. Hall)最早提到智慧这一概念,他把智慧看作是个人与人类发展的理想目标。20世纪后期,由于毕生发展心理学的迅速发展,人们对成功老龄化(successful aging)的认知机能和积极因素进行了探索,智慧问题随之逐渐引起心理学家的关注;同时,随着对智力和创造力研究的深入,人们逐渐意识到,那些只拥有较高智力和较多知识的人未必能对社会做出贡献,有时甚至会阻碍社会和人类文明的发展。[③]因此,人类必须运用智慧来解决社会发展过程中遭遇到的各种问题。智慧的重要性不言而喻,这无疑促进了心理学家对智慧的研究兴趣。

总体而言,心理学对智慧的研究可以分为两种取向,即智慧的内隐理论取向和智慧的外显理论取向。智慧的内隐理论是指普通公众在日常生活和工作背景下形成的、以某种形式保留于个体头脑中的对"智慧"和"有智慧的人"的印象、理解、看法、观念或心理表征。智慧的外显理论是指心理学或其他领域的专业研究者提出的关于智慧的定义、构成和评估等方面的具有可操作性的智慧学说或理论体系。

虽然智慧的内隐理论与智慧的外显理论在人称、研究者和理论视角

① 王承绪.现代西方教育论著选[M].北京:人民教育出版社,2001:139.
② Wisdom, in Stanford Encyclopedia of Philosophy[EB/OL].[2017-03-09]. http://plato. stanford. edu/entries/wisdom/.
③ 谷传华.智慧的外显理论和内隐理论[J].山东师范大学学报(人文社会科学版),2014(1):118-123.

上有所不同①,但是斯腾伯格指出,智慧的内隐理论是智慧的外显理论的起点,智慧的外显理论部分来自于普通人在日常生活与工作中形成的智慧内隐理论,因此,对智慧内隐理论的研究能够帮助我们提炼智慧外显理论。②智慧内隐理论的分析方法在特定现象的研究初期具有极重要的作用,因为未知现象或知之不多的新问题往往大而杂,研究难以下手,这时研究者就可以利用智慧的内隐理论来大致框定研究的突破口和初步范围,从而大大便利研究的开展;而对于已有所研究的老现象,智慧的内隐理论还有助于检验和印证已经建立起来的智慧外显理论;而且,对智慧内隐理论的研究还有助于有效地指导实践。③ 总之,智慧的内隐理论与智慧的外显理论两种研究取向都是围绕智慧的核心特征展开探索的,只是研究角度不同而已,两者各有优缺点,可以互相借鉴、促进、补充和验证,不存在强烈分歧。④

1. 智慧的外显理论研究

(1)埃里克森的智慧理论

心理学家埃里克森(E. H. Erikson)认为,人格发展状况依赖于人对每一特定人生阶段出现的心理危机的解决情况。因此,他针对人在每一人生阶段处理心理危机的情况,为每一人生阶段提出了两种对立的人格发展状态。例如,当个体面对死亡威胁时,处理心理危机的两种结果是"绝望"和"整合",而只有"整合"代表个体获得智慧。"整合"意味着一个人能够接受自己的生命走到了尽头,对人生持一种超然的态度,而且能够从整体和抽象的角度看待问题。⑤ 所以在埃里克森看来,智慧就是指当个体面对死亡时所持有的一种对生命本身超脱的、淡然的关注态度。⑥

---

① 朱永祥. 认知的内隐理论及其分析方法[J]. 心理发展与教育,1991(4):32-37.

② STERNBERG R J. Implicit theories of intelligence, creativity, and wisdom[J]. Journal of Personality and Social Psychology,1985(49): 607-627.

③ 同①.

④ 侯祎. 智慧的内隐理论研究:以大学生为例[M]. 北京:中国书籍出版社,2012:11.

⑤ ERIKSON E H. Identity and Life Cycle[M]. New York:International University Press,1959:51.

⑥ ERIKSON E H. The Life Cycle Completed[M]. New York:W. W. Norton,1997:12.

若是人们想要在困难的、危急的生活境遇中生存,就只能依靠自己的智慧解决心理危机,渡过生存难关。

(2)智慧平衡理论

斯腾伯格基于智慧的内隐理论、缄默知识和实践智力之间的结合关系提出了著名的智慧平衡理论(Balance Theory of Wisdom)。在他看来,智慧就是个体以价值观为中介,运用智力、知识和创造力,在短期和长期之内通过平衡个人内部、人际间的和个人外部的利益,从而更好地适应环境、塑造环境和选择环境,以获取公共利益的过程。① 简言之,智慧就是导向大众利益的个人与环境之间的互动。根据智慧的定义,智慧平衡理论包括以下三个方面:首先,智力、知识和创造力是智慧的基础或必要条件,智慧来源于对智力、知识和创造力的运用;其次,个人内部的利益指自己的利益,人际间的利益指他人的利益,个人外部的利益指个人所在的团体、社区、民族甚或国家的利益,智慧既要平衡个人内部、人际间的和个人外部的利益,又要平衡个体适应环境、塑造环境和选择环境的三种行为,同时还要平衡短期利益和长期利益;最后,智慧是以获得公共利益这一价值观为中介的,这一中介在智慧平衡理论中发挥着重要的调节作用。斯腾伯格概括了有智慧的人的特征,即有智慧的人具有伦理取向的思维方式,喜欢探索在一定程度上可知的真理,喜欢不确定性的情境与事物,能够理解他人的认知、动机和情感,并且在提出问题解决方案时能够考虑到对他人或团体的影响。此外,斯腾伯格还提出了测量智慧的方法,即首先设立一系列关于智慧水平的标准参数,然后向参加者提出若干生活中或人生中可能遭遇的困难问题,要求参加者提出自己的应对策略或解决办法,最后把参加者的解决办法与相应的智慧水平标准参数进行比较,从而评估参加者的智慧水平。

不可否认,斯腾伯格以广阔的视野提出了一个立体的、多方面的智慧平衡理论,具有一定的合理性,但也存在问题。首先,该理论指出智慧的目标是导向公共利益,但并没有定义公共利益是什么。因为在斯腾伯格

---

① STERNBERG R J. Words to the wise about wisdom? A commentary on Ardelt's critique of Baltes[J]. Human Development,2004(47):287.

看来，详细说明公共利益或者价值观是什么并不是心理学领域的研究任务。但是，公共利益定义的缺位使得人们只好依据各自不同的价值观来平衡各种利益、调节与环境的互动行为，这不可避免会导致非道德行为的发生，从而歪曲智慧的本义。其次，斯腾伯格的智慧平衡理论是基于"智慧可以被教"即智慧被看作是一项可教的技能这—前提而提出的，然而有人却怀疑智慧的可教性。最后，斯腾伯格所提出的智慧测量方法的信度和效度有待进一步地验证和加强。

（3）柏林智慧范式

德国柏林小组（Berlin Group）的心理学家致力于应用数量分析的研究方法来研究智慧的相关问题，从而提出了"柏林智慧范式"（Berlin Wisdom Paradigm）。该范式指出，通过科学的心理建构方式来定义智慧比较困难，也许智慧的界定并不能通过心理学的概念、范式得以实现。① 尽管如此，柏林小组的心理学家还是对智慧的概念进行了界定。他们认为，智慧是关于基本的生活实用主义的专业知识系统。其中，"基本的生活实用主义"是指对于较好生活方式的洞察、计划和管理。根据智慧的定义，巴尔特斯（P. B. Baltes）等人认为"有智慧的人"不仅在思想品德方面表现优秀，而且具备较好处理生活问题的专业知识。柏林智慧范式由五个标准构成，它们分别是：事实性知识、程序性知识、关于生命周期的知识、相对主义价值知识和关于生活不确定性的知识，其中前两个标准处于较低的层次，后三个标准处于较高的层次。② 具体来讲，第一个标准"事实性知识"是指有关人类本质、个体发展、人际关系和社会规范等方面的知识；第二个标准"程序性知识"是指如何解决生活问题、处理生活冲突的策略或方式，即关于"怎么做"的知识；第三个标准"关于生命周期的知识"是指从过去、现在和将来这一生命周期的角度来考虑有关生活领域的阶段性问题以及各阶段之间相互关系的知识，即关于生活情境及其随时间而

① BALTES P B, STAUDINGER U. Wisdom：A metaheuristic pragmatic to orchestrate mind and virtue toward excellence[J]. American Psychologist，2000，55(1)：122-23.

② BALTES P B, SMITH J. The fascination of wisdom：Its nature, ontogeny, and function[J]. Perspectives on Psychological Science，2008，3(1)：58.

改变的知识;第四个标准"相对主义价值知识"是指承认没有绝对的、唯一的价值标准,不同个体具有不同的价值观念,即考虑到价值观念与生活目标多元化的知识;第五个标准"关于生活不确定性的知识"是指由于人类生活变幻莫测,充满了各种不确定性与无限可能性,因而人类无法洞悉一切以便做出当前最好的决定,也无法完全合理地解释为何在过去会发生某事,更无法完美地预知将来会发生什么,而有智慧的人能够明确意识到生活中的各种不确定性,能够做到镇定自若、从容应对、顺势而为。

在智慧的测量方法上,柏林小组的心理学家首先向被试呈现各种各样比较困难的生活问题,然后通过询问被试对这些生活难题的解决方法来研究个体的智慧表现。例如,首先询问被试这样一个问题:假如你的好朋友打电话告诉你他(或她)决定自杀,你会怎么想? 你会怎么处理这个问题? 然后要求被试即刻说出对于这个问题的处理办法,研究者同时记录被试的回答内容。然后由经过集中培训的专门人员根据柏林智慧范式的上述五个标准使用七点标尺法来评估被试的回答内容。最后根据所得分数来评价被试的智慧水平。不可否认,这种测量智慧的方式具有一定的合理性,但询问被试的这些"生活难题"仅仅是研究者的假设,并不是当下真实发生的事情,因此被试只能根据自己在过去生活中所积累的解决生活难题的经验来回答。与被试在现实生活中真正遭遇诸如此类生活难题时的表现相比,这些回答更多是想象中的和理想化的,因此这种测量智慧的方式挑战性较小,信度与效度较低。

柏林小组的心理学家还深入研究了智慧的年龄发展阶段及其特征。他们认为,个体的智慧发展水平在青春期和成年早期(即 15~25 岁)迅速发展,在中年期和老年早期(即 25~75 岁)趋于平稳发展状态,而进入晚年期(即等于或大于 75 岁)后个体的智慧可能会发展到极限,之后反而呈下降趋势。① 这说明,并不是人的年龄越大人就越有智慧,因为个体智慧的增长并不是只受年龄因素的影响,上述柏林智慧范式的五个构成标准

---

① STAUDINGER U M, MACIEL A G, SMITH J, BALTES P B. What predicts wisdom-related performance? A first look at personality, intelligence, and facilitative experiential contexts[J]. European Journal of Personality,1998,12(1): 1-17.

对智慧的增长起着更大的影响作用。因此,只有综合协调影响智慧发展的各方面因素,个体才有可能随着年龄的增长而越来越有智慧。

(4)智慧的跨学科整合理论

心理学家罗宾斯(S. Robins)在临床经验的基础上提出了由不同学科要素交互作用形成的智慧跨学科整合理论。根据这一理论,"智慧不仅包括关于各种事物的事实性知识,而且还包括关于问题解决、过程步骤等方式方法的程序性知识"[①]。智慧的跨学科整合理论要求个体以系统的视角和方法看待各种事物,承认个体生活中固有的不确定性,并且认识到个体感知与经验的相对性、暂时性、主观性和有限性。根据该理论,智慧不仅与人的期望、信念以及伴随信念而来的情感反应有关,而且与源于信念并造就信念的认知的、生理的、行为的、人际的、家庭的和社会的等因素有关,所有这些因素紧密地、动态地相互作用从而在个人智慧发展过程中共同发挥作用。

作为智慧跨学科整合理论的实践应用,罗宾斯发明了"智慧疗法"。所谓智慧疗法,就是由冥想、认知行为技术、放松训练、解决问题等不同领域技术要素构成的一种跨学科综合疗法。智慧疗法的目的在于促进和平衡整个跨学科系统内的情感与认知发展。除了致力于促进自我治疗,智慧疗法还同时致力于促进自我超越,这一点与佛教心理学相一致。从临床经验上讲,通过智慧疗法促进智慧相关维度的发展不仅有效减少了愤怒的强度和频率,而且也减少了个体的自我中心意识。不仅如此,智慧疗法还从多个角度激发了人的多个方面的内在潜力,这集中体现了智慧的跨学科愿景。但是,这一疗法缺乏广泛的实证检验,其普适性有待进一步加强。

(5)"超越智慧"理论

受哲学或宗教中所讲沉思、冥想、超脱、出世、涅槃等精神性活动的影响和启发,有些心理学研究者提出了一种智慧的超越理论,称之为"超越智慧"理论。尽管该理论的不同倡导者有着不同的具体主张,但他们的核

---

① ROBINS S. Wisdom therapy institute: Introduction[J]. Journal of Psychology Research,2007(2):33.

心观点却大同小异，即都主张智慧是人超越有限、狭隘、利己的自我，而追求大爱、同情、慷慨、包容、创造、自由和开放等价值观的心理状态。

例如，莱（T. N. Le）和利文森（M. R. Levenson）认为，智慧是一个涉及自我超越的发展过程。他们把"自我超越"定义为：第一，远离自我中心意识的能力；第二，在看问题时有清楚的本质意识；第三，在社会生活和个体生活中具有充分的自由。① 莱还单独撰文把"超越智慧"定义为人对现实自我的洞察与超越，即人对在人类经验中占主导地位的主观性、偏见和自我中心的超越。② 而温克（P. Wink）和赫尔森（R. Helson）则把"超越智慧"定义为：人类能够领悟到知识的本质和局限，并且试图超越个体有限的知识、个人狭隘的自私自利，而追求抽象的、无限的、自由的内在精神的一种心理状态。③ 总之，万变不离其宗。

（6）智慧的进化解释学说

心理学研究者西克森特米哈伊（M. Csikszentmihalyi）和纳卡穆拉（J. Nakamura）提出了智慧的进化解释学说。这一学说基于对智慧的跨年龄理解，认为人类行为进化的历史过程对解释人类智慧具有重要的价值。在他们看来，"智慧"这一概念包括三个部分：第一，智慧具有认知维度，它通过对人类知识的整体理解寻求事物的本质；第二，智慧具有道德维度，它遵循人类世界的道德规范体系，引导人类行为，使人过上一种向善的道德生活；第三，智慧具有行动维度，它要求将人类知识和道德规范转化为活生生的人类实践。他们还指出，有智慧的人应该具有执着的毅力、较高的智力和充分反思的能力等特征，并且人的智慧是随着人类的进化与发展过程而不断变化的。④ 在这一理论思想指导之下，西卡森特米

---

① LE T N, LEVENSON M R. Wisdom as self-transcendence: What's love (& individualism) got to do with it? [J]. Journal of Research in Personality, 2005(4):443-457.

② LE T N. Life satisfaction, openness value, self-transcendence and wisdom[J]. Journal of Happiness Studies, 2011(2):171-182.

③ WINK P, HELSON R. Practical and transcendent wisdom: Their nature and some longitudinal findings[J]. Journal of Adult Development, 1997(4):1-15.

④ CSIKSZENTMIHALYI M, NAKAMURA J. The role of emotions in the development of wisdom[J]. Applications of Flow in Human Development and Education, 2014(9):99-116.

哈伊和纳卡穆拉进一步研究了智慧在人的不同年龄阶段的不同表现。

(7)"观念反思"智慧学说

麦基(P. Mckee)和巴伯(C. Barber)提出了"观念反思"智慧学说。他们认为,从根源上讲,智慧来源于对错误观念的反思。智慧由三个因素构成:第一,清楚地洞察到某个信念是错误的;第二,对错误观念的自由觉知;第三,对通过反思而获得的正确观念的执着追求。进言之,与斯腾伯格一样,麦基和巴伯认为智慧的本质不仅在于知道"是什么",而且在于知道"怎样做"。从这个意义上讲,智慧不仅仅是陈述性知识与事实的积累,而且是程序性地应用知识的能力以及指向自己和他人的善行。[①] 事实上,麦基和巴伯所提出的智慧含义与之前许多心理学家们提出的智慧含义存在共性,即对事物的正确理解与深入洞察。在"观念反思"智慧学说中,对错误观念的反思是智慧最根本、最主要的内容,但是仅有这一内容就太空洞了,而且这一内容还可以被应用于如批判思维、作出决策和冲突解决等其他心理行为。需要注意的是,"观念反思"智慧学说立足于"错误观念能够被准确地辨别"这一基础假设之上,尤其在一个文化多元、知识爆炸的世界里更应注意这一点,否则这一学说便很难成立。

(8)多维度智慧理论

韦伯斯特(J. D. Webster)通过"智慧自我评估量表"(Self-Assessed Wisdom Scale, SAWS)提出了一个具有半操作性的多维度智慧理论。SAWS是韦伯斯特于2003年构思的一份40项李特克量表,其目的是为了评估有智慧的人本身所具有的特征。韦伯斯特预想通过这份量表对那些被提名为有智慧的人进行测试,然后访谈那些在测试中得分比较高的人,从而深入了解他们的多维度智慧品质。[②] 施陶丁格(U. M. Staudinger)在比较目前已有智慧测量方法的信度与效度基础之上,认为SAWS是目前测量个人智慧水平最科学的多维度量表。他这样评价道:

---

① MCKEE P, BARBER C. On defining wisdom[J]. The International Journal of Aging and Human Development,1999(2):149-164.

② WEBSTER J D. An exploratory analysis of a self-assessed wisdom scale[J]. Journal of Adult Development,2003(1):13-22.

就目前的已有研究而言,韦伯斯特的"智慧自我评估量表"已经被具体应用于智慧的评估与测量,与前人所提出的其他智慧量表相比,这一量表显然更加周密与科学。①

韦伯斯特的多维度智慧理论指出,智慧就是人类能够妥善处理生活事务从而促进自己和他人实现最佳发展的能力。该理论还描述了有智慧的人在真实生活环境中的基本知识、积极态度、应急能力以及自主发展四个方面的表现特征。具体而言,这四个方面分别表现为:第一,有智慧的人必须掌握生活中基本实用的专门知识,并且能够运用这些知识作出决策、解决问题;第二,有智慧的人要具备积极的态度,能够通过自主行动实现预期结果;第三,有智慧的人是在处理真实生活中的关键事件与紧急事件中锻炼出来的,而不是在日常生活平凡琐碎的细枝末节中显露出来的;第四,有智慧的人能够反思这些关键事件、紧急事件,能够在纷繁复杂的生活实践中设立明确目标,从而促进自身的最佳发展,即自身全部潜能的实现。②

(9)智慧三维模式理论

阿达特(M. Ardelt)在克莱顿(V. A. Clayton)、比伦(J. Birren)和克雷默(N. Kramer)等人既有研究以及东方传统智慧研究的基础之上,提出了她的智慧三维模式理论,即认知、反思和情感的三维整合理论。在她看来,有智慧的人具有认知的、反思的和情感的三方面个性特征。阿达特的智慧三维模式理论包括:第一,智慧的认知维度。在她看来,智慧的认知维度是指人类不仅能够更加深入理解现实生活,而且洞悉人际间和个人内心活动的本质。具体而言,它包括明了人类积极和消极两方面的知识、生活的不可预测性和不确定性,以及知识的内在局限性。第二,智慧的反思维度。它表现为人的自我意识、自我洞察力(自知之明)、自省以及从多个视角看问题的能力。人的自我反思实践能够促进人们的预测能

① STAUDINGER U M. Methods of measure wisdom: Comparative perspective[J]. Frontiers in Psychology,2008(6):81-90.

② WEBSTER J D. An exploratory analysis of a self-assessed wisdom scale[J]. Journal of Adult Development,2003(1):13-22.

力、主动意识和创新精神的发展,加深我们对现实的理解。第三,智慧的情感维度。它由个人对他人富有同情的爱构成。这种爱弱化了人的自我中心意识,克服了个人的无端揣测和主观偏见,促进了人们对他人动机及行为的洞察。因此,这种爱允许有智慧的人以更加富有建设性的、同情的方式与他人进行互动。[①]

阿达特特别关注到了智慧的情感维度,推动了研究者从个人情感方面进行智慧研究的进程。同时,她提出的三维智慧刻度表在评估其智慧三维模式理论的有效性方面是很有帮助的。但是,她的理论也存在某些问题:首先,智慧三维模式理论不仅设计简陋,而且稍显理想主义倾向,缺少实证方法的有效支持;其次,尽管人的自我反思实践和自我中心意识的减少导致了人们同情心的增加,但这种对他人的同情与关怀较多地停留在人们的动机层面,而作为行为结果的同情与关怀却被忽视了。

(10)智慧的德才兼备理论

我国心理学研究者汪凤炎和郑红提出了智慧的德才兼备理论。他们认为智慧是指个体在其智力与知识的基础上,经由经验与练习习得的一种德才兼备的综合心理素质。个体一旦拥有这种综合心理素质,就能在身处某种复杂问题情境中适时做出下列行为:个体在其良心的引导下或善良动机的激发下,及时运用其聪明才智去正确认知和理解所面临的复杂问题,进而采用正确、新颖(常常能给人灵活与巧妙的印象)、且最好能合乎伦理道德规范的手段或方法高效率地解决问题,并保证其行动结果不但不会损害他人的正当权益,还能长久地增进他人或自己的福祉。根据此定义,若用一个示意图来表示智慧,则如图 3.1 所示:即良好品德与聪明才智的有机统一就是智慧的本质。[②] 该理论包括相互关联的四个要点:对智慧概念的界定、对智慧结构的看法、对智慧的分类以及对影响智慧生成与发展因素的探讨。[③]

---

① ARDELT M. Empirical assessment of a three-dimensional wisdom scale[J]. Research on Aging,2003,25(3):275-324.

② 汪凤炎,郑红.品德与才智一体:智慧的本质与范畴[J].南京社会科学,2015(3):127-133.

③ 汪凤炎,郑红.智慧心理学的理论探索与应用研究[M].上海:上海教育出版社,2014,6.

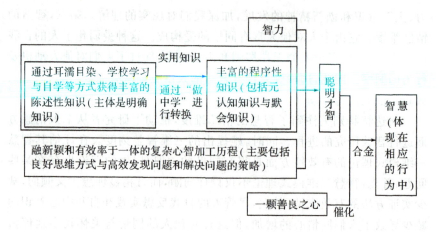

图 3.1 "智慧的内涵"示意图

2. 智慧的内隐理论研究

智慧的内隐理论是通过询问普通公众心目中,对智慧的理解或看法而获得的一种共识。智慧内隐理论的相关研究,侧重探讨普通公众对于智慧含义的理解以及有智慧的人(wise person)所具有的特征,以便发现普通公众心目中关于智慧的非正式理论。① 根据研究方法的不同,智慧研究可以分为三类:特征词等级评定研究、以日常生活为背景的智慧研究以及智慧的内隐实验研究。

（1）特征词等级评定研究

特征词等级评定研究的程序一般为:获得人们心目中关于智慧或有智慧的人的特征描述词;对特征描述词进行等级评定及因素分析(或者进行相关特征分类及多维标度分析);获得人们内隐的智慧组成成分。②

1976 年,心理学家克莱顿收集普通公众描述有智慧的人的词语,如"经验丰富的""自省的""直觉的"等,然后要求被试评价这些词语之间的相似程度,并进行多维标尺法分析,结果发现智慧具有两个维度,即情感

---

① 谷传华.智慧的外显理论和内隐理论[J].山东师范大学学报(人文社会科学版),2014(1):118-123.

② 侯祎,刘昌.智慧的内隐理论研究的回顾与展望[J].心理研究,2010(4):13-18.

与反思。① 后来,克莱顿进一步修正完善了自己的研究。结果显示,智慧是对认知性、情感性和思考性心理品质的整合。② 斯腾伯格通过多维标尺分析获得了智慧的六个核心成分,即推理能力、睿智、从理论和环境中学习、判断力、迅速运用信息和敏锐的洞察力。③ 霍利迪(S. G. Holliday)和钱德勒(M. J. Chandler)采用主成分分析法获得了智慧的五个潜在因子,即卓越的理解力、判断和交流的技能、一般能力、人际能力和社会谦逊,其中前两个因子被认为是智慧的核心特征。④ 赫尔歇(D. A. Hershey)和法雷尔(A. H. Farrell)鉴别出智慧的三个子成分为理解性判断、基本气质(性格内向的、安静的、反思的)和不以自我为中心。⑤ 詹森(L. A. Jason)、赖克勒(A. Reichler)和金(C. King)研究出智慧的五因素为智力、温情、灵性、通感以及和谐。⑥ 杨(S. Yang)通过对中国台湾地区人口的调查得出智慧的四个因素,即能力与知识、仁爱与同情、开阔与深刻、谦虚与不嚣张。⑦ 高山(M. Takayama)的研究显示,在日本,智慧包括四个核心维度,即知识和教育、理解和判断、社会和人际关系以及内省的态度。⑧ 张卫东和董海涛通过调查上海市高校教师和其他成年市民,采用探索性因素分析获得了智慧的三个双极维度,即超脱谦和的处世风格、杰

---

① CLAYTON V A. Multidimensional scaling analysis of the concept of wisdom[D]. USA: University of Southern California,1976.

② CLAYTON V A, BIRREN J. The development of wisdom across the lifespan: A reexamination of an ancient topic[J]. Lifespan Development and Behavior,1980(3):103-135.

③ STERNBERG R J. Implicit theories of intelligence, creativity, and wisdom[J]. Journal of Personality and Social Psychology,1985(49):607-627.

④ HOLLIDAY S G, CHANDLER M J. Wisdom: Explorations in Adult Competence [M]. Basel, Switzerland: S. Karger AG, 1986:96.

⑤ HERSHEY D A, FARRELL A H. Perceptions of wisdom associated with selected occupations and personality characteristics[J]. Current Psychology: Developmental, Learning, Personality, Social, 1997(16):115-130.

⑥ JASON L A, REICHLER A, KING C, et al. The measurement of wisdom: A preliminary effort[J]. Journal of Community Psychology, 2001(29):585-598.

⑦ YANG S. Conception of wisdom among Taiwanese Chinese[J]. Journal of Cross-Cultural Psychology,2001(32):662-680.

⑧ TAKAYAMA M. The concept of wisdom and wise people in Japan[D]. Japan: Tokyo University, 2002.

出的认知能力、出色的人际互动能力、丰富的知识与经验、非凡的自知与自控能力以及良好的性格特质。[1] 侯祎对我国大学生的智慧观进行调查，结果显示大学生对智慧含义的理解包含友善、博识聪颖、做事投入、非权力的影响力、造福他人、质朴、睿智、受人敬爱和淡泊豁达等九个因素。[2]

尽管不同研究者对智慧的构成要素观点各异，但其实这些要素的内容常有重叠。布卢克(S. Bluck)和格鲁克(J. Glück)整合过去的研究成果发现，智慧主要包括五个构成要素：第一是认知能力，即绝大部分研究都显示出智慧具有非常强的认知基础，并且几乎所有研究结果都表明智力是解决问题的前提；第二是洞察力，即人们透过现象抓住问题实质的能力；第三是反思性态度，即人们在说话和行动前先对事物、他人和自己进行深刻思考的一种态度；第四是关心他人的能力，即要求人们要善意地对待他人，听取他人的观点，理解他人的感受，公正地对待和尊重他人；第五是解决现实问题的能力，即人们在解决真实生活场景中的问题时要具有良好的判断能力和敏感性，能够认识到个人视野的局限性，并且能够想出实际建议的一种社会能力。[3]

(2)以日常生活为背景的智慧研究

该类研究可以分为两种：①提名智慧者研究。这种研究是先让被试选出他们自己认为有智慧的人，然后再对这些被提名者的各方面特征进行分析。②自传式叙述研究。这种研究首先是运用访谈法让被试叙述自己在日常生活中与智慧相关的行为表现，然后分析被试所叙述的材料以了解被试对智慧的相关看法。

①提名智慧者研究。心理学研究者保卢斯(D. L. Paulhus)、威尔(P. Wehr)、哈姆斯(P. D. Harms)和施特劳斯(D. I. Strausser)，他们四人让大学生列出他们认为的最有智慧的人，结果这些人依次为：甘地、孔

---

① 张卫东，董海涛. 都市人智慧隐含理论的初步调查[J]. 心理科学，2003(3)：419-421.

② 侯祎. 大学生智慧的内隐理论研究[D]. 南京：南京师范大学，2009.

③ BLUCK S, GLÜCK J. From the inside out：People's implicit theories of wisdom. in A Handbook of Wisdom：Psychological Perspectives[M]. edited by ROBERT J. STERNBERG, JENNIFER JORDAN. New York：Cambridge University Press，2005：84-109.

子、耶稣基督、马丁·路德·金、苏格拉底、特丽萨修女、所罗门、佛、罗马教皇、温弗雷德、温斯顿·丘吉尔、安·兰德斯、曼德拉和女皇伊丽莎白。通过分析调查结果发现,其中许多人是精神或者宗教的领袖,或者是一些通过和平的、富于同情心的方式来改变世界的人。[①]在詹森等人的研究中,被试不太看重被提名者所具有的智慧特征,其中被提到最多的是被提名者的动力、领导力、洞察力、聪明和爱。而且,大多数被提名者都相对年长。[②]波尔马特(M. Perlmutter)、亚当斯(C. Adams)和奈奎斯特(L. Nyquist)的研究发现,78%的被试将智慧与年龄相关联,被提名者的年龄多数都在50岁以上。这说明智慧与人的年龄具有较强的相关性。[③]此外,这些研究中的被提名者多是男性,如在詹森等人的研究中,在被提名为有智慧的人中男性占66%[④]。

　　②自传式叙述研究。自传式叙述研究就是让被试叙述自己在生活中与智慧有关的言行,以便研究者获得相关材料进行分析的过程。布卢克和格鲁克让被试叙述对自己的生活或人格发展有重要影响的生活事件,然后考察被试通常在什么样的生活情境中表现出智慧。该研究结果表明:多数被试在进行生活决策、生活管理或者应对负性事件的时候表现出智慧。[⑤]莱维特(H. M. Levitt)访谈了喜马拉雅山区的十三位西藏喇嘛,结果对他们而言,智慧除了包括能分辨善恶外,还与对待众生平等、顿悟以及到达无我之境有关。[⑥]杨世英针对中国台湾地区所做的研究显示,被

　　① PAULHUS D L, WEHR P, HARMS P D, STRAUSSER D I. Use of exemplar surveys to reveal implicit types of. intelligence[J]. Personality and Social Psychology Bulletin, 2002(28):1051-1062.

　　② JASON L A, REICHLER A, KING C, et al. The measurement of wisdom: A preliminary effort[J]. Journal of Community Psychology, 2001(29):585-598.

　　③ PERLMUTTER M, ADAMS C, NYQUIST L, et al. Beliefs about wisdom[J]. Journal of Community Psychology, 1988(10):123-139.

　　④ 同②.

　　⑤ BLUCK S, GLÜCK J. Making things better and learning a lesson: "Wisdom of Experience" narratives across the lifespan[J]. Journal of Personality, 2004(72):543-573.

　　⑥ LEVITT H M. The development of wisdom: An analysis of Tibetan Buddhist experience[J]. Journal of Humanistic Psychology, 1999,39 (2): 86-105.

提名为有智慧的人叙述了自己过去所做的智慧事件，它们可被归纳为五大类：第一，选择人生发展的方向；第二，排除万难做自己认为正确的事；第三，对他人或社会有所帮助或贡献；第四，实现目前的人生目标或理想；第五，解决在工作岗位上所遇到的难题。[①]

（3）智慧的内隐实验研究

这类研究是通过向被试提供有智慧的人的信息（如年龄和性别），研究有智慧的人的特征（如年龄和性别特征）对被试判断有智慧的人的智慧水平所造成的影响。奈特（A. Knight）和帕尔（W. Parr）的研究控制了有智慧的人的年龄，实验结果显示智慧水平与人的年龄呈现正相关关系，即年长的有智慧的人一般被认为比年少的有智慧的人更加智慧。[②]但是希拉（F. Hira）和福克纳（P. Faulkender）的研究却没有重复验证上述结果，他们控制了有智慧的人的年龄和性别，即一位年轻男性、一位年轻女性、一位老年男性和一位老年女性，结果显示出显著的交互作用，即老年男性被判断为显著地比年轻男性更有智慧，而年轻女性被判断为显著地比老年女性更有智慧，这说明人的年龄和性别都不是评定其智慧水平的充分依据。当然，研究者认为实验结果可能会受到被试面部表情等非言语线索的影响。[③]而斯坦格（A. Stange）等的研究结果又不一样，他们认为年龄、性别等都与智慧的评定等级相关，但并没有形成交互作用。[④]这种研究结果的不一致性表明年龄并不是评价某人是否有智慧的充分依据，智慧的评判还与人们的行为、人格、道德等有重要关系。

智慧内隐理论的三类研究各有优缺点。特征词等级评定研究为智慧提供了抽象的语言学水平上的描述，但却没有说明现实生活和具体情境

---

① 杨世英. 台湾华人在日常生活中所展现的智慧[C]//第四届华人心理学家学术研讨会暨第六届华人心理与行为科技学术研讨会论文集,2002:55-60.

② KNIGHT A, PARR W. Age as a factor in judgments of wisdom and creativity[J]. New Zealand Journal of Psychology, 1999,28(1):37-47.

③ HIRA F, FAULKENDER P. Perceiving wisdom: Do age and gender play a part? [J]. International Journal of Aging and Human Development,1997(44):85-101.

④ STANGE A, KUNZMANN U, BALTES P B. Perceived wisdom: The interplay of age, wisdom-related knowledge, and social behavior[C]//The Annual Convention of the American Psychological Association. Toronto: Canada Press,2003.

中有智慧的人的特征。以日常生活为背景的智慧研究把智慧置于日常生活背景中使其具有具体可感性,同时也获得了许多有智慧的人在真实生活中相关言语和行为的质性资料。智慧的内隐实验研究在更加精细化的程度上分析个体做出智慧判断的潜在依据,但缺点是实验室效应,即被试在实验室中评定一个人是有智慧的,但并不意味着被试在日常生活中也会这样评定。也就是说,研究结果并不一定符合现实生活。总之,上述三类研究获得的研究结果既有会聚又有差异,而差异在很大程度上来源于方法的差异,所以三类研究应相互补充、相互验证。

二、"教育智慧"的研究进展

近年来,随着"智慧"一词的流行,"教育智慧"(或教师智慧、教师教育智慧)逐渐成为教师教育领域的研究热点。在中国知网、万方、读秀等资源数据库内,以"教育智慧""教师智慧""教学智慧""教师实践智慧"和"智慧型教师"为题名进行检索。结果发现,在1997—2016年间共检索到学术论文、书籍、硕博论文、报纸、会议等相关成果近813篇,如图3.2所示。近二十年来有关教育智慧的相关研究不断增加,尤其是近十年来,相关研究呈现出急剧增长之态势。

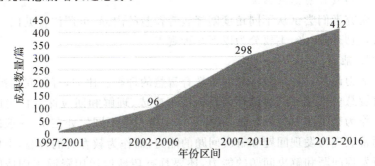

图3.2　1997—2016年"教育智慧"相关研究成果数量

最早把"智慧"引入教育议题的是赫尔巴特。1802年,赫尔巴特在首次关于教育的演讲中说:"关于你究竟是一名优秀的教育者还是拙劣的教育者的这个问题非常简单：你是否发展了一种机智感（a sense of tact）呢？"①此处的机智感即为教育智慧的表现形式。"教育智慧"正式进入人们的视野始于加拿大学者马克斯·范梅南的《教学机智：教育智慧的意蕴》一书。书中基于现象学教育学层面对教学机智、教育智慧的理解对我国教育理论界产生了很大影响。范梅南认为，教育的智慧性是一种以儿童为指向的多方面的、复杂的关心品质（mindfulness）。他的理论出发点是把教学机智理解为教育智慧的外在体现，教学智慧是教学机智的内蕴，两者是相互补充的。因此，他所说的教学机智就是那个不可言说的教育智慧。他认为，机智包含着敏感性，是一种全身心的、审美的感知能力。机智就是瞬间知道该怎么做，一种与他人相处的临场智慧和才艺。展现智慧的人似乎都具有在复杂而微妙的情境中迅速地、十分有把握地和恰当地行动的能力。机智由一系列的品质和能力构成，包括敏感的能力、理解这种内心生活的心理和社会意义、良好的分寸和尺度感以及道德直觉（moral intuitiveness）。教育机智是通过言语、沉默、眼神、动作、建立气氛以及树立榜样来加以调和的。②

受范梅南研究的启发，关于教育智慧的研究主要集中在以下几个方面。

（一）教育智慧的内涵

研究者们尝试从不同角度阐释教育智慧的内涵，可谓仁者见仁、智者见者，但归纳起来，主要分为以下几种观点。

1. 能力说

能力说是一种比较常见的对教育智慧的理解。比如，有研究者指出，教育智慧可以被理解为教师寻找资源来生成、理解和回应课堂情境的能力。作为教师职业中的智慧，它与一般的智慧的不同之处在于，一般的智慧通常表现为发现问题和解决问题的能力，而作为教育者的智慧，不仅要具有发现问题和解决问题的能力，还要具有巧妙地运用资源来创造问题的能力。同时，教师不仅自己要会发现和解决教学问题，更重要的是能够

---

① 范梅南. 教学机智：教育智慧的意蕴[M]. 李树英，译. 北京：教育科学出版社，2001：169.
② 同①63-70.

引导学生发现和解决其自身所遇到的情境中的问题。① 又如,有研究者认为,教育智慧在教育教学实践中主要表现为教师对于教育教学工作的规律性把握、创造性驾驭和深刻洞悉,以及教师对各种教育教学情境的敏锐反应与灵活机智应对的综合能力。②

2. 境界说

这是一种日渐流行起来的对教育智慧的深度思索。有的研究者认为,教育智慧是教师的一种教育境界,即教育真、教育善和教育美统一和谐的教育境界,是教师对教育世界和教师人生的真理性的认识,表现为应对复杂教育情境的综合素养,同时也是教师追求美好幸福教育生活的生存方式。③ 还有的研究者认为,教育智慧是教师在教育活动中的一种系统的、整合性的智慧,是教育主体的教育境界,包含了教育理智、教育意识、教育能力、教育机智和教育艺术等要素,具有解决各种结构性冲突并善于将内外各种因素实现优化组合的能力。具体而言,教育智慧主要包括以下三个方面:首先,具有与时代相通的教育理念;其次,处于开放的、活跃的思维态势,不墨守成规、经常多思、质疑,能打破线性思维的束缚,具有根据对象实际敏锐感受、准确判断、把握时机,从而迅速调整自己教育行为的机智;再次,具有不断反思的能力。④

3. 恰当说

有研究者指出,教育智慧既不神圣、也不玄虚,教育智慧实际上就是教师的言行与教学内容、学生特点以及教学情境的匹配程度,是教师在特定的时空中说了恰当的话、做了合适的事而已。倘若从教师成长的人生轨迹和教育价值实现程度的角度而言,教育智慧至少可分为四重境界,即教育见习智慧、教育理性智慧、教育实践智慧与教育信仰智慧。对教育智慧四重境界的阐释,可以让那些有志追寻教育智慧的教师循着教育智慧

---

① 毛齐明. 试论智慧型教师的内涵及其基本素养[J]. 教育科学,2011(4):45-49.

② 田慧生. 时代呼唤教育智慧及智慧型教师[J]. 教育研究,2005(2):50-57.

③ 韩大林. 教育事件·教育机智·教育智慧[J]. 湖南师范大学教育科学学报,2009(4):70-72.

④ 刁培萼,吴也显,等. 智慧型教师素质探新[M]. 北京:教育科学出版社,2005:103.

之阶梯,渐次抵达教育智慧的最高境界。①

4. 创新说

持这种观点的研究者认为,教育智慧是教师专业素养的重要标志,其实质是教师在专业发展中表现出来的创新品质。具体来讲,教育智慧表现为教师系统感受与准确判断教育教学过程中可能出现的各种新情况、新问题的能力,把握教育时机、转化教育矛盾与冲突的能力,引导学生学会认知、学会做事、学会生活和学会生存的能力,有效地组织创造教育、培养学生创新精神、促进学生个性发展的能力,以及科学决策、有效调整教育教学行为的能力。总之,教育智慧的生成与发展既是教师对学生进行主体性教育的过程,也是教师自身主体性张扬的过程,而具有教育智慧的教师就是能够把思想与实践统一起来的人。②

5. 价值说

个别研究者认为,教育智慧并非现成摆置在那里的东西,它是不断变化着、发展着的,因而人们对教育智慧的追求只能是一个过程,而且是一个永无尽头的过程。人们过去将一种观念或思想宣称为教育智慧,现在把另外一种观念或思想宣称为教育智慧,将来也会把另外一种别样的观念或思想宣称为教育智慧。显然,人们宣称为教育智慧的那种观念或思想并不是教育智慧本身,事实上,人们只不过是在通过对教育智慧的宣称来言说我们自身的价值追求。③

(二)教育智慧的特点

1. 情境性

许多研究表明,教育智慧最大的特点就是情境性。张登山指出,教育教学中的一切都是在特定的情境(包括时间、空间、媒介、人物等)中发生的,教育教学就是师生此时此地凭借某些媒介而演绎的生命故事;如果改变了时间、空间、媒介等情境,一切便随之变化。教育教学的情境性就在

---

① 李润洲.教育智慧的四重境界[J].上海教育科研,2013(5):18-21.

② 刘创.教育智慧:教师专业素养的核心构成[J].湖南师范大学教育科学学报,2004(3):15-17.

③ 高伟.追问教育智慧——一种批判的视角[J].当代教育科学,2009(5):3-7.

于它的变化无常与自然生成,这也正是教育的复杂性所在。情境性要求教师必须灵活机智地应对教育教学,而不能简单、机械地复制固有的教育教学操作模式,因为实践性智慧是无法照搬的。[①] 邹玲认为,教育智慧离不开具体的教育情境,离不开具体的学生生活世界。教师对学生的充分理解意味着教师对学生生活世界的具体情境体验,即教育智慧需要教师对学生的真诚关切、细心观察、敏感聆听和敏锐感受;需要教师站在学生的立场上对事情加以询问,对学生的理解感同身受,从学生的角度看待发生在学生身上的问题。只有这样,教师才可能找到教育教学问题的症结,才可能帮助学生解决成长过程中遭遇的各种困难,进而实施有智慧的教育。因此,教育智慧来自于教师对具体教育教学情境的正确判断,而这种正确判断的前提,则在于教师对具体情境的切身体验和对学生内心的真诚倾听。[②]

　　2. 实践性

　　教育智慧还具有实践性。有研究者指出,教育智慧是指向教育实践的,它通常外显地表现在教育实践中,展现为解决与处理教育实践中的教育问题、教育事件、教育矛盾或教育关系等过程之中,这意味着教育智慧只有在教育实践中展现时,才能够被人们所认识。[③] 林存华也认为,教育智慧离不开实践的支撑,教育实践对教育智慧的生成起着至关重要的作用,因为教育实践是孕育教育智慧的肥沃土壤。在耕耘这块土壤时,教师通过鲜活的师生互动、真切的工作体会和深刻的教学反思来激发灵感、生成智慧。反之,教育又是一种复杂多变的实践活动,它有章可循,但又不能完全按规矩办事;它需要积累经验,但又不能简单地迁移或复制经验。换言之,教学有法,但教无定法,而灵动的教育智慧恰恰迎合了教育实践的这一特点。因此,教师只有生成、运用和彰显教育智慧,才能在教育实践中获得丰收、体验成功。[④]

---

　　① 张登山.教师实践性智慧与教师专业成长途径[J].现代中小学教育,2009(8):56-59.

　　② 邹玲.谈教育智慧和教师教育智慧的生成[J].内蒙古师范大学学报(教育科学版),2005(10):36-38.

　　③ 同②.

　　④ 林存华.人种志研究与教师智慧的生成[J].教育理论与实践,2006(15):41-44.

3. 独特个体性

教育智慧具有独特个体性。在邹玲看来,教育智慧是一种不可让渡的个人知识以及凸显个性魅力的能力,是其他人学不来的。与其说教育智慧是教师群体共同拥有的一种行为模式,倒不如说是具有教师个人特征的认知与行动。因为教师的个性品质千差万别,教师的理论认识和实践经验也因人而异。且不说教师面对的教育情境具有不确定性、每个教师需要应对的疑难问题各有不同,即使不同教师面对相似或相同的教育情境,由于他们的个性与经验各不相同,因而他们应对情境或问题的教育智慧也是各不相同的。① 郑祥丽也认为,教育智慧具有高度的个体性色彩,体现着教师区别于他人的独特教育教学风格。教育智慧既是教师个体在教育教学过程中逐渐生成的,也是教师个体实践经验积累与重组的结果,更是教师个体通过发现、修正与内化等复杂的专业发展过程所建构的。教师不断将既有的知识融入课堂教学之中,并经过个人的重新诠释与转换过程,使教育智慧的生成符合现有的情境需求。所以,教育智慧是教师个体在日常教育教学过程中通过体验、感悟、思考和实践等方式逐步生成的,是受教师个体的思维、个性、知识储备、自我形象、职业动机以及所处的教育环境等复杂因素影响的。教育智慧蕴涵了教师将一般理论个性化,以及将其与个人情感、知识、观念和价值相融合的结果。②

4. 创造性

教育智慧具有创造性。有研究者指出,教育智慧的展现是对教学常规的突破,是用不寻常的手段或方法处理教育实践问题。具有教育智慧的教师在面对前所未有的教育"疑难杂症"时,往往能想常人之未所想、做常人之未敢做,机智地将问题一一化解。即使是表面上再熟悉不过的教育问题,智慧型教师也常常独辟蹊径,采用新颖独特的方法将再平常不过的问题"化腐朽为神奇"。因此,教育智慧具有创造性,常常是与创造性活

---

① 邹玲.谈教育智慧和教师教育智慧的生成[J].内蒙古师范大学学报(教育科学版),2005(10):36-38.

② 郑祥丽.教师教育智慧的表征与生成[J].吉林华侨外国语学院学报,2007(2):72.

动紧密联系在一起的。①

5. 缄默性

教育智慧具有缄默性,表现为既不能通过人类语言进行逻辑说明,也不能以步骤、规则或程序的形式加以传递,因为教育智慧是不可言说的、潜移默化的、只可意会不可言传的。郑祥丽指出,教育智慧是人们通过身体的感官或知觉而获得的,往往缺乏清晰的条理与明晰的意识,是"非批判的知识",不在教师清晰的意识范围之内,更无法清楚地表达或理性地加以反思,甚至连教师自己也说不清它是从什么地方获得的,因为它是一种只能意会的体验。② 还有研究者指出,教育智慧主要产生于教学体验、生活经验以及对教学实践活动的感知、辨别和顿悟,它是隐性而模糊的,很难用恰当的语言描述或传递,它对教师的判断和决策隐蔽地发挥着作用。③

(三)教育智慧的构成要素

基于不同的研究视角,研究者们对教育智慧的构成要素进行了划分。

游旭群和王振宏认为,教育智慧包括理论智慧与实践智慧。理论智慧是指教师在教育教学中表现出来的理论决策与决断能力,而实践智慧是指教师在教育教学实践中机敏、灵活、有效地开展教育教学活动、解决教育教学中出现的问题的能力。④

田慧生认为,在实践中,教育智慧的形成途径是多方面的,因而教育智慧的构成要素也是多类型、多层面的。它既包含了基于整体感知、直觉把握形成的知性智慧,基于理论思考、规律认识形成的理性智慧,基于职业感、道德感、人际交往和师爱形成的情感智慧,也包含了基于个体经验积累、实践感悟、教学反思形成的实践智慧。教育智慧是教师整体素质的核心构成,它内在地决定着教师教学工作的状态与质量,进而深刻地影响

---

① 郑祥丽.教师教育智慧的表征与生成[J].吉林华侨外国语学院学报,2007(2):72.

② 同①.

③ 张登山.教师实践性智慧与教师专业成长途径[J].现代中小学教育,2009(8):56-59.

④ 游旭群,王振宏.简论教师的教育智慧及获得[J].广州大学学报(社会科学版),2013(4):68-71.

着人才培养的质量。①

韩大林和刘文霞认为,应从认识论、价值论和方法论三个方面来研究教育智慧的构成。那么相应地,教育智慧的构成要素就包括理性教育智慧、价值教育智慧和实践教育智慧三个方面。其中,理性教育智慧包含教育意识、教育思维和教育理智三个方面,价值教育智慧包含教育情感、教育意志和教育信仰三个方面,实践教育智慧包含教育能力、教育机智和教育艺术三个方面。②

曹正善认为,教育智慧其实是由科学理解生成的以真为旨趣的教育理论智慧、由实践理解生成的以善为旨趣的教育实践智慧和由审美理解生成的以美为旨趣的教育技艺三个方面所构成的整体。③

杨小薇认为,对应于教学活动的设计、实施和课后评价研讨这三个基本环节,教师需要施展的教育智慧分别是:解读的智慧、互动的智慧和反思的智慧。④

(四)教育智慧的生成

1. 对学生和教育事业的爱

范梅南指出:"教育的智慧性是一种以儿童为指向的多方面的复杂的关心品质。"⑤石中英认为,古今中外,教育智慧的表现形式有千万种,但其共同的根源则在于教师对学生纯真的爱与无条件的信任。⑥情感既是智慧的重要组成部分,又是智慧生成的强大动力,还是教育智慧发展的维持系统。教师只有热爱教育事业,把它看成是自己生命的一部分,才会怀着满腔的热情快乐地与学生交往,才会根据学生的个性特征因材施教,才有可能成为教育活动的积极研究者以及有思想、有见解、有独立判断和决

---

① 田慧生. 时代呼唤教育智慧及智慧型教师[J]. 教育研究,2005(2):50-57.

② 韩大林,刘文霞. 教师教育智慧的含义与基本要素[J]. 内蒙古师范大学学报(教育科学版),2007(4):70-73.

③ 曹正善. 教育智慧理论[D]. 上海:华东师范大学,2006.

④ 杨小薇. 课堂变革中教师智慧的成长[J]. 中国教育学刊,2006(6):70-73.

⑤ 范梅南. 教学机智:教育智慧的意蕴[M]. 李树英译. 北京:教育科学出版社,2001:21.

⑥ 石中英. 教育智慧的根源[J]. 基础教育参考,2005(8):59.

策能力的教师。① 蒋红斌和张传燧指出,具有教育智慧的教师对学生所投入的情感是真切的,他们会因为爱而去仔细琢磨学生的一举一动,认真体验学生的成功与欢乐、失意与苦恼,并想方设法抓住一切机会传递这种爱、培养这种爱。② 因此,教师对学生和教育事业的爱是其教育智慧生成的根本方式。

2. 自主学习

郭晴秀和李瑞芳认为,知识是智慧的基础,智慧是知识的激活,教师群体是专门从事学习知识、丰富知识、传播知识的文化群体,知识在其教育智慧的生成和发展中起着不可替代的根基性作用。因此,广博的科学文化知识、系统的学科专业知识、扎实的教育专业知识和鲜活的教学实践知识是催生教育智慧的必备条件。③ 教师只有通过多种途径自主学习、广泛涉猎、与时俱进、不断积累知识,才能始终保持心灵的自由思考,为实现"转识成智"打下坚实的基础。④ 因此,自主学习各种知识也是教师生成教育智慧的方式之一。

3. 教育教学反思

林存华认为,教育智慧的生成需要基于教育实践经验与知识的教育教学反思,因为教育智慧不是通过系统的学习或是长期的经验积累就可以自然而然生发出来的,而是需要教师不断地反思个人的所学、所看、所知、所感而逐渐累积并在突然间迸发的。⑤ 布鲁克菲尔德(F. Brookfield)曾这样评论没有反思的情形:"如果不进行批判反思,我们生活在当今也无异于生活在过去的牢笼里,如果不进行批判反思,就会总是以为事情的对与错、是与非,应当按专家说的算。于是我们就永远只能从别人那里明白做任何事情的意义,于是任何时候的教学都是在实现别人的思想。"⑥

① 邹玲.谈教育智慧和教师教育智慧的生成[J].内蒙古师范大学学报(教育科学版),2005(10):36-38.

② 蒋红斌,张传燧.教师课堂教育智慧及其生成[J].中国教育学刊,2012(9):41-42.

③ 郭晴秀,李瑞芳.教师教育智慧的意蕴与生成[J].基础教育研究,2012(8):20-21.

④ 同②.

⑤ 林存华.人种志研究与教师智慧的生成[J].教育理论与实践,2006(15):41-44.

⑥ 布鲁克菲尔德.批判反思型教师ABC[M].张伟,译.北京:中国轻工业出版社,2002:61.

教师只有通过教育教学行动前的反思、行动中的反思以及行动后的反思，才能逐渐生成自己的专业智慧，从而向智慧型教师迈进。郭晓娜和靳玉乐指出，在反思过程中，教师可以通过行动研究、自我档案袋管理以及校本教研等形式，反思教育教学实践，形成教师实践智慧，并使教师内隐的实践知识外显化，增加教师的理论智慧。[①] 游旭群和王振宏注意到，有时教育教学反思并不能对教育智慧的提高带来所期待的变化，因为对教育教学实践进行反思需要一定的条件或要求，而这种要求就是要以一定的教育教学理论观念为基础，即教育者以怎样的出发点、怎样的观点来审视自己的教育教学。没有较为系统的教育理论观念作为基础的教育教学反思充其量只是教育教学经验的总结，是不会生成教育智慧的。即反思什么、怎样反思、为何反思，这都需要一些基本的教育教学理论观念与框架作为依据。[②] 只有以系统的教育教学理论思想为指导的教育教学反思，才可以帮助教师生成教育智慧。

4. 同伴互助

巴西教育家弗莱雷认为："没有了对话，就没有了交流；没有了交流，也就没有真正的教育。"[③]张登山指出，教师在学校中实现着与校长、同事和学生的对话过程，尤其是与同事的对话，表现为同伴之间的互助合作，思想和经验的交流是教育工作者分享和升华教育经验意义的平台，在对话言说中会迸发出新的思想的火花。因此，教育智慧的生成离不开教师同伴之间的对话交流与合作。通过对话交流与合作，教师可以从教学对象那里获得反馈信息和启示，共享同伴之间的知识与经验，从而不断地扩展和完善自我认知。而同伴互助的形式主要有集体备课、教学观摩、专家指导和专业对话等。[④] 不仅如此，我们还希望教师之间或与专家之间可以形成真正意义上的教师专业学习共同体。它是在学校、政府部门推动下或在教师自发的情况下，基于教师共同的目标和兴趣自愿组织、自愿参

---

① 郭晓娜，靳玉乐.反思教学与教师教育智慧的形成[J].当代教育科学，2006(19):21-22.

② 游旭群，王振宏.简论教师的教育智慧及获得[J].广州大学学报(社会科学版)，2013(4):68-71.

③ 弗莱雷.被压迫者教育学[M].顾建新，等译.上海:华东师范大学出版社，2001:56.

④ 张登山.教师实践性智慧与教师专业成长途径[J].现代中小学教育，2009(8):56-59.

加的，旨在通过合作对话、思维碰撞、资源共享、关怀互助促进教师专业成长的富有生命活力的有机组织。它区别于传统的行政命令式的、自上而下设计的教师组织，而是具有共同愿景的教师自下而上地凝聚在一起，以合作文化为灵魂，充分发挥集体智慧，在共同参与的教育教学实践和研究中共同反思、学习、批判、分享、互助、成长，从而促进教师和学生智慧的发展。总之，通过同伴互助，可以形成各种形式的教师专业学习共同体，有助于教师教育智慧的生成。

5. 开展教育研究

不少研究认为，教师基于教育教学实践开展教育研究是教师生成教育智慧的有效方式。如李巧林和梁保国指出，教育研究不仅要依靠教育科学，也要依靠哲学、心理学、社会学和文化学等多种学科，于是形成了多角度、多层面的教育研究：首先，教师要开展理论研究，因为理论研究能够抽象概括出一般原理，能够发现教育教学的新规律，产生各种新的教育教学理念；其次，教师要开展教育模式研究，因为教育模式研究能够对已有的方法进行改进，创造新方法，并进行应用和试验，从而建构出新的教育教学模式；再次，教师要开展教育实践研究，因为教育实践研究可以使教师通过教育实践活动进行省察、反思和体验，以便教师撰写教学叙事，形成个人理论。① 其实，叙事研究是教师开展教育研究从而生成教育智慧的一种有效方法。熊川武认为，所谓叙事方法，简单地说，就是讲故事的方法，有口头与书面两种形式：口头叙事的优势是鲜活、及时、生动、方便，在强化内心体验并使之进入较长记忆方面有一定作用，它的主要不足在于稍纵即逝、难以保存，而且由于即席言说的特点，有时它的深刻性与准确性都不太理想；而书面叙事与口头叙事互补，其长为口头叙事之短，而其短为口头叙事之长。因此，两者兼顾并略重书面形式，对教师而言是一种有益的选择。② 教师开展叙事研究，能够有效地帮助教师将在教育教学实践中经历过的事件，尤其是那些对教师专业发展而言印象深刻、意义

---

① 李巧林，梁保国.论教师的教育智慧[J].合肥工业大学学报（社会科学版），2004(6)：12-15.

② 熊川武.论教师教育智慧发展的策略[J].贵州社会科学，2008(4)：19-24.

重大的事件及时记录下来,以便教师在叙述和反思这些重要事件的过程中,不仅能够回忆幸福与苦涩,而且能够形成自己的教育教学理论。此外,田野调查、人种志研究、行动研究和校本研究等都是教师开展教育研究、生成教育智慧的有效方法。

6. 教师的觉察力

于泽元和田慧生认为,教师的觉察力对其教育智慧的生成起着核心作用,因此教育智慧在其核心表现上与觉察力密切相关。教育智慧有两个核心表现,即对自我教育的坚持(教师本体觉察力)、对环境的洞察与灵活应对(教师外在觉察力)。教师觉察力是教师对自身的存在以及世界"是什么"的非语言感知和意会,它对教育智慧的生成具有重要意义,这主要表现在:第一,教师本体觉察力是教师做好自己和超越自己的基础;第二,教师外在觉察力是教师洞察现实和融入现实的基础。教师需要通过爱、好奇、敏感性训练、本体觉察与外在觉察的转换等策略来提升自身觉察力,生成教育智慧。[1]

总之,对学生和教育事业的爱、自主学习、教育教学反思、同伴互助、开展教育研究以及教师的觉察力都是教育智慧生成的重要方式。成浩指出,就教师个体而言,教师的教育智慧来自敬业、来自高效、来自胆识、来自好学、来自实践、来自体验、来自明辨、来自创造。由于教师个人的背景不同、基础不一,因而其教育智慧的生成往往带有较多的个性化色彩。就教师群体而言,如果具备一定的环境和条件,也会形成教师的群体智慧。[2]

(五)教育智慧生成的阻碍因素

代建军指出,当教育向现代科学大踏步迈进时,当人们面对信息洪流而成为虔诚的知识信徒时,我们离智慧的教育却越来越远。在教育实践中,教育传统的羁绊(例如迷信管理至上、偏爱授受主义、追求确定性)、教育惯习的束缚(例如迷恋经验主义、因循教条主义、屈膝现实主义)以及教

---

① 于泽元,田慧生.觉察力对教师教育智慧生成之研究[J].中国教育学刊,2011(3):61-68.

② 成浩.走向智慧型教师[J].教师博览,2003(11):22-25.

育偏见的禁锢（例如教师是告知者、教师是实践者、教师是技术工），都成为教师教育智慧生成的阻抗因素。①

傅淳华认为，教师要在教育生活中探求智慧，不可避免地将面临很多阻力，其中最直接也是最根本的遭遇，无疑是教育的智慧追求与功利现实之间的张力。因为教育若不能以涵韵智慧为责，甚至学校中根本容不下智慧存在的话，那么教师的教育智慧也就无从谈起。② 鲁洁先生指出："这种功利性教育在社会层面成为政治经济的'侍女'，在个人层面则成为谋取名利、攀登高枝的工具。在基础教育领域中，中国的功利性教育集中表现为应试教育。"③

代建军认为，教师在某种"合法"的惰性体制下，容易丧失激情，磨平个性，失去进取的精神与意识，那么教师的教育智慧就会蛰伏在庸常的日常生活中隐而不发。教师要想生成教育智慧，就要打破日常生活世界的束缚，经历日常生活世界的批判重建过程，超越传统日常生活结构对创造活动的约束，增强主体的自我意识和批判意识。④

三、"智慧教育"的研究进展

近年来，随着教育信息化的飞速发展，"智慧教育"已经成为热门话题，"智慧教育"这一术语也逐渐被学界和社会所普遍接受。综合分析目前学术界关于"智慧教育"的文献，大致可分为两条进路：第一条是从教育技术与信息化的领域内研究"智慧教育"，"智慧教育"成为教育信息化发展的新目标，等同于"智能教育"；第二条是基于对技术化"智慧教育"或知识教育的批判反思而从哲学、心理学角度来拓展和深化"智慧教育"的研究路径。

首先，遵循第一条研究进路的文献非常多，占整个"智慧教育"相关研究总量的六分之五，并且仍呈逐年递增趋势，俨然已是教育领域的热点研

---

①　代建军.教师教育智慧生成的阻抗因素[J].课程·教材·教法，2012(6)：26-30.

②　傅淳华.论教师智慧的生活意蕴及其实践困境[J].教育理论与实践，2012(22)：29-30.

③　鲁洁.当代德育基本理论探讨[M].南京：江苏教育出版社，2010：126.

④　代建军.基于教育智慧生成的教育批判[J].教育研究与实验，2011(3)：38-42.

究问题。因为这一部分不是本书研究的重点,因此只选取有代表性文献介绍一二。比如,陈琳、王运武认为,智慧教育是高度信息化支持发展的教育新形态,是适当而有效地利用物联网、云计算、新型显示、大数据、多维打印、虚拟仿真、智能化等现代信息技术实现智慧化教学、智慧化学习、智慧化评价、智慧化管理、智慧化服务以及增进学生高级思维能力和创新创造能力培养的教育,是信息时代教育现代化的核心与标志。① 祝智庭等人倒是没有混淆智慧教育与智能教育,提出智能教育可以作为智慧教育的实践路径,或者说,智慧教育可以对智能教育起导向作用,但他们所谓的"智慧教育"还是局限在教育技术与信息化领域之内。② 总之,他们主要研究了智慧教育的概念、特征、内容、发展路径、体系架构、应用实践与环境构建等方面内容。

其次,遵循第二条研究进路的文献相对而言还比较少,但能够给本研究带来较大启发。陈卫东认为,不能把教育信息化等同于智慧教育,智慧教育是教育的最高境界,是理想教育所包含的一种教育思维方式、目标定位和组织形式。③ 靖国平区分了狭义的智慧教育与广义的智慧教育两个基本层次:狭义的智慧教育是指智力的教育;广义的智慧教育认为人的智慧应是理性(求知求真)智慧、价值(求善求美)智慧和实践(求实践行)智慧的有机统一;当代教育观念的变革,迫切需要从狭义的智慧教育上升到广义的智慧教育。④ 他还在另一篇文献中指出,智慧的教育是人性的、以人为本的、以人为目的的教育;是以开发人的智慧潜能,培养人的智慧品质,引导人过智慧的生活的教育。⑤ 吕建国指出,智慧之内涵应该就是人类孜孜以求的真、善、美,那么在教育看来,智慧建基于"真"的认知、得力

---

① 陈琳,王运武.面向智慧教育的微课设计研究[J].教育研究,2015(3):127-130.

② 祝智庭,彭红超,雷云鹤.智能教育:智慧教育的实践路径[J].开放教育研究,2018(4):13-23.

③ 陈卫东."智慧教育"要有智慧[J].人民教育,2017(5):36-38.

④ 靖国平.从狭义智慧教育到广义智慧教育[J].河北师范大学学报(教育科学版),2003(3):48-53.

⑤ 靖国平.关于智慧教育的几点思考[J].江苏教育研究,2010(6C):4-5.

于"善"的情怀、落脚于"美"的行为。① 陈琳等认为，真正意义上的智慧教育起源于钱学森的"大成智慧学"，而由 IBM 公司"智慧地球"派生的"智慧教育"，不是真正意义上的智慧教育，其实质仅仅是较高层次的教育信息化；真正的智慧教育是"互联网＋"教育的新形态，是智慧时代所呼唤的与时代相匹配并以引领时代为己任的新教育；智慧教育一定要从相当程度上已被误入歧途的"器"和"术"的层面，跃迁到"法"和"道"的层面，还中国人高度认可、以创新创造为最大特征的智慧的本来面目，从而真正建构培养智慧时代之人的教育新制度、新秩序、新模式、新方式，让教育真正具有时代智慧。② 宋孝忠从知识教育的异化要求教育"转识成智"、教育的真谛在于培养人的智慧、社会发展迫切呼唤智慧教育三个方面分析了智慧教育的必要性，并且提出智慧教育就是教人学会质疑、教人张扬个性、教人走向生活。③ 陈飞虎认为，融知识、德性于一体的智慧是大学教育持久性的共同客体，大学教育最重要的任务是帮助人类获得更多的智慧，智慧是大学教育的最高目标和永恒追求。④ 吴志宏认为，有知识不等于有智慧，掌握很多实用技能也不等于智慧；我们的教育独独缺乏智慧，因为对知识的追求淹没了对探索的渴望，只看到实利的泛滥却毫无兴趣的踪影，只有记忆而无质疑，远离个性成为标准化的模具，脱离人的内心感受；有智慧的教育的特征是：学生提出更多为什么，学生参与学习和自由表达的机会，对学习内容感兴趣、产生好奇心和探究欲，质疑和评判，展开想象的翅膀、拓展广阔的心灵，有自信心，学生对自己以及身边的人和事有深刻的感受，有丰富的内心情感世界和对真善美的热切渴望。⑤ 成尚荣认为智慧是以美德为支撑的、以能力为核心的、科学素养与人文素养相结合的综合体；智慧教育的目的在于超越知识化生存和规范化生存，而追求智

---

①　吕建国.智慧·智慧教育·智慧文化[J].江苏教育研究,2015(12A):15-16.

②　陈琳,孙梦梦,刘雪飞.智慧教育渊源论[J].电化教育研究,2017(2):13-18.

③　宋孝忠.走向智慧教育[J].教育研究与实验,2005(2):24-26.

④　陈飞虎.智慧:大学教育的最高目标[J].湖南师范大学学报(教育科学版),2013(4):42-46.

⑤　吴志宏.呼唤有智慧的教育[J].教师博览,2001(7):5-7.

慧生存;理念、美德、文化与研究是智慧和智慧教育的重要支撑。① 陈桂生认为,智慧的要义包括在处理事务中显示出来的机智的选择和善意;智慧只存在于真理之中,而真理是在求知中获得的;尽管大智大慧的杰出人士可遇而不可求,但普通人倒也不乏智慧,因而可以把"智慧"作为"教育问题"讨论;以"有智慧的教育"取代"缺智慧的教育"已是大势所趋。②

第二节 智慧的意蕴

　　研究智慧教育,首先需要弄清楚智慧的意蕴,即智慧的内涵。然而,学界对智慧概念的理解多种多样、莫衷一是。本章将从词源学、哲学、心理学和宗教学四个领域概述学者们对智慧内涵的不同理解,并在此基础上进一步阐述我们对智慧意蕴的界定。需要说明的是,词源学、哲学、心理学和宗教学领域里的许多思想与观点是相互关联、错综复杂地纠缠在一起的,但是为了研究方便,本章将对智慧意蕴的理解大体划分为词源学、哲学、心理学和宗教学四个主要领域,但并不否定其他的划分方式以及它们之间客观存在的内在联系。

一、词源学中智慧的意蕴

　　在《辞海》中,"智"是指聪明、智谋。"慧"是指智慧、聪明或狡黠。"智慧"有三层意思:(1)对事物能认识、辨析、判断处理和发明创造的能力;(2)犹言才智、智谋;(3)梵文 Prajna(般若),译为"智慧",谓如实了解一切事物。

　　在《辞源》中,"智"有四层意思:(1)聪明,才能。《国语·晋语七》:"知张老之智而不诈也,使为元侯。"又《国语·周语下》:"言智必及事。"(2)谋

---

① 成尚荣.智慧教育:教育的智慧选择[M]//吴国平主编.教师人文智慧.上海:上海辞书出版社,2011.
② 陈桂生.也谈"有智慧的教育"[M]//吴国平主编.教师人文智慧.上海:上海辞书出版社,2011.

略，机智。《史记·项羽本纪》："吾宁斗智，不能斗力。"(3)知识。《荀子·正名》："所以知之在人者谓之知，知有所合谓之智。"(4)姓。春秋晋有智庄子，即荀首。见《国语·晋语七》。"慧"有三层意思：(1)聪明，有才智。《左传·成公十八年》："周子有兄而无慧，不能辨菽麦。"(2)狡黠。《三国志·蜀书·董允传》："宦人黄皓，便辟佞慧。"(3)梵语"般若"，意译为"慧"。破惑证真为慧。隋慧远《大乘义章·二十》："所言慧者，据行方便观远名慧。就实以论，真心体明，自心无暗，目之为慧。""智慧"也有两层意思：(1)聪明，才智。《墨子·尚贤中》："若使之治国家，则此使不智慧者治国家也。"《孟子·公孙丑下》："齐人有言曰：'虽有智慧，不如乘势。'"又作"智惠"。《荀子·正论》："天子者……道德纯，智惠甚明。"(2)佛教指破除迷惑证实真理的识力。梵语般若之意译，有彻悟意。《大智度论·四三》："般若者，一切诸智慧中最为第一，无上无比无等，更无胜者，穷尽到边。"

在《现代汉语词典》中，智慧是指辨析判断、发明创造的能力。

在《现代汉语辞海》中，智慧是指辨析判断、发明创造的能力。

在《新华词典》中，智慧是指从实践中得来的聪明才干；同智力。

在《远东英汉大辞典》中，智慧是指睿智，明智的行为与言语，知识与学识。

在《英汉辞海》中，智慧是指见闻、学问、学识以及明智运用学识识别内部性质和关系的能力。

在《牛津高级英汉双解词典》中，智慧是指经验和知识，以及能明智、正确地判断事物。

在《牛津英语词典》中，智慧具有五层含义：第一，智慧是指对人生问题能够做出正确判断的能力；第二，智慧是指在目标与手段的选择中能够表现出公正合理的判断；第三，智慧能够真实判断什么是正确或适宜的，并有意去采取相应的行动；第四，智慧是指感知和采用最佳途径去实现目标的能力；第五，智慧是指认知判断的能力以及审慎的特点。

在《思维辞典》中，智慧是指在认识和实践中实现的思维。认识的实现就是获得正确的认识成果，实践的实现就是获得符合预期目的的物质成果或精神成果。认识和实践的实现首先要有主体的思维。但思维是在脑内的动作,这种脑内动作如不能外化为主体的肢体动作,并通过这种外化而使脑内的思想形化(表现为文字、符号、图形等)或物化,则这种纯粹脑内的思维是无用的,不论这种思维多么高明,都不构成智慧。智慧是正确思维、高明思想的外化、形化和物化。人们常把它视为智力或智能的同义词,实际上它们有层次上的区别。现代科学认为高等动物也有智力,智慧与智力并不等同。智慧是对事物认识、辨析、判断、处理和发明创造的能力。智慧比智力的层次高,是人区别于动物的标志。

综合上述说法可以得出,在词源学领域,智慧是高于智力和智能的,它主要涉及人的思维、知识、学识与实践,是一种认识、辨析、判断与发明创造的能力。

二、哲学中智慧的意蕴

人类的认识归根到底是要把握具体真理,达到一定历史阶段上的主观和客观、理论和实践、知和行的具体的历史的统一;当达到这样的目标时,就仿佛向原始的具体状态复归。① 同理,要探索哲学上的智慧,就要不断复归到原始思维,复归到中国先秦和西方古希腊时代的哲学,从源头开始找寻。它们虽然是原始的、朴素的,但由于是具体的,其中的智慧对后人启发甚大。有些思想也只有在人类的幼年阶段会产生,而这些思想如同马克思所说,具有"永久的魅力"。

(一)中国哲学中智慧的意蕴

1. 孔子论"智慧"

孔子开创的儒家学派一直是中国社会的主流思想。《论语》中"知"字计 111 处,而"知""智"同形,其中读"知"训知识之义者 87 处,读"智"训智慧之义者 24 处,如"择不处仁,焉得知(智)"(《论语·里仁》)、"未知(智),焉得仁"(《论语·公冶长》)、"敬鬼神而远之,可谓知(智)矣"(《论语·雍也》)等,虽未直接说明智慧之义,但其都与理想人格、精神境界、神人关系有关。而在《中庸》里,孔子借舜帝表达了自己对智慧的理解,子曰:"舜其

---

① 冯契.人的自由和真善美[M].增订本.上海:华东师范大学出版社,2015:127.

大知也与！舜好问而好察迩言，隐恶而扬善，执其两端，用其中于民，其斯以为舜乎！"在这里，孔子认为舜帝算得上是一个非常有智慧的人，因为他包容不合理的恶言，表扬合理的善言，度量人们认识上的两个极端的偏向，用中庸之道去引导他们，这就是他之所以能成为舜帝的原因。《论语》记载的尧对舜传位时的嘱托也是此意。"尧曰：'咨！尔舜！天之历数在尔躬，允执其中。四海困穷，天禄永终。'"（《论语·尧曰》）"允执其中"就是真诚地笃信和牢牢地把握"中庸"。孔子曰："中庸其至矣乎！民鲜能久矣。""君子中庸，小人反中庸。君子之中庸也，君子而时中；小人之反中庸也，小人而无忌惮也。"（《礼记·中庸》）在这里，孔子把中庸看作至善至美的道理，并且要培养的"君子"的所作所为都要合乎中庸之道。因此，在孔子看来，有智慧的人必定是懂得中庸之道的人，中庸即是智慧。

儒家思想博大精深，其核心范畴可概括为"仁""礼""中庸"，也可将儒家之道析为天道、人道和中庸之道，但不管从何角度分析，根据儒学思想体系及其发展的主要内容来说，贯穿儒学的灵魂、内在本质或精神实质却是中庸或中道、中和。梁漱溟将西方文化的特征定义为"意欲向前"，将中国文化的特征定义为"意欲持中"，正是此意。何谓中庸或中和？孔子将中庸解释为"过犹不及"。"不偏之谓中，不易之谓庸；中者，天下之正道，庸者，天下之定理。"（《四书集注·中庸注》）"喜怒哀乐之未发，谓之中；发而皆中节，谓之和。中也者，天下之大本也；和也者，天下之达道也。致中和，天地位焉，万物育焉。"（《礼记·中庸》）中庸就是在伦常日用之中人的言行合乎节度，正确、合适、不偏激，无过无不及，恰到好处，是高明平实的生命逻辑和生活之理。这就是平易纯正、圆熟精到的儒家智慧。

2. 老子论"智慧"

中国传统思想中，儒道互补。儒家讲入世，道家讲出世；儒家是现实派，道家是浪漫派；儒家是都市哲学，道家是田野哲学；儒家是激发中国人建功立业的兴奋剂，道家是抚慰中国人创伤心灵的镇痛剂。老子和孔子一样，被西方世界认为是最有智慧的人之一。孔子还称老子为"神龙见首不见尾"的千古妙人。老子及其五千言的《道德经》蕴含着深沉玄妙的智慧。老子哲学的基础、核心和本体都是"道"，这个"道"其实是老子在经验世界中所体悟的道理的附托，其实就是老子哲学的智慧所在。陈鼓应将

"道"的义涵归纳为三：一是指形而上的实存者，包括对"道"体的描述，"道可道，非常'道'；名可名，非常'名'"，以及宇宙的生成，"道生一，一生二，二生三，三生万物"；二是指一种规律，包括对立转化的规律和循环运动的规律；三是指人生的一种准则、指标或典范，这一层次的"道"就是"德"，"德"是"道"的作用，也是"道"的显现，其蕴涵的基本特性和精神主要有"自然无为""虚静"和"柔弱"。首先，老子说："人法地，地法天，天法道，道法自然"，"道常无为而无不为"，这就是"自然无为"，意指顺任事物自身的状况去自由发展，而不以外在的强制力量去约束它；其次，老子认为万物的根源是"虚""静"状态的，面对世事的纷争搅扰，老子希望人事的活动能够致虚守静，即"致虚极，守静笃"；再次，"弱者道之用"，老子指出"道"的创生作用虽然是柔弱的，却能延绵不绝，作用无穷，且"柔弱胜刚强"，人生的态度也应如此，要能处下、不争而利万物。① 老子反对奸诈的智巧心机，主张追求"大道"，这个"道"就是老子所追求的智慧。

　　3. 庄子论"智慧"

　　与老子并称、同为道家学派代表人物的庄子在人生哲学方面的成就是空前的，在后代也是无人可及的。他提出了个体存在的身心自由、保身全生、齐物我、同生死、超利害、求超脱、任逍遥、达至"真人""神人""至人"的人格—心灵哲学和人生境界，构成了中国传统文化—心理结构中一个很重要的方面。庄子哲学并不以宗教神灵为依归，而以某种审美态度为指向。它要求对整体人生采取审美观照态度：不计利害、是非、功过，忘乎物我、主客、人己，从而让自我与整个宇宙合为一体。② 正所谓"天地有大美而不言"（《庄子·知北游》），"无不忘也，无不有也，澹然无极而众美从之"（《庄子·刻意》）。庄子哲学的核心是反对人的异化，追求个体的无限和自由，而异化的消除、个体的自由和无限的实现正是美之为美的本质所在。从哲学世界观的高度来看，美不是别的东西，它就是人所生活的感性现实的世界（包括自然和社会两者），对个体的自由的肯定，也就是属于一定社会的个体的自由在他所生活的周围自然界和社会关系中的感性具体

---

① 陈鼓应，注译. 老子今注今译[M]. 修订版. 北京：商务印书馆，2003：23-62.
② 李泽厚. 中国古代思想史论[M]. 北京：生活·读书·新知三联书店，2008：197-198.

的实现。① 庄子认为,自然无为就是最高的美;他从根本上肯定了美与真的一致性,即所谓"法天贵真";他追求无限之美的"大美",主张通过超功利的心斋、坐忘以达到"天地与我并生,而万物与我为一"的美的生活境界。因此,庄子哲学就其实质来说就是美学,只有从美学上才能真正把握其实质,而"美"就是庄子所阐明的处世智慧。

4. 冯友兰论"智慧"

冯友兰是现代新儒学的代表人物之一,是一位学院派教授。他从事哲学是"专家之业",一生不仅讲授中国哲学史,而且还通过哲学史建立起了自己的哲学——"新理学"。"新理学知道它所讲的是哲学,知道哲学本来只能提高人的境界,本来不能使人有对于实际事物的积极的知识,因此亦不能使人有驾驭实际事物的才能。"②具体来讲,冯友兰是通过区分科学与哲学、分析"转识成智"的过程和阐明四种人生境界来探索对智慧的理解的。他认为,有"觉解"是人生最突出、最显著、最重要的性质;平常人有觉解,圣人还能"觉解其觉解"。"觉解"是明,是"知觉明灵",是明了知识、经验等对象;"觉解其觉解"是对自己觉解的觉解,即明了自己知识、经验的性质及其与宇宙人生的关系,也就是亚里士多德所说的"思思",是"最高的思"。人若能觉解其觉解,那么就把以前所有的知识都转成了智慧,即"转识成智"。而人对于宇宙人生觉解的程度不同,人生的境界也就不同。人可能有的境界大体可分为四种:自然境界、功利境界、道德境界和天地境界,只有在道德境界和天地境界的人才可以觉解其觉解。尤其是天地境界,需要最多的觉解,所以天地境界是最高的境界;至此种境界,人的觉解已发展至最高的程度,超越了自然、功利、道德种种境界,超越了万事万物,所以也就能指引、领导万事万物。至此种程度人已尽其性,谓之"圣人",也就是最有智慧的人。其行为是"知天""事天"和"乐天"的,有完全的高一层的觉解,表现为不但在社会中堂堂地做一个人,亦于宇宙间堂堂地做一个人。所以天地境界即是人的最高智慧状态。③

---

① 李泽厚,刘纲纪,主编.中国美学史:第1卷[M].北京:中国社会科学出版社,1984:240.
② 冯友兰.新原道[M].北京:生活·读书·新知三联书店,2007:121.
③ 冯友兰.觉解人生[M].杭州:浙江人民出版社,1996:28-39.

　　5. 冯契论"智慧"

　　冯契早年师从金岳霖、冯友兰等人,后对中国传统哲学智慧进行挖掘和创新而形成了独特的哲学智慧,创立了自己的"智慧说"哲学体系。可以说,他是阐释智慧学说最系统、最明确的中国哲人。冯契运用实践唯物主义辩证法,从解决知识和智慧的关系入手,着重考察了从无知到知、从知识到智慧的认识的辩证运动,试图说明"转识成智"的飞跃机制。

　　在他看来,智慧学说就是关于性和天道的认识。智慧贯穿于科学、道德、艺术、宗教诸文化领域,涉及价值观、思维方式、人生观、世界观等,是合乎人性的自由发展的真理性的认识。智慧使人获得自由,体现在"化理论为方法、化理论为德性",即理论一方面要化为思想方法,贯彻于自己的活动和研究领域;另一方面又要通过身体力行,化为自己的德性,具体化为有血有肉的人格。这里的"理论"指哲学的系统理论,即以求"穷通"(穷究天人之际和会通百家之说)为特征的哲学的智慧,它是关于宇宙人生的总见解,即关于性(即认识自己)与天道(即认识世界)的认识以及对这种认识的认识(此即智慧学说)。① 在智慧学说中,通过实践基础上的认识世界和认识自己的交互作用,人与自然、性与天道在理论与实践的辩证统一中互相促进,经过凝道而成德、显性以弘道,终于达到转识成智,获得关于性和天道的认识。这样一种具体的认识是把握相对中的绝对、有限中的无限、有条件东西中的无条件的东西。这就是智慧的实质,具有具体性。② 智慧是超名言之域,只有凭借理性的直觉才能达成和把握,也就是中国哲学家说的"顿悟"。理性的直觉并不神秘,它是感性和理性的统一,需要思辨的综合和德性的自证。

　　冯契"智慧学说"的提出具有重要意义:首先,他第一个尝试沿着实践唯物主义辩证法的路子提出了较为完整、系统的智慧学说,这是一种伟大的哲学探索;其次,他尊重人的本质,肯定人的价值,以人性的自由发展作为研究的出发点,尤其对"转识成智"的飞跃机制在理论上进行了有益的探索。但是,他是在广义认识论的领域内研究智慧的,把智慧看作是认识

---

　　① 冯契.认识世界和认识自己[M].增订本.上海:华东师范大学出版社,2015:38.
　　② 冯契.人的自由和真善美[M].增订本.上海:华东师范大学出版社,2015:157.

发展的最高阶段,把智慧界定为合乎人性的自由发展的一种真理性的认识,虽有一定的合理性,但是窄化了智慧的维度。因为除了认识论,智慧还与伦理学、美学有重要关系,应该有更全面的定位和更丰富的内涵。而且,虽然中国传统哲学认为本体论(关于性和天道的理论)和智慧学说是统一的,哲学不仅要认识世界(认识天道),还要认识自己(自反以求尽心知性),以及认识两者的交互作用,但是这种传统的表述较为抽象,在现代社会难以把捉。

(二)西方哲学中智慧的意蕴

1. 苏格拉底论"智慧"

古希腊人率先尝试系统地寻求智慧的本质。苏格拉底一生没有著述,但他成为古希腊最有智慧人的形象,因为德尔斐神谕宣告没有人比苏格拉底更有智慧。但苏格拉底本人并不认同,他"自知其无知",说道:"真正的智慧是神的财产,而我个人的智慧是很少的或是没有价值的,那个神谕无非是他用来告诉我们这个真理的一种方式。在我看来,神并不是真的在说苏格拉底,而只是在以我的名字为例,他就好像对我们说,你们人中最聪明的是像苏格拉底一样明白自己的智慧实际上毫无价值的人。"[①]苏格拉底之所以这样说,不仅是为了表明自己的谦虚,而且是因为他通过考察比较发现当时那些号称"智慧之人"的政客、诗人和工匠并不知道或不承认自己在某种意义上的"无知",所以他明白了自己究竟在什么意义上比那些号称"智慧之人"都更加智慧,即他知道自己的无知。[②]"苏格拉底的无知"绝不是简单指一无所知,因为他的确比其他人具有丰富得多、深刻得多的知识,而是指他知道自己的知识尚处于一种不完满的状态,并且知道这种不完满状态的原因以及如何克服这种不完满状态的途径。

苏格拉底还指出,既然神是有智慧的,那么他就没必要再去热爱智慧和欲求智慧;反过来说,没学识的人也不会热爱和欲求智慧,因为一个人不觉得自己有所需要,就不会欲求自己觉得不需要的东西。这样一来,只有居于这两者之间的才会成为热爱智慧者,比如爱洛斯。爱洛斯是涉及

---

① 柏拉图.柏拉图全集:第1卷[M].王晓朝,译.北京:人民出版社,2002:9.

② 先刚.柏拉图与"智慧"[J].学术月刊,2014(2):49-57.

美的爱欲，所以智慧是最美的东西之一。在《裴多篇》中，苏格拉底把热爱智慧称为"爱欲"。在《裴德若》中，这种灵魂的"爱欲"被界定为第四种"爱欲的疯癫"，即爱欲天上的纯净之美，从天上向下看到正义本身，向下看到节制，向下看到知识。因此，苏格拉底说，既然这类热爱智慧的人毕生盼望的就是抵达那个自己一直爱欲着——而且是凭靠明智一直爱欲着——的地方，他们断乎不会不对灵魂即将脱离身体而感到欣喜。① 即真正热爱智慧之人不会热衷吃喝、穿戴、情欲等与身体有关的事，而是会尽可能让灵魂脱离与身体的结合，转向灵魂。因为灵魂要最为完美地思考就得不受任何感觉打搅，但是身体会给我们带来成千上万的忙碌，由此引致战争、争纷和争斗，身体会干扰灵魂，使我们在任何时候都不可能开启明智之思，无暇去热爱智慧。所以热爱智慧真的就是在去死，只有死后才能成为热爱智慧者。这就是热爱智慧的人的生活方式。

　　事实上，苏格拉底认为智慧就是一种"学问"或"知识"，但这种知识显然不是指工匠的知识、医生的知识或者数学家的知识，即不是指所有日常的或精密的知识，因为所有这类知识都带有各种各样的缺陷。而智慧则是没有缺陷的。这种理解与苏格拉底在《理想国》中的说法是一致的："要建立的国家一定是智慧的、勇敢的、节制的和正义的，而且我在我们国家中清清楚楚看到的第一件东西便是智慧，而这个东西显得有点奇特之处。一个国家之所以称为有智慧，不是因为某些公民具有用来考虑国中某个特定方面事情的知识，而是因为具有用来考虑整个国家大事，改进它的对内对外关系的知识。这种知识是作为统治者的护国者的知识。由此可见，一个按照自然建立起来的国家，其所以整个被说成是有智慧的，乃是由于它的人数最少的那个部分和这个部分中的最小一部分，这些领导着和统治着它的人们所具有的知识。并且，唯有这种知识才配称为智慧，而能够具有这种知识的人按照自然规律总是最少数。"② 而且，苏格拉底进一步指出，个人的智慧和国家的智慧是同一智慧，使个人得到智慧之名的

---

① 刘小枫，编译. 柏拉图四书[M]. 北京：生活·读书·新知三联书店，2015：27-28.
② 柏拉图. 理想国[M]. 郭斌和，张竹明，译. 北京：商务印书馆，1986：149.

品质和使国家得到智慧之名的品质是同一品质。① 也就是说，人的灵魂里有理性、欲望和激情三种东西，理智起主导作用，当一个人将自己心灵的这三个部分合在一起加以协调，使所有这些部分由各自分立而变成一个有节制的、和谐的整体，指导这种和谐状态的知识是智慧，而指导不和谐状态的意见称作愚昧无知。②

2. 柏拉图论"智慧"

作为苏格拉底的学生、亚里士多德的老师，柏拉图是全部西方哲学乃至整个西方文化最伟大的哲学家和思想家之一，他创造了一个包罗万象的哲学体系。柏拉图拒斥职业智者所宣扬的虚假"智慧"，推崇以"本原"为认识对象的真正"智慧"，并在此过程中阐明了"哲学"与"智慧"之间的辩证关系，即哲学不仅是"爱智慧"，而且它应当也能够成为"智慧"，两者之间存在一种动态的、密切的联系。③ 在柏拉图这里，"本原"是指理念。理念或模式不是人心以至神心中单纯的思想（当然，神圣的思想有赖于它们）。他认为理念或模式是自在和自为的，有实体性；它们是实体，是实在或实质的模式，即万物原始、永恒和超越的原型，先于、脱离和独立于事物而存在，不像事物那样受变化的影响。我们所看见的个别事物是这些永恒模型的不完善的复制品或反映，个别事物有生有灭，而理念或模式则永存不息。柏拉图又指出，理念或模型虽然无数，但并非乱成一团没有秩序。它们构成很有条理的宇宙，或者是有理性的宇宙。其理想的秩序形成一个彼此有关系、有联系的有机的整体，各种理念按逻辑次序排列，位于最高的理念，即善的理念之下；善的理念是一切理念的泉源。这个理念是至高无上的，在它之外没有其他同样的理念。④ 因此，在柏拉图这里，真正的"智慧"就是认识在"善的理念"引领下的整个理念体系。柏拉图还在《理想国》中指出，那些只对食欲做出反应的人是工匠，那些拥有勇气和大胆品质的人适合做战士，只有那些能够根据理智来行动的人才适合做

---

① 柏拉图. 理想国[M]. 郭斌和，张竹明，译. 北京：商务印书馆，1986：171.

② 同①175.

③ 先刚. 柏拉图与"智慧"[J]. 学术月刊，2014(2)：49-57.

④ 梯利. 西方哲学史：增补修订版[M]. 葛力，译. 北京：商务印书馆，1995：66.

统治者或者称为哲学王。① 人的灵魂是不朽的,而且一直与精神世界的永恒理念并存,而智慧是人类本质中唯一与灵魂密切相连的一个部分,是人类的最高层次。

3. 亚里士多德论"智慧"

作为一位"百科全书式"的人物,亚里士多德堪称古希腊哲学的集大成者,研究涉及逻辑学、修辞学、动物学、植物学、物理学、伦理学和形而上学等多个领域,马克思曾称他为古希腊哲学家中最博学的人物。现在有种说法,认为亚里士多德将智慧分为理论智慧和实践智慧,事实上,亚里士多德从没有做过这样的分类,这其实是一种误解。亚里士多德认为,人的灵魂中有一个有逻各斯的部分和一个没有逻各斯的部分,那么相应地,人的德性可以分为道德德性与理智德性两个部分:道德德性需要通过习惯来养成,理智德性则可以由教导生成。其中,理智德性又可以分为理论理性的和实践理性的:智慧就是理论理性的德性,是人的最高等的德性;而明智则是实践理性的德性,是实践智慧。② 所以,智慧与实践智慧(即明智)是两个并列的不同概念,并没有"理论智慧"这一概念的存在。

既然智慧与实践智慧(即明智)容易混淆,那就很有必要对两者进行区分。首先,关于实践智慧(即明智),亚里士多德认为,明智是一种同善恶相关的、合乎逻各斯的、求真的实践品质。③ 明智同人的具体事务相关,需要经验的积累,因为明智是与实践相关的,而实践就是要处理具体的事情,所以要成为明智的人尤其需要关于具体的知识。④ 其次,关于智慧。在《形而上学》中,亚里士多德明确提出"智慧就是有关某些原理与原因的知识"⑤。智慧是各种科学中最为完善的科学,因为有智慧的人不仅知道从始点推出的结论,而且真切地知道那些始点,这些始点就是事物背后的原理和原因。因此,智慧一定是努斯与科学的结合,一定是关于最高

---

① 伯茨.西方教育文化史[M].王凤玉,译.济南:山东教育出版社,2013:52.
② 亚里士多德.尼各马可伦理学[M].廖申白,译注.北京:商务印书馆,2003:译注者序xxx.
③ 同②189.
④ 同②193.
⑤ 亚里士多德.形而上学[M].吴寿彭,译.北京:商务印书馆,1959:3.

等题材的、居首位的科学。为什么人们认为阿那克萨格拉斯、泰勒斯以及像他们那样的人有智慧，而不认为他们明智？因为人们意识到，有智慧的人对他们自己的利益全不知晓，而他们知晓的都是一些罕见的、重大的、困难的、超乎常人想象而又没有实际用处的事情，他们并不追求实际的、具体的人类事务。因此，在亚里士多德看来，智慧与明智的不同之处，不仅在于智慧比明智更完全，而且在于智慧不仅是属于人的，智慧还是人与更高的存在物共享的，智慧是关于永恒的事物的，是关于纯粹、超越、不变的存在的科学，即作为存在的存在的科学。① 梯利也指出，在亚里士多德看来，智慧没有印象、感觉、欲望、有所企求的意志和类似激情的感情，智慧是纯粹思维的活动，是在各种知识的基础之上一步步推理而成的。它于瞬息之间明察一切，明察事物的整体与本质，想象事物美好的形式，可以解释与说明宇宙间一切秩序、美和生命的本原。拥有智慧的人是最为幸福的，这就是哲学家们一直渴望达到的那种境界。②

4. 怀特海论"智慧"

怀特海是英国数学家、逻辑学家、哲学家和教育理论家，过程哲学创始人，他创立了 20 世纪最庞大的形而上学体系。他首先批判了教育过程中教师填鸭灌输式的知识传授方式、学生僵化的思维以及呆滞保守的思想，进而提出教育的全部和最终目的就是在于使人拥有活跃的智慧。"因为如果在比较小的年纪反复灌输精确的科学知识，就会扼杀学生的首创精神和求知兴趣，使学生躲避任何能够丰富他们心智的科学主题。"③怀特海认为，教育并不是一个随便往行李箱里填塞物品的过程，因为教育具有其自身的独特之处，把教育比喻成生物体吸收食物的过程还是比较恰当的。因为你一开始往行李箱里塞的物品是什么样子以后再打开还会是什么样子，不会发生多大变化；但是当生物有机体吸收食物后会将食物的营养成分转化为维持自己身体的能量，如果是美味可口的食物自然有利于生物体的成长发育，但如果是腐烂变质的食物就会危害生物体的健康。

---

① 亚里士多德.形而上学[M].吴寿彭，译.北京：商务印书馆，1959：191-193.
② 梯利.西方哲学史：增补修订版[M].葛力，译.北京：商务印书馆，1995：89.
③ 怀特海.教育的目的[M].庄莲平，王立中，译注.上海：文汇出版社，2012：52.

教育也是同样的道理。怀特海还认为,古代的学校教育渴望传授智慧,而现代学校教育的目标却沦为教授各种具体科目的知识,"从古人向往追求神圣的智慧堕落为现代获取各个学科的教材知识,标志着在漫长的时间里教育的失败"①。尽管智力教育的主要目的在于传授知识,但除此之外,智力教育还应该追求更高的目标,即为智慧的培养提供知识基础。那么,智慧到底是什么呢?在怀特海看来,智慧就是一种掌握知识的方法与能力,它涉及知识的掌握、处理,解决相关问题时对知识的选择,以及在实际生活中运用相关知识以确证我们的直觉经验的过程。也就是说,智慧是掌握、处理、选择以及运用知识的能力。在怀特海看来,学校的任务在于把孩子的知识转变为成人的智慧力量,这反映出他对人的智慧培养的教育理念。② 尽管古人早已认识到智慧是高于知识的,是可以获得的最本质的自由,但是他们却误认为哲学家可以通过教育活动中的简单讲演来传授智慧。殊不知,获得智慧的唯一路径就是在知识面前拥有绝对的自由,因为智慧就是人可以获致的最本质的自由。事实上,从某种意义上来讲,随着人的智慧的不断增长,人所拥有的知识将会逐渐减少。这是因为随着时间的推进,有关知识的细节最终将消失在有关知识的原理之中。尽管在知识爆炸的今天,在生活的方方面面,人们都可以学到许多精细的知识细节或者碎片化的知识,但这些并不是智慧所需要的知识类型,只有"养成习惯去积极地利用已经透彻理解的原理,才是真正地拥有智慧"③。

5. 叔本华论"智慧"

亚瑟·叔本华是近代德国著名哲学家,他所开创的唯意志主义及生命哲学学派对近代的学术界、文化界影响极深。叔本华从世俗的角度探讨了人生应遵循的原则,以及我们应该如何处理与自身、与他人的关系。在叔本华看来,掌控我们的生活是一门艺术,只有掌控了我们的生活才可能得到快乐和成功,那么关于这门艺术的理论就称为幸福论,因此洞察生活的本质并在生活中获得幸福就是"人生的智慧"这一术语的普遍意义。

---

① 怀特海.教育的目的[M].庄莲平,王立中,译注.上海:文汇出版社,2012:41.
② 王承绪.现代西方教育论著选[M].北京:人民教育出版社,2001:139.
③ 同①51.

智慧和家族的遗产一样，都是美好的事物，令我们看到阳光。如果一个人的天性和人生有了智慧来庇佑，他会想要调控自身的欲望，同时收敛自身的天赋，从而不被外部的世界限制了自身的娱乐。所以他们不会被官职的晋升、金钱或者周围同伴的掌声和称赞所误导，让自己陷入一种和周围环境一样的低级欲望和庸俗品味中，因为他们知道，人类幸福的最主要的来源就是自己的内心。① 即人类主体的美好素质对于人的幸福起着关键作用，这些美好素质包括高贵的品格、良好的智力、愉快的性情和健康良好的体魄。叔本华又指出，在自然界中，与其他物种相比，人类的智慧是最完美、最高级的，已达到顶峰；在人类社会中，不同的人拥有不同的智慧水平，因而叔本华承认人类智慧是有高低之分的，只有极少数人能够拥有最高级的人类智慧，这是自然对人类最大的馈赠。在叔本华看来，获得极高智慧的人，对世界有着最为清晰的认知与意识，换言之，世界在这些人的头脑中获得了最为完美、最为清晰的映射或镜像，世界的真相或者本质在他们的意识中非常明朗。因此，在叔本华那里，智慧就是人们对世界万物和生活本质的清晰体认与深刻洞察。智慧是人类世界最宝贵的财富，它能够给人类带来最大的快乐，这种快乐既不受意欲的驱动，也不期望从外在世界有所获取，而只是静听与呵护自己的内心，自由享受能够拥有的这份快乐时光，以便将自己的天赋雕琢得更美丽。②

6. 谢弗勒论"智慧"

人们普遍认为，整个教育系统应当致力于充分实现儿童的潜能。但是谢弗勒指出，实践中的潜能概念始终蕴含了源于以往哲学传统的三个神话，即稳定性的神话、和谐性的神话和价值性的神话。在对潜能概念祛魅之后，谢弗勒应用哲学分析的方法提出了三种替代性的概念，即"作为可能性的潜能""作为倾向性的潜能"与"作为能动性的潜能"。在任何教育情境中，人们必须对潜能及其实现的结果进行选择，并要求选择者具有一定先见的能力、宽广的视野以及坚定的价值观念。之所以要求选择者具有先见的能力，是因为教育状况的每次变化都会打开新的学习之门，产

① 叔本华.人生的智慧[M].张红玉，卢凯，译.北京：台海出版社，2016：32.
② 同①35.

生新的可以预见的学习行为；之所以要求选择者具有宽广的视野，是因为这些学习行为并非依赖于提供的学习材料，两者之间没有一种线性的决定关系，而是渗透到生活的各个部分；之所以需要选择者具有坚定的价值观念，是因为潜能及其实现方向的选择要求人们把握大量纷繁复杂并与当前需要有一定距离的价值理想。只有这样，人们才能把一种价值理想与另一种价值理想相比较，作出正确的选择。先见、视野和价值构成了智慧的主要部分；教育者的任务也不是根植于习惯、技艺或臆想，而是植根于一种能够把知识、想象与善结合起来的智慧。① 也就是说，人的智慧由先见、视野和价值构成，这三者是学习者应该具备的东西，也是教育培养学生应该致力于的方向；而教育者的智慧就是知识、想象与善结合的产物。

三、心理学中智慧的意蕴

心理学中有关智慧含义的界定是比较直接、具体和丰富的，并且随着历史的发展在不断变化。为形象直观地呈现，本书整理了心理学领域在国内外比较有影响力的智慧定义，如表 3.1 所示。

①　谢弗勒.人类的潜能[M].石中英,涂元玲,译.上海:华东师范大学出版社,2005:12.

表 3.1　心理学领域智慧的定义 ①

序号	作者	定义
1	西克森特米哈伊（M. Csikszentmihalyi），拉桑德（J. Rathunde）	智慧是一个整体的认知过程，一种美德或行动指导，一种好的或令人满意的存在状态。
2	巴尔特斯（P. B. Baltes），史密斯（J. Smith）	智慧是关于基本的生活语用学领域（或生活实用主义）的一个专业知识系统，它包括五个方面的知识：（1）关于生活事务的丰富的事实性知识；（2）关于生活问题的丰富的程序性知识；（3）关于生活环境及其随时间而改变的知识；（4）关于价值和生活目标相对主义的知识；（5）有关生活与管理方式不确定性的知识。
3	钱德勒（M. J. Chandler），霍利迪（S. G. Holliday）	智慧是一种技术的认知类型，对智慧的更加准确的描述可能需要界限清楚的、多维度的、典型组织好的能力描述符号，它包括恢复已经被忘记的知识类型。
4	斯腾伯格（R. J. Sternberg）	智慧就是以价值观为中介，运用智力、创造力和知识，在短期和长期之内通过平衡个人内部、人际间和个人外部的（机构的或其他更大的）利益，从而更好地适应环境、塑造环境和选择环境，以获取公共利益的过程。
5	奥沃尔（W. Orwoll），珀尔马特（M. Perlmutter）	智慧的人格学研究认为，智慧是认知与情感、友好关系和社会关怀的多维度的平衡或整合。智慧的本质是个性与认知技能的高度发展。

---

① 序号 1-12 条整理自：BIRREN J E, FISHER L M. The elements of wisdom：Overview and integration, in Wisdom：Its Nature, Origins, and Development[M]. edited by STERNBERG R J. New York：Cambridge University Press, 1990：325-326；序号 13-15 条整理自：BIRREN J E, SVENSSON C M. Wisdom in history, in A Handbook of Wisdom：Psychological Perspectives[M]. edited by STERNBERG R J, JORDAN J. New York：Cambridge University Press，2005：18.

续表

序号	作者	定义
6	米查姆（D. L. Meacham）	智慧可以意识到认知的不可靠,并且努力寻求认知和怀疑之间的平衡。年龄明显不是智慧的一个构成因素;事实上,随着年龄的增长,人可能会失去智慧。智慧随着年龄而变化,表现为从简单到丰富。
7	基奇纳（J. Kitchener）,布伦纳（C. Brenner）	智慧是一种智力能力,能够意识到认知的有限性,并且知道认知是如何影响模糊问题的解决与判断的,具有反思判断的特征。
8	阿林（D. I. Arlin）	智慧与找到问题的能力紧密相连,是一种基本的反思和判断的认知过程。
9	帕斯夸尔-莱昂内（A. Pascual-Leone）	智慧是一个有着很高成熟意志的符号处理模式。它是个性所有方面的辩证结合,这些方面包括情感、意志、认知和生活经验。
10	克雷默（N. Kramer）	智慧是思维、情感和反思的相对和辩证模式的有机整合,是一种在相互关系中发展起来的现实观。
11	比伦（J. E. Birren）,费希尔（L. M. Fisher）	智慧是人类回应生活任务和难题的情感、意志和认知方面的整合,是处于激情和超然、行动和迟钝、知识和怀疑这些相反状态之间的一种平衡。它会随着经验和年龄的增长而增长,但是并不只存在于老年期。
12	克莉丝汀（A. B. Christine）	把智慧看作是一个单独现象或一种实体、或会产生一个特殊反应内容的大量知识是没有意义的或不够的。现在智慧的概念必须包括一个达成真理的过程,它适应个人、社区、国家或人们的需要与环境。
13	杰勒德（B. Gerard）	智慧是具有不确定性的专门技能,它包括元认知的、情感的和行为的因素。
14	霍华德（M. C. Howard）	智慧是一种安放自我知识、形成一个完整个性的证悟状态。

续表

序号	作者	定义
15	威廉（R. William），盖理（K. Gary）	一般的智慧就是找到生活的意义和痛苦（精神神秘主义的维度），它接受、拥有、珍惜我们的生命和我们的生活故事，包括我们丧失的生命和我们未透露的故事。非凡的智慧包括四个维度：(1)认知维度，涉及一定程度上的智力理解，以及对宇宙及存在其中的人类本质的特殊经验或洞察力；(2)实践经验的维度，表明智慧不仅与抽象的思想或理论有关，也与日常生活有关；(3)人际关系的维度，需要对我们生活其中的更多故事的感知；(4)伦理道德的维度，是有关古希腊人所指出的"知道并做善事"。
16	汪凤炎，郑红	"智慧"是指个体在其智力与知识的基础上，经由经验与练习习得的一种德才兼备的综合心理素质。个体一旦拥有这种综合心理素质，就能让其在身处某种复杂问题情境中适时做出下列行为：个体在其良心的引导下或善良动机的激发下，及时运用其聪明才智去正确认知和理解所面临的复杂问题，进而采用正确、新颖（常常能给人灵活与巧妙的印象）、且最好能合乎伦理道德规范的手段或方法高效率地解决问题，并保证其行动结果不但不会损害他人的正当权益，还能长久地增进他人或自己与他人的福祉。

四、佛学中智慧的意蕴

佛学源远流长，蕴含丰富的智慧，入空门即是入智慧之门，因此研究智慧不可忽略佛教这一领域。需要说明的是，按照唯物史观，此处不是从宗教的角度来谈佛，而是从学术思想层面来谈佛、论佛。欧阳竟无曾从多个方面论证过"佛法非宗教非哲学"[1]，我们赞同这个观点。

公元前 6 世纪，古印度的乔达摩·悉达多（尊称"释迦牟尼"）创立佛

---

[1]　欧阳竟无所写"佛法非宗教非哲学"，是其 1923 年在南京高师哲学研究会之讲演录。

教，他逝世（"涅槃"）后，佛教很快分为许多部派，但是谈到佛学的学术思想，依照习惯一般都以大乘、小乘来区分。小乘佛教只讲"自我解脱"，而大乘佛教不仅求"自我解脱"，而且要"普度众生"。大约在东汉明帝永平中（公元 58—75 年）遣使西域之后，佛教正式传入中国并产生影响。佛教传入中国后逐渐与中国本土的儒家、道家思想相融合，实现了佛教的中国化，并在此过程中产生了著名的禅宗，即中国佛学。中国的佛学大小乘并列，但比较偏向大乘；尤其是发展形成的"顿悟"说，是中国佛学新的理论创造，对智慧学说有重要启发。因为印度佛学讲的"转识成智"本有许多层次（如"十地就是十个阶段"），而中国人接受了"转识成智"命题，在实行方法上却讲得简易直截，基本思想是通过"定慧双修"达到顿悟。①

佛学经典中多处讲到"般若"（梵语 Prajna 的音译），中文的译义等于智慧。如果说《摩诃般若波罗蜜多心经》（简称《心经》）是佛学三藏十二部的精髓要旨，那么"般若"就是《心经》的核心思想。《心经》说："观自在菩萨，行深般若波罗蜜多时，照见五蕴皆空，度一切苦厄。"《大智度论》四三卷说："般若者，一切诸智慧中最为第一，无上无比无等，更无胜者，穷尽到边。"般若即是无可比拟的最上智慧。由于"般若类"经书共有八部之多，如《放光般若》《金刚般若》《大品般若》等，所以"般若"也有多种表述和含义。比如，南怀瑾讲述了般若智慧有五项内义：一为实相般若，是证悟宇宙万有生命的本体，与心性根源的智德。二为境界般若，是由心性本能所生起的各种差别境界，包括精神世界的种种现象。三为文字般若，是由智慧所发出哲学的文学与语言的天才。四为方便般若，是智慧运用的方法，包括所有学术知识的范畴。五为眷属般若，概括由前五度而来的道德行为的德性。所以大小乘佛学的最高成就，都是注重智慧的解脱、智慧的成就，并非盲目的信仰。②

事实上，佛学所说般若智慧不是普通的智慧，甚至与普通的智慧相对立（如晋代高僧僧肇就有所谓"般若无知"之说）。因为在佛门中人看来，普通的智慧是指世俗（世间）智慧，就是人在生活当中要有一种抉择力，

① 冯契.认识世界和认识自己[M].增订本.上海:华东师范大学出版社,2015:20.
② 南怀瑾.禅宗与道家[M].北京:东方出版社,2016:24-25.

"智"解释为决断,"慧"解释为拣择,拣是拣选,择是思量,也就说人要知对错、知善恶,然后知取舍,把这样的智慧心用在各行各业、生活和为人处世当中。这是凡夫俗子的生活智慧,很主观的,很"我执"的,不是修道人修出来的智慧。修道人要修达的智慧是般若智慧,或者叫无漏智慧,是指能够了脱生死、超凡入圣的大智慧,标志着涅槃的自觉。用佛学的说法,般若智慧就是"空",就是如实知诸法实相,即如实认知一切事物及其本源的终极智慧。具体来讲就是,一切法现前,却不执着一切法,也不执着有个我,破"我执",破"法执",无法无我,空诸法相,即是照见五蕴皆空,色不异空,空不异色,色即是空,空即是色,没有我相、人相、众生相和寿者相,与万物合一,所谓"与天地合其德,与日月合其明,与四时合其序,与鬼神合其吉凶"。到这个时候,无争、无贪、无罣无碍,真是圆融无碍,得大自在。简单来说,就是常常观空。这就获得大乘的涅槃,即无上的菩提果位。[①]般若智慧是见道以上圣者拥有的智慧,最殊胜的(即最美好的),是通过修行向往达到的最高智慧——如来的智慧。

五、智慧的定义

上述古今中外词源学、哲学、心理学和宗教学领域对智慧意蕴的理解对我们有重要启发,尤其是冯契的"智慧学说"。冯契第一次系统提出的"智慧学说"具有重要意义:首先,他第一个尝试沿着实践唯物主义辩证法的路子提出了较为完整、系统的智慧学说,这是一种伟大的哲学探索;其次,他尊重人的本质,肯定人的价值,以人性的自由发展作为研究的出发点,尤其对"转识成智"的飞跃机制在理论上进行了有益的探索。但是,他是在广义认识论的领域内研究智慧的,把智慧看作是认识发展的最高阶段,把智慧界定为合乎人性的自由发展的一种真理性的认识,这是从主体和客体之间的认识论关系这个角度来考察智慧的,是把"我"与世界分割开的一种"主客二分"的思维模式,即把主体和客体分成两个互相外在的东西,然后以客观的态度对对象(这对象也可能是主体)作外在的描述性

---

① 根据对《摩诃般若波罗蜜多心经》和《大乘百法明门论讲解》的理解所得。

观测和研究。这既没有反映近代西方对知识与智慧区别的认识,也在很大程度上脱离了中国传统文化中智慧的基本精神。把智慧等同于认识活动无疑窄化了智慧的维度。我们认为,必须跳出"主客二分"认识论的框框,智慧不是认识活动而是主观见之于客观的实践活动,应该依照"天人合一"的思维模式来研究智慧问题。实际上,除了认识论,智慧还与伦理学、美学有重要关系,应该有更全面的定位和更丰富的内涵。李泽厚也提出过这一点,他说:"展现为文学、艺术、思想、风习、意识形态、文化现象,正是民族心灵的对应物,是它的物态化和结晶体,是一种民族的智慧。这里所用'智慧'一词,不只是指某种思维能力、知性模式。它不只是 Wisdom,Intellect;而是指包括它们在内的整体心理结构和精神力量,其中也包括伦理学和美学的方面,例如道德自觉、人生态度、直观才能等等。"①

由于智慧是人所独有的,是人的本性的需要,因此要想搞清楚智慧是什么,还是要从人的本质出发,围绕人的一切活动展开。自从苏格拉底提出"认识你自己"开始,人对自己本质的思索和研究几乎没有中断过,但是直到近代文艺复兴时期人文主义运动的兴起,"人的本质"才被真正作为一个重大的哲学问题而提出,之后形形色色有关人的本质的学说相继出现。虽然观点混乱不堪,但也可发现,多数研究者都把人的本质定位于人和动物的根本区别上。而马克思是哲学史上全面揭示人的本质的第一人。②

首先,马克思在《关于费尔巴哈的提纲》中讲到,"人的本质不是单个人所固有的抽象物,在其现实性上,它是一切社会关系的总和"③。就是说,在社会中,任何人都不可能孤立地存在与发展,人的任何一种对象性活动,都与另一些人的对象性活动相联系并构成相互制约的关系。因此,应当具体、历史地,从社会关系的总和来考察现实的人的本质;人的本质正是在这一切社会关系中展现的,在社会实践中形成和发展起来的。④

① 李泽厚.中国古代思想史论[M].北京:生活·读书·新知三联书店,2008:314.
② 张奎良.马克思人的本质思想的全景展示[J].天津社会科学,2014(1):4-5.
③ 马克思恩格斯选集:第1卷[M].中共中央马克思恩格斯列宁斯大林著作编译局,编译.北京:人民出版社,2012:135.
④ 冯契.人的自由和真善美[M].上海:华东师范大学出版社,1996:34-35.

人们在社会实践中形成的关系是多方面、多层次的,除了政治、经济和文化关系,还包括婚姻关系、家庭关系、地域关系、业缘关系、生产关系、阶级关系、民族关系、国家关系、道德关系、宗教关系和法律关系,等等,现代社会更是通过网络和社群把人们的社会关系推向极致。社会关系好像一张大网,任何人都在网上布下了自己社会关系和活动的经纬线,这些线条的交叉和集合形成了凸显自己特色的纽结,它们既体现了人与人之间的本质区别,又标注了不同人在社会关系中所承担的责任和扮演的角色。其实,在现实性上,除了上述人的社会性,还有人的自然性,它是人的社会性的基础,撇开人的自然性也就谈不上人的社会性。马克思说:"任何人类历史的第一个前提无疑是有生命的个人的存在。因此,第一个需要确定的具体事实就是这些个人的肉体组织,以及受肉体组织制约的他们与自然界的关系。"①可见,人的现实性本质是建立在人首先是一种自然存在的基础之上的,是人的自然存在和社会存在的统一,那种认为马克思主义不重视人的自然性的观点是没有根据的。② 在这里其实谈到了人与自然关系的基础性和重要性,它和人与人之间的社会关系一起构成了人的现实性本质。但是,人的现实性本质只是从"存在"的角度解释人,这只是人的本质的一个方面。人具有自我意识和主观能动性,是可以自我规划、自我激励、自我选择和自我规定的主体,人丰富的内心世界和巨大的精神力量可以反作用于"存在",所以在非现实性上,人的本质还体现在要把握好人与自己内在心灵的关系。由此,我们认为,人的本质不仅在于人与人的关系(社会关系),还在于人与自然、人与自身的关系,这囊括了人可能涉及的一切关系。那么,人的智慧也应表现在人与人的关系、人与自然的关系以及人与自身的关系之中。

其次,马克思还指出,"人的类特性恰恰就是自由的自觉的活动"③,即人的本质还在于自由自觉的活动。这一论述把人与动物从根本上区别

① 马克思. 黑格尔哲学批判[M]. 曹典顺,译. 北京:商务印书馆,1982:360.

② 方同义,黄瑞瑞. 马克思人的本质理论的重新解读与探讨[J]. 浙江社会科学,2008(12):56-60.

③ 马克思,恩格斯. 马克思恩格斯全集:第 42 卷[M]. 中共中央马克思恩格斯列宁斯大林著作编译局,编译. 北京:人民出版社,1979:96.

开来。在《1844 年经济学哲学手稿》中,马克思对此有过精确的描述,指出"动物只是按照它所属的那个种的尺度和需要"进行生产,动物的活动归根结底只是由本能所驱动,从未达到真正的自由自觉;而人不单能"按照它所属的那个种的尺度和需要"进行生产,而且"懂得按照任何一个种的尺度来进行生产",所以说人的活动是自由自觉的。马克思所说的"自由""自觉",是指人的独特的生命活动——劳动——的性质,是人在感性实践中对实践对象自身必然性的能动适应与其实际实现,其实质就是人在实践基础上真、善、"美"的统一,合规律性与合目的性的统一。真、善、美各从不同的方面体现着主体(人)的自由自觉:"真"是理智上的自由,"善"是意志和行动上的自由,"美"是情感上的自由。"真"可以消除主体对客体的盲目无知,把人从偶然性的支配下解放出来,使人成为掌握必然性的主体,通过解决知和不知、已知和未知的矛盾,达到主客体的统一;"善"是主体把自己的意愿贯注到客体上去,通过实践使实然客体发生应然变化,克服主体需要和客体不能满足主体需要之间的矛盾,达到主客体的统一;"美"是主体把自己的本质力量对象化出来,在客体之镜中自我观照、自我欣赏,以象征性的方式解决主体自由发展要求的无限性和客体对主体自由的现实制约性的矛盾,达到主客体的统一。① 在这个意义上,智慧就是人求真、向善、审美的实践活动,是人的本质发展的最高实现。人获得了智慧,便由"必然王国"走向了"自由王国"。

由此,我们在研究古今中外有关智慧探讨的基础上,批判性地继承和发展了冯契的"智慧学说",并从马克思关于人的本质的两个观点切入进行分析,形成了"智慧"的定义:智慧是人所独有的,是人在一切关系中求真、向善和审美的实践活动。这一定义具有以下两层意思。

第一,智慧是一种主客统一的实践活动。智慧既不是人的精神主体和主观心理的纯粹臆想,也不是现实世界中客观存在的事物属性,而是主观见之于客观,"事物"在人们既定的主观条件(如意识形态、情趣等)的影响下反映于人的意识的结果,即主客观相统一的实践活动。这是一种"天人合一"的思维模式("人—世界"的结构关系),即人与世界的关系不是彼

---

① 李淑梅.论人类自由:真、善、美的统一[J].教学与研究,1997(9):21-25.

此外在的关系,而是人融身于世界万物之中、沉浸于世界万物之中,世界由于人的"在此"而展示自己,就是海德格尔所说的"澄明",世界万物在"此"被照亮。自人类诞生以来,人类就在改造自然、改造社会的实践活动中创造着无穷的智慧,虽然随着历史的发展,在不同的社会历史形态下,智慧的产生和存在有多有少,智慧的表现形式也千差万别,但不可否认的是,人类有创造性的实践活动始终是智慧产生的源泉。

第二,智慧的构成要素包括求真、向善和审美,三者缺一不可。

首先,求真。一般来讲,真有三个意思:第一个意思是指真实,与假相对,是事物的本原、本性、本来面貌,是本体之"真";第二个意思是指真理,对事物一般本质、属性和规律的正确认识,属于认识论范畴,是认识论之"真";第三个意思是指一种人生境界,是一种不惑、知天命的境界,是知天乐命、安常处顺的心理状态。所谓求真,就是探究和认识宇宙、自然、社会、人生、生命、精神等各个领域固有的本质、规律和运动发展的奥秘以求"穷通"的实践活动。这是一个人拥有智慧的基础。也就是说,人只有洞察和精通了事物的本质、规律和原理,才能够正确分析、判断目前面临的形势,预测事物未来发展变化的趋势,从而作出合规律性的决策和选择。这就是"世事洞察皆学问,人情练达即文章"。

其次,向善。虽然不同人对"善"有不同的理解,但比较一致的观点是,善的含义有广义和狭义之分。广义的善是就是"好"。"可欲之谓善"(《孟子·尽心下》),就是说一切可以使人快乐、给人幸福的对象,都可称为"善"、称为"好"。这个"善"或"好"就是合理的利益、利他性的言行。狭义的善是指伦理道德意义上的"善",是指涉及人伦关系、符合一定社会或阶级道德准则规范的好的行为。所谓向善,就是指人向往和追求利他性的观念、情感和行为习惯,从而使自己的言行符合一定社会或阶级的伦理关系、行为准则和道德规范。"向善"是智慧的重要维度,人在掌握真理和知识的基础上,要做出对自然、他人和社会有利的行为,才符合智慧的内在要求,否则就是小聪明,甚至会造成对自然、他人和社会的危害,这非但不是智慧的,甚至是邪恶和愚蠢的。

再次,审美。几千年来,中西方美学史上对美的本质的探讨和争论非常丰富,比如黑格尔认为,美就是理念的感性显现[①];席勒认为,美的本质就是游戏;马克思认为,美就是人的生命活力的自由能动的表现[②];冯友兰认为,美是使人有某种感觉的形象[③]。新中国成立后,我国学术界曾就美的本质问题进行过两次大讨论,有人认为美是客观的,如蔡仪;有人认为美是主观的,如吕荧、高尔太;李泽厚认为美是客观性和社会性的统一;朱光潜认为美是主客观的统一;我们比较赞同朱光潜的观点,即美既不全在物,也不全在心,而在于心物的关系上,并不存在一种外在于人的、实体化的"美"。"美"是"呈于吾心而见诸外物"的审美意象,"美"只能存在于审美活动之中。[④] 审美活动是人的一种精神—文化活动,它的核心是以审美意象为对象的人生体验。在这种体验中,人的精神超越了"自我"的有限性,得到一种自由和解放,回到人的精神家园,从而确证了自己的存在。[⑤] 与求真、向善相比,审美是智慧最高层次的构成要素,因为审美以求真、向善为基础,是合规律性与合目的性的统一。智慧的审美要素要求一个有智慧的人要具有高尚的情操、高雅的情趣、宽广的胸襟、"光风霁月"的气象以及洒脱超然的人生境界。

总之,求真、向善和审美是智慧不可或缺的三个构成要素,缺少了其中任何一个要素都不能称之为智慧。如果一个人能够在洞悉某一或某几个领域内事物本身固有的本质、原理和其运动发展规律的基础上做出符合一定社会伦理道德规范要求的利他性言行,并且在此过程中体验到超脱、自由的审美体验和情感升华,那么就称此人在这一方面或这几个方面是有智慧的。

---

① 黑格尔.美学:第 1 卷[M].朱光潜,译.北京:人民文学出版社,1958:138.
② 黎启全.美是自由生命的表现[M].桂林:广西师范大学出版社,1999:61.
③ 冯友兰.哲学的精神[M].西安:陕西师范大学出版社,2008:259.
④ 叶朗.美学原理[M].北京:北京大学出版社,2009:13.
⑤ 同④15.

第三节　智慧教育的理论设想

康德明确指出："孩子们应该不是以人类的当前状况，而是以人类将来可能的更佳状况，即合乎人性的理念及其完整性规定为准进行教育"①。也就是说，教育不应只停留在"是其所是"的实然状态，而应该追求"是其所应是"的应然状态，以应然改造实然、提升实然。事实上，"除了哲学在一直追求智慧外，还有一门学科也在始终不渝地追求着智慧，那就是教育"②。因此，我们提出走向智慧教育的理论设想。智慧教育理论体系的建构是建立在对"智慧"概念进行正确理解和解构的基础之上的。根据本书对"智慧"概念的界定，智慧教育就是指教师运用教育智慧实施求真取向的知识教育、向善取向的道德教育和为美取向的审美教育，并且把培养有智慧的人作为根本目的的一种教育实践活动。下面分别从智慧教育的目的和构成两个方面具体论述智慧教育的理论设想。

一、智慧教育的目的

赫舍尔在《人是谁》中说过："人的存在之谜不在于他现在是什么，而在于他能够成为什么！"③智慧教育的目的就在于使人成为具有智慧的人，简言之即"智慧人"。那么，"智慧人"到底是什么样的呢？班根(K. J. Bangen)等人在经验主义研究的基础上总结了"智慧人"所具有的特征：(1)社会性的决策和实用主义的生活知识，它们与社会推理、给出好建议的能力、生活知识和生活技能有关；(2)亲社会的(忠实于社会道德准则的)态度和行为，包括同理心(移情)、同情心、热情、利他主义和公正感；(3)反思和自知之明，这与内省、洞察力、直觉以及自我认知和意识有关；(4)承认和有效地应对不确定性；(5)情绪稳定，这与情感调节和自我控制

---

① 康德. 论教育学[M]. 赵鹏，何兆武，译. 上海：上海人民出版社，2005：28.
② 余华东. 论智慧[M]. 北京：中国社会科学出版社，2005：34.
③ 赫舍尔. 人是谁[M]. 隗仁莲，安希孟，陈维政，译. 贵阳：贵州出版集团，2009：106.

有关。① 马斯洛所谓"自我实现的人"其实非常类似"智慧人"。马斯洛在对历史上许多伟人所具有的共同人格特质进行研究的基础之上，提出"自我实现的人"拥有十六种共同的人格特质，即：超乎常人的判断力；既能享受独居的喜悦，也能享受群居的欢乐；能够接纳自己、他人和所处的周围环境；对人生怀有使命感，常把精力用来解决与众人有关的问题；心思单纯，像天真的孩子，极具创造性；尽管他们的衣着打扮、生活习惯和为人处世的态度表现出传统或保守的倾向，但他们的思想是开放的、心态是开明的，在必要时可以超越文化与传统的羁绊和束缚；等等。马斯洛还总结了一个人在趋向自我实现时的行为状态：第一，自我实现意味着充分地、活跃地、无我地体验生活，全神贯注，忘怀一切；第二，如果把生活设想为一系列的选择过程，那么做出成长的选择而非畏缩的选择就是趋向自我实现的运动；第三，每一个人的内在都有一个自我，自我实现者会让自我显现出来，倾听内在冲动的声音，而不是人云亦云；第四，自我实现意味着诚实和承担责任；第五，敢于与众不同，有独立见解，宁愿不受欢迎，成为不随和的人；第六，自我实现不只是一种结局状态，而且是在任何时刻、在任何程度上实现个人潜能的过程；第七，高峰体验是自我实现的短暂时刻，会感到喜出望外；第八，自我实现意味着不再怀疑价值观念和美德的可能性并学会"再圣化"（Resacralize），就是愿意再次从"永恒的方面"看待人和物，即能看到神圣的、永恒的、象征的意义。当每次选择时刻到来时能——做到上述八条的人在那一刻就是自我实现的人；而且，自我实现是一个程度问题，是许多次微小进展一点点积累起来的。② 也即是说，自我实现不是一劳永逸的：有多少次结合上述八条经验的时刻，就有多少次自我实现的运动。同理，智慧也是如此，并不是说某次智慧就意味着永远智慧，如果一个人在生活中经常表现出有智慧的行为，那就可称之为"有智慧的人"。

综上所述，本书认为，有智慧的人至少具有以下五个特征：第一，拥有

①　BANGEN K J, MEEKS T W, JESTE D V. Defining and assessing wisdom：A review of the literature[J]. Am J Geriatr Psychiatry, 2013, 21(12)：1254-1266.

②　马斯洛,等. 人的潜能和价值[M]. 北京：华夏出版社,1987：259-265.

广博的知识,熟知人性和世界;第二,具备良好的道德修养和行为习惯;第三,具备良好的心态、丰富的情感和美好的心灵;第四,一定是快乐的、幸福的和喜乐的;第五,有较好的行动和生活实践能力。

二、智慧教育的构成

(一)求真取向的知识教育

求真取向的知识教育是智慧教育的构成部分之一。从广义上讲,以探究真理、开发智力为主要鹄的的知识教育既包括各种各样的知识教育和应用知识的技能教育,又包括思维能力教育、方法与方法论的教育。正所谓"授人以鱼不如授人以渔",相对于对既有的、固定的知识与技能的学习与掌握,思维能力、方法或方法论方面的学习对人智慧的生成发挥着更加重要的作用。不仅如此,在知识教育中,不仅要使学生认识世界,更重要的是要使学生认识自己。因此,求真取向的知识教育作为智慧教育的第一个构成部分,需要致力于学生两个方面的学习与教育:第一,思维训练、方法与方法论的学习;第二,认识自己的教育。

1. 思维训练、方法与方法论的学习

智力是个体拥有智慧的生理基础,在其他条件一定的情况下,个体的智力水平越高,一般生成智慧的可能性越大。所以,智慧教育首先要重视人的智力潜能的开发。赞可夫在《和教师的谈话》中说过:"智力、情感和意志也像肌肉一样,如果不加锻炼和给以正常的负担,它们反而会衰退,不仅得不到应有的改进,有时还会变得迟钝起来。"思维与方法的训练能够有效开发人的智力潜能、提高人的智力水平。人的思维按照不同的标准可以分为逻辑思维与非逻辑思维、正向思维与逆向思维、发散思维与聚合思维、成长型思维与固定型思维、常规思维与创新思维等,我们可以针对不同的思维类型进行相关的思维训练,以便促进思维的速度、深度、广度、准确度和清晰度。常见的思维训练的方法包括头脑风暴法、团体讨论法、分合法、列举法等。

所谓"工欲善其事,必先利其器"(《论语·卫灵公》),马克思认为,"各种经济时代的区别,不在于生产什么,而在于怎样生产,用什么劳动资料

生产"①,因为每一次生产工具的重大进步,都"延长了他的自然的肢体"②、极大增强了人类改造自然的能力,都必然引起生产力的极大发展与社会的巨大进步。这无疑说明了工具或方法对人类社会发展的重大作用。这启发我们,智慧教育不仅要使学生学习关于自然、社会、人生的现成知识,更要学习如何认识世界、改造世界的方法与方法论体系。"方法"比较好理解,一般是指在生活世界中认识事物、改变事物的各种方法。它既包括从总体上或某一角度认识事物内在本质、普遍规律、共同特征的一种一般方法、思维方式或认知倾向,如系统论、实证主义方法、辩证法等,也包括在某一类别、某一领域、某一方面认识和改造事物的具体方法,如"学而不思则罔,思而不学则殆"等学习方法,归纳与演绎等思维方法,微笑、点头等与人交谈的方法等。人们对"方法论"概念的认识和理解非常丰富、复杂,比较难理解。叶澜将前人对其的解释归纳为属哲学层次、属科学学或科学哲学层次、属方法研究范围三大类,并在此基础上提出了对方法论的新解释:首先,方法论以人类认识活动中不同层次的对象与方法的关系为研究对象,着重揭示已有方法体系的理论基础、核心构成与研究对象性质的矛盾,以构建解决这一矛盾的新理论基础与核心为直接任务,发挥推动相应方法体系整体发展、继而推动人类认识水平质的飞跃和社会实践发展的方法论功能;其次,具有相对独立研究对象的方法论知识体系,以多层次、多类型的立体、多面、有机联系的形式存在。③ 其结构状态如图 3.3④ 所示。

正所谓"条条大路通罗马",思维训练、方法与方法论的学习都是为了使学生头脑清楚、思维敏捷,看问题全面透彻、眼光独到,遇事灵活机变,懂得变换思路、角度和立场解决问题,甚至达到足智多谋的程度。

2. 认识自己的教育

自人类诞生以来,人们就对外在于自己的世界充满了好奇与不解,于

---

① 马克思,恩格斯.马克思恩格斯选集:第 2 卷[M].中共中央马克思恩格斯列宁斯大林著作编译局,编译.北京:人民出版社,2012:172.

② 同①171.

③ 叶澜.教育研究方法论初探[M].上海:上海教育出版社,1999:14-15.

④ 同③15.

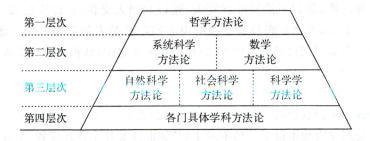

图3.3 方法论知识体系结构表

是几百万年以来人类通过各种各样的实践活动对未知世界进行着不断探索。迄今为止,我们已经拥有了比较成熟的自然科学、社会科学和人文科学,可以说对外在世界已经有了相当深刻的了解。但与对外在世界相比,人类对自己的了解和认识不但肤浅而且更加困难,因为人们常常在向外寻求的过程中迷失或忘记自己。人真的了解自己、认识自己吗?卡西尔在《人论》中开宗明义:"认识自我乃是哲学探究的最高目标——这看来是众所公认的。在各种不同哲学流派之间的一切争论中,这个目标始终未被改变和动摇过。它已被证明是阿基米德支点,是一切思潮的牢固而不可动摇的中心。"[①]克里希那穆提也极力推崇认识自己,他曾经说过,"我只教一件事,那就是观察你自己,深入探索你自己,然后加以超越。你不是去了解谁的教诲,你只是在了解自己罢了","这为世人指明了东西方一切伟大智慧的精髓—— 认识你自己"。[②]

　　既然认识自己对智慧而言如此重要,那么要如何认识自己呢?苏格拉底给我们指明了道路。苏格拉底指出,一个人要真正认识自己,"必须先察看了自己对于作为人的用处如何,能力如何,才能算是认识自己","那些认识自己的人,知道什么事对于自己合适,并且能够分辨,自己能做什么,不能做什么,而且由于做自己所懂得的事就得到了自己所需要的东西,从而繁荣昌盛,不做自己所不懂的事就不至于犯错误。而且由于有这

① 卡西尔.人论:人类文化哲学导引[M].甘阳,译.上海:上海译文出版社,2013:3.

② 克里希那穆提.教育就是解放心灵[M].张春城,唐超权,译.北京:九州出版社,2010:1.

种自知之明,他们还能够鉴别别人,通过和别人交往,获得幸福,避免祸患"。① 显然,苏格拉底教育实践的中心问题就是人的自我认识问题,也即一个人如何把自我置于他人、城邦乃至世界之中,认识自己作为人的用处,知道自己行为的边界,也即自己能做什么、不能做什么,最终在得到自己所需以及和别人交往中获得幸福,同时避免祸患。② 《论语·学而》中也告诉了我们认识自己的方法:"曾子曰:'吾日三省吾身,为人谋而不忠乎? 与朋友交而不信乎? 传不习乎?'"如此这般经常自我反省,便可更好地认识自己、完善自己。

(二)向善取向的道德教育

作为智慧教育的第二个构成部分,向善取向的道德教育具有价值关涉的意义。它规定了智慧教育是一种唤醒人的良知、教人向善的实践活动。它的任务在于使学生养成符合一定社会要求的正确的道德观念、良好的道德品质和行为习惯,比如正直、善良、诚实、守信、自强、独立、团结、合作等。尤其要重视人的独立性和依存性的培养,因为它们对人智慧的生成具有重要价值。

1. 独立性的培养

人首先是作为一个独立个体而存在的。人的独立性包括生存的独立和思想的独立两个方面。生存的独立就是经济独立、财务自由,可以自己养活自己;思想的独立是指独立之精神、思想之自由、人格之独立,可以自己给自己做主。马克思说过,人的类特性就是自由自觉的活动。人一旦拥有了自我独立性,就拥有了主体性、创造性和主观能动性,这是符合人的本质的发展规律的。事实上,任何一种新的理论、思想、创意、观点和智慧的出现都是个体自我思考的产物,一定会受到他人的指摘和反对,因为集体是不会思考的。所以,培养自我的独立性对智慧的生成具有重要意义。洛克菲勒曾经说过,一个人一旦失去了独立性,他的智慧程度就会降低。他还讲了一个"猪从获得智慧到又失去智慧"的有趣故事来论证这一

---

① 色诺芬.回忆苏格拉底[M].吴永泉,译.北京:商务印书馆,1984:150.

② 刘铁芳.智慧之爱何以可能:苏格拉底爱的教育哲学一解[J].华东师范大学学报(教育科学版),2018(4):92-98,169.

点,大意是:因为主人忘关圈门而获得自由的猪为了生存必须学着独立找食、防范追捕和侵害,逐渐变得很有智慧;而后来由于禁不住诱惑而重新被圈养起来的这些猪又变得愚蠢和慵懒起来。这则故事说明:第一,失去了独立性,动物的智慧、人的智慧都会降低;第二,如果经受不起诱惑,最后就会丧失独立性。① 所以,人要经常有意识地强迫自己走出生活的"舒适区",不断迎接困难、挑战自我,时刻保持清醒的意志与独立的品格。

2. 依存性的培养

人不仅是一个独立的个体,更是社会群体中的一员。马克思曾经说过,在其现实性上,人是一切社会关系的总和。这意味着人不是作为孤立的个体存活于世的,而是必须生活在社会群体之中,通过与他人合作共同完成各种任务与活动,从而形成强大的集体智慧。那么,人就不能只考虑自我、就不能只具有独立性和竞争意识,还要意识到他者的存在,学会与他人相处、交往、对话与合作,承担相应的责任和义务,与他者形成相互依存的亲密关系。他者这一概念主张个体要关怀他者,多去聆听他者的声音,关注自我与他者相遭遇的伦理意义,体现了尊重、关怀、平等、正义、多元、接纳、合作、交往、对话、互助、共生等伦理道德价值取向。智慧教育就是要重视人的依存性的培养,使学生认识到他者存在的重要性,理解人与人之间相互依存、扶持共生的密切关系,努力营造一个真正的人类命运共同体。当然,这里的依存性并不是传统社会的人身依附性,而是指建立在个体独立性基础之上的依存性。

(三)为美取向的审美教育

作为智慧教育的第三个构成部分,我们认为,为美取向的审美教育(简称美育)是指通过自然美、社会美、艺术美等审美方式感染人的情绪,打动人的情感,陶冶人的情操,提升人的审美趣味,培养人的发现美、感知美、鉴赏美和创造美的能力,塑造人的美好心灵和崇高精神境界的一种教育活动。在为美取向的审美教育中,要重视学生创造性的培养和超脱境界的达成。

---

① 张维迎. 如果没有思想市场,世界会怎么样? [EB/OL]. [2018-11-26]. https://user.guancha. cn/main/content? id=33601&comments-container.

1. 培养学生的创造性

创造是人的本质的最高体现。卡西尔指出,创造性是"一切人类活动的核心所在,它是人的最高力量,同时也标志了我们人类世界与自然界的天然分界线"①。人人都具有创造的潜力。关于这一点,吉尔福特(J. P. Guilford)如是说:"迄今人们获得的最有意义的认识之一是,创造力再也不必假设为仅限于少数天才,它潜在地分布在人口中间。"②

尽管知识学习、思维训练可以促进人的创造性的发展,但审美教育对人的创造性的形成具有更为关键的作用。杜卫指出,审美和艺术是人类创造性发挥得最为充分的领域,美育,特别是其中的艺术教育是开发和培养儿童、青少年创造性的最佳教育形态。③ 审美教育培养人的创造性主要体现在:第一,解放无意识,保障自发性;第二,发展心灵的独创性;第三,促进心灵综合能力的发展,这个心灵综合能力又称为直觉,经常参与美育活动可以促进创造性直觉的发展。④

2. 培养学生的超脱感

审美具有超脱性,因为审美活动可以使人超脱俗世与现实的重负、纷扰、利害、物质、欲望,获得一种积极、乐观、轻松、洒脱、愉快、自由、超然、宽容、豁达的心灵体验与精神境界。正如康德所说:"对于美的欣赏的愉快是唯一无利害关系的和自由的愉快;因为既没有官能方面的利害感,也没有理性方面的利害感来强迫我们去赞许。"⑤所以,为美取向的审美教育可以培养人的超脱感,帮助学生达到一种超脱的审美境界,其作用是无法被替代的。而且,培养学生超脱的无我境界正是未来教育所需要的。因为目前我们的青年人的毛病正在于太少无我而太多自我意识,这意味着现在的年轻人唯我独尊,计较太多、在意太多,凡事纠结,看开的太少,得失心太重,缺少宁静、恬淡、开阔和洒脱的良好心境。为此,为美取向的审美教育必须重视对学生超脱感的培养与熏陶,使学生成为心胸开阔、自

---

① 卡西尔.人论:人类文化哲学导引[M].甘阳,译.上海:上海译文出版社,2013:中译本序8.
② 邵瑞珍.教育心理学[M].修订本.上海:上海教育出版社,1997:143.
③ 杜卫.美育论[M].2版.北京:教育科学出版社,2014:98.
④ 同①103-106.
⑤ 康德.判断力批判:上卷[M].宗白华,译.北京:商务印书馆,1964:46.

由豁达的有智慧之人。在具体实施层面，为美取向的审美教育在以艺术教育、文学教育为主要途径，同时还要渗透到求真取向的知识教育、向善取向的道德教育等其他教育形态之中以及所有学科教学之中。同时，要注意以活动为中心开展适合学生身心发展阶段特点的、形式丰富多彩的审美教育活动。

第四章　大学育人与教学文化

　　教学文化对大学的发展壮大有着极其重要的意义,它以种种微妙的方式感染着教师,使教师高度认同"传道、授业、解惑"的基本使命,并最终影响每位教师对教学的投入程度。如今,大学中存在着很多不利于教学文化培育与发展的现实问题,比如教学地位边缘化、教学学术观念混淆、功利性价值凸显等,大学教师在异化的教学文化影响下面临着种种社会性困惑。于是,如何建构守护大学教师教学心灵的教学文化以保障"育人"功能得以更好地实现,成为当前中国大学的一个重要课题,其重要性既植根于大学使命的内在规定性,也植根于当前普遍存在的大学教学职能弱化的现实。大学应重视人才培养,培育质感厚重的教学文化以提升教育的内涵与质量,并将培育教学文化作为大学教育改革的方向。由此,我们需要从厘清大学教学文化的概念入手,追寻大学教学文化变迁的历史脉络,剖析大学教学文化现实中存在的种种问题,从理论和实践层面探析与建构大学教学文化的发展路径及培育策略,为重构大学教学文化提供新的思路。

第一节　大学教学文化的内涵

　　学界对大学教学文化有不同的理解,主要有五种不同的视角:第一,从教师的主体性地位出发,将教师文化视为教学文化;第二,从"教"与"学"的关系出发,将大学"教"与"学"的关系视为教学文化;第三,将教学文化理解为课堂教学文化;第四,将教学文化视为"仪式、符号和标志";第五,将教学文化视为大学文化的重要组成部分,教学文化所包含的观念、符号、规范以及由其影响的行为方式具有自身的演化过程。

一、教师文化

持有"教学文化就是教师文化"观点的国内外学者是从教师角度来观照教学文化的,他们普遍认为教师是教学活动的主体之一,将教学文化看作是规约和影响教师教学行为的价值观与行为规范,把教学文化理解为教师文化。

一般认为,"教学文化"最早由美国社会学家华勒(W. Waller)于1932年在《教学社会学》一书中提出,主要用于指涉学校教育中教师群体的教学方式、风格与价值观。[①] 可见,"教学文化"概念一经提出就指涉"教师文化"。费曼-内姆瑟(S. Feiman-Nemser)和福楼顿(R. E. Floden)认为,教学文化是教师们共享的信念和知识,信念是教师关于工作的"正确"方式,以及对教学回报的看法,知识则是指教师从事教学工作的方法。[②] 安迪·哈格里夫斯(A. Hargreaves)对教学文化的阐释和分类具有较强的代表性。在他看来,教学文化由长期受相似规则支配和限制的教师群体中的信仰、价值观、习惯和假定的行为方式构成。[③] 国内学者也大都认为教学文化是一种价值观念和行为方式。"教学文化是教师专业发展中,教师对教学本质、教学价值、教学目的、教学方式,以及师生关系的认识、理解、创造与实践过程。它是教师在教学中形成的语言行为、习惯化思维与价值观。"[④] 卢乃桂认为,"教学文化"是教师们在探讨和解决教学问题的过程中共同形成的。[⑤] 郭峰认为,教学文化就是教师群体共

---

① 别敦荣,李家新,韦莉娜.大学教学文化:概念、模式与创新[J].高等教育研究,2015(1):49-56.

② FEIMAN-NEMSER S, FLODEN R E. The cultures of teaching[M]// WITTRICK M C. Handbook of Research on Teaching. 3rd ed. New York: Macmillan,1986.

③ 哈格里夫斯.知识社会中的教学[M].熊建辉,等译.上海:华东师范大学出版社,2007:147-163.

④ 赵复查.主体间性哲学视野中的教师文化[J].教育评论,2005(6):40-43.

⑤ 卢乃桂.教育改革潮中的教师和教师教育[J].基础教育学报,2001(2):73-100.

享的关于教学价值观念体系及其相应的行为方式。① 鲍同梅认为，教学文化是支配和限制教师群体"各行其是"的信仰、价值观和惯例。② 可见，这些学者都强调了教学文化的主体是教师的核心思想、价值观、信仰。他们将教学文化等同于（或近乎等同于）教师文化，认为教师是大学教学文化最核心的行动者，并将教学文化视为教师的内在信念及其思维与行为方式，同时他们强调教学文化是教师在教学工作中形成的一种"惯习"，这种惯习会影响教师的教学观和教学行为。

二、"教"与"学"的文化

持有"教学文化是'教'与'学'的文化"观点的学者将教学文化视为一种关系文化，他们认为，教学文化是指师生通过教学活动营造的课堂内外的关系，以及教学主体与环境之间的关系。教学文化是围绕着"教"与"学"的师生在长期的交互过程中构建的相对稳定的集体价值体系和共同生活方式。

教学文化是"师生"互动关系下形成的"教"与"学"的文化。教学文化是"形成学生对周围世界和自己的一种积极而理智的，富有情感和探索、创造、超越意识的态度与作用方式，是开发学生生命潜能的一种力量"③。教学文化是师生主要围绕课程在教与学的互动中构建的关于"教与学"的价值体系及行为方式。④ 有学者用描述性的方法来给教学文化下定义，把教学文化理解为在教学情境中，师生基于教与学接触、交流、对话等活动过程而呈现出来的文化形态，如师生地位、师生互动的文化意蕴，学习方式、思维范式的文化透视等。⑤ 也有学者认为，教学文化是"教师和学

---

① 郭峰.大学教师作为知识分子语境下的教学文化重构[J].教师教育研究,2012(4):13-18.

② 鲍同梅.试论个人主义教学文化[J].扬州大学学报(高教研究版),2004(1):60-63.

③ 郑金洲,程亮.中国教育学研究的发展趋向[J].教育研究,2005(11):3-10.

④ 李秀平.教学文化:师生生活方式的构建及呈现[J].天津市教科院学报,2006(4):48-50,53.

⑤ 龚波.课程改革呼唤教学文化的转型:从接受到批判[J].当代教育科学,2005(17):29-31.

生在课堂教学过程中所表现出来的关于教与学的信念、理念、行为方式及支持性要素"①。亦有学者将教学文化视为大学"教"与"学"互动形成的文化,认为教学文化是在教学过程中师生通过"教"与"学"的互动形成的价值观念和行为规范的有机整合体②,并将教学过程中教师和学生的互动看作一种符号系统③。

三、课堂教学文化

持有"教学文化是一种课堂教学文化"观点的学者,将教学文化定义为师生教学实践赖以开展的前提、背景和氛围。课堂教学文化的影响因素可以分为以教学活动模式为内容的主体性因素,以及包括了教学理念、教学规章、教学习俗和教学集体无意识在内的支持性因素。④ 将教学文化视为课堂教学文化的研究主要有两种视角:一种是教育社会学和政治学的视角,以布尔迪厄(P. Bourdieu)、阿普尔(M. W. Apple)等人为代表的批判学派,他们主要是将教学文化看成"政治"的实践并进行激烈地批判;另一种是学科研究视角,将课堂教学文化与学科教学相联系,其研究逻辑是基于不同的学科门类,展开分学科的课堂教学文化研究。

按照不同的划分维度,课堂教学文化可以有多重理解。根据课堂教学文化作用方式的不同,课堂教学文化可以划分为显性文化、隐性文化以及显性与隐性交融的文化。根据内容的不同,课堂教学文化可以划分为教学的物质文化、教学的制度文化、教学的精神文化和教学的行为文化,其中教学的物质文化主要是指教学的各种硬件设备和条件等,教学的制度文化囊括了多种类型的教学规章和模式、集体活动原则和要求等,教学的精神文化覆盖了课堂教学活动个体全部赞同并依从的文化和价值观念、思想和行为方式以及生活和目标追求等,教学的行为文化是指活动主

① 韩延明,张洪高.我国大学教学文化建设探析[J].大学教育科学,2014(2):105-111.
② 辛克坚.数学文化与基础教育课程改革[M].重庆:西南师范大学出版社,2006:60-65.
③ 张楚廷.数学文化与人的发展[J].数学教育学报,2001(3):1-4.
④ 李志厚.论教学文化的性质[J].课程・教材・教法,2008(3):13-17.

体的行为举止方式。①

四、教学生活与环境

持有"教学文化是教学生活与环境"观点的学者将教学文化视为是一种校园文化。这类学者强调教学文化是一种校园符号文化,认为"仪式""语言""标志"代表一种教学文化。他们认为,教学文化是"维系师生交往活动的人际氛围和精神氛围等",是在教学中形成的"一种环境、氛围"②,并进一步扩展了教学文化的外延,将教学文化视为教学生活过程及与之有机成为一体的教学生态环境的整体③,并将其划分为"教学生活过程"和"教学生态环境"两个大的部分④。也有部分学者认为教学文化是历史沉积而塑造的班风、校风和学风,他们认为学生和教师都在教学文化氛围中接受情操的陶冶、道德的洗礼和人格的升华。

五、大学文化的重要组成部分

持有"教学文化是大学文化的重要组成部分"观点的学者主要从组织文化的视角来看待教学文化。大学教学文化本质上是一种独特的组织文化。因此,对大学教学文化的探讨从对组织文化的讨论开始。"组织文化"(organizational culture)概念的提出始于 20 世纪 70 年代末 80 年代初,是指影响组织运作、发展过程中的所有文化因素及其组织内部所存在的种种文化现象的统称。⑤ 组织文化理论的形成经过了一个漫长的过程,但直到 20 世纪 80 年代中期以后,组织文化理论才成为理论学家研究的热点。比特格瑞(A. N. Pettigrew)把组织文化定义为"信念、观念、语言、礼仪和神话的聚合体"。⑥ 他认为组织是一个具有历史延续性的社会

① 董洪亮.教学文化及其变迁机制[J].教育理论与实践,2008(22):47-50.
② 王志曲.新课程背景下课堂文化的重建[J].现代中小学教育,2005(11):30-32.
③ 徐继存.教学文化:一种体验教学总体问题的方式[J].教育研究,2008(4):46-48.
④ 刘庆昌.教学文化的意义探寻[J].山西大学学报(哲学社会科学版),2008(2):73-77.
⑤ 阎光才.识读大学:组织文化的视角[M].上海:华东师范大学出版社,2001:1.
⑥ YOUN T, MURPHY P B. Organizational Studies in Higher Education[M]. New York: Garland Publishing Inc. ,1997:143.

系统,文化因素对组织内部人们的行为具有强大的控制作用。罗宾斯(S. P. Robbins)将组织文化看作共有的价值体系。"在每一个组织中,都存在着随着时间演变的价值观、信念、仪式、神话及实践体系或模式。这些共有的价值观在很大程度上决定了雇员的看法及对周围世界的反应。"①舒尔·多普森(S. Dopson)和伊安·莫克内(I. McNay)把组织文化界定为礼仪、惯例、传奇、神话和信条等共同组成的混合体,认为组织文化可以向人们清楚地表明哪些行为是可以接受的或者不可接受的,甚至影响组织内部的权力分配形式、工作的构成和过程控制等。② 埃德加·希恩(E. Schein)认为,"组织文化就是一个基本模式的假定,即某一组织在尝试着解决外在适应和内部整合过程中出现的种种问题时,发明、发现或者开发的一种基本模式,并且这种模式相当有效。因此,它被作为一种正确的方法传授给新的成员,去思考或感受与之相关的一些问题"③。

可见,大学教学文化是"大学"这一抽象的人类群体在长期的教学活动中所形成的精神生态,是一种具有历史延续性与现实的生态环境。教学文化是指教学改革、创新、提高的生态系统④,"是大学在长期教学活动中形成的,是大学教学价值追求与价值导向"⑤,"本质上是一所大学特有的基于其自身教育传统的教学给养生态"⑥。教学文化涉及学校对人才培养,尤其是对大学教育的重视程度,代表着一所大学的教学品格和精神气质,体现教育者群体相对稳定的教学心理倾向和最本真的文化品位,映射着教风和学风的独特质地。⑦

对大学教学而言,教学文化意味着和教学运行密切相关的精神环境与要素关系的整体性存在,它既是大学教学持续存在和长期发展后的一

---

① 阎光才.识读大学:组织文化的视角[M].上海:华东师范大学出版社,2001:11.

② YOUN T, MURPHY P B. Organizational Studies in Higher Education[M]. New York: Garland Publishing, Inc. ,1997:143.

③ 同①1.

④ 潘懋元.高等教育质量与大学教师发展[J].高等教育研究,2015(1):48.

⑤ 别敦荣,李家新,韦莉娜.大学教学文化:概念、模式与创新[J].高等教育研究,2015(1):49-56.

⑥ 康淑敏.大学教学文化的式微与重塑[J].教育研究,2017(12):60-67.

⑦ 同⑥.

种精神资源累积,又是指引和维系大学教学再生产的环境驱动力。大学教学文化形成了自身价值观念、思维方式、行为规范,并在自发变迁中无意识地改变着自己的形态和结构。

这些对"教学文化"的多重视角的研究为厘清大学教学文化的概念提供了一定的基础。当然,这些从不同视角对大学教学文化的定义虽然表明了其丰富的内涵,但不免存在一定的局限。首先,从教师视角出发定义"教学文化是教师文化",在一定程度上过于凸显了教师在教学文化中的主体地位。持有这类观点的学者普遍将教学文化看作是教师个体或群体所具有的某些特质,毫无疑问,教学文化与教师有着不可分割的联系,但如果教学文化只是教师的某些特质的话,就忽略了大学管理者在教学文化中的作用。教学文化的主体不仅包括教师与学生,大学管理者也是教学文化形成的重要主体。在大学教学文化建设中,教学管理者的地位不能因为不直接参与教学活动而受到忽略,相反教学管理者是教学管理的决策者,具有制定和执行制度的行政权力,是大学教学文化形成过程中的组织者和引导者。其次,从"教"与"学"关系定义教学文化不免失于"狭隘"。由于教学是一项有计划、有组织、有目的地培养人的一种特殊的社会实践活动,为了保障教学活动的有序开展,确保教学过程的正常进行,就必须制定相应的教学制度来规范和管理教学活动。各种教学制度构成了大学教学运行的规则和规范。大学教学制度引领着高校师生的思维、行为方式和生活习惯,同时又为师生的发展提供制度保障,为"教与学"的实践活动提供制度支撑。制度规范是教学文化的制度形态,教学制度的演变也在推动大学教学文化的嬗变,因此不能将教学文化仅仅视为师生互动的关系。再次,从课堂微观视角将教学文化理解为课堂教学文化,以及将教学活动所在的背景和环境,即教学的文化环境和文化生态视为教学文化,都陷入了"狭隘"的窠臼。前者窄化了教学文化的内涵,后者将教学文化等同于教学的环境,将教学文化理解为教学周围的一种环境性因素,这就割裂了教学文化与教学之间的关系,使得教学文化外在于教学。最后,有学者从组织文化的视角提出,教学文化是一所大学的教学生态,蕴含着深邃而独特的内涵。我们认为该视角对教学文化的理解最为清晰,具有宏观性,也最具有启发性。由此,我们综合各种观点对大学教学文化作出界定：大学教学文化是大学文化的核心构成，其本质是一种独特的从属于大学的组织文化，是教师群体、学生群体和教学管理者群体关于"教"与"学"的集体价值体系和生活方式，以及由此所共同营造的大学教学生态。

第二节　大学教学文化的构成要素及其特征

任何类型的文化都是由多形态因素组合而成的系统，大学教学文化亦然。教学文化是以教育教学为载休，以人的发展为价值追求，在"育人"的过程中形成与发展的多形态集合体，包含隐性的观念形态和显性的行为状态以及受观念影响的制度文化和熏陶教与学行为的环境氛围。[①] 教学文化在深层次交集融合，在表层面相互分离，共同作用于人才培养的过程与质量。大学教学文化是抽象和具体的统一，具有内隐性、独特性和人本性的特征。大学教学文化的构成要素包含抽象要素和具体要素，两者构成了教学文化的具体载体。抽象要素指的是教学价值观、教学观念和教学符号，这三者构成了教学文化的精神存在；具体要素指的是行动者的行为方式和制度，即教学行为和教学制度。不同的抽象要素和具体要素汇聚与交融，表现出了各异的大学教学文化。

一、构成要素

沙因（E. H. Schein）在 1985 年的著作《组织文化与领导力》中对于组织文化构成要素的探讨较为经典。沙因认为，组织文化是组织在其内部和外部环境中共同作用下长期形成的以价值观为核心的外部形象、制度规范和行为规范的总和。[②] 沙因将组织文化分为表层、信仰与价值、深层三个层次。表层是人工制品，即那些外显的文化产品，能够看得见、听

---

① 康淑敏. 大学教学文化的式微与重塑[J]. 教育研究，2017(12)：60-67.
② YOUN T, MURPHY P B. Organizational Studies in Higher Education[M]. New York：Garland Publishing Inc. ,1997：143.

得见、摸得着(如制服),但却不易被理解。藏于人工制品之下的"信仰与价值",是组织的战略、目标和哲学。深层是基本假设与价值。组织文化的核心就是早已在人们头脑中生根的不被意识到的假设、价值、信仰、规范等,由于它们大部分处于一种无意识的层次,所以很难被观察到。然而,正是由于它们的存在,我们才得以理解每一个具体组织事件为什么会以特定的形式发生。这些基本假设存在于人们的自然属性、人际关系与活动、现实与事实之中。① 尽管学者们对组织文化的构成要素未能形成一致的观点,但大体上价值观、信仰、规范、惯例等构成了组织文化的核心要素。因此,大学教学文化的核心要素包括教学价值观、教学观念、教学符号、教学行为、教学制度等。

(一)教学价值观

教学价值观是教学文化的核心要素,是大学在长期的人才培养实践中所积淀下来并持续发挥作用的观念形态。大学所秉持的教学价值观主要包括知识本位价值观、人本位价值观和社会本位价值观。

1. 知识本位价值观

所谓知识本位价值观是指大学将知识的内在价值,对知识与学问的追求视为自身的基本职能,该价值引导大学对知识、高深学问的探索,形成"教学自由"与"学习自由"的大学生态环境。众所周知,大学最初是作为一种学术组织出现的,对知识的追求是大学得以产生、存在和发展的原动力。德国哲学家雅斯贝尔斯认为,"大学是学者和学生追求真理的社区"。大学的本质就是追求知识、探索真理的认识。传授知识、创新知识、揭示真理是大学的核心理念。大学是一个特殊的社会组织,保存、探索和追求真理是大学存在的意义和目的。

2. 人本位价值观

所谓人本位价值观,是以人的培育、养成为基本指向的个体主体价值观,该价值观强调"学生发展"的中心地位,强调教学是大学的基本职能,大学应该将培养人、塑造人视为大学教学的终极旨归。洪堡在创建柏林大学时就指出,大学负有双重的使命:一是探求真理,发展科学;二是培养

---

① 阎光才.识读大学:组织文化的视角[M].上海:华东师范大学出版社,2001:1.

学生的个性与品德。洪堡将科研和教学并列,提出大学科研的最终目的是促进人的发展。梅贻琦先生认为,"办学校,特别是办大学,应有两种目的:一是研究学术,二是造就人才"。大学的根本在于促进人的发展,人才培养始终是大学最基本的责任。

3. 社会本位价值观

所谓社会本位价值观是指以社会价值为中心指导价值,以适应社会、服务社会为基本指向,强调大学作为社会组织的社会责任,即提高社会公众素质、传播文明、促进现代化发展是大学作为社会组织的主要使命。二战之后,世界范围内高等教育大众化的推进以及由此引发的大学经费危机,使得大学与市场的矛盾日益凸显,市场的力量又迫使大学以更加开放的姿态迎合社会的需求。当大学从处于社会边缘到慢慢进入社会的核心地带,大学便不再是"象牙塔",而是成为社会的"服务站"。"大学是人类社会的动力站"(哈罗德·珀金),"大学是现代社会的轴心结构"(丹尼尔·贝尔),"大学是国家最进步力量的先驱"(加西亚),"大学是社会的道德灵魂"(威廉·洪堡),"大学是社会之光"(竺可桢),"大学是人类有史以来最能促进社会变革的机构"(西奥多),"大学具有塑造社会的能力","大学是检验许多较为重要的社会生活的基本原理的场所"等等关于大学价值的判断[①],都可归类于强调大学之社会责任的定位理念,是社会本位价值观的一种陈述方式。社会本位价值观强调大学需要为社会的发展服务,满足社会发展的需求。[②]

（二）教学观念

教学观念指的是大学围绕教育教学活动建立起来的一整套思想意识和价值信念,是教学文化的深层内涵,形塑着教学生态的其他要素,具有"外树形象、内聚人心"的作用。作为教学文化的核心要素之一,教学观念是一种思想形态。[③] 教学观念的形成与变化决定了教学文化的发展方向。教学观念是教学文化中的精神支柱,也是教学文化的要害。从这个

---

① 眭依凡.大学使命:大学的定位理念及实践意义[J].教育发展研究,2000(9):18-22.

② 同①.

③ 徐继存.教学文化:一种体验教学总体问题的方式[J].教育研究,2008(4):46-48.

意义上说,有什么样的教学观念就有什么样的教学文化。教学观念作为人们对教学文化的理性认识、理想信念和价值的核心,是优化大学教学文化的重要指导。正如有的学者所言,"没有理念指引的大学实践,是一种'盲',而缺乏实践的大学理念,则是一种'空'"[①]。教学观念主要有"育人为本""教师为本""教学学术"等。

1. 育人为本

"育人为本"是教学文化最基本的属性,是指以人才培养为根本目的,以培育智识、滋养德性和形成智慧为具体目标对学生进行培养,是教师对学生的关怀、关爱和培养,是一种教学价值追求与导向。大学教学不仅仅是追求知识的传授和获得,还需要促使学生形成智慧和德性。"育人为本"是否有助于实现这一本真的教育目标,关键在教师。"育人为本"的大学教学文化能够促进教师更好地教和学生更好地学。这种以人的培育养成为基本指向的价值定位,将培养人、塑造人视为大学教学的终极旨归,反映了大学作为一种教育组织的精神旨趣。"育人为本"成为教学实践活动的核心目的,强调以学生发展为根本出发点或价值取向,注重"人文精神的传播、品德修养的塑造、知识技能的培育以及德智体美劳的全面发展"[②]。该观念推崇并构建一种"育人为本"的生态环境,注重培养过程的人文关怀,培养学生的人文精神,关注教育对象的实际需求,践行"因材施教"的教学理念,重视学生的全面发展,追寻"有灵魂"的教育。

2. 教师为本

"教师为本"是指尊重教师、理解教师、信任教师和关心教师。以教师为本,要求从形式到实质上都必须将以人为本作为其内在的核心精神,要遵循以普遍的人性为本、以权利为本、以自由为本等具体要求。[③]

"教师为本"教学观念的源头是"人性为本"的观念。"人性假设"是管理理论的前提,人性观既是管理实践活动的内在理念,更是管理思想演变

① 韩延明.理念、教育理念及大学理念探析[J].教育研究,2003(9):50-56.
② 姜敏.大学教育去功利化路径研究:"以人为本"全面发展素质教育[J].北京社会科学,2014(1):33-39.
③ 吕世伦,蔡宝刚."以人为本"的法哲学思考——马克思的理论阐释[J].法学家,2004(6):31-37.

和管理理论建设的"硬核"。人性是十分复杂和变化发展的,人性是自然性和社会性相互交织的复合体。"教师为本"观念的主旨在于构建一种尊重教师的价值和主体地位的教学文化。尊严被看作是人性重要的特征之一。当教师被尊重、被肯定时,会产生一种自尊的意识,会尽最大努力去完成自己在教学工作中的职责。大学组织的管理者要尊重每一位教师的人格,使之能够尽心尽力地为教学活动作出努力。"教师为本"观念强调尊重、理解和关心教师,提出通过内生激励调动教师主动参与管理过程的积极性,以管理的主客体平等的交流、沟通和相互支持达到管理的和谐统一,其核心内涵就是尊重人、理解人、信任人、关心人。"教师为本"强调尊重教育主体的主导地位,为教师提供人性化的制度环境和宁静致远的发展氛围,让他们的生命存在有尊严、有价值,从而对学校产生强烈的归属感和责任感,以滋养和生发积极向上的精神。"教师为本"是大学教学文化的一种境界,也是大学永恒的追求,提倡这一观念的目的在于提高大学组织的凝聚力、向心力,提高教职员工的归属感,使教师有共同的目标和价值取向,激发教师对教学工作的积极性。

3. 教学学术

所谓"教学学术"观念指的是大学教师"教"和学生"学"的学术信念。20世纪90年代,美国前卡耐基基金会主席欧内斯特·博耶(E. L. Boyer)鉴于美国大学20世纪以来大学教师晋升、终身教职的评定、资金奖励都以科研为导向,教学的重要性不断下降的现实背景,首先在学术界中提出了"教学学术"(the scholarship of teaching)这一个很重要的概念。博耶在《反思学术》的报告中认为解决大学科研和教学的矛盾就在于对"学术"进行重新定义,他特别指出:"学术不仅意味着发现知识(the scholarship of discovery)、综合知识(the scholarship of integration)和应用知识(the scholarship of application),而且意味着传播知识。"他将传播知识的学术称为"教学学术"。① 教学学术概念提出的目的在于呼吁大学

---

① BOYER E. L. Scholarship Reconsidered: Priorities of the Professoriate[R]. New Jersey: The Carnegie Foundation for the Advancement of Teaching, Princeton University Press, 1990:16.

必须对"传播知识"给予尊重和认可。教学学术的提倡有助于促进卓越的"教与学"。当教学学术的观念与"育人"的目标紧密联系在一起时,教学学术价值观得到大学教职员工的普遍认同,成为教学文化的核心观念。

(三)教学符号

物化的符号和仪式是教学文化的核心要素之一。文化不是神秘的东西,它必须通过可接受的符号表达出来。所以格尔兹(C. Geertz)才主张,"文化概念实质上是一个符号学的概念"①。物化的东西或者人的特定行动方式都是能够表达文化内涵的符号,这些符号就是文化符号。②但是,文化符号还不是文化,文化的本质在于人们赋予符号的意义。人们在互动中,借助于这些可接受的符号,产生了共同的意义理解。所以,文化总与人们对事物或行动的共同解释有关,代表了人们"去做或不去做某些事情的理由"③。物化的东西也只是文化符号,而不是文化本身。物化的东西可以引进、添置或者购买,而文化却只能理解。比如,大学实施教学奖、教学名师颁奖仪式等就是一种物化的教学符号。教学会议、教学竞赛、教学颁奖等仪式都在传递大学对教学的重视程度,这是大学的核心。但我们不能误以为,教学奖与教学名师颁奖仪式就是教学文化,以为只要完成这种仪式就能产生同样的教学文化"氛围"。如果教学奖励等仪式不能获得大部分教师的认同,如果这些仪式和标志并不能真正传递和传播"教学是重要的"这一核心观念,那么仪式就仅仅是一个符号,并不一定具有文化蕴含的意义。

(四)教学行为

大学行动主体(教师、学生、行政管理人员)是教学文化的载体之一。教学文化的具体形态体现为大学行动主体的教学行为,行动者的行为本身也在形塑教学文化。大学教学文化是大学行动者的存在方式,大学行动者是教学文化的本体,行动者行为的多元化是教学文化的具体体现。

---

① 格尔兹.文化的解释[M].韩莉,译.南京:译林出版社,1999:13.
② 吴康宁.教育社会学[M].北京:人民教育出版社,1998:92.
③ 赵汀阳.文化为什么成了个问题[M]//赵汀阳.没有世界观的世界.北京:中国人民大学出版社,2005.

大学教学文化表现为教师与学生在大学教学场域中的一种关系性的存在方式，即教师与学生之间的交往关系。教师是办学的主体，是一所大学的声誉与象征，教师应得到尊重，享有一定的教学自由和学术自由。大学是培养人的场所，学生是有血有肉、有思想意识的个体，需要交流，渴望被关怀。学生是教育的主体，大学的一切办学活动归根结底是为了培养学生成人、成才、成功。大学教师与学生相互作用，构成了尊师爱生、教学相长、民主平等的学术共同体。

大学教学文化也表现为教职员工与管理者、学生和管理者的交往关系。大学是在一定的规范、习俗和文化传统中共同承诺遵循交流、对话、沟通与理解的场所，需要一种"秩序、规则"来约束行动者的行为。在教师与管理者的交往中，教师和管理者作为两个独立的主体，都拥有同等价值的生命。管理者与教师的交往是人与人之间进行的交往，他们拥有各自最基本的人的权利，同时也履行各自最基本的义务。简而言之，大学教学文化是教学场域中的教师、学生和管理者主体的经验与智慧的集合，他们的行为构成了教学文化中的重要组成部分。

（五）教学制度

教学文化具体表现为制度形态。如果将价值观、观念和符号看作是隐性的教学文化，那么制度则可以看作是显性的教学文化。大学制度是指学校办学理念和所倡导的价值观念通过规章制度的形式固化下来的状态，反映大学教育中权力意志结构及其"契约形式"，具有规范性和导向性功能，统领约束着师生群体的行为取向。[①] 大学教学制度包括正式教学制度和非正式教学制度，教学文化通过正式和非正式教学制度在大学组织得以传播。正式教学制度包括大学教学管理规范、教学评估规范、晋升规则、教学发展规定等，非正式教学制度包括大学教师之间日常的交流、活动，大学教师的利益观念、价值观，管理者与教师相互之间的工作关系、利益关系和权力关系等。正式教学制度具有强制的约束力和驱动力，施加于受教育者和教育者的交互行为，深刻影响着教学相关者的行为方式、思维方式和认知方式。正式和非正式教学制度共同构成了大学组织的教

① 康淑敏.大学教学文化的式微与重塑[J].教育研究,2017(12):60-67.

学价值认同和情感归属的核心。

二、特征

大学教学文化是一所大学的集体文化，带有学校独特的文化元素或传统成分。大学教学文化的主要特征有内隐性、独特性和人本性。

（一）内隐性

内隐性是文化的固有特征，教学文化亦如是。文化最深层的表征是一种可感知的气息，具有价值潜在性。文化是虚化的存在，它是隐性的。教学文化的隐性特征使得教学文化一旦形成就对教师、学生和管理者的行为产生长期和持续性的作用。教学文化蕴含的精神价值、思想情感、意志、态度等这些观念会潜伏在人的内心深处，引导着教师、学生和管理者的精神行为取向。教学行为是教学实践文化的表现，教学行为受到教学文化的控制，反过来教学行为也影响着教学文化，当一种教学行为为大家所接受，并逐渐被师生认可的时候，这种教学行为就会成为一种教学行为文化。

内隐的大学教学文化（包括教学精神文化和教学行为文化）会对师生的思想和行为产生制约作用，不仅引导大学管理者将"教学"作为大学最重要的工作，而且能够引领师生的价值方向，使得师生自觉认同学校所倡导的价值观念、教育理念和教学规则，在教学活动中产生有意义的教学行为，维持正常的教学秩序，提升教学水平，构建高效的教学活动。

（二）独特性

独特性是教学文化的本质特征。教学与文化环环相扣、密不可分，而教学文化则和文化相伴相随、共生共长。教学文化并不是一种静态的、绝对稳定不变的文化，它具有动态和生成的特征，处于不断变化之中，教学理念和教育实践的积淀凝练使得教学文化也会与之相应地发生改变。教学文化本质上蕴含着教育的意味，是大学在自身自发变化和由科研导向所引致的强迫性变迁过程中形成的价值、观念、符号、制度和行为的结果，是一个文化生态的有机整体。教师和学生是教学文化最重要的主体。教学文化产生于特定的教学环境，在一定阶段内教学文化具有独特性，具有有别于其他大学文化的独特特征。

（三）人本性

人本性是教学文化最基本的属性。教学文化的人本性体现为"育人为本"，即将对学生的"教化"和"养成"作为教育教学实践的逻辑起点和方向目标。教学文化的人本性也体现为尊重教育主体的主导地位，为教师提供人性化的制度环境和宁静致远的发展氛围，让教师在教学工作中有尊严、有价值，从而对学校产生强烈的归属感和责任感，使得教师自主地投入教学，提供更优化的教学服务。

教育是指向人的实践活动或育人过程，教书育人是大学教学的基本出发点，学生的心理和身体的健康都是教学要达到的最终目的。因此，教育教学实践必须坚持"以人为本"的教育理念。大学把人类的知识、经验通过教学的途径来延续和发展。在育人方面，大学教学不仅仅着眼于让学生掌握基本的知识，也着眼于让学生提升自己的人格修养。大学生的品德素养和性格是在大学的教学过程中、在外部和内部影响下慢慢培育而成的。

第三节　　大学教学文化变迁的历史脉络

教学文化的形成具有历史性和再生性特征。其历史性特征在于，从历史源流的角度来看，大学教学文化并不是在朝夕之间突然出现的，也并非由某种外部势力所强行造就，而是大学在漫长的教学史中逐渐形成、自然演变的。正如美国人类学家赫斯克维茨（M. J. Herskovits）所说："一个社会永远不会这样狭小，这样孤立，虽然它的技术设备可能非常简陋，它所给予的生活方式亦是非常保守，但是，随着一代又一代的轮转，随着新的观念、新的结合、新的基础深入社会成员的头脑，变化永远不会停止。任何一种活的文化都不是固定不变的。"①

教学文化的变迁是一个有意识的过程。教学文化的产生和演化伴随

---

① BARNETT R. Beyond all Reason：Living with Ideology in the University［M］. Buckingham：Society for Research into Higher Education/Open University Press,2003：15.

着大学文化的演变。当大学信念、价值观念、规范、道德准则等意识形态不断地被创造、继承和更新时，教学文化所包括的观念、符号、规范以及它们影响下所产生的行为方式也处于变化中。大学文化在潜移默化中影响并支持大学教学的延续与发展。在有意识的变迁中，教学文化成为大学文化变迁的结果。因此，"教学文化是体现大学使命、大学职能、以人为本的文化"[①]，教学文化与大学文化一样都是一种精神生态。

大学教学文化的历史变迁与大学教学理念的变化是相关的，或者可以说，主要取决于大学教学理念的变化，即受到新旧教学理念的冲突与融合的影响。潘懋元教授明确提出："大学理念虽然是一个上位性、综合性的高等教育哲学概念，但它不仅反映高等教育的本质，而且涉及时代、社会、个体诸方面的因素。从'理念'切入，不但可以更好地把握高等教育的本质、功能、规律，而且能更好地理解高等教育规律如何制约和支持人们对高等教育的认识与追求。"[②]教学理念一旦形成，其感召力和创造力将成为维系学校人才培养的血脉、绵延教学文化的基因，从根本上引领学校的教学发展方向，辐射人才培养的全过程，决定着学校教学的基本形态。[③]

大学教学文化的变迁具有两种形式：自发性变迁和被动性变迁。教学文化的自发性变迁可能源于新的教学理念和教学思潮，当新的教学理念和教学思潮积聚到一定程度，就会逐渐推动教学文化的变迁。也可以说，大学教学文化的变迁过程是新的教学思想的表达和传播的过程。教学文化的被动性变迁是由大学理念与高等教育场域自下而上地调整之间的交互作用所导致的。

大学教学文化的变迁不能被简单地理解为更替的过程，也不能说某一时期的教学文化形态要高于其他时期的教学文化形态。在特定的历史时期，教学文化总是体现为一种主流文化形态的存在。从古代到现代，教学文化的变迁过程并不是一种教学文化形态消亡，另一种教学文化形态

---

① 邬大光.教学文化：大学教师发展的根基[J].中国高等教育,2013(8)：34-36.
② 布鲁贝克.高等教育哲学[M].王承绪,等译.杭州：浙江教育出版社,1987：14.
③ 康淑敏.大学教学文化的式微与重塑[J].教育研究,2017(12)：60-67.

生成的过程。当一种教学文化的形态或范式不能满足人与社会的发展需求时，教学文化就需要在教学价值、思维、行为诸方面发生改变。就如科学理论的发展一样，"一个科学理论一旦达到了规范的地位，只有当一个更迭的候补者适合于取代它的位置时，才被宣布为站不住脚的"①。所谓规范了的教学也就是在特定的时空中被特定的群体所共同接受了的教学理念。当这种教学规范出现危机时，就会有另一种更为合理的教学规范出现，最后逐渐地取代原有教学规范的地位，成为主流的教学文化。

从古到今，大学教学文化的变迁主要经历了五种主流形态："形而上学"理念主导下的教学文化、"自由教育"理念主导下的教学文化、"专业实用知识"理念主导下的教学文化、"科学知识"理念主导下的教学文化、"教学学术"理念主导下的教学文化。

一、"形而上学"

中世纪时期的大学教学文化主要是在"形而上学"理念主导下的教学文化。这里的"形而上学"指的是"普遍知识"，即指以哲学尤其是人生哲学为最高目标的文学、历史、科学、语言学等。中世纪大学被认为是现代大学的源头，这一时期前期主要是在神学统领下对于上帝"真理"的探索，神学是这个知识整体的统领和核心。中世纪后期，文艺复兴运动兴起，中世纪初期所建立的神学至上的知识开始受到怀疑，开启了形而上学知识型的时代，原来的神学统治下的各种知识开始挣脱出来。"普遍知识"成为大学教学的核心内容。这种普遍知识是具有内在逻辑一致性的知识整体，从性质上来说，仍是一种形而上学知识。但这种本体性的追寻不再是对"绝对真理"的体认而是对"人"的发现与发展，是对于人性及人类完整生活的终极追问。"大学公开宣称的功能是提供亚里士多德式'沉思的生活'、为理智而进行理智训练。大学潜在的功能是培养实际事务的专门之才、促进实践的生活和满足社会需要做准备。"②但这种实际的功能是以

---

① 姚小平.洪堡特——人文研究和语言学研究[M].北京：外语教学与研究出版社，1995：27-28.

② 刘铁芳.质疑创新教育[J].书屋，2001(11)：45-50.

探索知识欲望的重要性为先决条件的。中世纪大学理智训练的材料，是以权威的著作及评论和注解为基础，并以讲授和辩论的方法实施的。其中经典的教学方法就是辩论，这是一种非常适合理智训练的方法。辩论不仅能检验学生对于所学内容的掌握，更是实践辩证法的机会，也是检验思维敏捷和推理合理状况的时机。在这个意义上，"形而上学"理念主导下的教学文化是以理性探索过程实现人的理智训练和"虔敬教育"的理性文化。

二、"自由教育"

18世纪至19世纪末，大学教学文化开始逐渐被"自由教育"（liberal education）理念所主导，这时的大学被认为是师生共同"富有想象"地探讨学问的场所。这一时期的大学教学文化表现为两个特征：第一，大学是教育的场所，大学就应为传授知识而设，为学生为设，以教学为其唯一功能；[①]第二，大学教学是大学的核心责任，大学就是要立足于教学，通过高品质的教学促进学生最大可能的一般发展。

大学之中，不再是形而上学式的知识的天下，"普遍知识"开始向"自由知识"转变。纽曼（J. H. Newman）提出，"大学是一个传授普遍知识的地方"[②]，此时纽曼所谓的"普遍知识"已经不再是中世纪意义上的"神学知识"，而是"自由知识"。自由教育理念推崇"人文主义教育"的实现，关注知识本身和对学生"心智的训练"，认为大学讲授的目的不在于宣讲知识，而在于开启学生的心智，引发其思想。以自由知识为材料，大学把培养未来社会的统治者和精英人物作为大学教育的主要目标，这种教育也被称为"绅士教育"。

纽曼的大学观刻画了教学在大学中的核心地位。他认为大学是一个接受教育的地方，是一个能从众多学科中获取大量知识的地方。他强调"自由教育"的使命是培养学生的理智。"大学的功能就是理智培养，它教

---

① 纽曼.大学的理想（节本）[M].徐辉,顾建新,何曙荣,译.杭州:浙江教育出版社,2009:1.
② 同①9.

会理智对一切事物持恰当的想法,去积极探索真理,掌握真理。"①"理智训练以及大学教育的真正而且充分的不是学问或学识,而是建立在知识基础之上的思想或理智。"②可见,大学的目的就是理智的培养,不是道德熏陶,也不是机械灌输。获得了理智,学生就成为纽曼所谓的"绅士",成为良好的社会成员。

这种以"心智教学"为核心的教学文化关注大学教学实践活动中的价值、思维和教学本身的特性,强调大学教学的目的在于教会学生掌握和积极探索真理,也可以认为是"理性人"的教学文化。其要点在于:教学的目的就是培养"理性人",教学必须培养和训练人的理性,教学活动必须合乎理性,具有自身的规律。这种理念对于教学理论和实践产生了重要影响,这种影响至今依然存在。

三、"专业实用知识"

19世纪,科学勃兴,资本主义经济迅速发展,"自由教育"主导的教学理念更多地满足了精英阶层全面发展的要求,但知识内容和培养规模方面却无法满足经济与社会发展的需求。于是出现了激进的以"专业实用知识"理念为主导的自然主义派理念。"专业实用知识"理念冲击了"自由教育"理念,影响了大学教学文化。"自由教育"受到了高等教育领域较为激烈的批判。纽曼认为,"大学是传授一般知识的场所,它的目标是'理智的'而不是'道德的'。"③同时,梅修·阿诺德(M. Arnold)较为激进地指出古典人文主义教育淹没了自然科学教育的意义。在他看来,"真正的人文主义是科学的"④。由于自由教育强调"心智"教育,"专业培训"教育较为功利化,"自由教育"理念主导的教学文化与以实用和功利为目的的资本知识所主导的教学文化产生了冲突与融合。

---

① 纽曼.大学的理想(节本)[M].徐辉,顾建新,何曙荣,译.杭州:浙江教育出版社,2009:45.

② 同①5.

③ 邓明言.赫胥黎教育思想中的几个理论问题[J].华东师范大学学报(自然科学版),1983(2):40-47.

④ 同③.

　　"专业实用知识"理念丰富了"自由教育"的内涵。如赫胥黎提出自由教育理念应扩大教育的一般知识的基础。为此,他建议将自然科学、文学、历史学和政治经济学作为一切教育的必修课程。他扩展了"自由教育"理念的应用范围,认为理智的追求本身并不排除专业知识的培养。同时,以斯宾塞为代表的学者开始意识到"生产过程既然那么快地科学化,……科学知识就应当同样快地成为人所必需的"①,并提出"最有价值和最美的科学,就要统治一切"②。于是,以科学知识的价值为核心的"专业实用知识"理念推动了大学教学的目标开始从"自由教育"转变为以自然科学、生产知识为内容,培育适合社会发展的专业人才。科学知识被认为是不以认知主体的兴趣、爱好为转移,也不以情境为转移,具有普适性的客观存在。

　　纯粹的专业培训理念对教学文化产生了负面的影响。"专业知识的传授"正在改变以"品智培养"为核心的教学文化。"专业实用知识"理念把知识与教师的经验割裂开来。知识一经专家发现或发明出来之后,就是确定的、价值中立的,至于知识将来的变化、发展也主要是专家的事,教师的经验充其量是学生接受知识、发展能力的媒介物,本身不具有独立价值。这样,学科专家(知识的创造者)就是唯一合法的课程开发者,教师的基本职责是把专家开发的课程忠实地传授好。

　　"专业实用知识"理念过度强调了教学传递知识的效率和方式,是一种"工具主义"倾向的教学文化观。该观念受到以纽曼为代表的学者的强烈抨击。他们认为,"大学成为铸造厂和制造厂,教与学成为一项单调的工作,学生通过一系列的考试就可以授予学位,大学教师和学生之间没有交往、沟通,学生和教师相互之间也不先相识,他们只是在冷冰冰的教室里传授知识,仅仅是专业知识的传授,无法实施'心智'教育,这使得教师和学生对教育学都缺乏吸引力"。学者们对专业培养理念的评判,其实质是认为知识不能理所当然盘踞于课程的核心,或被认为是教学的"本质"。如果教学的作用只能是忠实、高效而灵活地传递"现成知识",教师的"教"

---

① 斯宾塞.教育论:智育、德育和体育[M].北京:人民教育出版社,1962:43.
② 同①15.

本质上是对知识的传授,学生的"学"本质上是对知识的接受,那么就降低了教学的价值。由于大学教育必须为社会输送医生、药剂师、律师、法官、经济管理者、公务员等专门人才,必须为此提供专业培训业务,但在此之前,即在学生成为"某一种人"或"职业人"或"专家"之前,必须被教育成为一个真正的"人"。造就"人本身"而不是"某一种人",才是教育更为基本的任务。[①]

四、"科学知识"

19世纪末到20世纪以来,随着科学知识的流行,以教学为核心的教学文化受到了"科学知识"理念的挑战,科学知识取代形而上学知识成为社会的主导型知识,由此产生了三种变化与转折。

第一,科研服务于教学。科研观念刚刚提出的时候仅仅是使得"科研"在大学具有了合法性地位,并没有影响大学教学的地位,也并没有导致教学文化与科研文化的冲突和矛盾,即科研也是大学的核心职能这一提法并没有改变大学教学的地位。中世纪大学的科学研究虽然也有表现,但并没有被明确提出来,它与教学是一种混合、混浊的状态。1809—1810年,威廉·冯·洪堡组建柏林大学,随后提出了"科研为业"的理念。"科研为业"的理念主要是指大学要以"科研"为中心,教师的首要任务是专注于"创造性的学问",同时明确提出了"教学与科研相统一",奠定了科研在近代大学中的重要位置。于是科研的地位得到了提升,科研在大学中的地位越来越重要。然而,教学在大学中所占有的一直是基础性地位,大学最初就是为了知识的传播而建立的,因此,科学研究最突出的表现形式就是"研讨班",即少数或一部分程度较高的学生在教授指导下,学会阅读文献、整理资料,并对学术前沿问题采取调查研究方法,从而组织一系列报告和讨论。随着科研合法性地位的确立,科研和教学的互动构成了"学术探讨"的教学场域,即科研也是一种教学,教学也是一种科研。"教学就是研究","当教授与他的研究生并肩工作的时候,研究往往就是最好

[①] 郭勇健.重建文化教学——奥尔特加论大学教育改革[J].高等教育研究,2009(5):30-34.

的教学"。① 尽管大学的职能从"教学"变化为"教学与科研",大学教师的学术职业也从"单一的教学工作者"转变为教学和科研并重的工作者,但"科研是大学的核心职能"这一提法并没有使得教学地位出现本质性的边缘化。"科研与教学相结合"的理念使得大学逐渐从"传授知识的场所"转变为"科研与教学互动生成的探究场所"。在这个意义上,这一时期的科研文化是服务于教学文化的。

第二,科研文化主导下的"科研与教学漂移"。科研主导文化的形成,强烈冲击了教学文化,科研与教学开始分离。19世纪末,大学的教学地位开始发生巨大的形变。这一改变始于德国。科学研究大规模地进入大学,科学家开始以教授身份从事研究工作。一直到20世纪很长一段时间里,德国掌握讲座的教授站在德国文化的顶峰,在国际上被认为是以科研为基础的高等教育新世界的领袖。"科研为业"的理念推动了大学以"学术逻辑"为准来运行,学术发展成为大学的一种主要形式和动力的源泉。

科研学术研讨的方式迅速成为文化潮流被各个国家的大学汲取接纳。这一时期,科学研究方法与能力的训练就不再成为教学的辅助性工具,学术研讨成为教师教学与学生学习的主要方式,从而取代传统刻板的讲课、听课。此时,大学内部组织的建立务必遵守的一条根本原则是"学术是一个尚未穷尽且永远无法穷尽的问题,当锲而不舍地探索之"②。独创性研究、科研能力成为大学选聘教师和大学教师取得学术地位的首要条件。"科研为业"的力量使得德国大学偏重了"科研取向"的逻辑。尼佩代(T. Nipperdey)在《德国史(1800—1866)》中谈到19世纪德国大学的教授聘任标准时说:"在选择教授人选上不是笔头或教课能力,而是研究工作及其结果的独创性。"③而且,科研的工具性价值显现出来。实用主义的彰显,对科学知识尤其是自然知识及自然科学的研究方法的推崇,使得大学中科学研究比教学产生的实质性作用大出许多,各大学从科学研

---

① 克拉克.探究的场所——现代大学的科研和研究生教育[M].王承绪,译.杭州:浙江教育出版社,2001:20.

② BARNETT R. Beyond all Reason: Living with Ideology in the University [M]. Buckingham: Society for Research into Higher Education/Open University Press,2003:15.

③ 布鲁贝克.高等教育哲学[M].王承绪,等译.杭州:浙江教育出版社,1987:14.

究中获得大量利益。科学技术的光芒从一出现就照亮了人们的视野,使人不知所措地跟随着科学技术。于是,科研文化逐渐开始占据大学文化的主导地位,科研和教学的功能和地位都出现了"漂移"现象,大学教学文化逐渐受制于科研文化。

第三,"科研为业"理念主导下的教学边缘化。"科研为业"理念成为大学组织的行动导向,教学的"理性逻辑"和科研高于教学,开启了教学边缘化的进程,教学边缘化的形势愈演愈烈。20世纪之后,大学功利的专业培训逐渐日盛,教育这种神圣的事业,正遭受世俗的侵蚀走下神坛。①凡勃伦发现,大学的管理、科研和教师等各个方面,都遭遇了商业价值理念的渗透。"功利思想"极大地冲击了大学"培养人才"的教学核心理念。大学逐渐从"教育"场域变为"科研"场域,专业化和职业化进一步侵蚀了"通识教育"。学生获取知识不再是为了完善自我,而主要是为了实现个体的经济利益。大学教学的价值,不再依据对于人的内在精神发展的促进,而是以获取校外经济价值的多少来衡量。大学与外界间的一道有形和无形之墙已经日益坍塌。"旧知识传递"这种低学术含量的教学使得"师生互动"之间"启发心灵"的元素真正弱化了,教学对教师和学生的吸引力进一步下降。更甚者,"学术资本"的出现不仅打破了"象牙塔",更重要的是使大学作为"教学场域"的这一核心理念动摇了。② 科研逐步占据了主导地位,大学成为科研的"竞技场"。虽然大学管理者仍然坚持教学是大学存在的本质,但教学已经不再是大学最重要的核心职能。大学教学的地位受到了科研导向的制度环境、市场利益和教学自身发展不足的挑战。许多研究者都明确了"科研为业"的理念不能影响教学地位,如加塞特(O. Y. Gasset)在《大学的使命》中反思"高等教育除了专业教育和科研活动之外没有其他的内容了吗"③,并强调"现代大学已几乎完全遗弃了文化的教学或传播活动"④。还有学者指出,远离教学就是严重地疏

---

① 陈洪捷.德国古典大学观[M].北京:北京大学出版社,2006:74-75,93.
② 雅斯贝尔斯.什么是教育[M].邹进,译.北京:生活·读书·新知三联书店,1991:152.
③ 加塞特.大学的使命[M].徐小洲,陈军,译.杭州:浙江教育出版社,2001:95.
④ 同③69.

离乃至背离大学的使命,会导致整个教育体制丧失根基,岌岌可危,并不余遗力地指出大学的核心任务并不仅仅是培养研究型的专门人才,即"科学家",大学的目的在于提高学生的"基本文化修养",大学育人的目的首先是"文化人",其次才是"职业人",过多关注金字塔尖的知识,也必将成为无根之学。不过,虽然大学已经对此态势有足够的警惕,但也没有能够扭转这一强力发展的势头,在强势的科研文化引领下,受评价体系、规章制度等诸多因素影响,教师只有唯科研是从。"探索性研究"在大学里占主导、支配地位已经是大势所趋,教学从大学文化的中心退居到边缘地带。

五、"教学学术"

教学学术逐渐成为教学文化的核心理念之一。博耶将传播知识的学术称为"教学学术"。在他看来,教学支撑着学术。没有教学的支撑,学术的发展将难以为继。博耶明确指出,科研和教学应该被公平地对待,关于教学方面的研究在学术工作(academic work)中应该具有一定的比重,应该拥有适当的地位。他指出,大学通过对教学的尊重、认可将极大地提高教学质量,提高学生学习的有效性。可见,教学学术的提出使得教学文化具有了学术基础,教学学术与"育人"紧紧地联系在一起。

学界提出并发展"教学学术"的一个重要初衷就是舒尔曼(L. Shulman)所谓的"终结教育上的孤独",令"教学成为共同体财富"。也就是说,改变教学仅仅作为个人性活动,作为"个人的私物"的存在状态,将其从伴随个人教学活动而结束的情境个人知识改变为能够被共同体分享的"群体性知识"。这意味着教学学术不仅仅是教师个人的事情,也是政府、大学共同培育的结果。缺乏教学学术的教学文化会造成教学处于"不被珍视的地位",并被"排除于学者共同体"。大学教学学术观念能够引导大学教师按照学术的范式和要求改变教学固有的某些特征,而达至学术共同体所承认和认同的范式和标准。推崇教学学术的教学文化才能改造教学,教学实践和学术性教学需要在教师群体中被分享、讨论、批判、交流和建设,教学工作不应该是教师个人的教学,而教师实践中的教学研究成果和某种形式的教学探讨能够成为教师群体的共同财富。教学学术实践活动能够切实推动大学教学文化的提升。① 舒尔曼认为,"教学应该成为能够让学术团体其他成员共同分享的财富。这才是教学学术的内涵。"②他提出,"教学要成为一种学术,必须能够公开成为共同财富、易于回顾与评价、能够被他人所使用和发展完善。"③为了达到这样的学术标准,那么"教学学术就必须是在学术团体背景下完成,教学工作不能成为'教学孤岛'(pedagogical solitude)"。④ 教学学术理念强调的公开、公共、分享等特征都要求其超越个体而在共同体的维度上展开,这本身就构成了教学文化应然的观念形态。

随着教学学术理念的提出,教学学术观念能够形成学术导向的教学文化,使得教学文化具有更为明确、强大的理论和实践影响力。教学学术理念的核心目的在于运用研究的方式寻找和发现知识传播和人才培养的科学规律和有效方法,并在教学实践中运用以实现大学人才培养质量的提升。教学学术理念和评价方式都强调基于教学实践,在教学实践中改进教学,高水平完成人才培养目标。教学学术研究和探讨的是"知识传播"的有效性,研究的是复杂教学情境中,文化知识传承和学生成长的质量和有效性。正是在这个意义上,给予教学学术以应有的尊严和地位,教学文化才能够具有学术内涵。在大学明显缺失教学学术观念和评价的背景下,任何一种组织和制度形式都无法很好地形成以质量为内涵的教学文化。⑤

总而言之,"以教学为中心""教学的核心地位不变"已经成了大学教学文化的符号。"育人为本"是大学教学文化核心价值观念的体现。回顾大学发展历程,培养人才是高等学校最早出现且持续了相当长时间的唯一职能。科研职能和服务社会职能是在其后产生的,并且是由教学活动

---

① 刘隽颖."教学学术"研究体系的四维建构及其实践机制[J].江苏高教,2019(1):74-82.

② SHULMAN L S. Teaching as community property:Putting an end to pedagogical solitude[J].Change:The Magazine of Higher Learning,1993,25(6):6-7.

③ SHULMAN L S. Taking learning seriously[J]. Change:The Magazine of Higher Learning,1999,31(4):10-17.

④ 同②.

⑤ 郭大光.教学文化:大学教师发展的根基[J].中国高等教育,2013(8):34-36.

衍生而成的。在某种意义上,最早出现的职能也是最重要、最本质与最核心的职能。缺少或者削弱了人才培养和教学职能,高等学校便会因此失去存在的合理性与合法性根基。这就不难得出结论,尽管在历史不同时期大学的职能有所拓展,但有一点是共同的,即保持教学的中心地位,这始终是大学得以存在的基础,一旦大学教学丧失了核心地位,就意味着教学文化的塌陷。

教学文化的变迁过程具有缓慢、稳定的特点。原因在于:其一,教学并不单纯只是一个"制度"概念,教学文化变迁也不单纯是一个制度变迁的过程。教学是一种"人对人"的活动,因此,对教学行动的解释总是与人们对"人"的意义的解释纠缠在一起,而"人"的意义比"制度"的意义要丰富得多、复杂得多,很难说哪一种关于"人"的意义的理解就比其他的理解更正确。其二,教学文化基础的"解释"必须是一种"共同"解释。个人对事物或行动意义的解释不能构成文化,"个人关于某物的想象只是经验,而集体对某物的想象才是文化"①。文化变迁是一个新的意义共同体的形成过程。但是我们常常有意无意地忽视这样一个社会事实,即意义共同体总是有一定"范围",它存在着一个群体边界。意义共同体的形成总需要一个过程,群体"范围"的扩大也通常是一种累积和渐变,而且,某个群体的边界到最后都仍然是有限的。忽视这个社会事实,就会对文化变迁的实际情形形成空洞而盲目的乐观判断,形成一种"革命"的心态。一有风吹草动,便以为天下已经大变。"革命"心态的最大特点是有意无意地"取消界限"②。同时,意义共同体的形成固然会受到时空因素的影响,但时空上的切近只是提供了某种便利,并不是意义共同体形成的充分必要条件。时空距离相隔很远的人们,很有可能会对教学现象持有共同的解释,很有可能同属一个意义共同体。可见,文化是"不死"的,所谓"教学文化变迁"不应该被简单理解成一种"更替"。如果"文化"只是一个"时空"概念,如果"变迁"真是一种"更替"的话,"文化继承"就绝无可能。只

---

① 赵汀阳.文化为什么成了个问题[M]//赵汀阳.没有世界观的世界.北京:中国人民大学出版社,2005.

② 董洪亮.教学文化及其变迁机制[J].教育理论与实践,2008(22):47-50.

有把"文化继承"当作"意义"的共同理解和融合过程而不是"物"的接受过程，才能解释"教学文化为什么能形成某些传统"或者"为什么不同的传统可以共存"这样的问题。

第四节　大学教学文化存在的现实问题

大学是一个由人和人的实践交往活动构成的社会建制。[①]目前，大学常被"社会适应论"所陶醉或束缚，而其与生俱来的追求真、善、美的精神不知不觉中被过分的功利追求和短期效应所冲淡甚至悄然失落。[②]"育人为本"的教学文化出现偏离，原因是多方面的，不单单是受到了制度、功利、惯性的影响。当大学逐渐远离了"育人"的根本，失落了"育人为本"的教育使命，教育的本真育人功能就会被削弱。大学教学文化也由此出现了一些现实问题，如被"边缘化"的倾向，教学学术观念未能在实践中生根发芽，教学评价凸显功利性价值，教学发展还远未制度化，教师对教学的群体焦虑，等等。

一、重科研制度逻辑下"教学地位"的边缘化

处于高等教育场域中不同位置的大学组织是通过"科研"确立自己的"江湖地位"的。"排名"靠前的大学在高等教育场域获得较高的位置，并且依凭学术成果获取更多的资源。随着学术成果成为大学获取政府资源的"敲门砖"，不同类型的大学为了获取更大的生存空间，不断地扩大和增容学术资本，使教师晋升制度成为大学教师行为策略的准则。这是一个循环怪圈，科研成果是大学获得更多的竞争性项目经费的基础，科研学术指标迫使教育场域内的大学组织根据教学评估制度环境的要求调整大学对教师晋升和考核的标准，大学组织通过职称制度、岗位竞聘制度和教师考核制度将外部指标进行分解以便更好地迎合外部压力。于是，无论是

---

① 母小勇，韦剑剑.论高等教育哲学的人学基础[J].教育研究，2012(12)：29-34.
② 彭元.雅斯贝尔斯的大学观念解读[J].现代大学教育，2005(2)：87-91.

研究型大学、教学科研型大学还是教学型大学都出现了教师晋升制度同形的现象。

我们收集了 9 所大学的教师及专业技术职务评聘工作实施办法进行文本分析,包括 3 所研究型大学、3 所教学科研型大学和 3 所教学型大学。根据 NVivo 软件导出的文本分析结果显示(见表 4.1),9 所大学的教师及专业技术职务评聘工作实施办法在结构上都是同质的。专业技术职务评聘工作实施规则按照矩阵进行划分,分为学科和岗位维度,每个维度按照量化的"目标"进行分解。然后,按照制度设计分别规定了教师晋升的约束条件、评审规定、特殊条款,9 所大学中有 4 所规定了学院在教师晋升中的权利。

表 4.1　9 所大学教师及专业技术职务评聘工作实施办法分解

		材料来源	参考点
分解项目类别		9	89
科研	论文	9	53
	奖励级别与排名		
	学术标准认可与数量		
	项目级别与数量		
	经费		
	著作		
	学术影响力		
	称号		
	专利		
教学	教学学术成果	9	36
	教学工作量		

无论是学科分解还是岗位分解,科研和教学都突出"项目、论文、经费、奖项"。9 所大学的教师及专业技术职务评聘工作实施办法的科研分解结构同质性明显,都分为论文、奖励级别与排名、学校认可学术标准下的论文数量、项目级别和经费、著作和数量、各种学术称号,研究型大学与

教学科研型大学在科研分解上最突出的不同在于学术影响力的鉴定，也就是在学术论文认可标准、奖励级别和排名方面具有较大的差异，如研究型大学对学术评审提出了多类评审，科研学术标准远远高于其他类型的大学。教学分解结构也趋同明显，划分为教学工作量和教学学术成果两个部分。

科研分解的内容远远大于教学工作的分解内容，科研分解内容包括53个分解点，教学分解内容包括36个分解点。可以发现，教师评聘实施办法科研导向突出，主要表现为科研论文的高经费、多数量和高学术标准。而教学则更多地表现为低经费、低数量和低学术标准。9所大学中只有2所研究型大学规定了较高的教学论文学术标准，其他的7所大学仅仅是要求教改论文和教学项目的数量，对教学学术标准没有详细的规定。更重要的是评审规则以科研学术为依据，教学学术成果和教学工作量仅仅是教师进行专业职称评聘的基础条件。从各大学的制度设计可以明显看出，各校将"重科研"的实践逻辑制度化和同质化了。

大学普遍存在这样一种共识："高校社会声望即教师科研能力的提升有助于更好地教学。"于是大学组织为重视科研工作找到了合理的解释。论文发表、项目、科研奖项是大学教师获得晋升最重要的砝码。教师考核制度规定了大学教师"必须"发表论文、申请项目、获得经费。与此同时，大学规模不断扩大，学生日渐增加，教师的教学负担越来越严重。大学组织更关注教师作为"学者"的角色。标准化、规范化、形式化的科研导向的激励制度使高校教学管理行为和教师行为变得更为确定。作为大学最重要的理性规则和规范，晋升同形使得教师个体必须通过科研成果在大学获得更好的位置，"重科研"的惯习使大学场域的每个教师能稳定地预期其他成员在特定条件下的行动。这种稳定预期是对教师群体行为后果进行理性思考的重要前提条件。

学校激励制度的变化改变了教师对于大学的归属感。教学和科研之间的平等感消失了，大学也不再给教师创造一种具有"稳定感"的环境。"重科研"的惯习使得大学教师不得不通过科研获得资本，以便在大学组织内获取位置和资源。大学组织中职称与各种资源、机会紧密联系在一起，并可以转化为经济资本（增加工资、带来经费等）和社会资本（建立学术资源网络）。布尔迪厄认为："社会资本是实际的或潜在的资源的集合体，那些资源是同对某种持久性的网络的占有密不可分的，这一网络是大家共同熟悉的、得到公认的，而且是一种体制化关系的网络。"[①]学术资本、文化资本、符号资本、经济资本抢夺自己在大学场域中的位置。大学组织稳定的治学环境已经被打破，教师的价值观也不得不处于变化中。

晋升与教师考核制度已经成为约束教师趋向"科研"的"强迫性"手段和工具。大学教师具有多重职业社会角色，教师晋升、绩效考核需要体现这种多样性。有的教师在科研项目、论文发表、获得各种奖项方面做出重要的贡献，主导和引导科研共同体的发展，为组织获得资源做出了巨大的贡献。有的教师在教学工作中兢兢业业，在人才培养、教学改革方面做出贡献。美国学者詹姆斯·杜德斯达（J. J. Duderstadt）指出："大学教师的角色必须多样化，他们要作为学者、顾问、评估者以及学习的保证者。"[②]面对这些多样化的社会角色，大学组织并不能要求大学教师所有的社会角色都表现优秀，而是应该要求他们在多重社会角色上有所侧重，他们可以是知识的发现者，或是知识的发现与应用结合的综合者，或是知识的传授和解惑者。教师激励制度的同形化和制度化让具有"有限理性"的教师只能按照激励的导向行动，选择"教学"就意味选择职业生涯的"停滞"。"科研导向"的大学制度环境下，大学教师不得不选择减少自己的教学责任，更多表现自愿或主动地"沦为科奴"。教师不得不减少投入教学工作的时间，在教学活动中教师与学生的关系变得更远了，具有学术能力的教师的教学任务以及与学生谈话的时间都减少了，教师对非教学成果的教学投入减少了。"科研成果在晋升中高于一切"已经成为大学教师生存的共识。教师不管是否具有学术能力都必须走一条无法回头的路，研究、项目、职称、经费四者无限循环往复的路，而且没有获得更高职称级别的教师亦不再集中在过去的教学上。这并不是因为他们不再愿意投入教学，而是在大学场域中教师始终处于职业的拼杀中，他们迫切希望获得更

---

① 布尔迪厄.文化资本与社会炼金术:布尔迪厄访谈录[M].包亚明,译.上海:上海人民出版社,1997:202.

② 杜德斯达.21世纪的大学[M].刘彤,等译.北京:北京大学出版社,2005:128.

好的位置以改善经济条件，并满足学术人的自我认可。大学教师在科研和教学投入中选择的独立行动给其他教师营造了某种外部影响（肯定的或否定的），"科研是自留地，教学是公共地"这个观念真正改变了教师的行动结构。当教师的行为出现了类似于"重科研"的连锁反应，那么就会有更多的教师不得不发展并维持重复的行动，"重科研"惯习下教师的行为选择出现了结构化的特征。更多的教师趋向功利化行为，就会使得"重科研"的惯习得以固化。尽管大学的教育属性决定了大学教师必须把培养全面发展和具有特殊个性的专业人才作为自己的终身使命，但更多的教师理性地认为成为"学术人"才能获得自我认可和组织认可。可见，大学"重科研"的惯习在很大程度上动摇了"教学为本"的根基。

　　以"育人为本"意味着大学组织需要培养一种宽松的教学文化。这种宽松并不是强调避免竞争，而是大学组织不能过于迷恋"客观"的标准使得大学场域无时无刻不充满竞争和压力。大学之所以是大学教师进行科研和教学的理想场所，其原因是大学为大学教师独立思考、自由探究、交流学问、培养学术提供了一种制度环境。竞争过多的环境使得大学教师往往发现自己必须在教学和科研之间进行选择。大学组织无时无刻都强调"教学"是大学的核心工作，并宣称教学是教师的基本责任，然而教师却时刻都在受到科研晋升和考核的压力。目前，大学实施的晋升和绩效制度必须慎重考虑对教学、科研、社会服务等的激励的适用范围和边界，不能过度强调科研在晋升中的作用，更不能过分依赖科研考核。因为过重的科研工作任务和繁杂的事务性工作加重了教师的精神负担，也严重影响了教师对人才培养的时间、精力投入。[①] 更甚者，过度的科研考核会使大学降低自己的学术和教学品质，而学生将成为最大的受损者。高质量的教学活动应是在处处体现人才培养目标的教学思想指导下进行的。大学对于人才培养的至善的追求，其中的"根本"就是关爱学生，学校任何教育制度都必须植根于这一基础，唯其如此，大学教学文化才具有根基。否则，大学教学文化将没有存在的基础。

　　总的来说，育人为本意味着大学教师晋升、绩效考核、教学管理制度

---

① 潘懋元,陈春梅.高等教育质量建设的理论设计[J].高等教育研究,2016(3):1-5.

的执行都不能妨碍以"学生发展为本"的核心基础。大学管理者必须认识到"育人为本"始终是大学得以存在的基础,一旦教书育人地位动摇,就意味着教学地位动摇和破裂的危机真正到来。当"育人为本"和"教师为本"的观念被"科研为本"和"晋升为本"等观念所打破,教学逐渐成为大学教师的"公共地"。"重科研"的制度逻辑一旦生成就不会轻易地发生改变,会严重摧毁教学文化的"育人为本"的根基。博耶在《关于美国教育改革的演讲》中对当今美国大学教学现状进行了批判,"我们重视教学,但仅限于同辈之间的交流。我们只重视远处的教学(即参加学术会议),只通过书面文字进行的教学(即发表文章或出版著作)。我们并不重视在课堂上对未来的学者进行教学。我们把研究看成'机会'而把教学当作'负担'"①。如果把大学比喻为一个花园,那么四分之三美丽芬芳、四分之一杂草丛生的花园,这会是一个非常糟糕的花园。而前哈佛大学校长德里克·博克(D. Bok)在《回归大学之道》中指出,现代大学产生问题的根源,主要不在于大学领导畏首畏尾,缺乏创新,也不在于教授思想激进、自我中心,而主要在于如今的高等教育系统缺乏提升教育质量的强大压力。②

　　教学工作对大学的重要性不言而喻,教学地位不断下降已经成为大学发展实践中长期存在的现实问题。"重科研"的制度逻辑导致教学地位进一步下降,教学不如科研和社会服务那样易于获得更多的重视,而且大学过多重视教师在科研方面的声望,教师晋升和考核制度偏向科研,这是现代大学逐渐失去对大学教学卓越性追求、教学边缘化的根本原因之一。

二、教学学术观念在实践中的混淆

　　目前,教学学术评价与科研学术评价被认为具有同质性,认为强调教学成果、教学改革创新项目、教学竞赛成果就是倡导教学学术。然而需要注意的是,应强调教学学术的核心在于是否满足教学目标,是否以学术性和反思性的方式进行,是否该教学学术活动或是教学成果能够引起公共

---

① 博克. 回归大学之道[M]. 侯定凯,等译. 上海:华东师范大学出版社,2008:17-44.
② 同①.

讨论,而不是仅仅体现为晋升中的教学成果。教学学术的核心目的更多在于通过学科知识的传递鼓励学生更主动地学习。

通过对 9 所大学的文本分析,可以发现 9 所大学都将教学工作分解为教学工作量和教学学术成果。教学工作量都包括教师本科和研究生教学课时数、指导学生竞赛和合作项目、指导本科生和研究生论文数量,较大的区别是教学成果的级别、教学工作量的具体指标的差异,如研究型大学在教学成果方面有非常详细的学术规定,教学奖、教学论文和教学项目的级别和学术标准远远高于其他类型的大学(见表 4.2)。教学认可被放入教师及专业技术职务评聘工作实施办法使得大学失衡的教学激励结构得以优化。尽管教学成果同科研成果一样被引进了教师及专业技术职务评聘制度,使得教学学术成果不仅仅在理念上被提到学术的高度,而且在实践中有了量化认可的标准。尽管如此,我们也必须认识到教学成果认可并不代表对教学学术的认可和重视。笔者认为这种聚焦于教学成果的晋升认可被"混淆"了。

教学学术关注改进"教"与"学",即能够促进、沟通和优化"卓越教与学"的行动都是教学学术,教学学术的界定和限定不能仅仅是教学改革项目、教学奖和教学成果的数量和级别。教学学术的认可导向应该遵循多重逻辑,不宜遵循教学工作量和教学成果的单一逻辑。对教学学术的认可不能仅仅注重教改论文、教学奖、教学项目在晋升和教师考核中的作用,而是应该注重教学质量提高、教师与学生的专业互动、同伴教学合作。晋升制度中仅仅注重对教学成果的认可是一种科研认可逻辑对教学领域的渗透甚至侵吞。探索性学术与教学学术本质是不同的。大学目前对教学学术的划分更多地采用了科研导向的逻辑。对教学学术的适当量化是必要的,但这种量化有一定的适用范围和界限。采用科研成果导向的量化逻辑和以教学业绩为导向对教师真正走向教学学术发展会带来更大弊端。探索性学术与教学学术的评价不能同质化,这会导致教学激励目标的混乱,强化教学激励的技术化特征,当外部激励不能作用于教师的内部教学动力时,外部激励就会取代内部激励。

表 4.2　9 所大学教师及专业技术职务评聘工作实施办法教学分解项目

教学分解项目	材料来源	参考点
教学学术成果		
教学奖		
教学论文		
教材		
称号	9	36
教研课题		
教师个人的教改项目		
指导学生竞赛		
教师指导学生的教改项目		
教学工作量		
本科课时数		
理论课时		
实践教学	9	15
论文指导		
带本科生论文、教改和竞赛		
研究生课时数		

　　教学成果是卓越教学行动自然生成的成果,但仅仅以量化的形式标明对教学成果的认可会导致对教师的片面评价,最可能的后果就是量化逻辑驱逐教学学术逻辑。由此,教学激励制度发生了"挤出效应",它使得教学研究的功利性增强。教学成果奖的原初目标在于倡导教学改革的氛围和提高教师的教学质量,但是教学成果的激励导向使得教师的注意力从改进教学质量转移到申报奖项。教学学术理念与教学成果奖的实践评价标准之间出现了偏离和冲突。大学教学不再是"教师与学生"之间的工作,而成为被独立的评价表。不管是在教学评价量表中还是晋升中的教学认可中,教学都被分为多个可以评价的组成部分,并对每个部分合格或不合格的表现进行了详细描述。教学评价量表包括了教学工作量、教学

绩效、课题教学质量和教学成果等,将课程教学质量划分为多个维度的任务规范指标,每一个维度包括任务描述和评价标尺(优秀、合格、部分合格、不合格)。教学工作量、教学学术成果成为教学评价量表和晋升教学认可的核心内容,这意味着教师在教学工作中的真实投入度和教学贡献都被浓缩了。

三、大学教学成果"功利性价值"显性化

随着高等教育的迅猛发展,大学教学评价作为一项重要的高等教育实践活动,在高等教育场域内被视为理所当然且"广泛接受"的社会事实,大学普遍认可和支持这一活动。而且我国大学教学评价历来是作为政府对大学实施行政管理的工具,以便通过评价使大学办学的行为充分体现国家的意志。国家教育委员会在 1990 年颁布的第一个关于教学工作评价的文件《普通高等学校教育评估暂行规定》中明文指出:"普通高等学校教育评估是国家对高等学校实行监督的重要形式,由各级人民政府及其教育行政部门组织实施。"[①]这种集权模式的评价权威性高、规范性强,在引导大学教学基本建设与发展方向、提高评估工作的效率等方面起到了良好的作用。根据我国 2004 年修订后针对所有高校的《普通高等学校本科教学工作水平评估方案(试行)》,大学本科教学工作水平评估体系涵盖7 项一级指标、19 项二级指标、44 个主要观测点。[②] 自上而下的教学评估制度明确了高校"自负其责"来保障其在人才培养质量中的主体地位,即"以自我评估、自我检验、自我改进为主",也使得大学教学管理表现出了制度同形的特征,具体表现在三个方面:一是教学质量管理规范性同形,本科教学评估 39 个观测点需要材料作为支撑,对教学资料收集、整理与归档都提出了具体的规定;二是大学教学指标输入评价同形,教学指标输入量化指标关注学校的规模层次、高层次人才的数量、学位点的多寡,以及承担重大科研项目及其经费等数据;三是结果评价同形,即教育教学质

---

① 国家教育委员会.普通高等学校教育评估暂行规定[Z].1990-10-31.
② 教育部办公厅.关于印发《普通高等学校本科教学工作水平评估方案(试行)》的通知[Z].2004-08-12.

量与人才培养的效果测量标准同质性突出,技术性成果指标预示着大学的本科人才培养质量绩效,是各高校在大学组织场域内获得教学质量"合法性"的"通关"条件。

大学运作讲求宽松环境,强调人才成长和学术发展特性要遵循教育规律,大学的人才培养和学术发展具有长期性和迟效性的特点。外部教学评估制度同形使得大学内适性的价值理性被抑制或忽略不见。20 世纪 60 年代,美国学者克隆巴赫(L. Cronbach)提出了"评价能完成的最大贡献是确定教程需要改进的地方"的思想。[1] 著名教育评价专家斯塔弗尔比姆(D. L. Stufflebeam)也提出"评价最重要的意图不是为了证明,而是为了改进"。[2] 过度强调教学评估的"管理价值"在一定程度上阻碍了教学文化的"教学发展"内涵。教学发展观念强调的是对教师教学发展的引导,而只有形成性教学评估才能促使教师对自己的教学作出一种有序的、连续的、自觉的自我反思,从而持续地改进教学。

教学并不是一个可以客观量化的活动,而且政府评价者制订评价指标体系往往从自己的本体利益出发。教学评估制度更关注的是合理地选择评价指标以实现对大学教学活动的评估。现实中的教学评估制度是一种经过计算的、强调目的理性的制度。该制度关注控制、效率、标准化与预测性,具有量化执行的工具性特征。在我国高校的管理中,教学评估制度本质上是一种自上而下的政府对大学实施的问责制度。教学评估结论不仅分为"优秀""良好""合格"与"不合格"四个水平等级,并且所有高校的评价结论会向全社会进行公布。此举给在强制度环境下运行的高等院校带来了奖励和惩罚(见表 4.3)。教学评估的结果与大学的声誉挂钩使得大学具有了在水平评估中取得好评与良好声誉的动机。在本科教学评估制度的严格规制和引导下,资源分配、教学评估的方式和导向都迫使大学不能完全背离政府的要求。

---

[1]　布鲁贝克.高等教育哲学[M].王承绪,等译.杭州:浙江教育出版社,1987:10.
[2]　克拉克.高等教育系统[M].王承绪,等译.杭州:杭州大学出版社,1994:15.

表 4.3 教学评估中的奖励与惩罚规则

年份	文件	具体的奖励与惩罚规则
1985	《中共中央关于教育体制改革的决定》	对成绩卓著的学校给予荣誉和物质上的重点支持,办得不好的学校要整顿以至停办。
1990	《普通高等学校教育评估暂行规定》	经鉴定不合格的学校,由国家教育委员会区别情况,责令其限期整顿、停止招生或停办。
2011	《教育部关于普通高等学校本科教学评估工作的意见》	对结论为"暂缓通过"和"不通过"的学校需要进行整改,在整改期间将采取"限制或减少招生数量""暂停备案新设本科专业"等限制措施。

　　为了应对教学评估制度,大学纷纷成立教学评估和发展组织以便实现大学自评和满足教学发展指标体系,对于投入周期长、见效慢,难以量化的教学和教学建设成果缺乏足够的考量。由于存在着对学术内涵的狭隘理解,教学工作中的功利性价值开始出现。[1] 机械的技术性的外部评估指标在很大程度上偏离了以千百万师生教学实践为根基的活生生的真实教学过程。教学评价更多地被当作是政府对大学教学"绩效"测定的重要工具和手段。教育经费、教育资源以及生源的获得依赖于教学评估的评级,教学评估指标成为大学组织最关注的教学绩效指标。大学对教学评价的管理趋向于评价形式的统一考核、统一标准、统一模式,并对教学进行全程监控和管理,在这种评价中,效率标准代替了教育标准。大学教学评价突出了评价的终结性功能,由此大学出现了对"教学绩效"的利益诉求。

　　笔者从教育部网站抓取了 24 所大学实施教学激励的制度文本,通过文本分析发现 24 所大学中有 18 所共 21 次提到了精神激励,表明精神激励是大学教学激励的核心手段。有 14 所大学提到了教学物质激励,主要以教学改革立项(其中只有一所大学实施了慕课教学改革专项)、专项激

---

① BOSHIER R. Why is the scholarship of teaching and learning such a hard sell? [J]. Higher Education Research. & Development,2009,28(1):1-15.

励经费(本科创新人才专项、实践人才专项、实验专项、卓越计划专项)、教学绩效(教学成果绩效、课时费绩效)、教学奖专项激励计划等形式为主。有 11 所大学以晋升中的教学认可实施教学激励,主要包括分类晋升、提供教学工作激励权重和教学评价在晋升中的体现。有 9 所大学主要通过学院组织和教学发展中心构建教学发展文化,教学发展中心主要提供各种教学培训、教学访问等外在形式以激发教师的内在教学动力。可以发现,以上 24 所大学实施的教学激励都具有结果激励导向的同质性特征(见表4.4)。

表 4.4 24 所大学实施的教学激励类型

教学激励类型	材料来源	参考点
教学精神奖励	18	21
教学物质激励	14	20
晋升激励中的教学认可	11	18
教师教学发展计划	9	12
合计	24	71

教学评估标准对数字的执着正在改变教学文化的内涵,"宁静的教学工作"被打破了。教师的教学具有"活化性"的特点,即教师在多大程度上通过自己的教学创造给了学生导引和进步。学生的进步是一个从智力、能力到情感等全面的综合的概念,这同样是一个无法完全用科学方法测定的因素。现今的大学评价中,往往用一所大学的就业率、考研率或出多少个各界名人来衡量一所学校的质量,这使得大学教育的人文底蕴被功利化所吞没。原有的以教师自主权利为主的工作模式让位于外部评估指标和大学行政权力的监督,教师的教学也被指标化了。成果指标理所当然地成为评估的内容和要求。但问题在于,评估指标中的"教学成果",已演变为那种可见的、可直观量化的外显化工作,如"高校承担的各级教改项目与课题""教师参与教改项目与范围""学校教改获奖情况""学校教师和管理人员发表的教改成果"等。可量化的"教学成果"成为大学组织对教学认可的唯一方式,教师的教学价值不再体现为传授知识,而更多地体现为拥有何种级别的教学项目、是否发表了教学论文,学生在学校也不仅

仅是单纯地学习，而是为了分数、学历、文凭、证书而学习。教师有了"项目和论文"就是具有高教学贡献，他的教学就具有价值。传授知识学习的本意已经被弱化。显然，这已经不是我们通常所说的那种火热的真实教学生活本身。在真实的教学生活中，教学是灵动的、鲜活的、丰富的和创生的，它与学校、与课堂、与教学、与师生紧密结合在一起，无法分离。但教学评估却恰恰把这种与教学生活无法分割的教学成果过多量化了，这不仅肢解了作为完整、具体和丰富的教学，也使教学评估远离教学生活，它无法唤起师生对教学改革的热情投入。

当教学绩效越来越成为衡量一切的标准，而"教学发展价值"的改进与反思无法体现时，"工具"或"实用"价值超越了"发展与改进"价值。随着工具理性成为教学评估制度的主价值时，教学发展价值反过来成为工具性评价的附庸，这就会导致教学发展价值受到严重危害。如果教学发展价值与工具性管理价值的关系本末倒置，不是为促进与发展而评估，反而是为满足管理价值而评估，那么大学的教育文化就会出现价值的颠倒，即评估实用性和工具性削弱了教学发展价值，这使得教学文化中追求"卓越教与学"的观念失去了依存的根基。我们不断地反思教学评估制度是否侵蚀了大学的教学文化，教学评估是否使得大学教学文化的核心价值名存实亡，当我们意识到"卓越教与学"的教育理念被置于其后，教学文化是否已离我们渐行渐远。大学需要反思，在教学评估制度实施的过程中，大学迷失了什么，得到了什么，却又失去了什么。概而言之，过多关注教学绩效的教学评估制度在一定程度上打破了教学文化"宽松、自由、发展、淡泊名利"的观念，使得观念与制度执行之间不匹配。

四、教学发展"制度化"任重道远

教学发展运动的蓬勃发展需要制度的支持，它在一定程度上可以扭转大学教学文化边缘化的现状，而且制度化建设是教学学术走向成熟的一个标志。博耶在题为《学术的反思：教授工作的重点领域》的研究报告中提出的学术组合，为大学实施教学发展奠定了合法性基础。教师教学发展中心和教学发展制度是教学文化的制度形态之一。教学发展制度化是大学和教师对大学教学学术的实践，教学学术运动在很大程度上构成了大学教学文化的核心内容,教学文化的学术内涵得以实现的程度依赖于教学发展的制度化进程。

　　教学评估的制度化推动了大学教学的快速发展,国家对大学教学发展工作的重视日益加强。2011 年,教育部、财政部以文件的形式明确要求高校建设教学发展中心,旨在使高校成为教师教学发展的主要组织者,改变以往以政府为主、集中建设培训基地的高校师资培训模式。[①] 2012年,教育部在中央部委所属高校中重点支持建设 30 个国家级教师教学发展示范中心,对每个中心资助 500 万元建设经费。[②] 2013 年,教育部对教学发展中心的激励导向提出了具体的目标,而且国家级、省级和大学校级的教学发展中心或各种正式的教学发展组织纷纷成立。[③] 教学发展中心是响应外部政策所设立的(见表 4.5),并由此获得了生存的合法性,而且其成立本身也意味着大学越来越重视教学发展。除了教学发展中心这一正式组织形式外,随着发展教学成为大学组织的一个常态性工作,其重要性越来越突出,教学发展的组织形式也越来越被大学组织认可和接纳。随着国家层面对大学教学工作的重视,大学组织大都成立了教学评估中心(教学评估科)和教学发展中心(教师工作处),他们的建立表明大学组织结构受到制度环境的影响已经发生变化。教学评估中心(教学评估科)是大学组织为了应对高等教育场域的教学评估制度,专门成立的处理学校内部教学评估事务的一个中心或科室。

　　大学组织层面的教学发展中心的成立与教学评估制度的推行相关,也是制度环境变化导致的大学正式结构改革的产物。目前,大学组织内部的教学发展中心正在成为大学实施教学发展激励的重要平台。教学发展中心的成立本身就意味着大学越来越重视教学发展,外部政策的导向也使得教学发展中心获得了生存的合法性。

---

① 教育部,财政部.关于"十二五"期间实施"高等学校本科教学质量与教学改革工程"的意见[Z].2011-07-01.

② 教育部高等教育司.关于启动国家级教师教学发展示范中心建设工作的通知[Z].2012-07-12.

③ 教育部.关于批准实施"十二五"期间"高等学校本科教学质量与教学改革工程"2013 年建设项目的通知[Z].2013-3-20.

表 4.5 教学发展中心成立的相关规则

政策	核心内容
教高〔2011〕6 号[①]	目的:提升人才培养水平;目标:初步形成国家级、省级、校级三级质量建设体系。
	激励机制:中央财政、地方财政和高校自筹经费共同支持卓越专项基金项目,发挥国家级项目在教学改革方向上的激励作用。
	引导教师教学发展中心的建立,以构建创新化、常态化、制度化的教师学术发展与教学能力提升的新机制。
	"本科教学工程"项目建设经费由国家、省和大学共同资助。
	监督方式:项目资金的管理和使用情况应接受教育部及财政、审计等部门的检查、审计。
教高司函〔2012〕107 号[②]	组织结构独立,具有经费权,重点支持建设 30 个国家级教师教学发展示范中心。
	战略:通过教师培训提供教学能力,推动教学学术(教学理念、教学模式、教学法等的创新)。
	核心:重视教学学术的效果,起到示范、辐射、引领作用。
	监督方式:教学评估。
	必要的经费投入等,具有比较完备的工作基础设施和基本的教师培训条件;设有专门的组织机构,有专人负责中心的建设及有关工作的组织实施。
	战略目标:构建教学发展共享机制。
教高司函〔2012〕171 号[③]	对国家级教师教学发展示范中心分期拨付 500 万元建设经费。
	教师教学发展中心作为正式组织结构。
	战略目标:构建教师发展促进机制以提高人才培养。
	核心内容:教师培训、教学法、教学模式改革。
	退出机制:成效较差将停止资助。

① 教育部,财政部.关于"十二五"期间实施"高等学校本科教学质量与教学改革工程"的意见[Z].2011-07-01.

② 教育部高等教育司.关于启动国家级教师教学发展示范中心建设工作的通知[Z].2012-07-12.

③ 教育部高等教育司.关于批准厦门大学教师发展中心等 30 个"十二五"国家级教师教学发展示范中心的通知[Z].2012-10-31.

续表

政策	核心内容
教高函〔2013〕2号①	实施专业综合改革试点项目,每个专业点支持建设经费 150 万元。
	批准教育部高等教育教学评估中心组织、实施本科专业认证试点项目,每个专业点支持经费 15 万元。
	实施校外实践教育基地项目,每个基地支持建设经费 200 万元。
	实施实验教学示范中心建设项目,每个中心支持建设经费 100 万元。
	大学生创新创业训练计划项目,每个项目支持建设经费 1 万元。
	实施精品视频公开课建设项目,每门课程支持建设经费 20 万元。
	实施精品资源共享课建设项目,每门课程支持建设经费 10 万元。
	立项建设的精品开放课程共享平台项目,安排经费 600 万元,其中国家精品开放课程共享系统建设 400 万元,高校教师网络培训系统建设 200 万元。
	高校实施建设教师教学发展示范中心建设项目,每个中心支持建设经费 100 万元。
	实施西部受援高校教师和管理干部进修锻炼项目,每人每年资助经费不得高于 3 万元。

　　教学发展中心作为一种正式组织结构,使得教学发展中心的行政管理人员能够获得更多的资源,包括物质和权力资源。大学教学发展中心(教学发展科)的核心职能是处理学校内部的教学发展的事务。作为正式组织,教学发展中心被赋予了推动教学发展的各种资源和权力,它实施了一系列同质的教学发展制度。教学发展制度化标志着教师教学专业化发展构成了教学文化的核心制度形态之一,教师工作的实践性和学术性是教学发展制度推动的核心目标。

　　但是,大学教学发展制度化存在较大的现实困境。教学发展制度化缺乏普遍认可的氛围,亟须更强有力的自上而下的制度支持,而且教学发

---

　　① 教育部.关于批准实施"十二五"期间"高等学校本科教学质量与教学改革工程"2013 年建设项目的通知[Z].2013-03-20.

展项目需要教学学术理念的引导，才能在大学组织内部壮大起来。教学发展无论是作为一个概念或理论，都还不是大学最核心的工作。大学传统文化氛围中，习惯于将专业科研当作学术，将发现知识和应用知识的活动称为学术研究，对于教学（如何传播知识），则很少将其上升到"学术"层面加以理解和评价。与此同时，大学科研制度逻辑已经形成，科研是大学教师获得晋升的核心逻辑。教师如何传授知识往往成为一个最容易被忽视的领域，正如有些学者表明的，"大学对一切都进行研究而就是不研究它们自己"①，"大学教师也是什么都研究就是不研究大学教学本身"②。大学教学发展受到了经费、培训项目设计等因素的制约。教学发展经费限制了大学教学发展项目的开展。尽管国外教学发展项目相对成熟，培训效果较好，但出于经费的约束很难申请高质量的教学发展项目。而且大学教学发展项目对参与者的素质和规模都有一定的限制，过大的规模难以提高教师的教学能力、引导教师的教学反思。大多数教学培训类型和内容单一，无法解决不同学科、不同层次教师的实际需要和差异性的突出问题。

总体而言，大学教师发展需要合适的土壤。教学发展中心经费预算少，活动影响小，覆盖面广但缺乏针对性，教师参与性低，教学培训同质性高，教学发展项目无法通过教学内涵的提升来促进教师的教学发展。这些问题的出现造成参与教学发展项目的教师在教学能力提升、教学改革创新、教学反思等方面出现了激励无力的状态。可见，尽管大学教学发展中心的成立为大学教学发展制度化创造了条件，但教学发展要获得更多的大学和教师的认同依然任重道远。

五、大学教师的社会性困惑

大学教师一进入大学就会体验到对"科研"和"教学"在职业生涯中的权重的比较。当科研的声誉、地位、资本远远高于教学所带来的心理财富；当科研成果给教师带来象征权力与社会关系；当教学奖、教学名师仅

---

① 纳伊曼. 世界高等教育的探索[M]. 令华，严南德，译. 北京：教育科学出版社，1982：13.
② 王建华. 大学教师发展——"教学学术"的维度[J]. 现代大学教育，2007(2)：1-5，100.

仅给教师形式和仪式激励;当教学评估、监督与惩罚对教师教学自由形成了干扰,这些现实的、交杂的困扰使得更多的教师出现焦虑、不确定、怀疑、紧张以及失落的情绪。教学文化中的观念和制度冲突最直接的后果就是教师在教学工作中感受到"文化震惊"或"现实震惊",而这已经不是教师个人的局部困扰,而是弥散在大学组织内部,构成了教师群体的社会性困扰。

大学教师群体的"社会性困惑"颠覆了教师内心对教学工作深切的热情与投入。文化是集体共同的想象。集体共同的想象以共有知识为前提。这就是说,需要借助于个体反思的解释很难成为集体当下的共同解释,也就无法代表群体的文化特质。文化现象的发生总是自然而然的,因为生活本身就是自然而然的。只有理论才会显得磕磕碰碰。在教学生活当中,人们关于教学的物化资源或者行动方式的见解当然很多,并且在不断地生成,但是,并不是每一种见解都会成为群体的共同解释。只有那些"常识性的见解"才能反映出教学文化的真正面貌。很多教师失去了"热爱教学"这种心灵力量的支撑,更严峻的是大学教师对教学工作普遍存在悲观和怀疑的态度。大学教师群体的"社会性困惑"具体表现为价值困惑、道德困惑、教学自由困惑、教学问责困惑等。

(一)大学教师的价值困惑

教师对教学产生了价值困惑,不仅源于教师对"学者"与"师者"的身份对比所引发的困惑,而且也源于教学评估强制要求下教师的教学自由被剥夺所产生的困惑,也源于教师的教学收入低与教学投入高的失衡所引发的困惑。

1. 教师对其身份认知的价值困惑

教师的身份建构是在演变中持续和在持续中演变的双向过程,又是一个从一般性(universality)到特殊类别(category)的过程。什么是"身份"(identity)?从一般意义上来讲,"身份"泛指人的出身、地位、资格,是人在一定社会关系中的地位。从理论意义上来讲,身份是社会研究的基本单位,同类别、角色、地位等概念相联系,是社会成员的社会属性标识和社会分工的标识。① 大学教师的"身份"与职称、资本(符号资本、文化资本)等相联系。教师的身份建构以教师自身为分界,包括主观和客观两种方式。主观上指教师自身对其身份的主观认同,客观上在于教师群体之外的其他人对教师身份的社会性建构,即教师在组织中的身份认同。

大学场域形塑了教师身份建构的情境。教师个体置身于大学场域中,其身份在不断地变化与重组中。客观的身份建构指教师在组织中的一种社会角色。雅斯贝尔斯认为,教师群体是"以思想和传授其思想为职业的人"。他认为教学是教师作为知识分子传播思想的路径。"大学是个公平追求真理的场所,所有的研究机会都是为真理服务,在大学追求真理是人们精神的基本要求。"长久以来,大学教师首先是"研究者"还是"治学的传授者"成为探讨的焦点。在雅斯贝尔斯看来,大学教师是研究者,大学教师以传播科学真理为己任。而布鲁贝克(J. S. Brubacher)认为,"治学是学术界的生活方式","如果以为学者教师是出于自我实现的动机从事研究和教学工作的,如果他感到必须从事这些学术活动获得才能实现他的潜力,我就可以说他的活动是高尚的"。概而言之,不管是研究者应该从事教学,还是治学是研究者的生活方式,大学教师的身份是"学者和师者"。大学教师追求的是科学、真理、学术和治学。大学的教育属性决定了大学教师必须把培养全面发展和具有特殊个性的专业人才作为自己的终身使命。教学是大学教师的使命,优秀的教师不仅是一个优秀的研究者,也应是优秀的"教书育人者"。

主观的身份建构是教师根据自己对激励制度的解释和有意识或者无意识的认知行为再生产出来的。随着大学组织内的各种科研信息在数量上的全面增长,从根本上打破了以往构成的"秩序",各种教学和科研信息发布和获取的数量极为庞大,教师被海量的信息掩埋。"研究者"已经成为教师扮演的核心角色。首先,大学教师必须是一个研究者,才能在大学获得生存的资本;其次,"活下来的研究者"才能够成为"师者"。"把书教好"不如"把科研做好"已经获得了越来越多教师的认同。"研究者"高于

---

① 马克思,恩格斯.马克思恩格斯选集:第1卷[M].中共中央马克思恩格斯列宁斯大林著作编译局,编译.2版.北京:人民出版社,1995:18.

"师者"造成大学教师认知定位的偏差、情绪上的受挫。这并不是说"师者"身份认同和"研究者"的社会认同存在互相矛盾，而是"研究者"的社会认同远远高于"师者"身份认同导致高教学投入和高教学偏好的教师不得不经历"休克"和"转型"。不做好科研，无法在大学生存，但仅仅是完成教学任务，又无法突破"良心"的底线，这使得更多的教师不得不调整他们对教学的价值认同和对教师职业的身份认同，以减弱他们在新制度环境下产生的焦虑感。

大学作为整个社会中关键的知识生产者，通过知识的生产获得包括外部经费在内的关键资源，并且追求声誉的最大化。知识作为产品进入市场，为大学创造其生存和发展所需要的资源和资助。面对外部资本的召唤，知识不再高雅和矜持，象牙塔里的学术人也不再羞羞答答，而是落落大方。大学组织和个人获得资源的"关键"在于学术资本。大学教师的学历、职称、知识、能力、业绩、经验等构成其学术资本。①

大学教师群体逐渐划分为两种：以"学术"为生的教师群体以及以"学术边缘"为生的教师群体。属于边缘人的教师具有较为强烈的相对剥夺感。相对剥夺感通过比较而产生，其"最有核心意义的部分就是强调'相对'的社会体验和心理体验"②。朗西曼（W. G. Runciman）依据比较方式上的不同，将相对剥夺感划分为横向剥夺感和纵向剥夺感，可从横向和纵向两个方向进行测量。具体而言，相对剥夺感有三个维度：与参照群体的比较、与自己过去生活的比较、与自己价值期待的比较。其中第一个维度被称为横向相对剥夺，后两个维度被称为纵向相对剥夺。大学场域中总是有些教师善于科研，而有些擅于教学的教师却并不一定善于科研。不善于科研的教师即使具有较高的教学学术，也不得不面临生存问题。越来越高的科研考核指标给教师带来了沉重的心理压力，更多的教师不得不为论文、专著和项目疲于奔命。由此，大学教师逐渐体验并加深了"科研焦虑感"。"科研焦虑感"在教师中的扩散使得教师减少教学投入的可

① 张焱.诱惑、变革与守望：我国学术场域中的大学教师行为研究[M].南京：南京大学出版社，2014：253.

② 默顿.社会理论和社会结构[M].唐少杰，齐心，等译.南京：译林出版社，2006：387-397.

能性逐渐增高。当"为什么科研能够获得如此多的认同,而教学为什么不能获得应有的认同"成为一个公共问题时,科研与教学的价值困惑便产生了。

2. 教师对教学评估的"价值困惑"

教师实现自身认同和完整主要依赖于自身,教学是其中重要的一种方式。教师教学的动力主要源于内部,包括分享知识和自我满足感,而优质的教学设施和手段以及学校管理者的支持则是他们获得自我满足感的前提条件。关于组织文化与教师动机研究的结论证实了教师动机的内部取向,有更多的证据表明组织文化对人的行为的影响是强有力的。① 教学的长期投入需要教师具有强烈的动机。教师是否更多地投入教学取决于教学工作是否使教师感受到真实与真我,教师是否在教学工作中获得了自我认可。教学的"教"是一种教师自我独特性和知识的结合。如果教学工作能够使教师感受到深层的愉悦,如果教学工作是教师内心真正想做的,那么即使收入与投入不匹配,教师依然会醉心于工作。如果教学工作与教师自身认同相悖,与偏好不契合,不能使教师感到愉悦,那么教师就会逐渐放弃这个工作或减少投入。教学投入高的教师不用监督,他也能好好地教学;教学"马虎"的教师在教学评估的标准导向下可以"糊弄"监督者。

大学教师教学的动力来自内部,但是教学管理者的失序行为等也会影响教师的教学热情。教学管理与评估制度制约下,教师感觉自己辛苦的教学工作不能获得应有的尊重,反而受到评估、责难与质疑,于是教师对自己的教学工作的价值与意义产生了困惑与怀疑。控制导致的压力在一定程度上会限制教师的创见。大学组织通常对教师的教学工作进行各种评估、监督和巡视,这种外部压力以教学的量化标准来体现。因为科研已经被量化,似乎如果不将教学量化就没有参照的标准了。教学是教师传播知识和思想的一线阵地,是教师内心的呐喊,而现在却沦为教师岗位职责的一个基本要求。但是这种工具性的外部强制力量只能规范"形

---

① ROSS P S. A descriptive study of adjunct faculty motivation[D]. California:Pepperdine University,2003.

式",偶尔才能在教学中发挥作用,而且也不能取得威信,不能在很大程度上改善教师在教学工作中的行为,对教学内涵、教师的内在教学动机、教师的自我认可毫无帮助。评估、监督和巡视这些外部压力本身并没有问题,但行政监控、评估标准化的"合理性"与"不公平化"削弱了教师作为"师者"的"光环",特别当教学评估的对象仅仅是教师群体,教学管理者的失职会增加教师"不公平"的感受。最关键的是行政评估和监导导向使教师自我感知为大学组织中的"第三等人",让教师感受到"不公平"和"不被尊重"。大学教师在教学工作中常常感到他们是"被疏离的",受到漠视、评判、嘲讽和伤害,因为教学只是他们工作的一部分。他们感觉到繁密的教学管理规则制度的重重约束,工作的方方面面不断受到各种评估和监管,这也引发了他们对教学管理者和教学评估形式的广泛批评。

3. 教师对教学收入低下状态的"价值困惑"

教师的经济人身份是指有理性的教师希望自己的劳动(教学活动)能够获得合理的报酬。作为一个理性的人,教师希望自己的专业知识能够给自己带来合理的报酬。在报酬价值高低不同的情形下,个人自然倾向于选择高报酬的机会。报酬是员工和雇主之间交易关系的一部分,是组织或那些为了他们利益而工作的人付给员工的作为"好处"的回报。报酬的类型及其分配方式对激励员工有很大影响。报酬体系是组织绩效的核心,在员工和雇主眼里,能使双方受益和满意的报酬体系,其设计和实施方式差异很大。大学教师的教学报酬分为两部分:内部报酬和外部报酬。内部报酬是教学任务本身带给个人的,是教师感知的心理体验。具有内在性激励的教学工作在本质上是令人满意的、有趣的并令人愉快的。而外部报酬则是他人给予的。受外部激励的工作绩效就是为获得与任务本身无关的物质或社会报酬。

"劳动是积极的、创造性的活动。"[①]劳动者的创造能力,是人类社会经济发展的根本动力和源泉。大学实施的收入分配自诩为是按劳分配,其实是按绩效工资分配收入。因为按劳分配规则的实施是以能够严格地

---

① 马克思,恩格斯.马克思恩格斯全集:第46卷(下)[M].中共中央马克思恩格斯列宁斯大林著作编译局,编译.北京:人民出版社,1980:116.

确定单个劳动者的劳动贡献为前提的。而大学教师的教学高投入具有隐蔽性的特征。教师的专业素质是在漫长的专业教学中不断提升的,是在适应与调整专业规范中更新的,融入了教师的时间和成本。教师创造的教学价值就是靠教师实践摸索和体验获得的,是基于教师的知识、经验、技巧、诀窍的。那么如何衡量、评估与确定教师个人的劳动贡献? 事实上,大学教师对大学组织的贡献在很大程度上是说不清的,管理者只能按照能够获得的必要的科研和教学的信息量进行收入分配。但由于缺乏教师教学的基础信息,而且现行的教学工作的考核和评价制度没有考虑到被评价者的知识优势、工作差别等,课时费计算过于笼统,标准不够系统和科学,无法体现教师教学服务的差异,使得教师的教学价值和教学贡献被最大限度地"隐藏"了。高教学投入与低教学收入无法匹配相应的绩效工资,投入教学工作不能够获得与科研相同的奖励,微薄的教学收入使教师对教学投入与收获的失衡不满。大学组织评估教师教学投入的方式使得教师的投入与收入无法形成一种平等交换关系。当教学收入与教学投入长期不对等时,高教学投入的教师感到自己创造的教学价值难以获得物质和组织认同,物质需求高的教师群体对教学工作的心理契约更容易破裂,教师作为经济人身份下的交换价值困惑由此而生,这是教学投入与产出失衡的产物。

(二)大学教师的道德困惑

教师在教学工作中的"良心"是一个很奇怪的东西,有时它很硬、很强,似乎比大学的教学管理规范还起作用,还有力量。至于那些具有"教学心灵"的教师,更是认为大学教学工作需要教师坐到公交车的前座。坐在公交车首位的教师不再抱怨造成教师地位低下的状况的制度条件,也不再心照不宣地与其敷衍。相反,他们在很多行动上以投入教学重任为荣。这些教师所做的是在每天的教学中以尊重他们内心最推崇的价值的方法教学。这种类型的教师不是他们不在乎地位、成本、安全、金钱和权力,而是他们认为"学生发展"是不可忽略的。但这类具有较高教学心灵的教师并不能够代表所有的教师群体。当科研和教学的投入存在巨大差异时,道德问题就会出现。赫胥黎说过这样一句有名的话:人们所真正害怕的不是法律,而是别人的议论。但在有的时候,道德又很弱,像一个孤独无助的存在。这就说明不能仅仅依赖教师个体或是教师群体的道德来维持教学中的额外投入。如果大学场域不能提供这样一种条件,即使在某种特殊的情况下会出现几个足以感动人的"好老师",它也无法使大多数教师都能够这样做。从某种意义上说,教师在教学中的道德有赖于体现公平与正义的社会秩序的支撑,道德本身是不能单打独斗的,这就是为何制度是道德维持的基础。如果教师的道德成本缺少基本的秩序保证,一个人因为投入教学而存在生存风险时,这就足以让其他教师对教学投入望而却步。当更多的教师必须远离教学,投入科研,原来喜爱的教学工作不能再继续投入,而原来不感兴趣的科研由于能够带来丰富的资本而必须加强投入,这种教学与科研之间的改弦易辙生发了教师的道德困惑,反映到教师的情感系统中,就会使教师处于痛苦、不知所措乃至疯狂的煎熬之中。

（三）大学教师的教学自由困惑

大学教学管理制度主要指与人才培养相关的教学制度,包括常规的教学管理制度体系、促进师生发展的制度体系以及支撑教学发展的条件保障体系。目前大学普遍实施了制度标准化、精细化、控制导向的教学管理制度,其本质上是一种行政权力对教师的管理手段,强调行政权威和服从,要求教师的教学必须服从管理者的制度安排。实践中过于刚性的强制控制在一定程度上已经影响了大学教师有限的教学自由。所谓的教学自由本质上是一种学术自由。自现代大学制度诞生以来,教学自由天然地成了学术自由的下位概念,也就是说教学自由是学术自由的重要组成部分。学术自由和教学自由的主体是高等学校和教师,其范围涵盖制定教学和研究计划、选择教学和研究内容、采用特定研究和教学方法的自由等。所谓教学自由权主要指大学教师在教育教学过程中应当享有的一系列自由权利,包括教学目标确定权、教学内容选择权、教学方法与手段决定权、学生学习结果评价权、课堂教学管理权、教学经验交流权、教学成果发表权等。尽管这些权力都是有限的,但教学自由强调的是教师在教学工作中的权力不过度受到教学管理制度的干涉和侵犯。

下面以管理规则对评价学生的考核权利的影响为例,来探讨教师的教学自由困惑。《礼记·学记》中指出,"凡学之道,严师为难。师严然后道尊,道尊然后民知敬学。"然而,当大学发展到今天,大学的这些常识却产生了异化。显然,大学是探索真理的地方,为研究高深学问之场所,大学教师必须对学生严而有格。严为"严肃",格为"法度"。大学必须要有法度,必须对学生有所要求。而这种要求来自于教师对真理实事求是的态度,来自于对真理理性的尊敬。"吾爱吾师,吾更爱真理。"大学教师必须严肃地探讨真理,信仰真理,真信真教真学,才能树立起学术权威,然后使学生产生敬畏之心。教师对于知识的传授必须有宗教般的热诚,全身心地投入,痴迷地钻研,才能真正吸引学生,与学生产生思想碰撞、情感共鸣。但在今天的大学,教学管理规定了大学教师考核学生的标准,于是教师不得不以考试评价的标准化要求"放松"对学生的考核要求,如降低专业题难度以保障学生考核的分数呈现出正态分布。为了达到这一刚性要求,教师不得不降低试题的难度,或者对非正态分布的成绩进行解释和说明以避免教学问责。随着课题全过程监督、试卷评判标准和各种烦琐的调课申请的出台,教学更多体现出"规范性"和"管理性"特征,教师将更多的精力投入到应付更多的教学检查和监督之中。随着"自上而下地控制"的教学管理理念深入骨髓,最严重的后果是教师日渐感觉到"教学成为一件很烦琐的管理事务"。更多的教师发出"享受教学过程,厌倦教学控制"的呼声。一系列控制导向的教学管理制度使得人文性和伦理性受到侵犯,在一定程度上降低了教师的"良心"底线,使得教师对教学工作日渐疏离。

(四)大学教师囿于惩罚规则的问责困惑

大学教学管理主要是以科层制为基础的行政管理,对教学的各个方面都进行行政管理与决策。由于教学信息不对称,教师的教学信息是隐藏的,所以管理者很难从中分辨和评价单个教师提供的教学服务质量,也不可能确切地衡量教师的生产。这种不确定性使得大学教学管理不得不通过制定惩罚和监督制度以严格规范和控制教师的教学行为,消减教师不必要的"出格"行为。虽然对教学工作实施一定的控制与惩罚是必要的,但是过于强调惩罚性机制,往往使教师陷入"问责恐惧症"之中。

惩罚性导向的教学管理制度主要是指教学事故认定制度。所谓的教学事故主要是指违反教学规程和教学纪律的行为。教学事故处理本质上是一种追责行为,通常会起到规范、约束、警示和弥补等作用。大学教学事故规则涵盖了教学活动的各个环节,包括课堂教学、考试考核、实验教学、见习实习、论文答辩等教学环节。尽管不同的高校在惩处的细节上有所区别,但基本的思路和方法是一致的,即根据事故的具体情节和后果严重程度来确定惩处的力度,惩处方式主要有通报批评、警告、记过、罚款、剥夺资源、收回荣誉、停职(课)反省、调离岗位、解聘或开除等。可见,"惩罚"成为教学管理中的利器。实践表明,惩罚导向的教学管理制度在执行过程中出现了规范引导不足、惩罚制裁有余、缺乏人性基础的问题。特别是在教学事故处理中,并未有效地维护教师的权益,反而使教师权益受损,比如权益剥夺、权益流失、权益限制和权益扭曲等,进而导致教师对教学事故处理及相关制度的不认同和不服从。曾任清华大学校长的梅贻琦先生有一句流传久远的话语:"所谓大学者,非谓有大楼之谓也,有大师之谓也。"这表明大学是一个特殊的空间。在这样的空间中实施教学惩罚需要特别谨慎。大学管理者必须认识到教学的有序进行不仅需要惩罚和监督,更重要的是要依循"以教师为本"来进行管理。

教学惩罚本质上是大学对教师的教学问责。"惩罚与监督"尽管能够取得暂时的组织绩效,但它永远不能达到管理活动的最高境界。因为大学教师是具有情感、自我意识的主体,他们具有吸收与排斥的自身规定能力,而且他们大都拥有个体的教学声誉。教学声誉是教师个体教学态度、教学能力、教学成就等的一种制度性承认。从教学声誉初始累积到成为拥有高信用度的教学精英,需要个体持续投入,是一个漫长的过程。教学声誉是教师个人在教学工作中的教学信用。而现在,教学事故及其惩处却成了教师教学声誉的最大威胁。对于教学事故的惩罚处理方式往往是比较严厉的,如免职、停职、调岗、解聘、取消晋升条件等,这意味着教学工作贴上了"高风险"的标签。虽然惩罚性的教学管理制度在维护正常的教学秩序方面发挥了特殊的作用,但教学问责的终极目标应该是通过一定的合适的尺度来限制、惩罚和监督教师。过度的、不合适的教学问责和惩罚违背"以人为本"的价值观,会诱发长期从事教学工作的教师产生"教学问责"困惑。

(五)大学教师对教学激励形式化的困惑

目前,大学教学激励更多的是仪式性的、象征性的。教学激励的偏好集中在通过教学竞赛等活动，或是教学名师等表彰形式，来大规模地提升教学的地位。这些仪式性、形式性的激励方式对大学教师的教学活动产生了一种"负面"激励，不仅不能获得较好的教师认同，甚至让教师感觉到大学并不尊重他们的教学工作。教学交流的形式化和官僚化凸显着"教学劳动"不受到尊重的信号。以教学竞赛评选为例，教学竞赛成为大学重视教学的"投入点"和"关注点"。教学竞赛被视为教师互相学习的重要平台，被认为是夯实教学基础、提高教学水平、强化教学质量、促进教师成长、推动教学工作进步和教育事业发展的有效途径，这是其合法性所在。大学每学年都要在校内开展青年教师教学大奖赛评比活动，但这个教学竞赛由于时间、参与人数、经费支持等约束没有达成提高教师教学能力和教学内涵的目标。而且由于缺乏合理的设计和评估标准，教学竞赛无法获得高教学投入的教师的认同。这不仅因为，教师个人的参赛时间非常短，就是"走过场"，而且教学竞赛没有按照学科分组，例如分为文科组、艺术组、理科组、工科组等，这就使得教师学科技能缺乏可比性，更有趣的是，参加教学竞赛是教师职称规则中的一个基础约束条件，于是大部分教师参与竞赛并不是为了相互学习、提高教学能力，而是为了评职称这一功利性目的。这与大多数具有良好自我心理契约的教师的期望相悖，他们更关注的是教学活动是否能够引导学生悟道，通过竞赛教师的教学能力是否提高，然而教学竞赛的价值取向与实际操作都满足不了高心理契约的教师的自我实现的需要。

第五节　大学教学文化的重构

教学文化的构建是制度环境与教师行为共同合力的结果，也可以说是制度环境与教师主体的行为决策互动生成的结果。大学教学文化是一种教学价值追求与价值导向，蕴涵着大学主导的教育教学理念和价值观念，其形成具有历史和现代特征。教学文化默默影响着一所大学对于教师制度价值取向的选择，并映衬出大学教育教学的实践取向与实然状态。面对现实中所存在的大学教学文化的问题，如教学地位边缘化的倾向，教学学术观念在实践中的混淆,教学成果"功利性价值"在大学的大行其道,教学发展制度化的进程缓慢,以及大学教师面对教学所产生的社会性困惑,等等,这种种都预示着我们需要对大学教学文化进行重构。需要追问的是:对教学文化而言,"育人为本"到底意味着什么?即大学应该"怎么做","做成什么样",使教学文化真正抵达"育人为本"的价值诉求与实践本体,构建"育人为本"的教学文化,从而使教师最大限度地回归教学,这是在重构大学教学文化之前必须回答的问题。

大学教学文化的重构需要考虑理念、大学外部与内部制度设计、教师个体三个方面。第一,大学教学文化的价值基础是育人为本。"育人为本"强调育"人"为本,教学制度创新需要围绕"更好地培养人"这一教育宗旨来开展。第二,从制度设计优化的视角出发,大学要为教学文化的重构创造良好的制度环境,需要从大学外部和内部制度进行优化,为教学文化的培养与生成提供良好的制度环境。外部制度环境应该弱化科研绩效和实施新的资源划拨方式,大学内部的教学管理制度不能仅仅建立在警示、威胁、惩罚等手段的基础上。大学教师的自我构建并不完全依赖于教师个体,教师的教学行动是在制度制约下的。因此,大学内部制度设计不仅要趋向于"人性化",尊重教师在教学工作中的个体性、多样性和实践主体性,而且也需要考虑科研和教学的激励平衡。第三,从教师主体的视角出发,要明确教师的"道德自律"是教学文化的核心条件。教师具有主体性,教师是实施教学行为的行动者。从相当程度上说,教师教学的内部动力更多来自于教师在教学活动中的自我建构,"自我建构"意味着教师"自我"或"我性"的获得。

一、"育人为本":教学文化的价值导向

从教育人学的视角出发,正确的人学思想是大学制度环境优化的方向标。马克思、恩格斯经过考察,指出如下真理性的事实:"人并非一种空洞的、抽象的存在,而是现实中鲜活呼吸着的'从事实际活动的人','它是

一切社会关系的总和'。"①"人是有意识的类存在物"②，"人是万物的尺度"③，这被认为是具有真理性质的人本主义的经典命题。普罗泰戈拉（Protagoras）开启的这种认识论，其意义在于将"人"上升为了存在者存在的衡量标准，奠定了从"人"的视角去认识人自身与外部世界关系的观念基础，以及人作为主体性存在的意义与价值。因而人与生俱来就有着变革世界和改变自身存在关系的实践诉求。

第一，"育人为本"需要成为教学文化的核心理念，以便能够引导更多的教师坚持"育"的规定性。教学文化的根基在于管理者和教师是否以"育人"为行为的出发点。教学文化要立足于"育"，一切以学生的最大利益为目的，一切以学生生命成长为目的，一切以充实学生的生活为目的，这些应该成为大学管理者和教师群体行为的共识。真正的教育是培养作为"人"的人，而不是造就工具。人才培养是学校最根本的任务以及最核心的职能，也是大学区别于其他机构的最显著特征。大学应确立人才培养的基础性地位，即"明确人才培养为本，本科教育是根的办学理念"④，以确保教学文化的发展。如果"育人为本"的价值观无法成为大学制度出台的基础和初衷，如果作为培养人的教师没有将"培养人"作为教学工作的核心和重点，那么教学文化的构建也就失去了"理念"的引导。

第二，"育人为本"必须成为教学实践活动的核心目的，以便引导所有的制度创新和改革。一言以蔽之，以"育人"为根本指向，以培养全面、自由和可持续发展的人为目的，既是教育文化内蕴的一种价值理念，也是教育回归其实践本质的价值使命，大学必须强调以学生发展为根本出发点的价值取向，才能使得教学文化具有生存的土壤。

①　马克思,恩格斯.马克思恩格斯选集:第1卷[M].中共中央马克思恩格斯列宁斯大林著作编译局,编译.2版.北京:人民出版社,1995:56.

②　马克思,恩格斯.马克思恩格斯全集:第42卷[M].中共中央马克思恩格斯列宁斯大林著作编译局,编译.北京:人民出版社,1979:96,123.

③　北京大学哲学系外国哲学史教研室,编译.西方哲学原著选读:上卷[M].北京:商务印书馆,1981:54.

④　李晓红.回归人才培养本位 加快"双一流"建设步伐[J].中国大学教学,2016(5):4-8.

二、调整教学文化生长的外部制度环境

作为一种精神生态,大学教学文化的创新是一个缓慢而渐进的过程,既需要教学价值观的主动迁移,又有赖于内外部环境力量的助推。如果缺乏相应的环境、条件和制度支撑,教学价值观很难转化为现实层面的教学文化。教学文化的培养需要外部制度环境的支持。

(一)优化政府对大学的绩效评价制度

随着治理变革及新公共管理理论的出现,政府改变了以往对高校的盲目信任,转而依靠合同、绩效、拨款、评估等方式与高校发生新的联系。政府对大学实施的绩效评价制度,不仅代表一种价值导向和理念引领,而且绩效评价制度已经与官僚导向的经费配置挂钩,具有较强的激励和监督作用,并直接影响到教育资源的配置。这种绩效拨款的资源划拨方式逐渐从传统资源分配的平均主义取向转向了以竞争性项目为支持手段的效率主义取向。高等教育场域资源划拨方式的改变,客观上要求大学也必须进行相应的制度改革。其表现有:大学必须依靠学术成果获得资源,使得大学之间抢夺资源的互动大幅度增加;大学组织不得不改变内部制度设计,所有的制度都突出了科研绩效和科研奖励;在大学资源分配有限的情况下,传统的教学和学习方式很难获得足够的资金、设备和人员。随着大学内部强调科研主导的逻辑不断增强,教学和科研之间的平衡被打破了,科研不仅不能反哺教学,反而加深了教学与科研之间的隔阂,动摇了大学教学的核心地位。

大学本质上是一种"以文化人"的教化场域。[①] 一所大学办学质量的好坏,不是一朝一夕形成的。它是长期发展、积累的结果。某一时间节点的绩效指标状况只能部分反映大学质量和水平,而非全部。大学绩效制度的执行必须慎重考虑教学、科研、社会服务激励的适用范围和边界,不能过度强调和依赖科研考核和激励,否则效果可能适得其反。实践表明,外部制度环境决定了教学文化的生成土壤,科研主导的大学绩效制度需

---

① 戚万学.大学是文化的存在[N].光明日报,2016-12-19.

要注意限度。我们需要认识到"大学的根本"是培养人才,人才培养的质量必须是第一位的,否则危险的情况会出现:大学不再以关心学生个体发展为中心,人才培养也不再是大学最核心的任务。

政府对大学实施的绩效制度存在以下四个方面的问题:(1)对不同类型的高校,政府在绩效拨款中却使用相同的指标;(2)政府的高等教育政策目标不明确,政府绩效目标中缺少与高校使命相关的指标;(3)绩效评估指标的价值取向更倾向于高等教育的数量而非质量;(4)拨款对科研有严格限制,科研绩效是获得资源的核心条件。这些问题都可能扭曲对高校的激励。因此,政府对大学实施自上而下的绩效制度需要进行调整,需要再度对大学绩效目标的确定、绩效指标的选择、绩效评价标准和指标权重进行审视,并对不同类型的指标进行合理调整,特别要调整主要绩效指标体系在稳定性和弹性之间的平衡。政府应允许不同类型的大学参与绩效指标的选择、指标权重和评价标准的确定,同时应根据高校目标的不同选取不同的绩效指标,并根据各高校自身的业绩改善程度作为绩效评价的依据。笔者认为政府对大学实施绩效制度存在一定的合理性,现行的绩效制度能够激励和影响大学的行为,但还需要把握"竞争"与"公平"的尺度。政府与大学之间应该建立起信任和融洽的合作关系,对偏离大学价值的绩效指标进行调整以使绩效制度得以优化。

(二)将"教学学术"作为教学评估标准的优化方向

"教学学术"机制有助于教学这种职业本身不断提升,促进教师走向卓越教学,持续不断地研究、实践、反思、分享与交流。教学学术以同行公认的成果形态进入学术殿堂并已经获得认同,包含知识、实践和成果三个相关要素。教师提升"教学学术"能力需要大致经历三个阶段。首先,教师需要学习和掌握教学、学习理论知识、在持有教学学习观念和已有的学科知识下开始重新认识教学。也就是说,教师需要学习所谓学科教学知识,"将学科知识与教育学知识结合起来,形成新的综合理解,知道如何根据学习者的兴趣和能力将特定主题、问题和事件组织起来,以教学的方式加以呈现"①。其次,教师需要通过教学实验、教学交流和反思获得"教与学"实践性成果。教学学术强调的是不间断的反思思维。所谓的"反思思维"是学术能力构成的重要标志,主要指教师能够反身相向,批判地考察自我的主体行为表现和行为依据,并做出恰当评价的一种思维品质。在这个反思过程中,教师必须能够对自己的教学行为及教学行为的依据进行对象化处理,使其成为教师自我思维的对象。教师自身反思的过程,不仅可以通过公开的交流平台学习其他教师的教学反思过程,而且可以根据清晰的目标、适度的准备、恰当的方法和教学实践进行自我反思,并在公开交流平台呈现之前的反思过程。最后,教师通过实证性成果提炼出学术性的教学成果。可见,教学学术是一个长期学习、实践和反思的过程,强调的是教师的教学实践智慧和教学学术发展过程。

　　一个包含知识维度、反思维度、交流维度和观念维度的多维教学学术模型应该成为教学评估的新导向。将教学实践性和教学成果学术性引入评估标准才能更好地激励大学教师持续提高"教与学"的质量。第一,教学评估的目的不应局限于规范和教学成果,而应该以"教学学术的反思"作为评估的新导向。教学评估不能仅仅局限在课程知识、教学法知识和教育学知识的评价上,而在于评价教师是否能够在专业知识领域中不断进行教学反思、教学改进与创新。大学管理者需要认识到,缺乏教学学术的统一标准会导致发表教改论文的教师不一定能够在实践中提供优质教学,拥有教学项目的教师也并不一定能够优化教学实践。第二,教学评估应将课程建设、教材建设、公开课展示、教育创新及经验交流等纳入评价范畴,引导教师不断丰富课程资源和教学内容,关注人才培养过程。第三,教学评估不能使用一刀切的方法来测量大学的教学产出。现有教学产出指标具有单一性且仅仅表明了数量,而教学学术这种质的指标却模糊、不确定。教学学术导向的合理的外部评估指标不但不会扭曲教学或者破坏教师内部动机,反而会给学校提供足够的空间来发展内部的评价体系。

---

① SHULMANS L S. Knowledge and teaching: Foundation of the new reform[J]. Harvard Educational Review, 1987,57(1):1-22.

（三）建立以教学发展为方向的资助框架

构建科学合理的大学绩效指标体系，引导大学真正将办学重心转向教与学，进一步促进大学的教学发展是高等教育场域的现实问题。从1994年开始，我国高校通过共建、合作、合并、协作等方式，从宏观层面上对大学教育资源进行了重新配置，一定程度上解决了高校条块分割、重复建设的问题。[①] 而目前的高等教育场域的教育拨款制度把科研成果作为高校的经费要求并以此作为分配基础，由此导致了大学需要通过科研业绩获得拨款，而不能获得科研项目的合理开支。大学倾向于争取每年获得的资源最大化，而在教学质量提高方面缺乏或几乎没有增加教学经费和提高办学质量与效益的动力。资金对于教学发展项目的开展和持续来说都是非常重要的，教学发展需要组织机构进行长期的经费支持。教学发展激励的目标是将教师的兴趣与组织激励的方向相结合。没有资金的支持，教学文化的培养缺乏物质基础。因此，政府应加大对教学发展的资源划拨和政策支持，以不断提升大学教育质量。

教学评估的绩效拨款，就是相关拨款部门按照一定的评价程序和评价方法，对评价的内容即财政拨款的款项进行科学评价和管理，从而对被拨款对象对于拨款款项的使用情况的合理性、合法性和真实性进行监督管理，对使用效果进行相关的考核评价，从而确定拨款资金使用情况的过程。对于教学评估财政拨款来讲，需要建立财政拨款使用绩效的监督和评价准则的指标，或者相关的办法。教学评估财政拨款的评价指标，是为了使财政拨款的使用效率达到最优化，从而对相关内容和对象进行以评价为目的地衡量。教学评估财政拨款绩效评价指标体系就是将"教与学"作为教学评估的尺度和方法，按照促进"教与学"的秩序组合成一个整体，构成不同评价体系的组合系统。

三、优化大学教学文化的内部制度环境

从大学内部制度环境来看，应当针对大学教学进行一系列内部制度

---

① 郭平，黄正夫.大学内部治理结构的功能及其实现路径[J].教育研究，2013(7)：68-73.

建设与环境变革,即按照现代教学价值观的要求,重新定位各教学元素、教学环境条件的存在形态及相互关系,积极改革与现代教学价值取向不相适应的教学制度、教学条件,为教学文化的培养和生成提供优质的土壤。

(一)强调人性化的管理理念

人性化的管理理念包括人性化的教育理念和人性化的教育环境。前者指教育管理者要在头脑中真正树立起教师之主体地位的意识,尊重教育者的人格,不能把大学教师当作"教书工具"。后者则指整个制度环境都要以"人"的方式来设计,无论教学奖励、教学惩罚等都应以对"人"的关怀意识为底蕴。提倡教学自由、尊重教师个体和认可教师的教学价值是大学教学文化构建的制度基础。

人性化的管理理念内在地要求把人性放在教育管理的首位,将尊重教师放在首位。大学内部"尊重教师"的人文环境和制度环境才是教学文化的内涵发展的真正基础。任何教育管理的指导原则都需要体现尊重与公正。站在价值论的角度上,教学管理者对教师个性的尊重其实就是对教师价值的尊重。如果教师无任何尊严可言,那么这样的社会当然也就不具备任何正义性和现代性。

教学管理者要以"人"作为最根本的出发点,即以教师和学生为出发点。而人之为人的最根本点就是自由,正如马克思指出的:"自由自觉的活动恰恰就是人的类的特性。"[①]教师作为教学主体,具有教学自由。教学自由是教师从事教学工作的出发点,这里的"自由"指的是"不过多受到干涉"。当然,教师教学要符合教学规范和教学伦理的要求,因而教师的教学自由是有限度的。教学自由是教师作为"师者"的前提和条件。必须认识到自由是第一位、控制是第二位的。没有自由这一基础,控制就会演变成对人性的改造和强制,对人之尊严的羞辱和抹杀。而一旦丧失了对教师的尊重,教学文化就会偏离正确的方向。没有对教师的人性关怀作为底蕴,教学文化的形成将缺乏良好的制度环境。在这个意义上,必须以

---

① 马克思.1844年经济学-哲学手稿[M].中共中央马克思恩格斯列宁斯大林著作编译局,编译.北京:人民出版社,1979:50.

"教学有限自由"作为大学教学制度的逻辑起点。因此,教学管理制度应旨归"育人",一切能够有利于"育人"的教学自由都应该获得支持。

当然,大学教师拥有理性、良心和自律,是以真正符合职业伦理的方式行事的。基于对教师的信任,大学教学管理应当恰当地对待每一个教师个体,特别是在认真对待他们所拥有的权利时,管理者需要对"教师是教学自律个体"这一实质特征给予充分考虑。教学活动对于教师来说,是履行教书育人的职能,是一种义务。就如康德所说,"一种行动之对我们有价值,不能是因为它合乎我们的禀好,而应该是因为我们通过它可以履行自己的义务。"①

人性化的管理理念不在于把教师作为教学工具而是作为"发展学生个性、知识传递和创造"的能动者。要遵循"人道原则",强调教师作为人的主体价值,并放在教学文化的首位。强调教师的主体价值,是指将教师的情感、感知放在重要的位置。大学教师并不是教学工具,教师要在教学实践中实现自我价值和利他价值。人的尊严是人的价值的源泉,也就是绝对价值。正因为如此,每一个人都必须得到人道的对待。英国学者米尔恩(A. J. M. Milne)把"人是目的"称为"人道原则"并作了如下解释:"把一个人仅仅作为一个手段来对待,就是把他作为缺少一切内在价值的人来对待。如果他还有什么价值,那也只是外在的或工具性的。永远把他当作一种目的来对待,就是永远把他作为具有内在价值的人来对待,而不管他可能碰巧具有的任何外在价值。具有内在价值的东西不必对任何人有用,它自身就是价值,也就是说,它的存在为了它自身的缘故就是值得的。人恰恰就是这么一种具有内在价值的存在。因而人道原则意味着,他永远被当作具有自我的内在价值的人来对待。"②教学文化要能够容纳各种不同的个性、气质、期望和才能的教学表现和行为。尊重教师个性、教学自由的教学文化才能够焕发教师的创造性。从一个更深的层次来说,关注教师个性、尊重"教师价值的存在"对于教学文化的构建具有重

---

① 康德.论教育学[M].赵鹏,何兆武,译.上海:上海人民出版社,2005:51.

② 米尔恩.人的权利与人的多样性——人权哲学[M].夏勇,等译.北京:中国大百科全书出版社,1995:102-103.

大的理论指导意义。

(二)将平衡科研与教学作为晋升制度的优化方向

大学组织希望教师能够关注教学，但专业教学需求大都由于缺乏授权或是分权被忽略了。大学组织希望教师在教学学术上有所进展，但教学发展平台提供的经费投入和制度设计无法满足教师教学丰富化的要求。大学希望教师将教学视为基本责任，不断强调道德，但大学却实施以效率为导向的激励机制。而且，尽管社会希望教授不要忽视他们的教学责任，却几乎都在奖励他们的科研和著作成果。这一点在那些大的、声望很好的大学几乎是都成立的。尽管有"好的研究和好的教学形影不离"之类的观点，但在时间分配上，教师往往发现自己必须在教学和科研之间进行选择。教学成果的报酬通常仅限于杰出教师奖，并且只有小部分优秀教师或是具有各自学术资本的教师可以得到，而且往往只是很少的金钱与短暂的荣誉。对于教学成果的学术标准并没有像科研成果一样的要求，因此，大学组织内部需要形成奖励好的教学和激励教师持续改进教学的惯习。当然，激励机制的优化不是单纯的内部调整就能够实现的，需要结合制度环境才能使良好的大学教学文化有培育的土壤。

教学激励机制的运行需要考虑共同利益，只有共同利益的存在，才能让管理者和教师产生一种向心力，以达成共同的利益目标。行动者在其合作的过程之中处于不同的位置，因行动能力的大小不同，发挥着不同的作用，其影响也各不一样。有的教师在科研项目、论文发表、获得各种奖项方面做出重要的贡献，主导和引导科研共同体的发展，为组织获得资源做出了巨大的贡献。有的教师在教学工作中兢兢业业，在人才培养、教学改革方面做出贡献，虽然他们无法为大学组织获得与科研同样多的资源，但他们对大学文化、人才培养模式具有突出贡献。无论教师精于科研或是精于教学都应该使他们在大学组织中享有地位、声望和影响力。尽管这些影响力和贡献有差异，在某种程度上决定了教师能够分享的、各自所占的利益的份额，且使得大学组织在利益分配差异下出现了一定程度的矛盾与冲突。面对这些冲突和矛盾，大学组织需要做的是协调激励结构，从制度上认可教学和科研的贡献，竭尽所能地保持科研和教学的地位和利益。

尽管奖励性的晋升受到大学教师的质疑,但仍然是大学组织最有效的激励制度之一,改善晋升制度应成为大学优化科研与激励的风向标,其主要举措有三种。

其一,"质量"导向的科研应该成为大学绩效评价制度的核心。大学"质量"科研考核指标使得所有的学校必须改变以科研论文、专著和科研项目的数量作为唯一的科学的评判标准。"质量"绩效评价指标将构建大学科研导向的新实践逻辑。这种实践逻辑将引导大学教师的兴趣、探究与创新的科研学术回归到大学科研本真的学术实践,作为知识生产和传播的中心,大学的成功就在于始终能够做到"不断超越自我的同时保持某些亘古不变的品质,这种品质即为对知识的整理、解释、探究、创新、传播和应用"。"质量"科研评价指标使得大学教师必须不间断地投入科研,以便能够将更多的科研反思和教学反思加以结合。

其二,教学学术认可应该成为重要的晋升认可。晋升制度是教师最重要的激励机制,是教师行为规则的指挥棒。当晋升制度体现了对教学学术的重视、对教学投入的尊重时,教师会自觉或不自觉地根据评价指标、指标权重分配自己的时间和精力,如此一来晋升制度的结构自然更加偏向教学学术的发展和教学质量的提高。与科研不同,教学学术显然很难完全、甚至并不主要依赖诸如论文、著作之类的学术成果加以表征。这是因为,无论是作为大学教学学术内在依据的学科教学知识,还是其反身相向的思维方式,都具有内隐性,难以通过符号的方式加以表征。但这并不意味着大学教学学术无法表征。事实上,就教师具有内隐性的认识与其外显性的行为关系而言,大学教学学术可以通过教师行为加以表征。从教育活动的内部要素来看,课程与教学历来是教育的核心所在,表征"教学学术"的教师行为至少应包含如下两个方面:一是适宜的课程行为,这就要求大学教师不仅能有效地实现学科知识向课程知识的转化,还能丰富和发展课程资源,以不断充实课程知识;二是恰当的教学行为,教学之所以称为教学,就在于教对于学的引导、促进与维持。教学学术的成果评定应该使教师能够基于特定的课程目标和内容,通过对学习环境的设计,引发学生的学习行为,这也应该是判定教师教学行为是否恰当的根本所在。

教学学术的认可包括"实践性教学学术"和"学术性教学学术",这就需要将教学学术已经公认的标准融入职称评聘、教师绩效评价框架之内。要增加教师职称晋升评审中教学学术评价的权重,使教师的教学研究、教学水平、教学投入以及教学成效等方面可以得到与科研成就同等的评价。将教学发展与教师考核和教学晋升规则挂钩,强化教师教学的质量意识,充分调动全校教师投入课堂教学的积极性、主动性和创造性,激发教师自我发展和自我提升的内在动力。

其三,晋升制度应对教师进行分类评价,为具有教学学术发展特质的教师设立教学岗,该教学岗不应与科研岗和教学科研岗的晋升要求同质,而是应该以教学学术的标准作为教学岗教师的晋升标准,不仅应降低对那些从事教学学术活动的教师的科研要求,而且应增加对教学学术成果和教学实践效果的要求,使得教学岗的教师有足够的时间、充足的精力以及比较平和的心态从事教学学术活动。

(三)把技术性与发展性激励并重作为教学激励制度的优化方向

大学教学激励的导向应该是"技术性激励"与"发展性激励"并存,这样才能实现教学激励的"强持续"。教学激励制度应在"持续改进教学"方面起到积极引导建设作用,如"优秀教学""学术性教学""教学学术"应该成为教学激励的重要指标。激励的负面影响也不能忽略。德西(E. L. Deci)的研究显示任何任务绩效制定的有形奖励都会真实削弱内在激励。详细地说,威胁、限期、指示、压力评估和强制目标都会削弱内在激励。相反,选择、情感承认和自我指导能够给以人们更多的自主感,它们被发现能够增加内部激励。[1] 单一的技术性激励一方面提高了大学的教学绩效,而另一方面也正在破坏教学文化的"无功利性导向"。目前大学单一的技术性激励体现为教学绩效考核、教学物质和精神奖励等。技术性的教学激励指标虽然能够减少复杂性,但更为关键的是技术性教学激励使具有教学贡献的教师无法获得具体的结果和回报,其最大的危害是将教学激励的目标限制在量化指标上,容易扭曲教学激励。大学教学激励应

---

① 波特.激励与工作行为[M].陈学军,谢小云,等译.7版.北京:机械工业出版社,2006:38.

该将奖励性经费分配集中在能够提高教学改进的各种项目上。发展性激励更加关注改进"教与学"的质量，这种以教学学术为导向的激励方式能够更好地维护教师的"教学心灵"，能够获得更大范围的教学认可，使得良好的教学文化得以良性生成。真正好的教学激励应该是"技术性激励"和"发展性激励"并存，两种结合才能使得教学激励获得更大范围的认同，并形成更为健康的大学教学文化。大学管理者必须认识到，教师关心学术、关注教学内容，教师与学生心灵相通才是最好的教学文化。因此，"发展性激励"应该成为教学激励最核心的方式。

四、教师的道德自律：教学文化的核心基础

大学教师是教学文化形成的主体，教学文化的构建需要教师自觉行动的参与。教学文化的生成与变革，不仅需要在制度环境方面寻求优化的可能性，而且还仰赖于教师在教学工作中的"道德自律"。人是有自我的，所有外力如果不通过自我的内在转换，根本就不能起到真正的作用。在此意义上，教学管理强调的训诫、监督与惩罚并不能培育一种好的教学文化。

教学文化依赖于教师的道德自律。教师的道德自律指的是教师在教学活动中的实践自律，主要有两种来源。第一，制度环境赋予教师一定程度的"自由"。康德认为"人是自由的"，"丧失了自由，人也就沦落为物"。[①] 他强调，"道德就是一个有理性的东西能够作为自在目的而存在的唯一条件。……只有道德以及与道德相适应的人性，才是具有尊严的东西"[②]，人才能成为"人"自身。把自由与道德法则结合为一体，通过道德法则就可以"径直导致自由概念"[③]，即"他之所以能够做某事，乃是由于他意识到他应当做这事，并且在自身之中认识到自由，而如无道德法则自由原本是不会被他认识到的"[④]。由此可见，"自由"与"道德自律"存在

---

① 康德.实践理性批判[M].韩水法,译.北京:商务印书馆,1999:108.
② 康德.道德形而上学原理[M].苗力田,译.上海:上海人民出版社,2002:54.
③ 同①30.
④ 同①31.

因果的线性规则。第二,教师对教学工作的道德自律也源于教师个体对自我的一种尊重。大学教学文化的构建主体是教师。道德的自律性就是指人和任何理性本性的尊严的根据。① 人类作为主体,其道德意识的超越性(理想)、道德行为的自觉性(独立性)、道德情感的纯洁性(非功利性)是教师个体长期"坚守"教学的原因,尽管他们常常面对种种困惑。大学教师囿于自我的职业道德,对教学工作具有一定程度的自律。这种自律不仅是基于对学生的负责,也是基于对自我人格的一种尊重。

大学教师在教学工作中的自我生产与主体建构具有天然的人性学基础。每一个教师个体从来都是作为教学实践的主体存在的,具有自我实现的自由意志和价值诉求。在教学实践活动中,教师尽管受到制度环境的影响,面临一系列的社会困惑,但教师对教学工作的道德自律能够使教师长期投入教学工作,促使教学文化得以继续生态化发展。

总而言之,大学教学文化是行动者(大学管理者和教师、学生)共同生成的。良好的教学制度环境为教学文化的培育提供了土壤,当然,良好的教学文化的构建与持续更多地依靠教师的道德自律。必须认识到,只有结合教师个体的道德自律和大学教学制度的优化这两条路径,才能使"育人为本"的大学教学文化得以生成和延续。

---

① 康德.道德形而上学原理[M].苗力田,译.上海:上海人民出版社,2002:55.

第五章　德育人学的教材设计样本

从 2003 年到 2019 年，我们承担了国家义务教育课程标准实验教科书初中《思想品德》和《道德与法治》的编写工作。从教材的编写指导思想、主要特点和内容结构体系以及具体的编写工作，都体现了教育人学和德育人学的思想。[①]

第一节　编写目的及指导思想

一、编写目的

以解放思想、实事求是的教材观，力求将我国新一轮课程改革的深刻变革思想，将诉诸思想品德课程带动学校德育改革的深切期望，将《思想品德课程标准》的基本要求和改革精神认真地、较为准确地加以体现和落实。编写者以长期对学校道德教育的不懈研究为基础，力求通过教材实现对"思想品德课程标准"的再创造，以具体、深入、丰富地展示思想品德课程对初中学生思想品德成长密切关注与有力引领的不可或缺的价值。

---

①　本章内容主要反映了《思想品德》和《道德与法治》教材的设计思路，朱小蔓、邹冬星、王小飞和部分教材编写者也对本章内容有不同程度的贡献。特此感谢。

二、编写指导思想

（一）以马列主义、毛泽东思想、邓小平理论和"三个代表"思想为指导

坚持弘扬中华民族优秀的伦理精神与思想文化，努力吸收人类优秀的思想道德文明，坚持对青少年一代做正确思想观念和价值观方面的引导，并锐意改革、力求突破。以当代中国课程改革的总体思想为依据，体现思想品德课追求素质教育和教育创新的崭新教育观念，遵循初中新课程改革的共同要求，探索并凸显思想品德课程不同于其他学科课程的独特性质与特征，符合思想政治素质教育和道德价值观教育的特有规律。

（二）以思想品德课促进人的全面发展，以坚持育人为本的思想为指导

全面认识思想品德教育既具有强大的社会思想文化功能，又具有重要的个体享用功能。着眼于关怀学生的生命成长，以德育拓展学生的精神世界并促进人的全面发展。强调德育与社会发展和个体发展的内在一致性，强调积极引导与尊重学生的内在一致性。以生活育人、生活整体性地育人的理念为基本指导思想，将党、政府和社会对人的思想道德要求紧紧扎根于学生的生活之中。延拓、深化小学生思想品德发展的生活主线，引导初中学生在日常生活，包括最直接的学业生活中领悟、辨析思想道德价值并且积极学习和适应公共生活，帮助学生顺利实现从儿童到青年的青春期过渡，从小公民到青年公民的过渡。

（三）以综合化的素材、综合化的形式和方法突破局限的思想为指导

突破学科与学科的界限、书本与生活的脱节、共同性教育与个人化需求的分离，以学生不同成长的主题，综合化地设计、构建教材、单元及课时，力求使学习过程成为学生整体生命投入的过程，成为完整心理结构参与的过程，使道德理性本质上是实践理性的重要思想能够得以实现。以引导学生自觉、自愿、自主地学习为教学目标，最大限度地保障教材为学习者服务，实现以教材为媒介，使思想品德课成为师生之间、生生之间以及家长、社区、成人社会与学生之间互动对话及思想与精神成长的平台。

第二节　教材主要特点

一、普适性

面向全国,适合城乡学生的共同需要和不同特点。本教材面对中国基础教育在不同地区、城乡和学校发展不平衡的现实,尊重历史,着眼未来,反映不同地区和城乡学生的共同需要和青春成长的共性为主,为不同地区和城乡学生提供比较平等的教育资源、比较多的共同发展的机会和可能性;同时,也充分反映城乡学生的不同特点和不同需要,为各自的学习和成长留出比较充分的适应空间。教材力求使农村学生了解、体会、向往城市的生活和同伴,又使城市的孩子渴望知道、喜欢、牵挂农村的生活和同伴。我们以追求基础教育均衡发展的理念作为本教材的重要而基本的策略。

二、综合性

以学生的生活主题为经(主线)、以课程学习内容为纬,综合设计和编写教材。编写者充分理解本课程标准,打破学科分割,将适合初中学生发展特点和需要的相关教育内容加以整合,并整体性地服务于学生思想品德成长这一最为根本的改革初衷,以编写组亲自做的大量细致深入的调研为基础,以不同时期学生出现的主要生活内容为线索,设计整套教材的单元、下设板块和各课主题,构成一个既覆盖课标所要求的全部要目,同时又突出重点,对促进人的基础性思想品格形成的核心价值观在不同的单元或板块主题中按不同的侧重、不同的强化方式反复而巧妙地出现,螺旋式递进。各主题合乎思想和生活的逻辑,相互之间不断地产生联系与延展深化。编写者凝聚在此的用心在于扭转以往德育过分分割式的德目教导,将人的思想品德的成长真正放置于整体性的真实生活中,使影响人的教育诸要素相互作用与支撑,整合地发生效应。教材的综合性和整体性体现在三个方面。

（一）教材单元和具体内容体系的设计充分地考虑和体现了综合性要求

每个单元都尽可能地整合了与主题相关的道德、法律、政治、国情、心理等方面的内容。生活是个整体，在任何一个事件中都可能包含政治、伦理、价值、心理等各个方面的因素。教材突破以往根据学科体系编排内容的局限性，避免了割裂生活、孤立看世界的不足。在生活事件中渗透各方面的教育。例如，在《学会学习》单元中，既有学习心理、学习方法的指导，又有珍惜时间、正确娱乐、文明休闲的价值引导，还有合作学习、互帮互助的道德教育等。在一年级和其他年级的大多数单元中，每个生活主题或单元包含或者涉及的内容有3～5个方面或者专题。在其中，有的是"主要"内容，"核心"专题；有的是"辅助"性内容，或者"次位"内容。对于"主要"内容或"核心"专题，该单元给予"浓墨重彩"的处理；对于"辅助"性内容，或者"次位"内容，该单元给予"轻描淡写"的处理。但是，某个内容或者专题，在这个单元里是"主要"内容，"核心"专题，在那个单元里可能就是"辅助"性内容，或者"次位"内容；在这个单元里是"辅助"性内容，或者"次位"内容，在那个单元里可能就是"核心"专题和"主要"内容。教材重视以品德教育为核心，注意在综合的同时做到自然的渗透。如在"走进社区"单元中，如何与"历史与社会"中的相关单元相区别？如何体现"思想品德"课程的特点？我们在该单元"社区考察"部分设计如何进行考察组的"分组"时，进行了自然地渗透道德教育的特别设计。同学甲：住得近的同学分在一组。同学乙：对同一问题感兴趣的分在一组。然后是开放的表达意见的空间，然后安排一幅班级讨论的照片，表现几位学生心里的想法：想法一，我不要跟女同学一组；想法二，我不要与李冰在一起；想法三，我想与成绩好的同学在一组。然后又是开放的空间。最后，以比较自然的方式呈现一个进行潜移默化的价值引导的表达：跟谁一组都可以，善于与不同的人合作。再比如，在讨论考察选题时，一组学生（7～8个学生）正在讨论的照片，生1：我想考察社区的环境卫生；生2：我去调查社区残疾人服务设施情况；生3：我想了解居委会是怎样工作的；生4：也可以调查社区的全部情况；等等。如何就某一选题形成一致意见和决定？①每个人提出自己的题目;②陈述选择这一题目的理由;③交流和讨论各个选题,讨论每个题目的迫切性、重要性和可行性。然后建议采取合适的办法达成一致的意见和选题:比较和综合各种意见;协商;求同存异;少数服从多数。可以把讨论活动中体现出来的价值观,包括与人交往和合作的素质,现代民主社会的价值提炼出来:意见分歧是正常的;必须作出一个共同的决定;办法是:讨论协商,求同存异。此外,还设计了"方法背后的方法"这个栏目:坚持自己的合理观点,认同别人的合理观点,宽容别人的不同意见,放弃自己的某些意见,达成基本一致的意见。

(二)每个单元都将情感、态度、价值观、能力、知识加以整合

良好品德的养成需要认知、情感、能力等各个方面的均衡发展。教材突破以往偏重知识传授的局限性,在每个单元中都尽可能地调动学生知、情、行各方面在心理与道德发展中的作用,同时也促进这些心理要素的进一步发展。例如,教材中广泛采用了体验、讨论、阅读、角色扮演等课堂活动方式,为发展学生的道德认知、道德思维能力和探究能力,培养道德情感,养成相应的行为提供丰富的素材。当然,由于主题的不同,有些单元偏重于知识理解,有些偏重于情感教育,有些偏重于行为与能力的培养,但事实上在任何一个要素的培养中都包括其他要素的作用,因此从总体上看并无偏颇。

(三)整个教材立足前后呼应、层级衔接、螺旋上升的系统定位

教材中的每个单元既相对独立,又是整个教材体系中相互联系着的必不可少的一部分。例如,在第一册第一单元中安排了规划初中三年生活的内容,在第五单元就有对一个学期生活的回顾与对未来的展望;第一册主要是从个人生活的角度展开,第二册就开始从个人生活扩展到个体身边的生活、集体的生活、社会生活的初步规范,如第二册《无序与有序》讲生活的规则问题;而有的单元则是整个初中三年思想品德教育中有关内容的初步引入和铺垫,如《人与人之间》涉及人际关系、人际交往,《无序与有序》《我们的权益》涉及法律,《走进社区》涉及国情,都是二、三年级该部分内容进一步展开的基础。重要的价值观念,如爱心、正直、勇气、公正、尊重、诚信、负责、谦逊、谦恭,尽可能在很多单元都涉及,但后面的单元是在前面的基础上的展开、发展、深化。比如说,爱心和助人,首先是在

学习中的帮助,然后是扩展为生活中关心、帮助同学(一年级上《学会学习》《人与人之间》等),再后是在社区帮助他人,包括帮助陌生人(一年级下《走进社区》),以及关心父母老师(二年级上《跨越代沟》),再以后是关心老弱病残(三年级《同在阳光下》),最后扩展到国际范围(三年级《漫步地球村》)。再比如诚信,首先是涉及考试作弊、说谎、伪造家长签名等问题(一年级上《学会学习》《在分数的背后》),然后是二年级《市场考察》中的"品质:市场的通行证",接着是三年级《财富论坛》中的"财富的品质""财富中的德与法",最后是国际交往中作为国际惯例之基础的诚信。再比如公正,首先是学习生活中公平的"竞赛"(一年级上《在分数的背后》),然后是日常生活中不同家庭的收入差别(一年级下《走进社区》),接着是农民问题、下岗工人、西部问题(三年级《同在阳光下》),最后是国际公正秩序问题(三年级《漫步地球村》)。

　　站在法律的视角,我们以第三册(二年级上册)中的《一念之差与一步之遥》为例,虽然该单元主要设计主线是围绕法律,但在实际操作中我们可以看到该单元是着重从学生所处的特殊成长阶段的心理特点和状态出发,也就是说从心理的层面出发,分析导致不良及违法犯罪行为的诱因;而在道德层面则依然是前面单元责任、人际交往、规则及树立初步的正义观念等的深化和后面单元内容的准备,在案例的分析过程中又让学生很好地了解了中国特色社会主义的法律体系、政策、法制建设等相关国情知识。在这个单元很好地将道德、法律、心理和国情四个方面的教育有机联系起来,形成一个综合化、紧密围绕生活主题的整体效果。同样在前后联系方面我们可以看到,该单元是在初一年级《无序与有序》(第二册)、《我们的权益》(第二册)等单元对法律的初步认识基础上的延伸、拓展和深化。《无序与有序》讲述了规则与法律初步概念、历史渊源和作用。该单元在此基础上,进一步指出,不遵守规则,违法犯罪会造成严重后果,这也是从另一个角度阐明和深化了遵守规则、遵守法律的重要性。《我们的权益》主要让学生了解《中华人民共和国未成年人保护法》中家庭保护、学校保护、社会保护和司法保护这四个维度及如何自我保护的一些具体内容,同时也让学生接受初步的法治教育。该单元则从另一个与青少年关系密切的《中华人民共和国预防未成年人犯罪法》的角度,以个人的视角强调了预防未成年人犯罪,要立足于教育和保护,防微杜渐,明确不良行为、严重不良行为有可能发展为违法行为,区别违法与犯罪,自觉抵御不良影响和不良行为,达到进行自我保护、维护权益的目的。在本单元法律层面的对违法犯罪的认识也为后面相关单元深入的法制教育[《公共利益》(第四册)的社会关系中的勇于同违法犯罪作斗争以维护公共利益和树立公共责任意识、《市场考察》(第四册)在经济领域内同违法犯罪作斗争等法律内容、《又到两会时》(第五册)的公民政治权利与公民义务等]奠定了基础。而在择友方面的教育就是第一册《人与人之间》及第三册《友谊的天空》中交友内容在法律方面的延伸和强化。

在教材的设计和编写中,在严格遵循课标要求的同时,对课标的某些内容适当作了拓展与延伸。

(四)充分体现以正视和提升学生生命的情感精神需求为本

无论是以思想政治要求为切入,还是以生活事件本身为切入,都强调不回避学生客观存在的真实感受,如学业得失及精神成长中的喜怒哀乐。设法通过恰当的参与、认知和感受体验的活动方式,使思想道德的理性、思维认知的情感、审美情操的意趣与学习者真正地"相遇"和"遭际",尽可能使活动本身自然、贴切而不主观游离,活动过程承载着学生的情感变化与认知调整得以丰富而具体地展开,学生在与自己有意义"关联"的活动中,思想道德的种子得以萌发生长,教育的引导作用真正地得以发挥。

(五)以当代青少年身心发展特征为本

呈现方式力求生动活泼以适应当代青少年特点的同时,严肃地追求思想内涵与意趣的深刻和品位,注意为学生提供足够的进行思想品德消化和思考的空间,以锻炼学生道德思维发展的品质。重视情感与理性的内在结合,并特别重视情感体验在思想品德发展中的重要性。教材注意引导学生在情感体验中获得理性的发展,在理性思考中渗透和获得情感的发展。教材特别强调引导学生在真实的生活、活动和实践中感受、体验、探究、领悟与提炼道德、价值和理性的内涵。同时,教材充分注意不低估现代初中学生的知识面、见识、理解能力和对于新知识的需要,适当安排了有一定难度的知识和理性思考的内容(以免出现学生几小时就可以把一册教材全部读完,而觉得没有多少内涵和收获的情况)。

教材设计在内容和学习要求上逐渐加深,不断增加问题的层次性和挑战性,并尽可能促使学生将同时期学到的其他学科知识及生活经验自然地加以应用与整合。编写者力求使教材搭建起一个学生据此综合学习、讨论、感受、评价思想道德话题,领悟、提炼和积淀道德、价值和理性的平台与契机,改变以往将思想品德课与其他学科的教育性功能脱离开来、学生与社会脱离开来的孤立化、简单化的局面。

(六)以崭新的面貌带动思想道德学习方式的转变

试图以崭新的面貌带动思想道德学习方式的转变,引导学校道德教育理念与操作的变革。编写者极为重视如何引发学生的自主学习和创新学习。教材精心选择意蕴和层面丰富、易于展开想象和思考的材料,重视引入材料的可发掘性,使文本材料牵引出更为大量丰富的生活中的"活材料",文本材料则留有余地、留有空间。教材在版面设计、叙述文字的数量长短、编写方式乃至于页面留白等细微之处均体现出上述匠心。编写者有意识地使教材真正成为教师进行思想品德课教学和德育工作的媒介,学生则由此而成为思想道德"积极的学习者"。教材中安排了大量由学生自主设计、自主实施、主动探索和创新学习的内容,重视学习过程的引导和学习方法的指导,为师生的创造性教学留了很大的空间。

(七)重视活动和实践,重视实践能力的培养

教材高度重视与学生生活经验和社会实践的联系,设计了丰富多样的活动和实践,引导学生通过活动和实践、在活动和实践中观察、感受、体验和思考,从中获得思想品德和实践能力的发展。

第三节　教材体系结构和体例

一、教材设计和编写思路

(一)总体设计思路

遵循《基础教育课程改革纲要(试行)》精神,依据《思想品德课程标准》,从初中学生的生活出发,体现课程的综合性要求,构建了主题引领、

层级衔接的由"单元主题—课题—主要内容"构成的教材体系结构。

根据课程标准的要求,根据对初中学生生活实际的大量调查,确定了学生在不同时间段的生活主题和教育主题,将《思想品德课程标准》的内容标准中的相关和相近的内容整合为若干单元,为便于教材的呈现和教材内容的选择与组织,每一单元下设 2～3 课。单元主题、课题的确定源于并体现初中生的现实生活。在此基础上,依据课程标准,并对课程标准进行必要的合理的创新性拓展,确定了各单元主题的主要内容。"单元主题—课题—主要内容"的结构,反映了我们"线面结合、综合渗透、创新拓展、螺旋上升"的设计思路。

初中学生逐步扩展的生活是思想品德课程建构的基础。学生的生活是综合的,反映课程的综合性要求,是教材体系结构追求的目标。本教材以生活主题模块的方式建构,通过单元主题引领板块主题以及课程内容,不仅有利于在整套教材中实现心理健康、道德、法律和国情教育等有机整合,而且能较好地按照初中学生身心特征和思想品德形成规律,将教学内容渗透在不同主题中,实现情感态度价值观、知识和能力相统一的课程目标,不断丰富、发展学生的经验、情感、能力,加深学生对自我、对他人、对国家、对社会、对自然的认识和理解,突破了按学科体系构建的传统模式。

在充分考虑到初中学生的年龄特征和认知特点的基础上,从学生适应社会公共生活和思想判断形成、发展的实际出发,以成长中的我、我与他人的关系、我与国家和社会的关系为经,以心理健康、道德、法律和国情教育为纬,由近及远、由浅入深地设计教材体系结构,由单元主题到课题到主要内容,层次分明,功能明确。在逻辑结构上,不仅注重知识内容的衔接,而且关照学生身心发展变化。各年级的内容分布各有侧重,并体现螺旋上升。各册教材之间由低到高、由近及远地螺旋上升。

遵循课程标准的要求,将课程内容合理地分布于各单元中,同时进行创新性拓展,以适应不同生活背景学生的需要,并为教材的后续编写提供创新的空间。

初一年级《思想品德》教材上、下册各设置 5 个单元。

初二年级《思想品德》教材上、下册各设置 5 个单元。

初三年级《思想品德》教材全一册设置 7 个单元。

初中一年级上册教材由 5 个单元主题和 14 个二级主题(课)构成;下册教材由 5 个单元主题和 13 个二级主题(课)构成。

上册单元主题:扬帆起航;学会学习;成长中的我;人与人之间;在分数的背后。下册单元主题:共同的责任;情感世界;无序与有序;我们的权益;走进社区。

初中二年级上册教材由 5 个单元和 11 个二级主题(课)构成;下册教材由 5 个单元主题和 13 个二级主题(课)构成。

上册单元主题:跨越代沟;友谊的天空;走自己的路;一念之差与一步之遥;顺境与逆境。下册单元主题:自然的声音;公共利益;在同一片土地上;劳动创造世界;市场考察。

初中三年级全一册教材由 7 个单元和 22 个主题(课)构成。

初三全一册单元主题:历史启示录;财富论坛;同在阳光下;又到两会时;国策经纬;漫步地球村;新的旅程。

单元确定的原则是,根据对学生生活的调研,提炼概括出学生在进入初中阶段后依次碰到的生活主题与事件,以及亟须解决的问题;然后根据课程标准的要求,确定单元主题。当一个时期有若干个学生关心的事件或问题时,则以这几个问题所涉及的知识的逻辑层次排列。单元主题与单元主题之间、单元主题与二级主题之间、二级主题与二级主题之间,分出层次,体现坡度,前后照应,内容由低到高、由近及远、由浅入深。在遵循课标要求的同时,拓展了课标的某些内容,渗透了一些课标中没有提到的内容。

在初中一年级上册,第一单元为"扬帆起航"。学生进入中学后,首先遇到的是对新生活的适应问题。总的目标是引导处于迅速成长的青春期的学生建立一个健康、快乐、美好、向上的基调,让学生喜欢中学生活,第二单元是"学会学习"。在对新环境的新体验逐渐淡去时,学习问题成为他们关心的主要事件。与此相应,第一单元"扬帆起航"主要解决新生入新校的适应问题,第二单元"学会学习"则针对有关学习的各种问题展开。第三单元安排"成长中的我",是因为大多数女生和少数男生已经或者将开始青春期发育阶段,对于大部分学生,需要有一定的青春期的提前教育。第四单元安排"人与人之间",是因为初中一年级的学生,最大的问题和困难依次是:学习,人际交往。第五单元"在分数的背后",是配合复习考试这个生活主题设置的。

在初中一年级下册,第一单元安排"共同的责任"。经过一个寒假,刚刚开学,适合对学生集中进行以班级和学校为空间的集体主义教育。第二单元安排"情感世界"是因为,从调查看来,这个时期开始出现比较多的情绪情感问题。第三个单元安排"无序与有序"。进入第二学期,学生开始出现比较明显的纪律问题,社会交往关系也开始复杂起来,因此,需要集中进行规则、纪律和初步的法律教育。在这个时期,另一个比较集中的问题是学生权利受到侵犯,但是又不知道如何保护自己。因此安排"我们的权益"。最后一个单元安排"走进社区",刚好是暑假即将开始,为学生在社区和社会中的生活和实践活动作一个比较充分的准备。

在初中二年级上册,第一单元设置为"跨越代沟"。因为进入初二后,学生们在生活学习方面比初一时已经成熟了很多。但在人际交往之中,如亲子、师生之间的相处,渐渐出现了所谓的"代沟"问题。如何跨越和解决"代沟"问题,增加相互之间的理解和信任,以尽快地适应和投入到新的年级的学习生活中去,也是学生成长在进入初二后迫切要解决的问题。第二单元安排"友谊的天空",则将亲子、师生关系进一步推向同学之间,此时对父母和教师的依赖逐步减少,对友谊非常渴望和向往,但容易由于误读友谊、交友不慎产生消极作用,学生需要这方面的指导和教育。第三单元安排"走自己的路",因为少年期学生从众心理和偶像崇拜现象需要予以正确引导。第四单元安排"一念之差与一步之遥",主要是承接一年级法制教育及本册"友谊的天空"中正确交友问题的深化;另外在调查中,这个阶段也是小团体易于形成及青少年犯罪的易发期,因此预防青少年违法犯罪的教育成为必须。最后一个单元设置为"顺境与逆境",也恰恰是学期即将结束,考试即将到来,加之初中二年级的学习正处于"赛跑"阶段的"途中跑"阶段,许多学生在心理上都表现出了畏难情况。因而如何迎接挑战、战胜逆境的主题就自然在此被提出来。

在初中二年级下册,经过近两年的初中生活,学生的认识水平不断提高,生活和活动范围不断扩大,交往活动的广度和深度也有了明显发展。第一单元设置为"自然的声音",就是适应学生对世界的认识逐步加深,活动圈子的逐步扩大而设立的,学生会越来越多地关注学校以外的社会生活,包括我们赖以生存的自然。使学生了解自然资源、环境的现状,培养学生亲近自然、鉴赏自然、爱护自然、保护环境的能力成为初二第一学期的课程,此时也正值春天临近,正是学生接近自然感悟自然的恰好时机。第二单元安排"公共利益",则是在人与自然关系的基础上,进一步将学生的视角推向人与社会关系的角度。在与自然相处中,学生了解到应该为了人类共同的利益,而与自然和谐相处。将这一思想推开来,即是在社会中人与人相处不仅要考虑自己的利益,更多的是考虑集体的利益和共同的利益。第三单元安排"在同一片土地上"。在前面单元的基础上有必要让学生了解中国五十六个民族之间的交往情况,懂得如何与各民族的同学相处。有必要使学生正确认识中国大陆与港、澳、台地区之间的关系,树立为祖国和平统一、振兴中华民族而奋斗的信念。第四单元安排"劳动创造世界"主要是因为劳动的话题与每个人都息息相关,劳动是人类的第一需要,这个"需要"不同于友谊的"需要"、人与人交往的"需要",劳动创造了人类、创造了文明,劳动是人类生存的根本。学生是特殊的劳动者,学习是一种特殊的劳动,理解劳动的意义,树立正确的劳动观,对于学生来说是一个重要问题,是关系到学生现在与未来生活、发展的主题。最后一个单元设置为"市场考察",在本册前面几个单元的基础上,有必要使初步具备理性分析问题能力的初二学生,在即将结束初二学习生活的时候,了解中国的经济国情及其相关的问题,如经济运行中的法律问题、经济行为主体或人的道德问题等。这同时又是整套教材法制教育主题的再一次呈现和深化。同时本单元在暑期社会实践方面又恰好呼应了初一年级下册最后一个单元《走进社区》的暑期实践活动,两者主题相近,而且相得益彰。

在初中三年级,根据学生的身心和思维发展的阶段,教材将更多注意力转向国情、经济改革为中国带来的变化及培养学生世界的观念。第一单元设置为"历史启示录"。就是从中国的历史出发,先探求华夏数千年的文明史,激起学生的爱国激情,然后通过百年屈辱与抗争的近代史让学生明白落后就要挨打,在中国经过许多政党、仁人志士及各种道路的尝试,历史与人民经过实践摸索最终还是选择了中国共产党和社会主义道路,没有共产党,就没有新中国;只有社会主义才能救中国,才能发展中国。这样宏大的主题最后的落脚点还是要到学生的生活实际,培养学生的使命感、责任感,通过身边的一些生动形象的例子使学生能够自觉地将自身的发展同国家的命运联系起来,这才是本单元的着眼点。第二单元"财富论坛"则是循着历史的发展,在中国进入社会主义建设时期,让学生感触到改革开放以来,中国提出的建设小康社会目标后所发生的巨大变化。在这个变化中,随着中国的日益发展和走向富裕,人们开始关注"财富"这一话题,财富到底是什么、在市场经济的大潮中我们应该树立什么样的"财富观"这样富于理性思辨的主题,正是此时学生发展的需要。第三单元"同在阳光下"则是将目光转向社会中的弱势群体,当学生关注"财富"问题的时候,同样会关注诸如失学问题、三农问题、下岗问题、贫富差距等各种社会问题,这些问题引发他们的思考可能会更加多一些。第四单元"又到两会时"将学生对以上话题的一些思考实际"转化"为积极地关注国情,从而培养学生关心社会、参加国家管理的责任感和能力;让学生在了解国家的基本政治制度和经济制度的同时感受社会生活的发展变化,增进关心社会的兴趣和情感,养成亲社会行为。在理解依法治国、建设社会主义法治国家基本方略的基础上,在前面二年级"市场考察"了解社会主义市场经济的基础上进一步理解有法可依、有法必依、执法必严、违法必究的意义。第五单元"国策经纬"将国家的一些路线、方针和政策及基本国策展现在学生面前,使学生对国情有一个更加清晰和理性的认识,也更能澄清一些认识中的模糊或问题。第六单元设置为"漫步地球村",则将学生视野更加扩大。关注必要的国际形势,了解一定的国际规则,形成开放的、合作的国际意识,是每一位现代公民的必要修养,因而培养知识面逐渐广阔、思维愈加活跃的初三学生在这方面的需求,更成为必要。本单元关注世界贫困人群,正视不发达国家的现状,更把学生的同情与悲悯推进了一层。最后一个单元"新的旅程"则是为适应学生关心的"毕业在即,面临升学或者就业各种选择,如何开始人生的一个重要的新的阶段"等生活主题设立的。这个单元力求以微观、具体和贴近学生实际的形式去触动和点燃学生面对未来的激情,看似抽象、空灵和理想化,实则有感而发,步步上升,并很好地与本套教材初一第一个单元《扬帆起航》

形成鲜明的首尾呼应,突显整套教材立意的整体性和综合性特征。

(二)单元设计和编写思路

初一年级上册　第一单元　扬帆起航

（设计思路）

主题的确定

从小学过渡到中学,学生面临学习、生活、身体、心理、角色等方面的一系列课题。初一第一单元是整个初中阶段的起点,做好初中阶段的"始业教育",让学生喜欢中学生活,为今后三年的学习、成长打基础是本单元的主要任务。

结构的设计

《扬帆起航》

第一课　走进中学

　　一、校园风景线

　　二、跨越陌生

第二课　昨天与今天

　　一、适应学习

　　二、新的规则

　　三、承担新角色

第三课　新的起点

　　一、放飞理想

　　二、凡事预则立,不预则废

　　三、千里之行,始于足下

本单元包括"走进中学""昨天与今天""新的起点"三个主题。这三个主题由浅入深地依次展开,宏观上从告别昨天、适应今天、展望明天三个角度切入,微观上落脚在了解新学校、认识新同学,适应新学习、遵循新规则、承担新角色,树立新目标、制订新计划等具体问题上。

"走进中学"围绕"校园风景线"和"跨越陌生"两大主题展开。一方面,引导学生了解新学校,包括学校的外观、历史和校训。首先,以赏心悦目的校园风景引起学生的兴趣,接着安排"画说学校"活动,请同学们描绘自己对新学校的初步印象。然后，以"校史寻踪"为活动主题，通过参观、访问等活动考查学校的历史与现状，使学生进一步了解新学校的历史足迹。最后，通过对"校训"的感悟，加深他们对校园精神文化的理解和认同。另一方面，引导学生熟悉新的人际环境，包括新同学、新老师和新集体。首先通过自我介绍、签名、制作和交换名片等活动"走近新同学"，使学生认识和了解新同学，建立起最初的友谊。然后，通过"走近新老师"活动，交流学生对老师的印象和老师对学生的要求，为建立良好的师生关系打下基础。最后，在"让我们同行"里，通过共同策划班级发展目标，制定班规、班训、班徽等活动，培养学生的集体意识和主人翁精神。

"昨天与今天"以学生熟悉的"昨天"——小学生活为背景，来比较、认识和适应"今天"——中学生活（"昨天"是暗线索，"今天"是明线索，虽然没有对"昨天"进行单独、详细的叙述，但在"今天"的叙述中时刻映射出昨天的影子）。本课分别从学习、行为规范和角色三方面，对昨天的小学生活与今天的中学生活进行比较，突出区别和变化，让学生进一步体验和适应新的学习方式，了解并学习遵守新的行为规范，认识和主动承担新的角色。

"新的起点"包括"放飞理想""凡事预则立，不预则废""千里之行，始于足下"三个主题。首先，以"为中华之崛起而读书"的故事感染学生，潜移默化地将爱国主义教育和理想信念教育融为一体，再通过"我的理想"讲演活动引导学生树立人生理想和个人发展目标。然后，在"凡事预则立，不预则废"中，教会学生根据目标制订计划。最后，通过故事"没有赚到的钱"使学生懂得"千里之行，始于足下"的道理，认识到目标和计划最终要落实到实际行动上。

从设计方式看，三课内容以时间的递进为线索，由表及里（从感官上对新环境的感受，到对新角色的体验，再到理性地认识新生活），由浅入深（从了解新学校、认识新同学，到放飞理想、制定计划），对照过去（小学）认识现在（中学），展望未来。本单元中，第一课"走进中学"和第三课"新的起点"是重点，主要使学生对新的学习环境、成长环境和人际环境有所了解，明确自己的新目标，对今后三年初中的学习和生活有个初步的构想和规划。第二课"昨天与今天"选择了三个方面对中学阶段进行简单勾画，为以后各个单元将要涉及的主题做铺垫。三课之间呈现出时间上的延续性、结构上的完整性。

前后的联系

本单元是整套教材中的起始单元，也是初中阶段的起点。本单元所涉及的内容主题大多会在以后的单元中集中论述、扩展和升华。"适应新学习"是初一学生普遍面临的问题，但此适应过程要延伸至整个初中阶段，比如在初一上册第二单元"学会学习"中会具体讨论如何掌握新的学习方法，适应新的学习环境。这种前呼后应会贯穿整套教材："跨越陌生"为初一上册第四单元"人与人之间"、初二上册第三单元"友谊的天空"做铺垫；"制订计划"也是"学海泛舟"单元的重要内容；"遵守新规则"为初一下册第三单元"无序与有序"中培养规则意识埋下了伏笔；"让我们同行"的集体意识和主人翁精神会在初一下册第一单元"共同的责任"中深入探讨；"放飞理想"中反映爱国主义的事例和活动，与初二下册第四单元"同一片土地"中的爱国情操相呼应；"千里之行，始于足下"会在初一上册第五单元"分数的背后"中的"一分耕耘，一分收获"中涉及。第一单元"扬帆起航"不但为后面其他单元作了铺垫，而且与最后一个单元"新的旅程"遥相呼应，使整套教材形成一个环环相扣、紧密相连的统一整体。

从一滴海水中可以看到整个大海，第一单元就是这滴海水，它为后面各单元的展开做好了铺垫，使教师和学生对今后三年的教学和学习内容有个总体的把握，为迎接新生活作好初步准备。后面各单元的主题是在第一单元的基础上展开和深化的，它们是第一个单元的具体化。有了第一个单元，才使整个教材体系体现出层层深入、步步推进、前呼后应的密切联系。

初一年级上册　第二单元　学会学习
（设计思路）

主题的确定

进入初中之前，同学们已基本形成了自己的一套学习方法，但并不是每个人的学习方法都是科学的，常常事倍功半，以致影响学习的自信心。

因此非常有必要以学习法指导入手,培养学生的学习能力。因此,将第二单元设置为《学会学习》。

结构的设计

《学会学习》

第一课　工欲善其事,必先利其器

一、共同的方法

二、自己的风格

第二课　文武之道,一张一弛

一、劳逸结合

二、正确娱乐　文明休闲

第三课　聪明以外的智慧

一、动力来自态度

二、习惯造就成功

三、合作带来双赢

本单元第一部分"工欲善其事,必先利其器",旨在培养学生基本的学习常规("学习有方法"),包括学会课前预习、记好课堂笔记、回答老师提问、重视课后复习和作业等;学习内容的增多需要学生进行全面的考虑,合理、有效地安排学习时间,制订学习计划;使学生了解人与人之间的个别差异性,学习方法的科学性是因人而异的,引导学生寻找"适合自己的学习方法",学会学习。

在探索学习方法的同时,也强调勤奋型,使学生成为勤奋型加策略型的学习者。但勤奋不是打疲劳战,如此比较自然地过渡到第二部分"文武之道,一张一弛"。忙里偷闲也是有必要的,休闲不仅能促进学生更有效地学习,更能使学生的个性得到全面和谐的发展,使学生懂得怎样学习、怎样生活。

蕴含在整个学习过程中的还有"聪明以外的智慧",引导学生明确学习的真正意义,培养和激发他们的学习动力,使他们变"要我学"为"我要学"。同时,学生之间的互相学习和讨论交流是他们获得知识的重要途径,学生既需要学会竞争的技巧,也需要掌握合作的本领。

教材具体内容的设计比较充分地考虑了综合性问题,整合了与主题相关的道德、心理和法律等方面的内容。

前后的联系

学习是学生生活的主题。本单元是在前面第一单元《扬帆起航》的基础上讨论学习的适应问题，是对学习主题的拓展和深化。在二年级上《顺境与逆境》中还将从不同角度涉及学习问题。在教材中，有些重要的问题，在有关单元中还会在不同程度、广度上涉及。比如对于同学们之间的竞争与合作，本单元从比较现实的微观角度进行讨论，在第四单元《人与人之间》、第五单元《在分数的背后》则从不同的角度对之有进一步的分析。关于孩子受教育的权利和义务问题，在一年级下《我们的权益》单元和三年级《同在阳光下》中有更深入的探讨。基本上各个单元之间呈现出比较自然、协调和密切的前后呼应、相互衔接、螺旋上升的关系。

初一年级上册　第三单元　成长中的我
（设计思路）

主题的确定

初一上学期的大部分学生已开始青春期发育，青春发育伴随着许许多多的变化，这种变化集中体现为自我发展。此时，帮助学生认识自我、接纳自我和发展自我是一个关键的任务。

结构的设计
《成长中的我》

第一课　成长与烦恼

一、青春发育

二、直面烦恼

第二课　正视自我，成就自我

一、认识自我

二、悦纳自我，发展自我

本单元第一课"成长与烦恼"，首先描述了生理发育现象，进而讨论了男女生的生理卫生。接着讨论青春发育带来的种种烦恼，包括生理上的烦恼和心理上的烦恼，接着帮助学生直面烦恼。第二课"正视自我，成就自我",首先讲认识自我的重要性、方法和原则,然后从外表、气质、性格、能力和整体自我等角度展开,沿着认识自我→悦纳自我→发展自我的思路,论述自我的发展。主要教育理念是:认识自我、接纳自我和发展自我是辩证的,一方面要敢于承认自己的不足,接纳自己的局限,同时又要挑战自我、战胜自我,过于接纳自我会使人故步自封,过分追求超越会使人产生不必要的烦恼,从而妨碍自我发展。

前后的联系

本册第一单元《扬帆起航》讲的是初中生活的开始,其中有"认识自我"的内容,但没有具体谈青春发育和自我发展等问题。本单元是第一单元的继续和具体化。与初二《走自己的路》有较大的联系,如认识自我、悦纳自我和发展自我的基本思想得到进一步的深化,尤其在价值观选择方面能展开讨论。与《顺境与逆境》有一定关系,因为在顺境与逆境,有一部分是主观的,如果能接纳自己的局限,有些逆境就不存在了,一旦有了更高的要求,顺境就可能变成逆境。在《公共利益》中也可以讨论自我价值问题,以便从更高层次讨论自我的发展问题。《新的旅程》中讨论自我理想问题也是这一主题的深化。

初一年级上册 第四单元 人与人之间
(设计思路)

主题的确定

对生活在社会中的人来说,人与人之间的关系是永恒的话题。人与人之间的交往也是初中生普遍关心的重要问题和生活主题。初一上学期,学生到了新的环境里,怎样与人交往,成为学生最关心的问题之一,与此同时,让学生了解一些交往的基本要素和艺术是必要的。为适应这个生活主题教育,将本册第四单元设置为《人与人之间》。

结构的设计

《人与人之间》

第一课 人类的需要

一、心灵的呼唤

二、发展的需要

第二课　假如我是你

一、平等与尊重

二、宽容与理解

三、关心与互助

第三课　交往有艺术

一、礼貌的力量

二、表达与倾听

　　本单元第一课"人类的需要",主要说明人与人之间的交往是人心灵的呼唤,是人类天性的需要,是人的心灵和精神的内在需要。如果交往被剥夺,对人的精神、心理甚至身体都会造成很大损害。交往也是发展的需要,个人发展和社会进步都离不开交往。

　　从交往是人类的需要,既是心灵的呼唤又是发展的需要,比较自然地过渡到第二课"假如我是你",告诉学生基本的、初步的交往中的道德,即内在的德、仁、义。平等与尊重,宽容与理解,关心与互助,负责和合作,是成功的人际交往的前提条件,是文明交往的内在基础。贯穿这一课的主线就是与人为善,从否定方面讲是"己所不欲,勿施于人";从肯定方面讲是"己欲立而立人,己欲达而达人"。

　　从基本的交往品德,即人们之间文明交往的内在要素,自然过渡到第三课"交往有艺术",告诉学生交往的外在的礼仪与交往的方法、技巧和艺术。礼貌待人,善于表达,学会倾听,是成功交往的外在艺术。具体来说就是:掌握待人接物的基本礼仪;礼貌待人、学会打招呼、学会微笑;学会加入、学会参与;学会表达、学会倾诉、学会倾听;学会赞美、学会批评;学会劝告、学会安慰;学会处理人与人之间的冲突和矛盾;学会让别人接受和接受别人;学会跨越交往障碍;等等。

　　这一单元的主要线索就是,人与人之间的交往是人的需要,既然生活在社会中需要交往,那么就要追求一种人与人之间的美好的关系,为此要具备文明交往的内在品德要素和外在的礼仪与交往的方法、技巧和艺术。

前后的联系

交往是学生生活的永恒主题。本单元是在第一单元《扬帆起航》学生进入新环境，接触新老师和新同学的基础上，进一步讨论人与人之间的关系，是交往主题的延伸、拓展和深化。在本单元，是"面"上的展开，在二年级《跨越代沟》《友谊的天空》等单元中还将从"点"上深入，从具体的、不同角度涉及同学交往、异性交往、老师学生交往、亲子交往等具体的深入的问题；在三年级，设计了《漫步地球村》等单元，在广度和深度上都有明显的拓展和深化。后面这些单元的讨论将在前面的基础上展开、发展和深化，各个单元之间呈现出比较自然、协调和密切的前后呼应、相互衔接、螺旋上升的关系。

初一年级上册　第五单元　在分数的背后
（设计思路）

主题的确定

考试、分数是学生普遍关心的重要问题和生活主题。初一上学期期末将至，考试迫在眉睫，复习和考试成为学生最关心的事件。为适应这个生活主题的教育，将本册最后单元——第五单元设置为《在分数的背后》。

结构的设计
《在分数的背后》
第一课　考试的心情
　　一、从容应考
　　二、平静看分数
第二课　分数的品质
　　一、诚实的检验
　　二、公平的比较
第三课　分外的收获
　　一、分数之外的成绩
　　二、一分耕耘，一分收获

本单元第一部分"考试的心情"，首先进行复习、考试的心理和方法的分析和教育,指导学生"从容应考",然后引导"平静看分数"。

从如何看分数,分析分数背后的努力学习、善于学习和考试中的心理素质,分数的意义和作用,比较自然地过渡到第二部分"分数的品质",以考试作弊、说谎、改分数和抄作业答案等实际问题和现象为题材,进行诚实("诚实的检验")和公平("公平的比较")以及负责、自尊、尊重规则、尊重权利、尊重法律等的价值和道德教育。

蕴含在考试和分数之中(背后)的诚实和公平的品质,是学生的重要成绩和收获;同时,在这之外,还有更多的其他收获。这样,就自然过渡到第三部分"分外的收获",引导学生关注除了考试之外其他各个方面的全面成长、全面发展与收获("分数之外的成绩"和收获),对一学期来的表现做一个回顾和分析,养成经常反省自己和总结经验教训的良好习惯,体会"一分耕耘,一分收获"(勤奋和坚持不懈)的道理,为顺利进入下一学期做好思想准备。

从设计方法看,从微观的点(考试中的实际心理问题)引入,从点到面(分数背后的努力学习、善于学习和考试中的心理素质,分数的意义和作用),构成第一部分和第一核心主题"考试的心情";然后从微观到中观,从表面现象到内在实质,进入考试中的道德和价值问题,构成第二部分和第二核心主题"分数的品质";最后,从中观到宏观,从时空上拓展到更大的面,进入第三部分和第三主题"分外的收获"。在本单元中,第一部分和第二部分是"主要"内容或"核心"主题,给予"浓墨重彩"的处理;第三部分为拓展性内容,给予"轻描淡写"的处理;三个部分或三个主题之间呈现出比较密切和协调的整体联系和综合特征。

前后的联系

学习是学生生活的永恒主题。本单元是在前面第二单元《学会学习》的基础上讨论考试问题,是对学习主题的延伸、拓展和深化。两者的重点不同。在二年级《顺境与逆境》中还将从不同角度涉及学习问题;在教材中,有些重要的价值观念,在有关单元中还会在不同程度上涉及。比如诚信,本单元从考试作弊、说谎、伪造家长签名等个人生活中比较具体的、微观的角度讨论;在二年级《市场考察》单元中,专门设计"品质:市场的通行证"(主要指"诚信");在三年级《财富论坛》中,设计"财富的品质""财富中的德与法"(涉及"诚信");最后,在有关国际交往与合作的单元《漫步地球村》中,又讨论作为国际惯例之基础的诚信。再如公正,首先是一年级上《在分数的背后》学习和考试中的公平"竞赛",然后是日常生活中不同家庭的收入差别与公正问题(一年级下《走进社区》),接着是农民问题、下岗问题和西部开发中的公正问题(三年级《同在阳光下》),最后是国际公正秩序的建立问题(三年级《漫步地球村》)。后面这些单元的讨论是在前面的基础上的展开、发展和深化,各个单元之间呈现出比较自然、协调和密切的前后呼应、相互衔接、螺旋上升的关系。

初一年级下册　第一单元　共同的责任
(设计思路)

主题的确定

经过一个学期,学生中出现较多小团体,同时,对集体事务的热心程度有所下降。进行以集体主义为中心的教育既是学生更好地过公共生活的需要,又能在教材体系上自然转入个人与他人、个人与集体的教育,与上册主要从个体角度切入形成逻辑上的递进。基于此阶段教学的实际,将本册第一个单元设置为《共同的责任》。

结构的设计

《共同的责任》

第一课　大家之"家"

一、我爱我"家"

二、成长的园地

第二课　我与我们

一、一滴水与大海

二、集体的力量

第三课　承担责任

一、我们是主人

二、校园事务你我他

寒假结束,刚刚开学,适合对学生集中进行以班级和学校为空间的集体主义教育。因此本单元第一课"大家之'家'",从学生学习和生活的班级、学校这个"家"说起,带领学生发现、感受、分享"家"的感觉,即自己生活学习的班级和校园的风采;了解班级、学校是学生学习知识、发展能力的场所,也是改善气质、陶冶性格、培育品格的环境,同时在这个空间也可以发展自己的特长和兴趣等。

人生活在一定的集体中,个人和集体是相互依存的,因此由对"家"的认识自然过渡到个人与集体的关系层面即第二课"我与我们"。个人依赖集体,集体也离不开个人;认识集体的含义,以集体利益为重,由个人的"小团体主义"走向真正的集体主义;敢于竞争,善于合作,体会团结就是力量。

承担应有责任,维护集体利益,是建设一个好的集体的前提。因此第三课"承担责任"以责任教育为主线,通过对集体利益的认识,体验行为和结果的关系,既要学会自我管理,对集体负责,又要有主人翁态度,参与班级、学校事务的建设,为集体的利益多作贡献。

从设计方法角度看,在初中阶段帮助学生形成良好品德,树立责任意识和积极的生活态度,对学生的成长具有基础性的作用。学生的生活圈在逐步扩展,学习环境适应之后,开始由对个人关注的中心转向了对班级、学校的认同。在现实中,有一部分青少年凡事以自我为中心,缺乏对他人的同情,缺乏对集体的关心,缺乏对社会的责任感,缺乏基本的生活自理能力,不愿与人合作。因而本单元所倡导的价值观包括热爱集体,具有责任感、竞争意识、民主参与意识、团结合作和奉献精神,在这里设计安排这个单元是责任感这一价值要素教育和学生的实际需要的结合。通过各种活动,建立学生对学校的归属感,培养他们作为群体(班级、学校、社会)一员的责任感。具体设计方式从实际的生活体验(班级、学校的感受),到个人与集体的关系的实质,再到责任的价值和道德教育,三部分呈现出不断递进和层层深化的综合特征。

前后的联系

班级、集体是学生学习活动的主要场所。本单元是上册责任主题的发展、延伸和拓展。在初一上册第一单元,《扬帆起航》初步涉及了班级和校园及生活在这个集体中的各种关系的适应问题；初一上册第四单元《人与人之间》将人际交往过程中的换位思考和对行为与后果关系的体验，也是本单元主题的部分准备。初一上册第五单元《在分数的背后》的设计，则是从竞争与合作、诚实与守信等品质入手，为本单元提供铺垫。本单元在以上这些主题的广度和深度上都有了明显的拓展和深化。本单元在另外一些主题如集体的规则方面同时又是初一下册第三单元《无序与有序》、第四单元《我们的权益》、第五单元《走近社区》等单元主题的准备。在二年级从不同的角度，在《走自己的路》（个人心理的角度）、《公共利益》（公民的角度）、《一念之差与一步之遥》（法律的角度）、《市场考察》（经济的角度）等单元中进行了拓展，而在二年级《在同一片土地上》、二年级《同在阳光下》单元中，则将责任由个人和集体上升和加深到了更加广义的公民责任、社会责任的层面。另外三年级的《漫步地球村》中，又讨论作为国际背景的诚信与责任。总之，将责任的教育贯穿在了中学生生活的各个方面（学习、生活等）及各个层面（道德的、心理的、经济的、法律的、社会的、政治的等）。这些单元的讨论是在前面的基础上综合展开的，各个单元相互呼应、层层递进。

初一年级下册 第二单元 情感世界
（设计思路）

主题的确定

初一下学期的学生已经体验了初中新生活带来的情绪情感变化，在今后的学习生活中，随着青春发育的持续，学生情绪情感的变化将更为强烈。因此，在这一学期对他们进行情绪情感教育是非常必要的。

结构的设计

《情感世界》

第一课 五彩情绪

一、人之常情

二、心晴雨亦晴

第二课 缤纷情感

一、情感写真

二、培育高尚情感

本单元根据生活实际和心理学的基本原理,按照认识—体验—行动的思路,设计了"五彩情绪"和"缤纷情感"两课。

"人之常情"通过有趣的活动让学生认识自己体验过的各种各样的情绪及其对学习、生活的影响。"心晴雨亦晴"介绍了常用的情绪调节方法,包括:认知调节法,即通过改变认知来调节情绪;倾诉调节法,即通过表达来调节情绪;行为调节法,即通过从事某种活动来调节情绪。

"情感写真"旨在让学生认识自己体验过的各种各样的情感,并通过课堂活动体验理智感、道德感和美感。"情感绿洲"以爱心为主线,探讨了爱自己、爱他人、爱祖国、爱自然等健康的情感。"情趣冲浪"探讨兴趣爱好的作用,旨在帮助学生认识兴趣爱好的双重作用,培养积极的情趣,抵御消极的情趣,使情绪有利于学习和工作。"情感表达式"旨在让学生学会根据角色、情景、文化等情况来表达自己的情感。

前后的联系

第一册第四单元中有三部分内容与本单元有密切联系,一是"关心他人",在本单元体现为爱人,二是"倾诉和倾听",在本单元中表现为倾诉调节法,三是"交往艺术",在本单元中有情感表达式。总体上,前面单元是在面上进行拓展,本单元在点上进行深化,或者说是在具体领域中应用前面的原理。与初二上《友谊的天空》的联系也很明显,《友谊的天空》详细探讨男女交往中友谊和爱情问题,是在点上深化情感问题的讨论。《顺境与逆境》中会涉及在顺境和逆境中的情绪和情感问题,如遇到挫折等。初三《同在阳光下》和《漫步地球村》都会在不同程度上涉及爱心问题。

初一年级下册　第三单元　无序与有序
(设计思路)

主题的确定

初中一年级第二学期,初中生活已基本全面地展现在初中生眼前,初步的理性思维和逻辑思维能力的形成促进了认识问题与分析问题能力的进一步发展,对生活和学习或者社会也有了进一步了解的愿望,特别是对生活、学习、经济、法律以及道德中的一些规律、规则和问题的理解。社会要求人们遵守公德，优质的个人生活离不开良好的社会环境，而良好的社会环境则需要大家都遵守社会规则。认识规则、学习规则和遵守规则，对法律概念有初步的了解并最终走向自律的"自由"是本单元的主线。基于此需要，第二册第二单元设置为《无序与有序》。

结构的设计

《无序与有序》

第一课　规则与秩序

一、规则种种

二、秩序来自规则

第二课　法律初探

一、法律：一种特殊的规则

二、法律的作用

第三课　心中的律令

一、自律与他律

二、匿名世界的"游戏规则"

本单元在本册教材中起承上启下的作用。一方面要对前面的知识进行深化，另一方面又要为后面的法制教育作好铺垫。本单元共包括"规则与秩序""法律初探"和"心中的律令"3课。这3课6个主题由表及里、由浅入深层层推进，深化对规则的意义、作用的理解，使学生树立起规则意识，养成良好的自律习惯。

有序或无序状态时时出现在学生生活周围，因此第一课设置为"规则与秩序"。由对生活的有序或无序状态生发的疑问导入对规则的定义、起源和一般特征的思考和认识；通过情境、案例分析，启发学生对种种规则现象进行思考，说明规则的分类及"秩序来自规则，规则是秩序的必要保障"这样一个道理。生活处处有规则，通过课堂讨论和实践活动具体列举了几种规则，说明日常生活中存在各种各样的规则，包括道德的、法律的。让学生懂得规则无处不在、规则保障秩序的道理。

第二课"法律初探"是在对各种规则有了一般性认识之后，在这里特别将"法律"这种特殊的规则单独提出来，加以说明。初步了解法律的起源与产生、法律的概念、特征及与其他规则的区别；通过法律解决纠纷、制裁犯罪、保护合法权益说明法律影响我们生活的方方面面，与我们的生活息息相关。

第三课"心中的律令"则是力图将学生视角从法律引向道德层面，即将规则等意识内化为个人的自律行为才是本单元的最终目标。该部分首先从心理学角度阐述了自律与他律的含义，然后情景设疑，启发学生思考在无人监督时如何遵守规则，使学生理解自律的意义，养成自律的习惯，特别是对匿名世界——网络中的规则问题进行讨论，以使学生对规则与自由的关系及自由的初步概念有更深入的理解。

前后的联系

规则意识在初一第一册第一单元《扬帆起航》中校园的规则里有了第一步认识，而后在第二册第一单元《共同的责任》中有集体规则的认识等。培养学生的规则意识是非常重要的。这不仅有助于他们熟悉当下的公共生活，而且将为他们未来进入更为广阔的公共生活和经济等领域履行公民的职责打下扎实的基础。这些规则的学习为学生在本册第四单元《我们的权益》中进一步学习法律方面的知识做好了准备，因为法律也是一种特殊的规则。在初一最后一个单元《走进社区》中我们又会遇到更加具体的社区生活规则。尊重规则、遵守法律及道德准则可以维护社会公正与正义，这在二年级第三册第四单元《一念之差与一步之遥》又会成为体验行为和后果的联系方面的内容。在二年级第四册教材中的第一单元《自然的声音》中又有具体的自然规则的进一步反映；紧接着第二单元《公共利益》中又会显现规则内容，即规则的遵守也是负责任行为的表现。当今社会发展很快，尤其是我国加入世界贸易组织（WTO）之后，新的市场经济的运行规则等要求学生必须形成严格的规则意识，从小打下良好的法律基础。经济方面的规则内容在二年级第四册第五单元《市场考察》以及三年级《财富论坛》中将会得到详细的论证。更加具体的社会化及公民行为准则的培养则在《公共利益》《又到两会时》等单元中会得到深刻体现。总之，规则无处不在，在整个教材体系中规则理念的呈现是逐层推进、步步深化的。

初一年级下册 第四单元 我们的权益
（设计思路）

主题的确定

进入初一第二学期的后半程，学生已能够较为全面地适应初中的生活学习，但生活学习中难免会出现许多困难与问题，如青春期的初中生，容易受到多方面侵害。困扰青春期成长的不断增多的侵害与问题逐渐使他们不得不开始思考与"权益"和"自我保护"关系密切的问题，也不得不进一步关注与个人社会化关系密切的较为理性的法制教育主题。因此将本单元——第二册第四单元设置为《我们的权益》。

结构的设计

《我们的权益》

第一课 少年的权利

  一、法律的规定

  二、联合国的声音

第二课 谁为我们护航

  一、家庭保护

  二、学校保护

  三、社会保护

  四、司法保护

第三课 自我保护

  一、远离危险，拒绝侵害

  二、学会求救和自救

  三、善用法律帮助

本单元第一课"少年的权利"主要是理解、认识中学生在规则和法律范围内都拥有哪些明确和具体的权利，从"我要上学！"的生活"呼声"引出与生活相联系的"权利清单"，最后到法律和规则所规定的明确"权利"概念和内容，特别是《未成年人保护法》所涉及的各种权利概念。主要目的是让学生在理解这些权利概念后，引发搜集生活中的各种事例、案例的兴趣，能初步将这些概念名称和生活事件联系起来。

明确权利概念之后,则自然生发出第二课"谁为我们护航"的"疑问",权益谁来保护的问题,这也是进一步深化理解少年权益的内容和范围。本部分内容主要围绕《未成年人保护法》所涉及的四个方面的内容展开,即"家庭保护""学校保护""社会保护"和"司法保护"。这四个保护中还贯穿了中学生成长中关系密切的几个方面,如生命健康和自由、接受教育、自我成长、社会化中的发展等。最终要让学生了解法律就在自己身边,中学生作为未成年人有受到法律的特殊保护的权益。同时本部分在理解权利观念的同时,让学生对责任和义务也要有所认识。

权利观念和保护意识的确立,关键还是要弄清楚怎样"自我保护",即本单元第三课。不负责任的社会成员会造成他人的权益损害,给他人身体、心理等造成严重影响,对社会造成危害。只有尊重他人才能获得尊重。权益受到侵害者要适当地学习一些自我保护的技巧,远离危险,拒绝侵害,学会运用法律武器、善用法律帮助,学会自我保护,树立权益意识,才能远离危险和暴力。

就设计与写作方法而言,自我保护方法和技能是在实践中和其他学科的教学中习得的,并不全是思想品德课的任务。但是,结合思想品德教育培养学生自我保护能力是可行的、有益的。特别是让学生树立自我保护意识,掌握自我保护的本领,是非常必要的。法制教育的一个重要目标是增强权利意识,掌握维护权益的有效方法,这也是本单元设计所遵循的原则之一。

前后的联系

本单元在承接前面一些单元——如第一册《扬帆起航》中的中学校园规则的认识,以及本册第三单元《无序与有序》对规则的深化理解和对法律的初步概念有基本认识的基础之上,进一步让学生理解规则、法律和个人权利之间的关系,是法制教育与生活联系的进一步展开,但最重要的是理解仍然作为未成年人的中学生在规则和法律范围内都拥有哪些明确和具体的权利,这些权利又是如何和中学生生活密切相关。在我国,权益意识重视程度普遍不足,因此将权益作为一个专题来讲很有必要。但讲权利并非不要义务或责任,在本单元里义务就被放在教育权后重点提及,但义务也没有就此简单带过,在本教材各单元里义务是不断地被强化,同时在本单元的最后一部分涉及权利的有限度使用问题,即个人的权利保障首先是在尊重别人权利的基础之上才有的,不要侵犯别人的权益,应当学会尊重别人(第一册《人与人之间》的尊重观念在法律领域的初步再现),具有责任和义务感(第二册《公共责任》责任及观念在法律领域的初步再现)。这也为二年级的《一念之差与一步之遥》(第三册)埋下相应的伏笔,如抵制诱惑、抗拒暴力,运用法律武器保护自己和与违法犯罪作斗争,了解为了学生的健康成长,就要避免违法犯罪,抵御不良诱惑;法律是青少年自我保护的有力武器,帮助他们初步学会寻求法律帮助、同违法犯罪作斗争等;为《公共利益》(第四册)的社会关系中的责任、三年级第五册《又到两会时》的公民的政治权利与公民义务做好了法制教育方面的知识准备和理念准备。

初一年级下册　第五单元　走进社区
(设计思路)
主题的确定

到初一下学期,学生在思维、经验、行为等方面相对成熟起来,他们的视野更加开阔,开始更多地关心社会的发展变化,为进一步发展学生参与社会生活的兴趣与能力,培养社会公民意识和责任感,设计了《走进社区》这一主题。同时,将本册最后单元——第五单元设置为《走进社区》,有助于学生运用在课程学习中获得的相关知识和方法,利用暑期进一步走入社区和社会开展社会实践活动。

结构的设计
《走进社区》
第一课　我们生活的地方
一、关注社区
二、社区考察
第二课　在社区中生活
一、权利与责任
二、参与和服务

本单元第一课"我们生活的地方",是引导学生关心和了解社区。首先,从面上了解自己生活的社区的概貌特征,然后是有意识地感受、体验社区里的人、事、物,从而唤醒学生的社区公民意识,激发学生对社区的关心;在此基础上,指导学生走进社区,进行实地考察,深入了解自己生活的社区,对社区的建设和发展提出建议。

作为社区的成员和公民,不仅要了解和关心社区,还要融入社区,参与和学习社会公共生活,这样,就过渡到第二课"在社区中生活",通过具体问题和事例的分析,使学生学会正确认识和行使权利,承担责任,履行义务,培养和发展热爱社区、奉献社区的公民素质,并进一步走进社区,开展实践活动,服务社区、建设社区。

从设计方法看,是从面到点,由表及里;又自内而外,拓展延伸。从第一课到第二课,是从面的介绍到点的深入,从了解社区到融入社区,参与社区生活,承担公民责任;由表及里,从社区概貌的描述到对社区的人和事的深入了解、再到对社区生活的思考;同时,每课的设计又注重自内而外,拓展延伸,从感受体验到行为实践,从感受社区、体验社区到走进社区、考察社区、服务社区;拓展延伸,指导学生开展社会实践活动,进一步走入社区和走向社会。

前后的联系

整个初一教材的主题确定和单元安排是根据初一学生的生活逻辑来设计的,是从学生的个体成长、自我发展到学会交往、处理自我与他人的关系,再到学会处理自我与集体、自我与社会的关系。《走进社区》作为初一教材的最后一个单元,其设计安排遵循学生的生活逻辑和初一教材的编排逻辑,是依据初一学生的身心发展规律和学生的活动能力不断增强,更多地参与社会公共生活的实际来设计安排的。

本单元着重指导学生在公共生活中,学会处理自我与他人、自我与社会的关系,遵守社会公共生活规则,培养社会公民的意识和社会责任感,是《人与人之间》(学会处理个人与他人的关系)、《共同的责任》(学会处理个体与班级、学校集体的关系)、《无序与有序》(学会遵守规则)单元相关内容和主题的延伸、扩展和深化。

在教材中,有些重要的价值观念,在有关单元中还会在不同程度、广度上涉及。比如有关公共利益、社会责任、关心帮助弱势群体的问题,还将在二年级的《公共利益》单元,三年级的《同在阳光下》单元中涉及、拓展和深化。

从与相关课程的联系看,《历史与社会》课程中也涉及了社区的内容。与《历史与社会》课程中关于社区内容不同的是,本单元突出品德教育,而不是教以有关社区的具体知识;突出价值观引导,发展亲社会行为,培养社会公民的意识和责任感。

初二年级上册　第一单元　跨越代沟
（设计思路）

主题的确定

进入初二后,学生们在生活学习方面比初一时已经成熟了很多。这种成长也体现在人际交往之中,如亲子、师生之间的相处,渐渐出现了很多新的变化和发展,产生了种种新的问题,出现了所谓的"代沟"。如何跨越和解决"代沟"问题,增加相互之间的理解和信任,以尽快地适应和投入到新的学习生活中去,是将本册第一单元设置为以处理亲子、师生关系为主题的《跨越代沟》的重要原因,也是学生成长在进入初二后迫切要解决的问题。

结构的设计
《跨越代沟》

第一课　走近父母

一、谁言寸草心,报得三春晖

二、"代沟"析疑

三、沟通与和谐

第二课　理解老师

一、阳光下最灿烂的职业

二、良师与益友

本单元第一部分"走近父母"首先将视角投向学生生活的主要场景——家庭。从一首诗开始,让学生回顾成长的道路,感受父母对于我们深深的爱和浓浓的情,然后引导学生感激父母、尊敬父母和体谅父母;伴随着成长,学生独立意识增加,难免出现沟通的困难和相互之间的误解,这就是"代沟"的困惑。对"代沟"进行心理的换位分析,克服逆反心理、寻找沟通的方法等是最终走向沟通和和谐的有效途径。

"代沟"的另一个突出表现自然就在学生学习的主要场所——学校。解答学生在师生交往中的疑问和困惑成为设立本单元第二部分"理解老师"的主要目的。本部分首先带领学生理解教师的职业特点,体会"阳光下最灿烂的职业"——教师的烦恼与欢乐,然后引导学生尊敬、关心、体谅和理解老师,与老师相互沟通,正确对待老师的表扬与批评,增进与老师的感情,建立平等民主的师生关系,使老师既成为学生的良师又成为学生的益友。

解决"代沟"困惑也为顺利进入新学期的生活学习和应对成长"风暴期"中不断出现的与长辈的各种冲突等问题做好了心理的、道德的准备。

本单元的设计方法和写作思路,开始于心理层面的生活体验,并由体验到分析,构成了"代沟"的第一个主题"走近父母",在此将"代沟"问题提出并进行第一层面的讨论;然后从生活的家庭场景转换到学校场景,由父母到老师,进入到对"代沟"的第二层面的更为细致的心理特点分析,引导学生努力克服"逆反"心理和消极的从众心理等。最后,从分析到实践,在学生认识清楚问题后,着手解决"代沟"问题,寻找与父母、教师沟通的具体方法,解决矛盾,走向理解。在本单元中,第一部分和第二部分同时作"浓墨重彩"的处理,分别从两个不同的生活场景出发,对"代沟"这一生活主题进行了较为"情感化"的分析和处理,力求在理解的感动中解决学生成长的困惑。两个部分虽相互独立,但并非没有联系,而是呈现出密切和协调的整体联系及综合特征。

前后的联系

对于青春期的中学生来说,因成长中的问题而烦恼,与父母、老师相互沟通困难,是学习生活中不可避免的永恒话题。本单元与前面初一第一个单元《扬帆起航》形成一定程度的呼应:学生在刚进入初一第一个学期时,面对新的学习、新的环境和新的生活,要开始学会认识、理解他们的新期望,加之初一阶段学生对父母的感情主要仍停留在依赖和崇拜阶段,特别是需要对新的学习阶段有全新认识,这些成为这个单元的核心主题;而到了初二第一个学期,伴随身心的成长、依赖性的减弱、"成人感"的增加,必然会带来本单元关注的主题,即与长辈的沟通与理解问题;涉及本单元相关主题的单元在整个教材中还有很多,如初一上册第三单元《成长中的我》里的成长的烦恼;《人与人之间》(初一上)里对同学、师生、亲子的交往与沟通的初步理解;《共同的责任》中班级集体里对个人与老师关系的进一步认识;《情感世界》(初一下)里如何克服青春期烦恼,调控好自己心理冲动的内容等,又是对本单元的铺垫和准备。以后的一些单元,也有反映、展开、发展和深化类似主题的设计,如《顺境与逆境》(初二上)、《新的旅程》(初三),这些单元主题更倾向于在遇到逆境和压力或面临重大选择时需要关注父母和老师们有益的意见和关心,这对于青春期中学生的健康成长必然有很大的帮助。此外,除了以心理层面分析为主线,解决个人与父母、老师的关系的道德问题,前面一年级下册的《我们的权益》还就如何解决与长辈之间的"个人(秘密或隐私)"问题进行了法律知识方面的准备。因此本单元较好地将道德、心理和法律等领域的教育结合起来,同时各单元之间呈现出比较自然、协调和密切的前后呼应、相互衔接和螺旋上升的关系。

初二年级上册　第二单元　友谊的天空
(设计思路)

主题的确定

从初二年级上学期起,由于自我意识和独立性的迅速发展,初中生对父母和教师的依赖逐步减少。随着少年生活和活动范围的扩大,交往活动的广度和深度有了明显的发展,一方面,少年学生对于友谊的向往、追求和需要变得越来越迫切,关于友谊的问题逐步成为学生关注的主要问题之一;另一方面,部分学生由于错误理解友谊和交往不慎而发生一些问题。为适应这方面的教育,设置了《友谊的天空》这一单元。

结构的设计

《友谊的天空》

第一课　有朋友的感觉

一、友谊，心灵的需要

二、友谊，与成长同行

三、跨越障碍，寻求友谊

第二课　交友的智慧

一、善交益友

二、远离损友

三、交友的艺术

第三课　男生女生之间

一、男孩！女孩！

二、纯真的友情

三、青春的心弦

本单元第一部分"有朋友的感觉"首先引导学生了解和体验友谊是人心理的内在需要（"友谊，心灵的需要"），然后讨论友谊对于个人成长、事业发展的作用（"友谊，与成长同行"），引导学生珍惜友谊、寻求友谊（"跨越障碍，寻求友谊"）。

第二部分安排"交友的智慧"，指导学生正确交往，追求和发展真正的友谊（"善交益友"），防止因错误理解友谊和交往不慎发生违法犯罪行为（"远离损友"），并且针对初中生在交友中经常发生的问题进行技巧方面的指导（"交友的艺术"）。

第三部分"男生女生之间"，引导学生正确认识男女同学的差别和交往（"男孩！女孩！"），开展男女同学的正常交往，学会用理智控制情感，培养男女同学的纯真友情（"纯真的友情"与"青春的心弦"）。

教材具体内容的设计比较充分地考虑了综合性问题，整合了与主题相关的道德、心理和法律等方面的内容。

前后的联系

人际关系是学生生活中的重要主题。初一上册已经安排了《人与人之间》,讨论了人与人之间需要交往、交往有品德和学会交往等处理人际关系的初步的、基本的、一般性的常识、原则和技巧。《友谊的天空》处理的是比较特定、具体和深入的人际关系(同学友谊)问题,因此是对前面单元的延伸、拓展和深化。在以后的有关单元中,比如,在二年级的《在同一片土地上》、三年级《同在阳光下》和《漫步地球村》等单元,还会更深入、更广泛地涉及人际关系(公共社会生活)和交往问题。另外,一般的情绪和情感问题已经在初一的《情感世界》中讨论,在本单元中,涉及的是比较特定的、深入的、复杂的情感问题(少男少女的特殊情感),在以后的有关单元中,还会涉及其他复杂和高级的情感。

初二年级上册　第三单元　走自己的路
(设计思路)

主题的确定

少年期的中学生逐步摆脱父母长辈的束缚,走出对于老师的依赖,开始特别向往和追求独立自主;同时,交往重心开始转向同伴群体——同学和朋友。在追求个人独立与自主的"多梦"时期同样会面临这样一些问题:合群中的盲从、独立与自主、崇拜与自我等,特别是确立自我、寻找真正的自主这些主题构成了从小学生变为中学生后的独立的少年们急切想得到的问题答案,据此将本单元设置为《走自己的路》。

结构的设计
《走自己的路》
第一课　从众与自主
一、剖析从众
二、走向自主
第二课　偶像与自我
一、透视"追星"
二、超越崇拜

本单元第一部分"从众与自主"首先从学生学习生活中常见的从众现象着手分析——从心理从众到行为从众,从众的积极和消极影响。只有独立思考,明辨是非,自觉抵制和抗拒团体与外部的压力与诱惑,才能克服消极的从众现象,走向自主选择的阶段。能够正确认识从众心理和好奇心,发展独立思考和自我控制能力是第一部分的设计主旨。

少年期也是"多梦"和"追星"的时期,开始喜欢明星、关注明星、研究明星、学习明星;在崇拜明星的同时,如何避免迷失自我? 如何确立自己的目标? 怎样找到成就自我的道路? 这就是本单元第二部分"偶像与自我"中提出的问题。该部分从现实中的种种"追星"现象出发,分析了"追星"的是非与利弊,进而从中学生所崇拜的"星"——偶像的角度出发,以心理学的"晕轮效应"一分为二地对偶像的优缺点进行了理性的、批判的和客观的、全面的分析,探询了偶像成功的背后原因,只有这样看待问题才能逐步告别盲目、走向清醒,告别疯狂、走向理智,告别幼稚、走向成熟。本部分教学的目标设定在让学生了解自我评价的重要性,客观地认识、评价自己的优缺点,形成比较清晰的自我整体形象。

从设计和写作方式看,第一部分"从众与自主"从活泼的事例入手,用层层递进的逻辑方法对学生生活中的典型心理特征进行了细致的分析。该部分基本实现了宏观而不空洞、逻辑而不抽象的目标。第二部分"偶像与自我"则主要比较微观和真实的事例,叙述比较具体、实用、中观和现实,以辩证观点和学生的视角对学生最为喜欢的偶像崇拜现象进行了理性的分析,并且也给予学生以人生态度的指导。总体看来,两个部分看似"平行并立",实则递进上升,呈现出了联系与综合的特征。

前后的联系

从教材的总体设计上看,《走自己的路》的立意延伸始自本套教材的第一个单元——初中一年级上册第一单元《扬帆起航》及第三单元《成长中的我》中始终贯穿的主题:了解自我评价的重要性,客观地认识、评价自己的优缺点,形成比较清晰的自我概念。在本单元之前还与初一上册的《人与人之间》及《在分数的背后》、初二上一个单元《友谊的天空》形成另一个立意的衔接:即从众的心理现象。从人与人交往中初步的从众表现(《人与人之间》)到面对群体压力时的从众心理(《在分数的背后》《友谊的天空》)分析,再到本单元对从众心理的全面、理性思考,认识这一思想根源产生的一个直接结果——偶像崇拜现象;而在本单元之后教材也并非就此住笔,在教材整体设计上对本单元的主题进行了深化处理,以加深对这一现象的进一步理解。初二上册紧接着本单元的《一念之差与一步之遥》单元里,则与如何抵制同伴压力,克服从众心理,拒绝诱惑,明辨是非,预防违法和犯罪行为的发生这些主题形成连贯,恰好地将道德、心理的分析引向了法律的层面,使这三项教育的内容有机地整合起来。在二年级,本单元也为《新的旅程》中独立自主地作决定、认识自我、成就自我和超越自我等主题的升华做好了铺垫和准备。

初二年级上册　第四单元　一念之差与一步之遥
(设计思路)

主题的确定

初二年级学生由于生活范围的扩大,个人独立性不断增加,逐渐走出对成人的依赖,同伴关系不断密切,开始注重建立友谊,向往独立自主,但往往在同伴压力与盲从心理的驱使下,可能因"一念之差"犯错误。无论是犯错、违法还是犯罪,都是一念之差的事情,一失足成千古恨;从小错到大错,不良行为到严重不良行为,一般违法到严重违法(犯罪),只有"一步之遥",因此决不能跨出这一步。初中二年级学生大都在 14 岁左右,是违法犯罪的易发期。因而,此时对他们进行拒绝诱惑、筑起法律防线、预防违法犯罪的教育成为他们生活的必需,且有很强的针对性。

结构的设计

《一念之差与一步之遥》

第一课　一念之差

一、危险的诱惑

二、拒绝诱惑

第二课　一步之遥

一、千里之堤,溃于蚁穴

二、防微杜渐

三、过则勿惮改

本单元第一部分"一念之差"首先引出在我们身边存在着的多种诱惑,进而分析"黄、赌、毒、法轮功"等不良诱惑对青少年成长的危害,指导学生如何识别和自觉抵御不良诱惑。染指"黄、赌、毒、法轮功"等不良诱惑属一般违法的行为,对一般违法行为如果不警惕、不改正,发展下去就很可能掉入犯罪的深渊。

要避免违法犯罪,就必须了解什么是违法、什么是犯罪。因此,本单元第二部分"一步之遥"着重不良行为与严重不良行为概念的界定,知道不良行为和严重不良行为有可能发展为违法与犯罪;了解一般违法与犯罪的区别与联系,知道违法犯罪要承担相应的法律责任,认识到违法与犯罪之间没有不可逾越的鸿沟,"千里之堤,溃于蚁穴"。因此,"防微杜渐",知错就改("过则勿惮改")才是正确的选择。

从设计的方法看,主要是从一些初中学生由小毛病(不良行为)发展到大过错(严重不良行为),从一般违法到陷入犯罪泥潭的案例入手,引出青少年应增强法治观念,要严格遵守纪律、制度、规章及法律,使其认识到"小错不断,大错不犯"的思想是危险的,只有从小增强法治观念,才能自觉守法,健康成长。

前后的联系

本单元是在初一年级《无序与有序》(第二册)、《我们的权益》(第二册)等单元对法律的初步认识基础上的延伸、拓展和深化。《无序与有序》讲述了什么是规则,什么是法,以及法律的重要作用。本单元在此基础上进一步指出,不遵守规则,违法犯罪会造成严重后果,这也从另一个角度阐明了遵守规则、遵守法律的重要性。《我们的权益》主要让学生了解《未成年人保护法》里家庭保护、学校保护、社会保护和司法保护这四个维度及如何自我保护的一些具体内容,这些有助于学生维护自己在家庭、学校和社会中的合法权益,同时也让学生接受了初步的法制教育。本单元则从另一个与青少年关系密切的《预防未成年人犯罪法》的角度,以个人的视角强调了预防未成年人犯罪要立足于教育和保护,从小抓起,对未成年人的不良行为及时进行预防和矫治,强调对未成年人进行预防犯罪的教育,依赖家庭、学校和社会等提供的良好健康的环境。获得保护以及掌握相关自我保护的技巧、方法当然是必要和重要的,但是最关键的一点还是要从自我做起、从小处着眼,防微杜渐,明确不良行为、严重不良行为有可能发展为违法行为,从而区别违法与犯罪,自觉抵御不良影响和不良行为,达到进行自我保护、维护权益的目的。

法律层面的对违法犯罪的认识将为以后单元深入的法制教育——《公共利益》(第四册)勇于同违法犯罪作斗争以维护公共利益树立公共责任意识、《市场考察》(第四册)在经济领域内同违法犯罪作斗争等法律内容、三年级《又到两会时》(第五册)的公民的政治权利与公民义务等——奠定基础。在心理的层面上,本单元着重从学生所处的特殊成长阶段的心理特点和状态出发,分析导致不良及违法犯罪行为的诱因,由"一念"和"诱惑"开始,层层递进,最终让学生学会树立抵制诱惑、防微杜渐、远离犯罪和知错就改的正确态度和自律意识。道德层面依然是前面单元责任、人际交往、规则及树立初步的正义观念等的深化和后面单元内容的准备。在择友方面就是第一册《人与人之间》及第三册《友谊的天空》中交友内容在法律方面的延伸和强化,特别是与上一个单元《走自己的路》中的这一主题形成紧密呼应:从上个单元的正确处理与父母、家长的成长"冲突"关系——依靠而不是依赖,自主而不是反叛,走出对成人的依赖,走向独立与自主,到本单元的摆脱同伴的压力,不要自己失足,拒绝诱惑,筑起法律的、道德的防线。

本单元的核心理念是以学生实际心理发展特征为主线,以道德思想作为引导,体现实践道德和遵守法律的统一性,从而体现了不同年级之间教学内容综合、螺旋上升的有机关联。

初二年级上册　第五单元　顺境与逆境
(设计思路)

主题的确定

人生不如意事常八九,对于生活和社会活动领域不断扩大的初中生而言,无论处在顺境,还是处在逆境,遭遇挫折是人人必须经历、无法逃避的现实。在初二第一学期即将结束时,面对学习进入"耐久跑"的特殊阶段,或面对成长、生活中遇到的许多挫折与困难,许多学生都会感到难以应对,不知所措;让学生学会适应新环境,敢于承受挫折,能够比较顺利地适应社会化的过程是本册设置《顺境与逆境》这一单元的重要理由。

结构的设计

《顺境与逆境》

第一课 顺境与逆境的双重变奏

一、成亦顺境,败亦顺境

二、功亦逆境,过亦逆境

第二课 与挫折同行

一、感受挫折

二、战胜挫折

本单元第一部分"顺境与逆境的双重变奏",首先描述了顺境对中学生成长所具有的积极作用和消极作用("成亦顺境,败亦顺境"),说明"自古英雄多磨难,从来纨绔少伟男",引导中学生把握好人生的航标,顺利驶过顺境的险滩。接着分析了中学生在学习、交往和家庭生活等方面的不利环境,说明在漫长的人生道路上,我们每个人都会经历逆境的考验。逆境具有使人沉沦、促人奋进的两重特性("功亦逆境,过亦逆境")。但顺境和逆境是互相对立,又互相依存,并且在一定条件下互相转化的。当我们经历逆境时,只要不气馁,就能获得最后的成功。

从中学生普遍遭遇的挫折情境切入,引出了第二部分"与挫折同行"。分析了中学生可能遇到的各种各样的挫折,接着进一步分析了面对挫折不同的人有不同的态度,会导致不同的结果("感受挫折")。引导中学生积极地应对挫折,掌握战胜挫折的有效方法,特别是要在挫折中锤炼坚强的意志,从而走出人生的低谷,迈向一个又一个成功("战胜挫折")。

从设计方法看,从中学生的喜怒哀乐入手,引导中学生从具体的生活情境和生活体验入手,体会其中的深刻哲理,提升其理性认识,增长其人生智慧。总的来说,这两个部分是由浅入深,由认识到实践,符合中学生道德成长的自然规律。

前后的联系

顺境与逆境是中学生必须面对的生存境遇,挫折更是中学生在生活领域不断扩大的时候普遍遭遇的情境。第一册虽然分析了中学生在学习、交往、成长中的困难,但只是初步地介绍挫折的一般性知识,在本单元则突出了这一生活主题,浓墨重彩,层层深入,分析顺境与逆境对人成长的积极与消极影响,揭示两者之间发生内在转化的深层原因,引导学生抵御顺境的不良影响,走出逆境,战胜挫折,以发展中学生的道德分析、道德判断和道德实践能力。在以后的单元中,该主题将涉及更为深刻的人生道德智慧,进一步提升中学生的道德理性能力,帮助他们顺利成长。

初二年级下册　第一单元　自然的声音
(设计思路)

主题的确定

大自然是人类的母亲,也是人类生存的家园。只有一个地球,资源在枯竭,环境被破坏,大自然在哭泣。关心自然,关爱自然,是我们每个人义不容辞的责任。为了使学生了解自然资源、环境的现状,培养学生亲近自然、鉴赏自然、爱护自然、保护环境的能力,特将本册第一单元设置为《自然的声音》。

结构的设计

《自然的声音》

第一课　人类的朋友

　一、生活的必需

　二、生存的空间

第二课　哭泣的自然

　一、资源在枯竭

　二、环境被破坏

第三课　自然的朋友

　一、人类的责任

　二、少年在行动

本单元第一课"人类的朋友",首先从我们的日常生活切入,使学生体会各种各样的自然资源是我们"生活的必需",然后引入食物链和生态平衡的例子,使学生感悟自然环境是我们"生存的空间",是我们赖以生存和发展的物质条件。

懂得了自然对于人类生存与发展的意义后,还需要关注自然,了解大自然的现状,也即人类目前的生存环境。于是,比较自然地过渡到第二课"哭泣的自然"。由于人类长期掠夺性地开发自然资源,地球环境日益恶化,"资源在枯竭","环境被破坏",人类生存的家园遭到了严重破坏。在"资源在枯竭"里,首先让学生明白,只有一个地球,人类只有这么一个家园。然后从"土地荒漠化""水资源短缺"和"能源匮乏"三个主要方面举例说明目前我们面临的资源危机,使学生明白资源问题的严重性。在"环境被破坏"中,首先通过"古今敕勒川"的鲜明对比,让学生体会人类生存环境已经遭到严重破坏,继而又以土壤、空气、水被污染的例子进一步说明"环境被破坏"。整个第二课,使学生深切感到生存的危机。

面临如此严峻的自然环境危机,我们应该如何挽救人类的家园?关爱自然,保护环境,以实际行动保护人类的家园,是我们每个人的职责。于是本单元顺理成章地落实到了人自身,引出第三课"自然的朋友"。这一部分包括"人类的责任"和"少年在行动"两方面,分别从宏观和微观、集体和个人两层面,激发学生"关爱"自然,"善待"自然,做自然的朋友,做环境的卫士。

从设计方法看,本单元三课由远及近、由外而内依次层层铺开,最后内化为学生个人的实际行动。第一课是后两部分的基础,是关于自然的"理性"认识和感悟,如果没有体验到人与自然这种"母子""朋友"的关系,也就不会那么深切地关注、关心自然,更谈不上保护自然。第二课是第三课的前提,如果没有认识到环境问题的严重性,就不会有意识地关爱和善待自然,不会主动地保护自然环境。第三课是主题的深化,把环境问题落到实处,激发学生用行动来保护人类家园。各部分之间衔接紧密,过渡自然,组成一个完整的体系。

前后的联系

自然和环境问题是关系人生存与发展的重要问题,关注自然就是关注人类命运。树立正确的发展观,理解可持续发展战略的意义,关爱自然、节约资源、保护环境应该落实在学生的日常生活实践中。这一生活主题在本套教材中前后贯穿了几个单元。本单元分别与初一下册第一单元《共同的责任》、第五单元《走进社区》,初二下册第二单元《公共利益》、第四单元《劳动创造世界》,初三第二单元《财富论坛》、第四单元《又到两会时》、第五单元《国策经纬》和第六单元《漫步地球村》前后联系。《共同的责任》《走进社区》《公共利益》都涉及"责任"问题。《共同的责任》从集体与个人关系的角度出发,强调培养责任意识;《走进社区》从人与社会的关系出发,强调承担社会责任;本单元则从人与自然的关系这一层面入手,强调培养学生承担保护环境的责任;《公共利益》则结合个人与集体、社会、自然的关系,强调培养学生的责任意识。虽然各自角度不同,但最后落脚点却都是培养学生的责任感,总体上是对"责任感"的范围进一步扩大,是逐步升华。关于节约自然资源,树立可持续发展观,在《劳动创造世界》《财富论坛》《又到两会时》《国策经纬》《漫步地球村》中都分别涉及了,但是角度不同。它们关于"节约"问题的讨论,总体上是层层深入,逐渐理性化的。各单元相互联系,自然衔接,协调统一。

初二年级下册 第二单元 公共利益
(设计思路)
主题的确定

学会过公共生活,懂得在公共利益和个人利益之间作出符合社会道义的选择,并能够自觉主动地承担维护公共利益的责任,是一个现代公民的基本素质之一。初二学生的生活范围逐渐扩大,视野日益开阔,不再局限于家庭和学校、社区这样相对狭小的空间,而是逐渐扩展到更为丰富多彩的社会乃至世界。他们渴望在社会生活中有一个和谐、舒适的环境氛围,希望能够在公共交往中更好地实现自己的个人利益,这一切都离不开对公共利益的认识和对公共利益与个人利益关系的思考。因此,如何引导学生形成对公共利益的认识,正确处理个人利益和公共利益的冲突,明白在维护公共利益、实现个人利益的过程中,承担各种责任的好处和代价,进而知道维护公共利益对个人发展和社会进步的意义,知道如何维护公共利益,并能够在生活中积极履行维护公共利益的责任。为适应这方面的教育引导,将本册第二单元设置为《公共利益》。

结构的设计

《公共利益》

第一课　共同的需要

一、我们共享的

二、公私之间

第二课　维护公共利益

一、社会组织的公共责任

二、每个人的责任

　　本单元第一部分"共同的需要"共分两节。第一节"我们共享的"，首先从公共利益直观的物质表现形式入手，使学生对公共利益有一个感性的认识。进而根据公共空间的扩大，将公共利益的范围从较为狭小的地区、国家，扩展到全世界乃至宇宙，其表现形态也从物质型向服务保障型转变，力图使学生对公共利益有一个全面、直观的认识。这是处理个人利益和公共利益关系的前提。紧接着，过渡到"公私之间"，这一节从分析公共利益和个人利益的辩证关系入手，重点阐述两者之间相互依赖、共生共荣的包含关系，它们产生矛盾冲突的原因以及在这种冲突面前的不同选择。目的是使学生对公共利益的认识从第一节的直观感受，上升到第二节的理性思考，引导他们对公共利益的认识达到一种质的提升，学会正确看待个人利益和公共利益的关系，并知道公共利益实现的各种机制。这就比较自然地过渡到第二课"维护公共利益"。这一课主要从行动层面考察社会组织和个人在维护公共利益的过程中所必须承担的责任及其承担这些责任的代价和好处。首先，从"社会组织的公共责任"出发，分析了政府、非政府组织等在维护公共利益过程中所担当的不同的社会责任，目的是让学生了解整个社会结构在维护公共利益方面的重要作用，增强维护公共利益的信心和力量。接着将视野转到具体的个人身上，分析个人在自己的工作岗位和公共生活中如何实现维护公共利益的责任，以及在超越个人身份职责这一更高的层面上，通过奉献的方式维护公共利益。最后，结合初中生的实际情况，分析了学生作为一名学生、孩子及社会公民在维护公共利益中的责任，为他们进一步融入公共生活做好准备。

　　从设计方法看，本单元遵循感性认识→理性思考→实践这一认识逻辑。第一课"共同的需要"从对公共利益的感性认识着手,展示公共利益的各种具体表现形式,使学生能够对公共利益有一个直观的把握。接着从理论层面分析公共利益和个人利益的辩证关系,目的是让学生对公共利益的认识从简单的直观感受提升到理性的理解,从而能够在头脑中形成对公共利益的全面、系统、深刻的认识,为他们了解社会组织及个人在公共生活中如何履行维护公共利益的责任提供了理论前提。第二课"维护公共利益"则侧重社会组织及个人在第一课有关理论原则的指导下,在维护公共利益过程中所发挥的不同作用和各自的责任担当。就个人层面而言,主要是从个人的岗位职责、公共生活中的社会角色义务到更高层面上的道德追求这三个层次分析个人如何具体履行维护公共利益的责任。最后,问题落到学生身上,引导他们懂得作为学生、孩子和公民在公共利益的维护中所应承担的各种责任,以及养成服务社会、奉献他人的高尚道德。

前后的联系

学会在更为宽广的社会空间中过好公共生活,是学生生活范围不断扩大所面临的一个现实的问题。本单元是在一年级《共同的责任》和《走进社区》两个单元的基础上讨论公共生活问题的延伸、拓展和深化。《共同的责任》重点是解决学生在学校生活中如何处理个人利益和集体利益的关系问题;《走进社区》重点是解决学生在社区生活中如何形成社区归属感,养成热爱社区、建设社区的道德品质。而本单元则是在以上两个单元的基础上,从更广、更深刻的层面上将这种公共生活的范围扩展到整个社会、国家和世界,强调的是学生生活空间从熟人社会向陌生人社会转变、推进的过程中,如何处理个人利益和公共利益的关系,懂得为维护公共利益作出自己的贡献。本单元的讨论是在前面的基础上的展开、发展和深化,各个单元之间呈现出比较自然、协调和密切的前后呼应、相互衔接、螺旋上升的关系。

初二年级下册　第三单元　在同一片土地上
（设计思路）

主题的确定

在初二年级下学期,经过近两年的初中生活,学生的认识水平不断提高,生活和活动范围不断扩大,交往活动的广度和深度也有了明显发展。在此基础上有必要让学生了解中国五十六个民族之间的交往情况,懂得与各民族的同学如何相处。有必要使学生正确认识中国大陆与港、澳、台地区之间的关系,树立为祖国和平统一、振兴中华民族而奋斗的信念。为适应这方面的教育引导,将本册第三单元设置为《在同一片土地上》。

结构的设计

《在同一片土地上》

第一课　中华民族大家庭

　　一、兄弟姐妹

　　二、平等尊重,团结友爱

　　三、合作互助,共同进步

第二课　共同的愿望

　　一、一国两制

　　二、和平统一

本单元第一课"中华民族大家庭",首先引导学生了解在中华民族大家庭中有五十六个民族,他们各具特色但同属中华民族("兄弟姐妹"),然后讨论各民族之间的关系("平等尊重,团结友爱""合作互助,共同进步"),使学生了解国家的民族政策,并知道如何与各民族的学生相处。

第二课安排"共同的愿望",使学生知道华夏儿女共同的愿望就是祖国统一、民族复兴。"和平统一,一国两制"是我国实现统一大业的伟大方针,香港、澳门的顺利回归意味着祖国的统一大业有了很大的进展,也意味着"一国两制"构想取得了巨大成功。使学生了解"一国两制"提出的艰辛历程,正确认识"一国两制"的内容和意义("一国两制")。和平统一台湾是两岸人民的共同心愿,使学生体会台湾与大陆骨肉相连的亲情,维护祖国统一,并为祖国统一、民族复兴作出自己的贡献("和平统一")。

教材具体内容的设计比较充分地考虑了综合性问题,整合了与主题相关的道德、心理等方面的内容。

前后的联系

人际关系是学生生活中的重要主题。初一上册已经安排了《人与人之间》,讨论了人与人之间需要交往、交往有品德和学会交往等处理人际关系的初步的、基本的、一般性的常识、原则和技巧。初二上册第二单元的《友谊的天空》,处理的是比较特定、具体和深入的人际关系(同学友谊)问题。本单元《在同一片土地上》主要是讨论在中国这片土地上民族与民族、地区与地区之间的交往问题,是对前面单元的延伸、拓展和深化。三年级《同在阳光下》和《漫步地球村》等单元中,还会更深入、更广泛地涉及人际关系和交往问题。

初二年级下册　第四单元　劳动创造世界
（设计思路）

主题的确定

劳动的话题与每个劳动者都息息相关,劳动创造人,劳动创造文明,劳动促进人的生长与发展,劳动是人类生存与发展的需要。学生是特殊的劳动者,学习是一种特殊的劳动,理解劳动的意义,树立正确的劳动观,对于学生来说是一个重要问题,是关系到学生现在与未来生活与发展的主题。为适应这个生活主题的教育,将本册第四单元定为《劳动创造世界》。

结构的设计

《劳动创造世界》

第一课　人类的需要

一、劳动创造人类

二、劳动创造文明

三、劳动促进人的成长与发展

第二课　尊重劳动者,珍惜劳动成果

一、可敬的劳动者

二、珍惜劳动成果

第三课　乐于劳动，善于劳动

一、快乐的劳动者

二、新型的劳动者

　　本单元第一课"人类的需要"，首先从人类发展史的角度，用考古发现来说明劳动促成了"从猿到人"的转变，劳动创造了人本身。然后，说明劳动在创造和发展人类的同时，也创造了灿烂的人类物质和精神文明。最后，进一步说明除了创造人类和人类文明外，劳动也促进人的成长与发展。通过三个层面的分析论证，让学生体会劳动的意义和作用，理解劳动是人生存和发展的需要。

　　在第一课说明了劳动对于人类和个人的意义和作用后，自然地过渡到"劳动者"和"劳动成果"这一主题，引出第二课"尊重劳动者，珍惜劳动成果"。首先，说明各行各业的劳动者都是人类物质和精神财富的创造者，都是最可敬、最可爱的人。继而，又以"时传祥"和"王选"的事例说明劳动虽有分工，劳动者却无贵贱，说明不同岗位的劳动同样光荣，不同行业的劳动者同样可敬。最后，落实到学生身边最熟悉的劳动者——父母，说明父母的劳动同样可贵，父母为我们付出的劳动也应受到尊重。接着，顺理成章地过渡到珍惜劳动成果、节约资源、文明消费的话题。

　　从宏观上说明了劳动的意义，从中观层面说明了劳动者可敬、劳动成果应该被珍惜之后，应该把问题落实到学生自身。所以，本单元第三课落脚到培养学生正确的劳动观，使学生乐于劳动，做快乐的劳动者；教学生善于劳动，做新型的劳动者。

　　从设计方法看，从宏观、总体的层面，首先说明劳动对于人类、人类文明和人自身发展的意义这一根本性的问题。然后，由远及近，到中观层面的劳动话题，选取劳动者与劳动成果这两个方面，比较具体地涉及"尊重劳动者"和"珍惜劳动成果"的劳动观。最后，进一步落实，细化主题，将劳动的话题直接落实到学生主体的实践上，培养学生热爱劳动、乐于劳动的劳动观，教学生联系时代特点，善于劳动，做新型的劳动者。三个层面由大到小，由浅入深，步步切入到学生实际，落实到学生自身，其中第三课是单元主题的升华，第二课是从第一课到第三课的过渡，起桥梁的作用。

前后的联系

　　劳动是每个劳动者都关心的话题,学生也是劳动者,学习也是劳动,而学生将来步入社会,最终还会成为一名服务社会的劳动者。本单元与整套教材前后各个年级的部分单元都有联系,包括:初一第二单元《学会学习》、第四单元《人与人之间》,初二上册第一单元《跨越代沟》,初二下册第一单元《自然的声音》、第三单元《在同一片土地上》,初三第一单元《历史启示录》、第二单元《财富论坛》、第三单元《同在阳光下》、最后一单元《新的旅程》。其中《人与人之间》《跨越代沟》《在同一片土地上》《历史启示录》与《同在阳光下》都涉及《劳动创造世界》中关于尊重劳动者、珍惜劳动成果的话题,各自切入点有所不同,总体上却是协调统一的。《历史启示录》中包含了"劳动人民创造历史"的道理,是对《劳动创造世界》中"劳动创造文明"的进一步论证。《人与人之间》讲过"平等"与"尊重"的问题,《同在阳光下》又牵出"关爱"不同劳动者的话题,这些都与《劳动创造世界》的"尊重劳动者"密切相关。《跨越代沟》涉及两代人之间的理解与沟通,在《劳动创造世界》里比较具体地落实到尊重父母、爱戴父母、珍惜父母的劳动成果这一问题上。《新的旅程》涉及学生面临毕业,一部分人即将步入社会成为一名自食其力的劳动者,而《劳动创造世界》第三课落实到教会学生善于劳动,做新型劳动者,为将来步入社会做准备。总之,各单元在"劳动"这一主题上,基本都是前后衔接、由浅入深的关系。

初二年级下册　第五单元　市场考察
(设计思路)

主题的确定

　　初步具备理性分析问题能力的初二学生,在即将结束初二学习生活的时候,通过各门功课及本教材前面单元的学习后,必定要开始关注中国的经济国情及其相关的问题,如经济运行中的法律问题、经济行为主体或人的道德问题等。因此为适应学生在社会生活中经济主题的学习,特将本册最后一个单元设置为《市场考察》。

结构的设计

《市场考察》

第一课　走进市场

　　一、市场扫描

　　二、市场经济

第二课　法制：市场经济护卫者

　　一、市场经济是公平经济

　　二、市场经济是法制经济

第三课　品质：市场的通行证

　　一、品质创造市场

　　二、诚信支撑市场

　　本单元第一课"走进市场"首先以感性描述认识市场、解读市场，通过了解市场发展历程来理解市场内涵；理解市场的各种分类、市场经济的概念及了解中国共产党领导全国各族人民实行改革开放和发展社会主义市场经济给国家、社会和我们的生活带来的巨大变化和切身感受；同时对中国大市场在世界市场中的优势地位及不足有一个清楚的认识，这对学生进一步了解中国经济国情有很大的帮助。

　　社会主义市场经济是法制经济。必须通过思想品德教育，着力提高青少年的法律意识和法律素质，以适应市场经济的需要，适应现代社会的需要。这也正是本单元第二课"法制：市场经济护卫者"所给予充分关注的主题。公平公正是我们期望的理想的市场经济原则，是市场经济运行的基础，因此市场经济是公平经济，秩序必须依赖规则的保证，而法律就是维护市场秩序的重要规则。法制与市场经济的关系体现在：保证市场契约的公正得到遵守；规范和保障经济运行；为市场交易行为和整个经济发展提供一种平等、自由、公开、公正的空间和条件。同时让学生对我国以建立社会主义市场经济体制为目标的社会主义法律体系以及加入世贸组织后法律体系的调整有一个初步了解。在具体的法律保障方面，以刑法和合同法这两个市场经济运行中最重要的法律作为例证，通过各种案例了解法律是如何保障市场经济健康运行的，理解在社会主义市场经济条件下怎样做到有法可依、有法必依、执法必严、违法必究。

社会主义市场经济是公平经济，更是诚信经济、道德经济。第三课"品质：市场的通行证"正是以诚信为主题展开讨论的。在市场经济中，品质创造了市场，品质是市场竞争的标杆、开拓市场的有力武器；以品质为基础的诚信经济要求企业以诚信为本，恪守信约，这样才能建立诚实守信的、普遍公正的信用体系，使道德与法制的要求在市场经济中"交融"。在建立诚信经济的过程中，企业家的表率作用更是至关重要的。产品如人品，企业家必须有与可靠产品一样的可靠人品。在人品中，诚信同样是最为关键的品质，因此企业家也当以诚信等品质为本，化外在约束为内在自律，自觉担负起企业家应有的社会责任，以真诚回报社会，只有这样才能获得在市场经济中"畅行无阻"的通行证。

从设计方法上讲，以市场漫步为切入点，以学生熟悉的日常生活中的市场景象的描述为感性认识，再到市场概念、分类与市场经济的内涵等的理性认识；然后用法律对这样的认识进行规束，转而引入实践的体验，最后将这种体验通过产品品质、企业家品质、诚信等再升华到更深层次的道德体验。三个部分通过国情—法律—道德（心理）、感性—理性、微观—中观—宏观有机地联系起来，体现出了协调、联系和综合的特点。

前后的联系

本单元是前面初一年级及初二年级部分价值观念和法制教育的延伸、拓展，同时又是后面初三年级的深化与加强，只是侧重略有不同。如"诚信"，在一年级上册最后一个单元设计了《在分数的背后》，主要考察学习、考试主题中的"诚信"问题（"分数的品质"），涉及的是学生个人生活领域，范围仅局限于校园生活；而在二年级最后一个单元即本单元《市场考察》中的范围已开拓至社会生活中的一个场景——市场（品质：市场的通行证），主要涉及经济生活中企业与个人"诚信"问题的探讨，将这一问题在社会生活中的"真实面目"初步呈现在学生面前；到了三年级《财富论坛》，则将"诚信"问题上升到个人或社会的财富观这样一个比较高的高度上去了（财富的品质，财富中的法与德）；最后将"诚信"问题引申到国际交往与合作的单元《漫步地球村》，将之作为国际惯例基础上的一个问题展开讨论。再如规则意识，规则意识在初一第一册第一单元《扬帆起航》中校园的规则里有了初步认识,而后在第二册第一单元《共同的责任》中有集体规则的认识等;初一年级第二册第四单元《我们的权益》中为进一步学习法律方面的知识做好了准备,因为法律也是一种特殊的规则;初一最后一个单元《走进社区》中我们又会遇到更加具体的社区生活共处的规则。尊重规则、遵守法律及道德准则可以维护社会公正与正义,这在二年级第三册第四单元《一念之差与一步之遥》又会成为体验行为和后果的联系方面的内容。紧接着第四册第二单元《公共利益》中又会显现规则内容,即规则的遵守也是负责任行为的表现。当今社会发展很快,尤其是我国加入WTO之后,新的市场经济的运行规则等要求必须在这方面为学生打下良好的基础。经济方面的规则内容在本单元以及三年级《财富论坛》中将会得到进一步详细论证。另外,"责任"在本单元是以企业家的社会责任形式出现的,但在整套教材中则是一以贯之、不断循环出现的。总之,每个主题在各个单元均呈现出了自然协调、相互衔接和螺旋上升这一设计理念。

初三年级全一册　第一单元　历史启示录
（设计思路）

主题的确定

进入初中三年级后,需要将学生的视角引向更加广阔的社会、国情甚至世界范围,而在进入这些主题之前,必要的历史观念的奠基是很重要的。从历史中走来,解读历史的启示,会令学生在思考问题时基础坚实、视野开阔,从而有助于培养学生日渐成熟的理性思维。因此将本单元设置为《历史启示录》。

结构的设计

《历史启示录》

第一课　从历史中走来

一、回溯历史长河

二、感悟民族精神

第二课　历史告诉我们

一、没有共产党,就没有新中国

二、只有社会主义才能救中国

三、国家排行榜的启示

第三课 天下兴亡,匹夫有责

一、立志、使命与责任

二、学习、奋斗与成才

第一课"从历史中走来"从中国历史的长河出发,首先探索华夏数千年的文明史,激起学生的爱国激情,以及对灿烂文明的回顾;百年屈辱的叙说,不断抗争的记录,让学生了解历史,从中体会到民族自豪感、认同感。

这样就自然过渡到本单元第二课"历史告诉我们",从而得出只有共产党才能救中国这样的结论。而在中国各党派对中国前途命运所作不同理解与尝试并于最后失败中,明白只有社会主义才能救中国的道理。国家排行榜的启示,虽然我们取得了非凡的成就,但是与其他发达国家仍然存在较大的差距。落后就要挨打,学生自然能体会到差距对国家、民族和个人意味着什么。

这样第三课"天下兴亡,匹夫有责"自然就转接到青少年学子对于中华民族复兴的使命感和责任感、忧患意识和自强不息的精神,引导学生将个人与国家的前途命运相联系,并转化为树立理想、努力学习、立志成才的自觉行动。

从设计思路上来看,通过百年屈辱与抗争的近代史让学生明白落后就要挨打,在中国经过许多政党、仁人志士及各种道路的尝试,历史与人民经过实践摸索最终还是选择了中国共产党和社会主义道路,没有共产党就没有新中国;只有社会主义才能救中国、才能发展中国。这样宏大的主题最后的落脚点还是要到学生的生活实际,培养学生的使命感、责任感,通过身边的一些生动形象的例子使学生能够自觉地将自身的发展同国家的命运联系起来,这才是本单元的着眼点。

前后的联系

在感受个人情感与民族文化和国家命运之间的联系、提高文化认同感方面,本单元是初一年级《情感世界》主题的延续,初二年级《在同一片土地上》的深化,同时在初三年级的最后一个单元这一主题又被《新的旅程》再次升华;在责任感教育方面,本单元更是与其他很多单元的主题呈现形成整体,从初一年级《在分数的背后》《共同的责任》中个人责任感的培养到初二年级将个人的责任向上提升,逐渐让学生意识到,只有当个人责任与社会、国家的责任有机地连接起来,个人的理想才能有一个在更大程度意义上的实现。这同时又是理想观的教育,同样是从初一第一单元《扬帆起航》一直到初三最后一个单元《新的旅程》,本单元所起的作用恰恰是前后转接的作用,从历史的角度验证了个人理想要与社会使命责任感结合的更高要求。仅仅从这一点而言,本单元的这一构想正好回应了教材前后承接、综合的整体特征。

初三年级全一册　第二单元　财富论坛
（设计思路）
主题的确定

　　财富是现时代人们普遍关心的生活主题,也许每个同学都做着不同的富裕梦,渴望拥有真正的财富。为了使学生了解全面建设小康社会的奋斗目标,理解财富的内涵,认识财富的来源,帮助他们树立正确的财富观,特将本册第二单元设置为《财富论坛》。

结构的设计

《财富论坛》

第一课　走向小康

一、感受小康

二、解读小康

第二课　财富源泉

一、财富基于勤劳

二、财富来自智慧与开拓

三、科技创造财富

第三课　财富中的法与德

一、合法致富,依法纳税

二、富而思源,富而思进

三、勤俭节约，文明消费

本单元第一课"走向小康"，首先从学生的感性认识上切入主题，从"感受小康"中让学生体验人民生活"富起来"；然后，过渡到比较理性地"解读小康"，使学生理解"小康"内涵的历史演变，知道小康的标准以及不同阶段的小康特征，通过调查了解"我家""家乡"和"国家"的小康之路，认识到我们下一步的发展目标是实现"全面的小康"，实现共同富裕。

学生从感性上体验到中国人民富起来了，了解了小康的含义、标准与表现，了解了目前我们的小康水平，然后，比较自然地引出第二课"财富源泉"这一话题，以生动的例子说明了财富的三大主要来源，即勤劳、智慧与开拓、科技。这一课，首先从中国人民传统的民族精神——勤劳勇敢、自立自尊、自强不息出发，分别以新中国成立前和改革开放以来为历史脉络，用"南泥湾"和"陈云莲"的例子使学生懂得"财富基于勤劳"，理解勤劳致富的道理。然后，用"慧眼点金的犹太人"这一例子，说明善于找"点子"、找"路子"是财富的来源之一，强调"智慧创造财富"的道理；用下岗工人创业致富和温州人开拓市场的例子说明"财富源自开拓"，懂得在市场经济条件下，开拓创新也是致富之路。最后，用"太空种子"和"中关村"的例子说明"科技创造财富"的道理，使学生懂得"科学技术是第一生产力"，体会"科教兴国"战略的时代意义。其中，"财富基于勤劳""财富来自智慧与开拓"和"科技创造财富"这三者总体上层层递进。

在感受小康、探究致富途径之后，再来探讨致富过程中的法律和道德问题。了解获取财富的过程中应该遵守法律，维护道德；富裕之后要"思源""思进"。由此引出第三课"财富中的法与德"。首先，强调财富中的"法"（合法致富，依法纳税）；其次，探讨拥有财富之后应如何使用（致富思源，富而思进）；最后落实到学生自身，培养他们"勤俭节约，文明消费"的良好习惯。在"合法致富，依法纳税"中，通过生动的事例使学生明白"君子爱财，取之有道"和"不义之财不可得"的道理。然后，联系历史与现实，说明税收的来源、意义和用途，让学生懂得纳税是公民的义务，是道德的表现，也是幸福的源泉。在"富而思源，富而思进"中以名人的表率说明，富裕之后要善用财富，回报社会。在"勤俭节约，文明消费"中，由国家、社会到个人，从宏观到微观，先以实例说明"勤俭之家治国"是中华民族的传统美德；然后从学生生活实际出发，说明勤俭节约是一种优良品质，帮助学生养成节约的习惯，学会文明消费。

从设计方法看，由感性认识（感受小康）引入，逐步上升到理性认识（解读小康），构成第一课的主题"走向小康"；然后从低级到高级，由浅入深，步步揭示如何创造财富，构成第二课的核心主题"财富源泉"；最后由外向内，从法律的义务上升到道德的约束，从他律到自律，将财富的品质内化为一种为人处世的道德，进入第三课的主题"财富中的法与德"。

在本单元中，第一课和第二课是第三课的基础，为第三课做铺垫；第二课承前启后，是连接第一课和第三课的桥梁和纽带；第三课是前两课内容的拓展和深化。各部分之间呈现出比较密切和协调的整体联系。

前后的联系

本单元主要是在初二下册第四单元《劳动创造世界》、第五单元《市场考察》以及初三第一单元《历史启示录》的基础上对财富问题作进一步探讨。关于劳动的意义，《劳动创造世界》中强调劳动是美好生活的源泉，劳动是人类的需要；《财富论坛》强调财富基于勤劳，劳动是财富的来源。关于勤俭节约的问题，《劳动创造世界》是从尊重劳动者、珍惜劳动成果的角度提出的；《财富论坛》则强调财富之外另有智慧。《市场考察》重点强调市场经济给国家、社会带来的巨大变化，强调诚信经济，以及如何利用法律来维护经济秩序，为《财富论坛》中进一步讨论国家和人民的富裕之路，诚信是财富的第一品质，以及合法致富、依法纳税等做了铺垫，在这些问题上两个单元基本一致。诚信问题在《在分数的背后》中也曾讨论过，但是主要针对考试问题，讲的是学生要诚实考试，不能作弊。前者是后者的基础，为后者做铺垫，后者是对前者的深化。初三上册第一单元《历史启示录》从历史角度宏观地介绍中国人民的富裕之路，并反映了民族精神传承和发扬的历史脉络，而《财富论坛》则比较中观地落脚于改革开放以来中国人奔小康的历程，并对小康概念、标准的演变作了历史的解读，这一点也是《历史启示录》的具体化和深化。关于科技创新这一主题，《历史启示录》和《财富论坛》都有所涉及，但前者主要是宏观层次上总体地说明科技创新的必要性，后者则比较具体详细地说明科技和创新精神是财富的源泉,两者的角度也不同。另外,关于正义这一话题,《市场考察》从经济立法的角度讨论维护社会正义,而《财富论坛》从财富中的法与德的角度,讨论合法致富、财富中的利义关系,强调不义之财不可取。这在《财富论坛》后面一个单元,即第五册第三单元《同在阳光下》中也有所涉及,但后者的"正义"范围更广,特别针对社会正义感的培养。关于"博爱",在前面几册分别都曾提到,《人与人之间》《共同的责任》《友谊的天空》《在同一片土地上》都分别从不同角度探讨过,而后面的《同在阳光下》也要涉及,虽是同一话题,但各自的角度不同,因此总体上是和谐统一的。

初三年级全一册　第三单元　同在阳光下
（设计思路）

主题的确定

保障每一个人的基本生存权利,关注弱势群体,是一个社会进步与文明的体现。初三学生的生活范围不断扩大,不再局限于家庭和学校这样简单的社会环境之中,逐步扩展到社会生活的方方面面,甚至是扩展到世界各地,诸如失学问题、三农问题、下岗问题、贫富差距等各种社会问题也逐渐进入他们的视野,引发了他们的思考。同时,初三学生已经具备了初步的抽象思维能力,对各种问题的认识已经不满足于简单的感性了解。他们渴望对这个社会和世界有一个清楚的认识。如何引导学生形成对社会问题的正确看法,引导他们懂得与人合作,学会通过沟通与对话去了解弱势群体真实的生活处境,学会尊重人、理解人、信任人,进而明白生命平等的真谛,知道公正对个人成长和社会发展的重大意义。为适应这些方面的教育引导,将本册第三单元设置为《同在阳光下》。

结构的设计

《同在阳光下》

第一课　不一样的境遇

一、令人遗憾的不平等

二、人类对平等的追求

第二课　日月无私照

一、共享阳光

二、我们的关爱

本单元第一课"不一样的境遇"共分两节。第一节"令人遗憾的不平等"首先从同龄人的不同境遇开始,进而扩展到社会上其他一些弱势群体、农民、农民工、残疾人等的社会处境,最后延伸到世界上因疾病、战争、自然灾害、社会歧视等造成的大量弱势群体的生活场景,由近及远,展示弱势群体的真实境遇,引起学生心灵的震撼,引发学生对弱势群体和社会公平公正的思考。第二节"人类对平等的追求"从"平等的真谛"开始,通过分析生命的平等主要表现在人格的平等和对各项权利享有的平等上,得出每个人的人格尊严都应该得到平等对待的结论。接着,通过对人类追求社会平等历史的简单回顾,和对中国共产党在平等的道路所作的各种努力的描述,阐述了平等的社会意义和个人价值,从而将平等的作用提升到社会稳定、人民幸福的高度。最后,从公平和效率的角度,引导学生通过探究的方式,分析市场经济条件下弱势群体产生的原因以及与社会发展的关系。目的是使学生对弱势群体和社会公正的关系有正确的认识。通过以上两节,使学生对弱势群体的认识从最初的直观感受逐渐上升到理性的思考,知道公平公正对社会和个人发展的重要意义,从学理上明白对待弱势群体所应具有的诸如关爱、尊重、理解、宽容、信任、合作等美德,从而为将平等、公正由理论层面向实践层面过渡奠定了思想前提。

这样就比较自然地过渡到第二课"日月无私照"。这一课共有两节。第一节"共享阳光"主要介绍我国政府、民间组织和国际社会在关心、帮助弱势群体方面都做了哪些事情,给学生提供一个广阔的社会行动背景,使学生从社会各界的努力中得到勇气、信心和力量。接着将目光从社会组织的努力转移到普通人的具体行为上。第二节"我们的关爱"先从成人的行动谈起,最后将重心放在学生生活的周围,将落脚点放在学生的实际行动上,目的是引导学生养成在日常生活中践行平等的行为准则,维护社会的正义,关注弱势群体的习惯,将对弱势群体的感性认识、理性思考落实到日常行为之中。最后侧重于弱势群体的自我发展,目的是通过展示一些自强者处于弱势地位却能够积极向上的事迹,使学生能够明白每个人都有各自可以引以为豪的地方,使处于不利地位的学生能树立生活的信心和发展的勇气。

从设计方法看,本单元遵循感性认识→理性认识→实践这一认识逻辑。第一课"不一样的境遇"的第一节"令人遗憾的不平等"从感性认识着手,重点是展示现实生活中各个不同层面上弱势群体的真实处境,引起学生情感上的一种震撼,进而促进他们对现实问题进行思考。第二节"人类对平等的追求"重点在于理论分析,通过平等、公正这一主线,从人格、权利等层面的论述,帮助学生正确认识弱势群体,明白公正与平等的内涵和意义。第二课"日月无私照"则侧重于学生行为习惯的养成,以社会组织和国际社会的努力为背景,从普通人的实际行动开始,落脚到学生个人的努力上,最后展示处于弱势地位的人的自强不息的事迹,激发每个人特别是暂时的弱者鼓起生活的勇气,以一种积极健康的心态投入生活。两课之间呈现出比较密切和协调的整体联系和综合特征。

前后的联系

学会共同生活是学生学习和生活中的永恒主题。本单元是在一年级《人与人之间》的基础上讨论人际关系问题的延伸、拓展和深化。前者重点解决学生入学后的人际交往问题,包括处理人际关系的初步的、基本的、一般性的常识、原则和技巧。而本单元则是从更广、更深刻的层面上将这种人际交往的内涵扩大、意义提升,重点是培养学生对社会弱势群体的一种正确的态度和行为,强调的是公平公正在社会关系中的重要作用。在二年级中,《友谊的天空》处理的是比较特定、具体和深入的人际关系(同学友谊)问题,而本单元处理问题的对象——弱势群体,包括的类型是多样的,涉及学生生活的方方面面。其感情将超越友谊的范围,从熟人社会向陌生人社会的转变。三年级第六单元《漫步地球村》则侧重于国际公正秩序的建立问题,处理的是更为广泛和抽象的社会关系问题。各个单元的讨论是在前面的基础上展开、发展和深化的,各个单元之间呈现出比较自然、协调和密切的前后呼应、相互支持、螺旋上升的关系。

初三年级全一册　第四单元　又到两会时
（设计思路）

主题的确定

本单元的主要目标是，让学生在了解我国基本政治制度的前提下，认识发展社会主义民主，建设社会主义政治文明的意义，培养学生关心社会、参加国家管理的责任感和能力；让学生在了解依法治国、建设社会主义法治国家基本方略的基础上，理解有法可依、有法必依、执法必严、违法必究的意义，养成尊重规则、尊重权利、尊重法律、追求公正的品格。

结构的设计

《又到两会时》

第一课　聚焦两会

　　一、人民当家作主

　　二、共商国是

第二课　神圣的一票

　　一、基层民主

　　二、选票的分量

第三课　法律的尊严

　　一、治国有方略

　　二、与法同行

第四课　我们的议案

　　一、体验人大代表

　　二、走近政协委员

　　三、我们也来写议案

本单元的设计，主要依据课程标准的如下内容进行编写：（1）了解社会主义初级阶段的基本政治制度；（2）知道依法治国就是依照宪法和法律的规定管理国家，是建设社会主义现代化国家、实现国家长治久安的必然要求；（3）了解建立健全监督和制约机制是法律有效实施和司法公正的保障，学会行使自己享有的监督权利；（4）理解有法可依、有法必依、执法必严、违法必究的意义，能够自觉守法，维护社会秩序；（5）理解权利与义务的关系,学会尊重他人的权利,履行自己的义务;(6)尊重规则,尊重权利,尊重法律,追求公正;(7)培养关心社会、参与社会生活的责任感和能力。

从单元内容可以清楚地了解本单元设计的创新之处:(1)关注社会生活。从关系国家和民族前途、影响亿万中国人民生活、与学生密切联系的"两会"入题,引导学生关心我国的民主与法制建设,注重与学生生活经验和社会实践的联系。(2)遵循课程标准,又体现教材的创造性。课程标准的内容不是均衡地分配于教材各课,而是依据社会发展现实和学生生活经验的逻辑,有详有略地渗透于单元之中,从而创造性地对课程标准进行了发挥和重构。

一切权力属于人民,人民当家作主,是我们国家制度的核心内容和根本准则,也是依法治国的基本精神。围绕人民主权这一主题,本单元以两会为载体,将"一切权力属于人民"的内涵从多层次中体现出来。

首先设置"聚焦两会",通过"人民当家作主""共商国是"两个内容,体现人民通过人民代表大会制度掌握国家权力,行使当家作主的权力。

其次过渡到"神圣的一票",展现"基层民主""选票的分量"两个内容,表达实行基层直接民主是加强社会主义民主政治建设的有效途径,代表最广大人民的根本利益,以及人民依照法律规定行使选举权,实现管理国家事务和管理社会事务。

然后出现"法律的尊严"一课,通过"治国有方略""与法同行"两个内容,说明依法治国就是广大人民群众在党的领导下,依照宪法和法律规定,通过各种途径和形式管理国家事务,管理经济文化事业,管理社会事务。国家制定的法律体现人民的共同意志、维护人民的根本利益、保障人民当家作主。引导学生尊重法律、尊重权利,能够自觉守法,维护社会秩序。

"我们的议案"是本单元的逻辑落脚点。人大代表和政协委员的职责是神圣的,他们履行职责的一个重要方式是提交议案和提出提案。人民代表和政协委员与人民群众有着天然的联系,他们就生活在我们的身边。引导同学们走近人大代表和政协委员,学习他们强烈的政治责任感和服务意识,对于同学们认识我国的基本政治制度,学会珍惜自己的权利,养成依法事的素质,培养关心社会、参与社会生活的责任感和能力具有重要意义。

前后的联系

本单元在理论上表达了发展民主与健全法制的联系。人民当家作主是社会主义民主政治的本质要求,依法治国是党领导人民治理国家的基本方略。本单元也与初二年级《在同一片土地上》(民主区域自治制度)、《市场考察》(国家基本经济制度、社会主义市场经济)、初三年级《财富论坛》(全面建设小康社会)等单元在设计思想上形成清晰的衔接脉络。

初三年级全一册　第五单元　国策经纬
(设计思路)

主题的确定

让学生了解我国的基本国情、基本路线、基本国策,感受改革开放以来我国取得的巨大成就,增强热爱中国共产党的情感,增强为实现中华民族伟大复兴贡献力量的使命感;知道要开创中国特色社会主义事业新局面,必须高举邓小平理论伟大旗帜,全面贯彻"三个代表"重要思想,走科学发展之路,坚持以人为本,树立全面、协调、可持续的发展观。

结构的设计

《国策经纬》

第一课　小平,你好!

一、社会主义初级阶段

二、一个中心、两个基本点

第二课　三个代表

一、代表先进生产力的发展要求

二、代表先进文化的前进方向

三、代表最广大人民群众的根本利益

第三课　发展策略

一、我国的人口政策

二、我国的资源和环境政策

三、科学发展之路

本单元主要依据课程标准的如下内容编写:(1)了解基本国情、基本路线、基本国策,热爱社会主义祖国;(2)知道邓小平理论和"三个代表"重要思想是建设中国特色社会主义的指导思想;(3)感受身边变化,了解党领导全国各族人民实行改革开放和发展社会主义市场经济给国家、社会带来的巨大变化;(4)知道我国的人口、资源、环境等状况,了解计划生育、保护环境、合理利用资源的政策,树立可持续发展的理念。

国策是兴国之本,治国之方。正确认识国情,是我们想问题、办事情的坚实基础。我国正处在并将长期处在社会主义初级阶段,这是我国现阶段的基本国情,也是我国最大的实际。我们想问题、办事情,都要从这个最大的实际出发。

按照国情制定路线方针政策,是中国特色社会主义事业取得成功的可靠保证。中国共产党从我国正处于社会主义初级阶段这一基本国情和全国各族人民的根本利益出发,制定了社会主义初级阶段的基本路线,其核心内容就是"一个中心、两个基本点"。伟大的实践需要伟大的理论。"三个代表"重要思想最鲜明地体现了马克思列宁主义与时俱进的理论品格,是推进我国社会主义自我完善和发展的强大理论武器。

不同的发展阶段面临不同的发展课题。科学发展观是我们党以邓小平理论和"三个代表"重要思想为指导,从新世纪新阶段党和国家事业发展全局出发提出的重大战略思想。实现全面建设小康社会奋斗目标,不断把中国特色社会主义事业向前推进,必须走科学发展之路,坚持以人为本,树立全面、协调、可持续的发展观,实现经济社会更快更好的发展。

前后的联系

"基本国策"这一主题的展示并不是孤立的,是在初一、初二很多单元铺垫的基础上自然展开的,如关于基本经济制度及所有制、分配制度,在初二第一单元《自然的声音》讲述自然资源短缺与人口危机时已经给学生埋下了伏笔;《市场考察》对社会主义市场经济及改革开放带来巨变的原因探索,初三第一单元《历史启示录》对中国选择社会主义道路信念坚定的考察、《财富论坛》对中国小康之路的感受和体验,都为这一主题适时的展开做好了准备。而初三《又到两会时》等单元又为这一问题的展开准备了理论基础。

初三年级全一册　第六单元　漫步地球村
（设计思路）

主题的确定

步入 21 世纪，全球化的发展趋势愈演愈烈。因此，关注必要的国际形势，了解一定的国际规则，形成开放的、合作的国际意识，是每一位现代公民的必要修养。对于初三的学生来说，他们将要面对的世界更是前所未有地广阔，充满着机遇和挑战。为了帮助学生适应这种国际化趋势，开阔视野，引导他们关注世界格局的发展与变化，我们把第五册的第六个单元确定为《漫步地球村》。

结构的设计

《漫步地球村》

第一课　战争与和平

一、拒绝战争

二、热爱和平

第二课　东西南北

一、贫富之间

二、合作与发展

第三课　天涯若比邻

一、七彩文化

二、天涯共明月

第四课　世界舞台上的中国

一、中国的声音

二、机遇与挑战

本单元第一课"战争与和平"，首先揭示在世界和平的主旋律中仍然存在战争的不和谐音，然后通过了解战争对人类生命的摧残，对世界环境的污染，对世界经济的破坏，给人们尤其是儿童的心灵留下的创伤等事实，帮助学生认识战争的残酷与罪恶，激发学生对战争的厌恶——"拒绝战争"。接着自然而然地进入"热爱和平"主题，选取了从普通民众到为和平献身的伟人直至无国界医生组织等典型事例，表达了世界人民对和平的热爱。最后以联合国为核心，引导学生了解国际社会为建立公平、公正的国际秩序，使世界局势走向和平与稳定所作的努力，指出维护和平是全世界人民的愿望和责任。

和平与发展是当今世界的两大主题，本单元的第二课"东西南北"就世界经济的发展作了深入浅出的阐述。"贫富之间"从联合国总部的贫困钟入手，根据世界银行最新的报告，揭示了世界各国发展不平衡的现状。接着从恶劣的自然环境、战争与动乱、历史发展因素等三个方面选取事例，引导学生探究产生贫困的原因。继而指出贫困是影响人类社会发展的重要因素，世界各国都要努力消除贫困，减小贫富差距，由此过渡到"合作与发展"主题。"合作与发展"从关注联合国的反贫困措施，到通过生活中的商品认识国际经济一体化，了解世界各国经济发展的相互依存关系，从而让学生认识到树立国际合作意识的重要性。

全球化的影响不仅体现在政治、经济领域，也体现在世界文化多样性受到的冲击，第三课"天涯若比邻"关注了这个问题。"七彩文化"从生活习俗、民族心理、文化艺术、宗教信仰等方面展现了文化的丰富性与多样性，也引导学生思考日益盛行的国际文化与民族传统文化之间的辩证关系；"天涯共明月"则从正反两面各取事例，指出面对文化差异的不同态度导致不同的结果，同时回顾了世界文化发展历史中的相互影响，关注了中国文化积极融入世界文化的健康发展趋势，教育学生形成开放的国际意识，以平等的态度与其他民族和国家的人民友好交往，尊重他们的文化和习俗。

在了解世界概况和世界发展趋势的基础上，第四课"世界舞台上的中国"进一步引导学生认识中国在世界格局中的地位、作用——"中国的声音"，以及面临的"机遇与挑战"。结尾处提出"国际人"概念，引导学生树立全球观念，根据时代的发展需要制订和实施适合自己的成才计划。

从设计方法来看，第一课注重用事实和数据说话，以典型的故事、图片直击学生心灵，充分感受战争的残酷与和平的美好，同时注意通过活动拓展（如"模拟联合国大会"等），使学生对似乎远离自己生活的战争问题产生更深刻的理解、更真诚的关注；第二课则选取"贫困钟""马来西亚电视机""沃尔玛"等生活化的事例，力图化抽象为形象、化深刻为浅显，帮助学生体会经济的全球化对世界发展的影响,常常点到为止,注重引发学生的思考和探究;第三课通过精心的选"点",展现了世界文化的多姿多彩,激发了学生探究的兴趣,关于文化差异与冲突的话题也充满故事性,能紧扣学生的心弦,引发价值冲突,写得较有色彩。这三个主题分别从政治、经济、文化三个方面引导学生了解世界概况和当今世界发展趋势,最后一课落到"我们的国家"和"我们自己",从整体关注中国在世界的作用和地位,引导学生思考自己如何适应世界的发展。本单元四个部分紧密结合、相互辉映,力图从学生的生活视角出发,点面结合——既有知识点,又有发散性,为学生留有探究的空间,体现了综合性学习主题的特征。

前后的联系

作为初三最后的两个单元之一,本单元对前几册的若干学习主题进行了深化、拓展和呼应,体现了螺旋上升的原则。初中一年级的《在分数的背后》《共同的责任》等几个单元中体现了对社会生活中竞争与合作关系的理解,帮助学生在个人生活中处理好团结合作的关系,而本单元则把这个问题扩大到国际交往准则,帮助学生理解国家与国家、地区与地区之间的公平竞争与合作发展,从而树立开放的国际意识。二年级的《在同一片土地上》,表现了我国不同民族之间文化的多样性与丰富性,而本单元则从世界的角度,更大范围地体现了这一点,进一步帮助学生学会尊重多元文化,在世界文化的百花园里博采众长,与各国人民和谐共处、友好交往。三年级的前几个单元如《历史启示录》《国策经纬》等,已引导学生了解了我国在改革开放与经济建设过程中取得的伟大成就,同时也正视了与发达国家的差距,本单元更从世界格局的宏观背景中,帮助学生了解中国的地位和作用,产生更清醒的认识,既加强了自豪感,更增添了危机意识和责任感。而从《财富论坛》中关注困难人群和弱势群体,到本单元的关注世界贫困人群,正视不发达国家的现状,更把学生的同情与悲悯推进了一层。

初三年级全一册　第七单元　新的旅程
（设计思路）

主题的确定

初三下学期期末将至，毕业在即，面临升学或者就业各种选择，如何开始人生的一个重要的新的阶段，成为学生关心的重要问题和生活主题。为适应这个方面的教育，将本册和本套教材最后一个单元——第七单元设置为《新的旅程》。

结构的设计

《新的旅程》

第一课　时间的足迹

一、成长纪事

二、一起走过的日子

三、共同的历程

第二课　第一次选择

一、诊断自我

二、合理选择

三、成功的路不止一条

第三课　走向未来

一、理想的星空

二、理想与现实之间

三、天行健，君子以自强不息

本单元第一课"时间的足迹"，首先回顾和总结自己三年的成绩、遗憾、经验和教训（"成长纪事"）；接着描述与同学、老师、家长"一起走过的日子"，表达离别之情、珍惜之情和感谢之情（同学帮助、老师和学校的教育、父母的培养等），表示互相的祝愿与勉励；最后是"共同的历程"，将个人成长的足迹和社会发展的轨迹叠加在一起，描绘我与学校、家乡、祖国和世界一起成长的历程，从小我中折射大我，从大我中理解小我，培养热爱家乡、热爱祖国的感情。

从总结过去自然地过渡到分析和面对现实，构成第二课"第一次选择"。毕业在即,如何进行升学或者就业的各种选择?首先是"诊断自我":重新看自己,客观看自己,辩证看自己;了解自己的特长、优势和兴趣爱好,弱项与不足,为作出"合理选择"提供依据。作出"合理选择"要根据各种具体情况:特长、兴趣爱好、环境条件、社会需要和个人机遇的不同。要直面差别,理性选择。"成功的路不止一条",不管升学还是就业,同样有发展前途;升入不同的学校,特点虽不同,同样是学习;选择不同的职业,分工有不同,同样是事业,同样可以成功;而且,在现代社会,选择也不是一次性的;只要努力,大多数人都会成功。

从分析现实和面对现实的讨论,自然过渡到第三课"走向未来"。无论是升学还是就业,个人与社会的关系会更加密切,因此要摆正"自我与社会的天平",并树立建设祖国、服务社会的理想。要处理好"理想与现实之间"的关系:首先是在现实基础上建立理想;然后是正视理想与现实之间的差距和矛盾;最后,从现在做起,从小事做起,成就每一天;自强不息,不断进步(天行健,君子以自强不息)。

从设计和写作方法看,第一课"时间的足迹"主要是比较微观的和比较真实的回忆和叙述;第二课"第一次选择"写得比较具体、实用,比较中观和现实,没有写成琐碎的职业指导,而且比较重视方法论、辩证观点和人生态度的指导;第三课"走向未来"在时空上从中观拓展到宏观,写法上比较理想一点、抽象一点、空灵一点。总的说来,三个部分或三个主题之间呈现出比较密切和协调的整体联系和综合特征。

前后的联系

在教材的整体设计上,《新的旅程》是本套教材的最后一个单元,其立意与本套教材的第一个单元——初中一年级上册第一单元《扬帆起航》形成首尾呼应,同时又构成通向高中学习或者职业生活的一个引子。

二、教材内容结构体系

《思想品德》教材内容结构体系表

(一)本表体例

"课程标准内容"栏中各项目内容为各单元教材内容与课程标准之对应。各项标准后括号内所注"课程标准及数字编号"就是来自《全日制义务教育思想品德课程标准》(实验稿)第三部分:内容标准。例如:本栏中第一个项目的数字编号"1.1.5"中第 1 个"1"代表课标中内容标准中的"一、成长中的我";后面的"1.5"表示"'一、成长中的我'下面的(一)'认识自我'表中的 1.5 栏"。后面依此类推。

本表中内容是根据各个单元所确定的生活主题而定,略有分解。

例如,本表初一年级上册《学会学习》所列的对应课标内容为"正确对待学习压力……培养正确的学习观念……(课程标准 3.1.2)(第一次出现)",本项课标内容的完整表述为:"正确对待学习压力,克服考试焦虑,培养正确的学习观念,做好升学和职业选择的心理准备。"在本单元中,并没有"克服考试焦虑"与"做好升学和职业选择的心理准备"这两项内容与之对应。贯彻课程标准精神同时又考虑学生生活的实际,这两项课程标准内容分别被放在了初一第一学期期末《在分数的背后》、初二第一学期期末《顺境与逆境》和初三最后一个单元《新的旅程》等单元里。《在分数的背后》是在学生进入初中学习后,面临第一次正式期终评价时所存在的正常的对于学业评价的"焦虑",因此本标准内容"克服考试焦虑"应该在此适时体现;同样,根据调查,在初中二年级第一个学期期末也正是学生学习最容易遇到各种困难而不知所措的时候,此时正是这一主题再次强化、对学生进行心理疏导和道德教育的最佳时机;而初三年级最后一个单元《新的旅程》所表现的内容,也正是学生"做好升学和职业选择的心理准备",为即将踏上的新的旅程的"有感而发"。

其他详细变动请参见《课程标准》。

初一年级上册

单元主题	二级主题	三级主题	课程标准内容
扬帆起航	○走进中学	△校园风景线 △跨越陌生	1.主动锻炼个性心理品质,磨砺意志,陶冶情操,形成良好的学习、劳动习惯和生活态度。(课程标准1.1.5) 2.了解自我评价的重要性,客观地认识、评价自己的优缺点,形成比较清晰的自我整体形象。(课程标准1.1.6) 3.了解青春期闭锁心理现象及危害,积极与同学、朋友交往,养成热情、开朗的性格。(课程标准2.1.2)
	○昨天与今天	△适应学习 △新的规则 △承担新角色	4.了解教师工作的特点,积极与教师进行有效的沟通……增进与教师的感情。(课程标准2.1.4) 5.知道礼貌是文明交往的前提,掌握基本的交往礼仪与技能,养成文明礼貌的行为习惯。(课程标准2.1.5) 6.体会和谐的共同生活需要相互尊重、理解宽容和相互帮助,懂得爱护公共环境和设施、遵守公德和秩序体现着对他人的尊重。(课程标准2.2.5)
	○新的起点	△放飞理想 △凡事预则立,不预则废 △千里之行,始于足下	7.知道正义要求每一个人都遵守制度规则和程序……自觉遵守社会规则和程序。(课程标准3.2.2) 8.懂得人因不同社会身份而负有不同的责任,增强责任意识。(课程标准3.2.4) 9.知道应该从日常点滴做起实现人生意义,体会生命的价值。(课程标准1.2.2)

续表

单元主题	二级主题	三级主题	课程标准内容
学会学习	○工欲善其事，必先利其器	△共同的方法 △自己的风格	1.主动锻炼个性心理品质，磨砺意志，陶冶情操，形成良好的学习、劳动习惯和生活态度。（课程标准1.1.5） 2.理解竞争与合作的关系，能正确对待社会生活中的合作与竞争，养成团结合作、乐于助人的品质。（课程标准2.1.6） 3.正确认识生活中的困难和逆境，提高心理承受力，保持积极进取的精神状态。（课程标准3.1.3） 4.正确对待学习压力……培养正确的学习观念……（课程标准3.1.2）
	○文武之道，一张一弛	△劳逸结合 △正确娱乐 文明休闲	
	○聪明以外的智慧	△动力来自态度 △习惯造就成功 △合作带来双赢	
成长中的我	○成长与烦恼	△青春发育 △直面烦恼	1.悦纳自己的生理变化，促进生理与心理的协调发展。（课程标准1.1.1） 2.知道青春期心理卫生常识，学会克服青春期的烦恼，调控好自己的心理冲动。（课程标准1.1.2） 3.了解自我评价的重要性，客观地认识、评价自己的优缺点，形成比较清晰的自我整体形象。（课程标准1.1.6） 4.了解青春期闭锁心理现象及危害，积极与同学、朋友交往，养成热情、开朗的性格。（课程标准2.1.2）
	○正视自我，成就自我	△认识自我 △悦纳自我，发展自我	

续表

单元主题	二级主题	三级主题	课程标准内容
人与人之间	○人类的需要	△心灵的呼唤 △发展的需要	1.知道礼貌是文明交往的必要前提,掌握基本的交往礼仪与技巧,养成文明礼貌的行为习惯。(课程标准2.1.2) 2.了解教师工作的特点,积极与教师进行有效的沟通……增进与教师的感情。(课程标准2.1.4)
	○假如我是你	△平等与尊重 △宽容与理解 △关心与互助	3.关心和尊重他人,体会"己所不欲,勿施于人"的道理,学会换位思考,能够与人为善。(课程标准2.2.3) 4.知道人在人格和法律地位上是平等的,能够平等待人,不凌弱欺生,不以家境、身体、智能等方面的差异而自傲或自卑。(课程标准2.2.4)
	○交往有艺术	△礼貌的力量 △表达与倾听	5.体会和谐的共同生活需要相互尊重、理解宽容和相互帮助,懂得爱护公共环境和设施、遵守公德和秩序体现着对他人的尊重。(课程标准2.2.5) 6.……以平等的态度与其他民族和国家的人民友好交往,尊重不同的文化与习俗。(课程标准2.2.6)

单元主题	二级主题	三级主题	课程标准内容
在分数的背后	○考试的心情	△从容应考 △平静看分数	1.主动锻炼个性心理品质,磨砺意志,陶冶情操,形成良好的学习、劳动习惯和生活态度。(课程标准 1.1.5) 2.正确对待学习压力,克服考试焦虑,培养正确的学习观念,做好升学和职业选择的心理准备。(课程标准 3.1.2) 3.理解竞争与合作的关系,能正确对待社会生活中的合作与竞争,养成团结合作、乐于助人的品质。(课程标准 2.1.6) 4.体验行为和后果的联系,知道每个行为都会产生一定后果,人应该对自己的行为负责。(课程标准 1.2.5) 5.懂得对人守信、对事负责是诚实的基本要求,了解生活中诚实的复杂性,知道诚实才能得到信任,努力做诚实的人。(课程标准 2.2.2) 6.正确认识生活中的困难和逆境,提高心理承受力,保持积极进取的精神状态。(课程标准 3.1.3) 7.懂得自尊和知耻,理解自尊和尊重别人是获得尊重的前提,不做有损人格的事。(课程标准 3.2.3)
	○分数的品质	△诚实的检验 △公平的比较	
	○分外的收获	△分数之外的成绩 △一分耕耘,一分收获	

初一年级下册

单元主题	二级主题	三级主题	课程标准内容
共同的责任	○大家之"家"	△我爱我"家" △成长的园地	1.知道责任是产生于社会关系之中的相互承诺,理解承担责任的代价和不承担责任的后果,努力做一个负责任的公民。(课程标准3.2.3) 2.懂得人因不同的社会身份而负有不同的责任,增强责任意识。(课程标准3.2.4)
	○我与我们	△一滴水与大海 △集体的力量	3.体会和谐的共同生活需要相互尊重、宽容和相互帮助,懂得爱护公共环境和设施、遵守公德和秩序体现着对他人的尊重。(课程标准2.2.5) 4.正确认识个人与集体的关系,体会"团结就是力量",能够自觉维护集体的荣誉。(课程标准3.1.4)
	○承担责任	△我们是主人 △校园事务你我他	5.知道正义要求每一个人都遵守制度规则和程序,能辨别正义和非正义行为,培养正义感,自觉遵守社会规则和程序。(课程标准3.2.2) 6.理解竞争与合作的关系,能正确对待社会生活中的合作与竞争,养成团结合作、乐于助人的品质。(课程标准2.1.6)

续表

单元主题	二级主题	三级主题	课程标准内容
情感 世界	○五彩情绪	△人之常情 △心晴雨亦晴	1.理解情绪的多样性,学会调节和控制情绪,保持乐观心态。(课程标准1.1.3) 2.知道青春期心理卫生常识,学会克服青春期的烦恼,调控好自己的心理冲动。(课程标准1.1.2) 3.懂得自尊和知耻,理解自尊和尊重别人是获得尊重的前提,不做有损人格的事。(课程标准1.2.3) 4.正确认识异性同学之间的情感、交往与友谊,学会用恰当的方式与异性交往。(课程标准2.1.3) 5.感受社会生活的发展变化,增进关心社会的兴趣和情感,养成亲社会行为。(课程标准3.1.5) 6.感受个人情感与民族文化和国家命运之间的联系,提高文化认同感。(课程标准3.1.6) 7.能够分辨是非善恶,为人正直,学会在比较复杂的社会生活中做出正确选择。(课程标准1.2.6)
	○缤纷情感	△情感写真 △培育高尚情感	

续表

单元主题	二级主题	三级主题	课程标准内容
无序与有序	○规则与秩序	△规则种种 △秩序来自规则	1.知道正义要求每一个人都遵守制度规则和程序,能辨别正义和非正义行为,培养正义感,自觉遵守社会规则和程序。(课程标准 3.2.2)
	○法律初探	△法律:一种特殊的规则 △法律的作用	2.知道法律是由国家制定,并靠国家强制力保证实施的一种特殊行为规范,理解我国法律是人民意志和利益的体现。(课程标准 1.3.1) 3.懂得法律通过规定权利与义务规范人们的行为,通过解决纠纷和制裁违法犯罪,维护人们的合法权益。(课程标准 1.3.2) 4.知道人在人格和法律地位上是平等的,能够平等待人,不凌弱欺生,不以家境、身体、智能等方面的差异而自傲或自卑。(课程标准 2.2.4)
	○心中的律令	△自律与他律 △匿名世界的"游戏规则"	5.体会和谐的共同生活需要相互尊重、理解宽容和相互帮助,懂得爱护公共环境和设施、遵守公德和秩序体现着对他人的尊重。(课程标准 2.2.5)

续表

单元主题	二级主题	三级主题	课程标准内容
我们的权益	○少年的权利	△法律的规定 △联合国的声音	1.知道法律对未成年人的特殊保护,了解家庭保护、学校保护、社会保护和司法保护的基本内容。(课程标准1.3.3) 2.学习在日常生活中自我保护的方法和技能,知道未成年人获得法律帮助的方式和途径,树立自我保护意识,能够运用法律同违法犯罪行为作斗争。(课程标准1.3.5) 3.知道公民有受教育的权利和义务,学会运用法律维护自己受教育的权利,自觉履行受教育的义务。(课程标准2.3.2)
	○谁为我们护航	△家庭保护 △学校保护 △社会保护 △司法保护	4.知道法律保护公民的生命和健康不受侵害,了解法律对未成年人生命和健康的特殊保护,学会运用法律保护自己和他人的生命和健康,不得侵犯和危害别人的健康、生命和权利。(课程标准2.3.3) 5.了解法律保护公民的人格尊严不受侵犯,能够自觉尊重他人,运用法律维护自己的人格尊严。(课程标准2.3.4) 6.知道法律保护公民个人隐私,任何组织和个人不得披露未成年人的个人隐私,能够自觉地尊重别人的隐私。(课程标准2.3.5) 7.知道法律保护未成年人的智力成果不受侵犯,学会运用法律维护自己的经济权利。(课程标准2.3.6)
	○自我保护	△远离危险,拒绝侵害 △学会求救和自救 △善用法律帮助	8.懂得法律通过规定权利与义务规范人们的行为……维护人们的合法权益。(课程标准1.3.2) 9.理解权利与义务的关系,学会尊重他人的权利,履行自己的义务。(课程标准2.3.1) 10.能够分辨是非善恶,为人正直,学会在比较复杂的社会生活中做出正确选择。(课程标准1.2.6)

续表

单元主题	二级主题	三级主题	课程标准内容
走进社区	○我们生活的地方	△关注社区 △社区考察	1.感受社会生活的发展变化,增进关心社会的兴趣和情感,养成亲社会行为。（课程标准3.1.5） 2.……自觉遵守社会规则和程序。（课程标准3.2.2） 3.知道责任是产生于社会关系之中的相互承诺,理解承担责任的代价和不承担责任的后果,努力做一个负责任的公民。（课程标准3.2.3） 4.懂得人因不同的社会身份而负有不同的责任,增强责任意识。（课程标准3.2.4） 5.能够积极参与社会公益活动,服务社会,逐步树立为人民服务的奉献精神。（课程标准3.2.5） 6.感受身边的变化,了解中国共产党领导全国各族人民实行改革开放和发展社会主义市场经济给国家、社会带来的巨大变化……（课程标准3.4.1）
	○在社区中生活	△权利与责任 △参与和服务	

初二年级上册

单元主题	二级主题	三级主题	课程标准内容
跨越 代沟	○走近父母	△谁言寸草心,报得三春晖 △"代沟"析疑 △沟通与和谐	1.学会与父母平等沟通,正确认识父母对自己的关爱和教育,以及可能产生的矛盾,克服"逆反"心理。(课程标准 2.1.1) 2.了解教师工作的特点,积极与教师进行有效的沟通,正确对待教师的表扬与批评,增进与教师的感情。(课程标准 2.1.4) 3.理解生命是父母赋予的,体会父母为抚养自己付出的辛劳,能尽自己所能孝敬父母和长辈。(课程标准 2.2.1) 4.理解情绪的多样性,学会调节和控制情绪,保持乐观心态。(课程标准 1.1.3)
	○理解老师	△阳光下最灿烂的职业 △良师与益友	
友谊的 天空	○有朋友的感觉	△友谊,心灵的需要 △友谊,与成长同行 △跨越障碍,寻求友谊	1.懂得自尊和知耻,理解自尊和尊重别人是获得尊重的前提,不做有损人格的事。(课程标准 1.2.3) 2.了解青春期闭锁心理现象及危害,积极与同学、朋友交往,养成热情、开朗的性格。(课程标准 2.1.2) 3.正确认识异性同学之间的情感、交往与友谊,学会用恰当的方式与异性交往。(课程标准 2.1.3) 4.正确认识从众心理和好奇心,发展独立思考和自我控制能力,杜绝不良嗜好,养成良好行为习惯。(课程标准 3.1.1)
	○交友的智慧	△善交益友 △远离损友 △交友的艺术	
	○男生女生之间	△男孩! 女孩! △纯真的友情 △青春的心弦	

续表

单元主题	二级主题	三级主题	课程标准内容
走自己的路	○从众与自主	△剖析从众 △走向自主	1. 了解自我评价的重要性,客观地认识、评价自己的优缺点,形成比较清晰的自我整体形象。(课程标准1.1.6) 2. 能够分辨是非善恶,为人正直,学会在比较复杂的社会生活中做出正确选择。(课程标准1.2.6)
	○偶像与自我	△透视"追星" △超越崇拜	3. 正确认识从众心理和好奇心,发展独立思考和自我控制能力,杜绝不良嗜好,养成良好行为习惯。(课程标准3.1.1) 4. 懂得对人守信、对事负责是诚实的基本要求,了解生活中诚实的复杂性,知道诚实才能得到信任,努力做诚实的人。(课程标准2.2.2)
一念之差与一步之遥	○一念之差	△危险的诱惑 △拒绝诱惑	1. 了解一般违法与犯罪的区别,知道不良行为和严重不良行为可能发展为违法犯罪,自觉抵制"黄、赌、毒"和"法轮功"邪教等不良诱惑。(课程标准1.3.4) 2. 能够分辨是非善恶,为人正直,学会在比较复杂的社会生活中做出正确选择。(课程标准1.2.6) 3. 懂得自尊和知耻,理解自尊和尊重别人是获得尊重的前提,不做有损人格的事。(课程标准1.2.3)
	○一步之遥	△千里之堤,溃于蚁穴 △防微杜渐 △过则勿惮改	4. 体验行为和后果的联系,知道每个行为都会产生一定后果,人应该对自己的行为负责。(课程标准1.2.4) 5. 正确认识从众心理和好奇心,发展独立思考和自我控制能力,杜绝不良嗜好,养成良好行为习惯。(课程标准3.1.1) 6. 能辨别正义和非正义行为,培养正义感,自觉遵守社会规则和程序。(课程标准3.2.2) 7. 理解承担责任的代价和不承担责任的后果,努力做一个负责任的公民。(课程标准3.2.3)

续表

单元主题	二级主题	三级主题	课程标准内容
顺境与逆境	○顺境与逆境的双重变奏	△成亦顺境，败亦顺境 △功亦逆境，过亦逆境	1.客观分析挫折和逆境,寻找有效的应对方法,养成勇于克服困难和开拓进取的优良品质。(课程标准1.1.4) 2.主动锻炼个性心理品质,磨砺意志,陶冶情操,形成良好的……生活态度。(课程标准1.1.5) 3.养成自信自立的生活态度,……体会自强不息的意义。(课程标准1.2.4) 4.理解竞争与合作的关系,能正确对待社会生活中的合作与竞争,养成团结合作、乐于助人的品质。(课程标准2.1.6) 5.正确对待学习压力,克服考试焦虑,培养正确的学习观念,做好升学和职业选择的心理准备。(课程标准3.1.2) 6.正确认识生活中的困难和逆境,提高心理承受力,保持积极进取的精神状态。(课程标准3.1.3)
	○与挫折同行	△感受挫折 △战胜挫折	

初二年级下册

单元主题	二级主题	三级主题	课程标准内容
自然的声音	○人类的朋友	△生活的必需 △生存的空间	1.知道人类是自然界的一部分,认识自己生命的独特性,体会生命的可贵。(课程标准1.2.1) 2.知道我国人口、资源、环境状况,了解计划生育、保护环境、合理利用资源政策,树立可持续发展意识。(课程标准3.4.5) 3.知道应从日常点滴做起实现人生的意义,体会生命的价值。(课程标准1.1.2)
	○哭泣的自然	△资源在枯竭 △环境被破坏	
	○自然的朋友	△人类的责任 △少年在行动	

续表

单元主题	二级主题	三级主题	课程标准内容
公共利益	○共同的需要	△我们共享的 △公私之间	1.体会和谐的共同生活需要相互尊重、宽容和相互帮助，懂得爱护公共环境和设施、遵守公德和秩序体现着对他人的尊重。（课程标准 2.2.5） 2.知道责任是产生于社会关系之中的相互承诺，理解承担责任的代价和不承担责任的后果，努力做一个负责任的公民。（课程标准 3.2.3） 3.懂得人因不同的社会身份而负有不同的责任，增强责任意识。（课程标准 3.2.4）
	○维护公共利益	△社会组织的公共责任 △每个人的责任	4.能够积极参与社会公益活动，服务社会，树立为人民服务的奉献精神。（课程标准 3.2.5） 5.感受社会生活的发展变化，增进关心社会的兴趣和情感，养成亲社会行为。（课程标准 3.1.5） 6.知道正义要求每一个人都遵守制度规则和程序，能辨别正义和非正义行为，培养正义感，自觉遵守社会规则和程序。（课程标准 3.2.2） 7.正确认识个人与集体的关系，体会"团结就是力量"，能够自觉维护集体的荣誉。（课程标准 3.1.4）

续表

单元主题	二级主题	三级主题	课程标准内容
在同一片土地上	○中华民族大家庭	△兄弟姐妹 △平等尊重,团结友爱 △合作互助,共同进步	1.知道我国是一个统一的多民族国家,国家的长期稳定和繁荣昌盛要靠各族人民平等互助,团结合作,艰苦创业,共同发展,了解中华民族的优良传统,以自己的实际行动弘扬和培育民族精神,促进社会主义精神文明建设,维护国家稳定和民族团结。(课程标准 3.4.6) 2.懂得文化的多样性和丰富性,以平等的态度与其他民族和国家的人民友好交往,尊重不同的文化与习俗。(课程标准 2.2.6)
	○共同的愿望	△一国两制 △和平统一	3.感受社会生活的发展变化,增进关心社会的兴趣和情感,养成亲社会行为。(课程标准 3.1.5)
劳动创造世界	○人类的需要	△劳动创造人类 △劳动创造文明 △劳动促进人的成长与发展	1.主动锻炼个性心理品质,磨砺意志,陶冶情操,形成良好的学习、劳动习惯和生活态度。(课程标准 3.1.5) 2.能够积极参与社会公益活动,服务社会,树立为人民服务的奉献精神。(课程标准 3.2.5)
	○尊重劳动者,珍惜劳动成果	△可敬的劳动者 △珍惜劳动成果	3.知道应从日常点滴做起实现人生的意义,体会生命的价值。(课程标准 1.1.2) 4.主动锻炼个性心理品质,磨砺意志,陶冶情操,形成良好的学习、劳动习惯和生活态度。
	○乐于劳动,善于劳动	△快乐的劳动者 △新型的劳动者	5.体会和谐的共同生活需要相互尊重、理解宽容和相互帮助,懂得爱护公共环境和设施、遵守公德和秩序体现着对他人的尊重。(课程标准 2.2.5)

续表

单元主题	二级主题	三级主题	课程标准内容
市场考察	○走进市场	△市场扫描 △市场经济	1.感受身边变化,了解中国共产党领导全国各族人民实行改革开放和发展社会主义市场经济给国家、社会带来的巨大变化。(课程标准3.4.1) 2.知道党在社会主义初级阶段的基本路线,以及我国现阶段基本经济制度……,理解让一切创造社会财富的源泉充分涌流,造福于人民的必要性,体会中国特色社会主义制度的优越性。(课程标准3.4.2)
	○法制:市场经济护卫者	△市场经济是公平经济 △市场经济是法制经济	3.理解维护社会公平对于社会稳定的重要性,树立公平合作意识。(课程标准3.2.1) 4.理解有法可依、有法必依、执法必严、违法必究的意义,能够自觉守法,维护社会秩序。(课程标准3.3.3) 5.知道法律保护消费者的合法权益,学会运用法律维护自己作为消费者的权利。(课程标准2.3.7)
	○品质:市场的通行证	△品质创造市场 △诚信支撑市场	6.懂得对人守信、对事负责是诚实的基本要求,了解生活中诚实的复杂性,知道诚实才能得到信任,努力做诚实的人。(课程标准2.2.2) 7.知道正义要求每一个人都遵守制度规则和程序,能辨别正义和非正义行为,培养正义感,自觉遵守社会规则和程序。(课程标准3.2.2) 8.感受社会生活的发展变化,增进关心社会的兴趣和情感,养成亲社会行为。(课程标准3.1.5)

初三年级全一册

单元主题	二级主题	三级主题	课程标准内容
历史启示录	○从历史中走来	△回溯历史长河 △感悟民族精神	1.感受个人情感与民族文化和国家命运之间的联系,提高文化认同感。(课程标准3.1.6) 2.……了解中华民族的传统美德,以自己的实际行动弘扬和培育民族精神,促进社会主义精神文明建设……(课程标准3.4.6) 3.知道我国各族人民的共同理想,体会理想的实现必须经过艰苦奋斗,立志为将来报效祖国奉献社会努力学习。(课程标准3.4.8) 4.……树立为人民、为社会服务的远大志向,体会自强不息的意义。(课程标准1.2.4) 5.懂得人因不同的社会身份而负有不同的责任,增强责任意识。(课程标准3.2.4) 6.知道应从日常点滴做起实现人生的意义,体会生命的价值。(课程标准1.1.2)
	○历史告诉我们	△没有共产党,就没有新中国 △只有社会主义才能救中国 △国家排行榜的启示	
	○天下兴亡,匹夫有责	△立志、使命与责任 △学习、奋斗与成才	

续表

单元主题	二级主题	三级主题	课程标准内容
财富论坛	○走向小康	△感受小康 △解读小康	1. 了解全面建设小康社会的奋斗目标,理解社会发展不平衡的现状,增强建设社会主义祖国的使命感。(课程标准 3.4.3) 2. 感受身边的变化,了解中国共产党领导全国各族人民实行改革开放和发展社会主义市场经济给国家、社会带来的巨大变化……(课程标准 3.4.1) 3. 知道党在社会主义初级阶段的基本路线……理解让一切创造社会财富的源泉充分涌流,造福于人民的必要性,体会中国特色社会主义制度的优越性。(课程标准 3.4.2) 4. 理解权利与义务的关系,学会尊重他人的权利,履行自己的义务。(课程标准 2.3.1) 5. ……了解生活中诚实的复杂性,知道诚实才能得到信任,努力做诚实的人。(课程标准 2.2.2)
	○财富源泉	△财富基于勤劳 △财富来自智慧与开拓 △科技创造财富	
	○财富中的法与德	△合法致富,依法纳税 △富而思源,富而思进 △勤俭节约,文明消费	
同在阳光下	○不一样的境遇	△令人遗憾的不平等 △人类对平等的追求	1. 知道人在人格和法律地位上是平等的,能够平等待人,不凌弱欺生,不以家境身体智能等方面的差异而自傲或自卑。(课程标准 2.2.4) 2. 懂得自尊和知耻,理解自尊和尊重别人是获得尊重的前提,不做有损人格的事。(课程标准 1.2.3) 3. 理解维护社会公平对于社会稳定的重要性,树立公平意识。(课程标准 3.2.1) 4. 关心和尊重他人,体会"己所不欲,勿施于人"的道理,学会换位思考,能够与人为善。(课程标准 2.2.3) 5. 知道应该从日常的点滴做起实现人生的意义,体会生命的价值。(课程标准 1.2.2)
	○日月无私照	△共享阳光 △我们的关爱	

续表

单元主题	二级主题	三级主题	课程标准内容
又到两会时	○聚焦两会	△人民当家作主 △共商国是	1.知道宪法是国家的根本法,具有最高的法律效力,树立宪法意识。(课程标准3.3.1) 2.知道依法治国就是依照宪法和法律的规定管理国家,是建设社会主义现代化国家、实现国家长治久安的必然要求,树立法制观念。(课程标准3.3.2)
	○神圣的一票	△基层民主 △选票的分量	3.理解有法可依、有法必依、执法必严、违法必究的意义,能够自觉守法,维护社会秩序。(课程标准3.3.3) 4.了解建立健全监督和制约机制是法律有效实施和司法公正的保障,学会行使自己享有的监督权利。(课程标准3.3.4)
	○法律的尊严	△治国有方略 △与法同行	5.知道党在社会主义初级阶段的基本路线,以及我国现阶段基本经济制度和政治制度……体会中国特色社会主义制度的优越性。(课程标准3.4.2) 6.理解权利与义务关系,学会尊重他人权利,履行自己义务。(课程标准2.3.1)
	○我们的议案	△体验人大代表 △走近政协委员 △我们也来写议案	7.感受社会生活的发展变化,增进关心社会的兴趣和情感,养成亲社会行为。(课程标准3.1.5) 8.知道责任是产生于社会关系之中的相互承诺,理解承担责任的代价和不承担责任的后果,努力做一个负责任的公民。(课程标准3.2.3) 9.感受个人与国家命运之间的联系。(课程标准3.1.6)

续表

单元主题	二级主题	三级主题	课程标准内容
国策经纬	○小平，你好！	△社会主义初级阶段 △一个中心、两个基本点	1.知道党在社会主义初级阶段的基本路线，以及我国现阶段基本经济制度和政治制度……体会中国特色社会主义制度的优越性。（课程标准 3.4.2） 2.知道我国的人口、资源、环境等状况，了解计划生育、保护环境、合理利用资源的政策，树立可持续发展的意识。（课程标准 3.4.5） 3.感受身边的变化，了解中国共产党领导全国各族人民实行改革开放和发展社会主义市场经济给国家、社会带来的巨大变化，知道马列主义、毛泽东思想、邓小平理论和"三个代表"重要思想是建设中国特色社会主义的指导思想。（课程标准 3.4.1） 4.了解我国在科技、教育发展方面的成就，知道与发达国家的差距，理解实施科教兴国战略的现实意义，感受科技创新、教育创新的必要性，努力提高自身素质。（课程标准 3.4.4） 5.感受个人与国家命运之间的联系。（课程标准 3.1.6）
	○三个代表	△代表先进生产力的发展要求 △代表先进文化的前进方向 △代表最广大人民群众的根本利益	
	○发展策略	△我国的人口政策 △我国的资源和环境政策 △科学发展之路	

续表

单元主题	二级主题	三级主题	课程标准内容
漫步地球村	○战争与和平	△拒绝战争 △热爱和平	1.了解当今世界发展趋势,知道我国在世界格局中的地位、作用和面临的机遇与挑战,增强忧患意识,树立全球观念,维护世界和平。(课程标准 3.4.7) 2.懂得文化的多样性和丰富性,以平等的态度与其他民族和国家的人民友好交往,尊重不同的文化与习俗。(课程标准 2.2.6) 3.……体会生命的可贵。(课程标准 1.2.1) 4.体会和谐的共同生活需要相互尊重、理解宽容和相互帮助……(课程标准 2.2.5)
	○东西南北	△贫富之间 △合作与发展	
	○天涯若比邻	△七彩文化 △天涯共明月	
	○世界舞台上的中国	△中国的声音 △机遇与挑战	
新的旅程	○时间的足迹	△成长纪事 △一起走过的日子 △共同的历程	1.养成自信自立的生活态度,树立为人民、为社会服务的远大志向,体会自强不息的意义。(课程标准 1.2.4) 2.了解自我评价的重要性,客观地认识、评价自己的优缺点,形成比较清晰的自我整体形象。(课程标准 1.1.6) 3.主动锻炼个性心理品质,磨砺意志,陶冶情操,形成良好的学习、劳动习惯和生活态度。(课程标准 1.1.5) 4.能够分辨是非善恶……学会在比较复杂的社会生活中做出正确选择。(课程标准 1.2.6) 5.正确对待学习压力……培养正确的学习观念,做好升学和职业选择的心理准备。(课程标准 3.1.2) 6.正确认识生活中的困难和逆境,提高心理承受力,保持积极进取的精神状态。(课程标准 3.1.3) 7.知道应从日常点滴做起实现人生的意义,体会生命的价值。(课程标准 1.1.2) 8.……体会理想的实现必须经过艰苦奋斗,立志为将来报效祖国奉献社会努力学习。(课程标准 3.4.8)
	○第一次选择	△诊断自我 △合理选择 △成功的路不止一条	
	○走向未来	△理想的星空 △理想与现实之间 △天行健,君子以自强不息	

（二）教材体例

《思想品德》初中一年级上册教材由5个单元主题和14个二级主题（课）构成，下册教材由5个单元主题和13个二级主题（课）构成；初二上册由5个主题和11个二级主题（课）构成，下册教材由5个单元主题和13个二级主题（课）构成；初中三年级全一册教材由7个单元和22个主题（课）构成。16开本，彩色。

教材采用两级标题，按教学活动主题形式呈现为单元主题和板块主题（课）。每册教材设5个单元主题（初三7个单元），各单元主题下设2～3个板块主题（课）。各板块（课）既相对独立，形成独立的活动专题，又互相联系，整体地为单元主题服务。

主题内容整体体现为品德培养与知识学习相统一，尤其注重品德培养；生活的逻辑与科学逻辑相统一，以生活的逻辑为主导；体验的形式与认知的形式相统一，强调学生体验。

教材内容在编排设计上，注重将原理和知识融于生活事例中，以贴近社会实际和学生生活的案例为载体，通过提出问题、提供资料和方法指导、设计开放情境，引导学生自主学习。注重提示和引导学生去进行观察、感受、体验、调查、探究等具体实践活动。

教材中练习活动的设计从整体上体现了知识技能、情感态度、实践能力等多方面教育要求的结合。主要分为以下5类。（1）认知类：思考、分析、讨论、交流；（2）情感类：感受、体验；（3）活动类：调查、访问、测试、实践；（4）评价类：自评、反省、自我诊断、评价；（5）综合类：综合类是指对前四类活动要求的综合运用。有的活动是单独的认知类、情感类、活动类、评价类。有的活动是综合类，比如，有两种类型的活动方式的综合，体验与思考（情感与认知类的综合）、实践与交流（活动类与认知类的综合）、思考与实践（认知类与活动类的综合）、实践与体验（活动类与情感类的综合）等；有三种类型的活动方式的综合运用，如"实践、评价与思考"（活动类、评价类与认知类的综合）；同一类练习活动中，也存在几种活动方式的综合，如分析与讨论（认知类）。但是，为了教学的方便，我们考虑设计8个相对固定和统一的栏目名称：思考、讨论、探究、体验、分享、活动、实践、反思。

　　教材在设计上注意给使用教材的地区、学校、教师、学生在学习内容和活动方式上留出一定的灵活空间。

　　教材图文并茂,形式多样,适合初中学生的审美习惯和接受能力。

参考文献

一、中文文献

1. 阿多诺. 否定的辩证法[M]. 张峰,译. 重庆:重庆出版社,1993.

2. 阿恩海姆. 艺术心理学新论[M]. 郭小平,翟灿,译. 北京:商务印书馆,1994.

3. 艾夫兰. 西方艺术教育史[M]. 邢莉,常宁生,译. 成都:四川人民出版社,2000.

4. 奥尔曼. 马克思的异化理论[M]. 王贵贤,译. 2版. 北京:北京师范大学出版社,2018.

5. 拜克. 犹太教的本质[M]. 傅永军,于健,译. 济南:山东大学出版社,2002.

6. 鲍同梅. 试论个人主义教学文化[J]. 扬州大学学报(高教研究版),2004(1):60-63.

7. 鲍德里亚. 物体系[M]. 林志明,译. 上海:上海人民出版社,2018.

8. 鲍德里亚. 符号政治经济学批判[M]. 夏莹,译. 南京:南京大学出版社,2015.

9. 鲍德里亚. 消费社会[M]. 刘成富,全志钢,译. 南京:南京大学出版社,2014.

10. 北京大学哲学系外国哲学史教研室,编译. 西方哲学原著选读:上卷[M]. 北京:商务印书馆,1981.

11. 北京电影学院 2009 年本科招生简章[EB/OL]. http://www. bfa. edu. cn/zs/2008-12-03/content_22523. htm,2008-12-03.

12. 卞敏. 哲学与道德智慧[M]. 南京:江苏古籍出版社,2002.

13. 别敦荣,李家新,韦莉娜. 大学教学文化:概念、模式与创新[J].

高等教育研究,2015(1):49-56.

14. 柏拉图.柏拉图全集:第1卷[M].王晓朝,译.北京:人民出版社,2002.

15. 柏拉图.柏拉图文艺对话集[M].朱光潜,译.北京:商务印书馆,2013.

16. 柏拉图.理想国[M].郭斌和,张竹明,译.北京:商务印书馆,1986.

17. 柏拉图.理想国[M].吴献书,译.上海:上海三联书店,2009.

18. 波德莱尔.波德莱尔美学论著选[M].郭宏安,译.北京:人民文学出版社,1987.

19. 波兰尼.个人知识——迈向后批判哲学[M].许泽民,译.贵阳:贵州人民出版社,2000.

20. 伯茨.西方教育文化史[M].王凤玉,译.济南:山东教育出版社,2013.

21. 博克.回归大学之道[M].侯定凯,等译.上海:华东师范大学出版社,2008.

22. 波特.激励与工作行为[M].陈学军,谢小云,等译.7版.北京:机械工业出版社,2006.

23. 布伯.我与你[M].陈维纲,译.北京:生活·读书·新知三联书店,1986.

24. 布鲁贝克.高等教育哲学[M].王承绪,等译.杭州:浙江教育出版社,1987.

25. 布鲁克菲尔德.批判反思型教师ABC[M].张伟,译.北京:中国轻工业出版社,2002.

26. 布鲁纳.教育过程[M].邵瑞珍,译.北京:文化教育出版社,1982.

27. 曹正善.教育智慧理解论[D].上海:华东师范大学,2006.

28. 蔡元培.蔡元培全集:第7卷[M].杭州:浙江教育出版社,1997.

29. 蔡元培.美育[M]//沈善洪,编.蔡元培选集:上册.杭州:浙江教育出版社,1993.

30. 车尔尼雪夫斯基. 车尔尼雪夫斯基论文学：下卷[M]. 辛未艾，译. 上海：上海译文出版社，1982.

31. 陈飞虎. 智慧：大学教育的最高目标[J]. 湖南师范大学学报（教育科学版），2013(4)：42-46.

32. 陈鼓应，注译. 老子今注今译[M]. 修订版. 北京：商务印书馆，2003.

33. 陈桂生. 也谈"有智慧的教育"[M]//吴国平，主编. 教师人文智慧. 上海：上海辞书出版社，2011.

34. 陈洪捷. 德国古典大学观[M]. 北京：北京大学出版社，2006.

35. 陈琳，孙梦梦，刘雪飞. 智慧教育渊源论[J]. 电化教育研究，2017(2)：13-18.

36. 陈琳，王运武. 面向智慧教育的微课设计研究[J]. 教育研究，2015(3)：127-130.

37. 陈卫东. "智慧教育"要有智慧[J]. 人民教育，2017(5)：36-38.

38. 陈育德. 西方美育思想简史[M]. 合肥：安徽教育出版社，1998.

39. 陈志尚. 人学原理[M]. 北京：北京出版社，2005.

40. 陈志尚. 人学新探索：来自马克思主义哲学视角的反思[M]. 北京：北京师范大学出版社，2016.

41. 成浩. 走向智慧型教师[J]. 教师博览，2003(11)：22-25.

42. 成尚荣. 智慧教育：教育的智慧选择[M]//吴国平，主编. 教师人文智慧. 上海：上海辞书出版社，2011.

43. 戴本博. 外国教育史：中卷[M]. 北京：人民教育出版社，1990.

44. 代建军. 基于教育智慧生成的教育批判[J]. 教育研究与实验，2011(3)：38-42.

45. 代建军. 教师教育智慧生成的阻抗因素[J]. 课程·教材·教法，2012(6)：26-30.

46. 德波. 景观社会[M]. 张新木，译. 2 版. 南京：南京大学出版社，2017.

47. 德尔图良. 护教篇[M]. 涂世华，译. 北京：商务印书馆，2012.

48. 邓明言. 赫胥黎教育思想中的几个理论问题[J]. 华东师范大学

学报(自然科学版),1983(2):40-47.

49. 邓晓芒.黑格尔《精神现象学》句读:第一卷[M].北京:人民出版社,2014.

50. 笛卡儿.第一哲学沉思集:反驳和答辩[M].庞景仁,译.北京:商务印书馆,1986.

51. 笛卡儿.谈谈方法[M].王太庆,译.北京:商务印书馆,2000.

52. 刁培萼,吴也显,等.智慧型教师素质探新[M].北京:教育科学出版社,2005.

53. 董洪亮.教学文化及其变迁机制[J].教育理论与实践,2008(22):47-50.

54. 董健康,韩雁,梁志星.《教育部关于普通高等学校本科教学评估工作的意见》解读[J].高教发展与评估,2013,29(5):12-18,101.

55. 董仲舒.春秋繁露[M].长沙:岳麓书社,1997.

56. 杜德斯达.21世纪的大学[M].刘彤,等译.北京:北京大学出版社,2005.

57. 杜威.经验与自然[M].傅统先,译.南京:江苏教育出版社,2005.

58. 杜威.人的问题[M].傅统先,邱椿,译.上海:上海人民出版社,2006.

59. 杜威.艺术即经验[M].高建平,译.北京:商务印书馆,2010.

60. 杜卫.试论丰子恺的美育思想[J].浙江师范学院学报(社会科学版),1984(3):34-40.

61. 杜卫.美育论[M].北京:教育科学出版社,2000.

62. 杜卫.美育论[M].2版.北京:教育科学出版社,2014.

63. 杜维明,卢风.现代性与物欲的释放:杜维明先生访谈录[M].北京:中国人民大学出版社,2009.

64. 恩格斯.反杜林论[M]//中共中央马克思恩格斯列宁斯大林著作编译局,编译.马克思恩格斯选集:第3卷.北京:人民出版社,1995.

65. 2017年全球市场报告:艺术品为何越来越贵[EB/OL].http://auction.artron.net/20180310/n990561.html,2018-3-10.

66. 范国睿.教育制度变革的当下史:1978—2018——基于国家视野的教育政策与法律文本分析[J].华东师范大学学报(教育科学版),2018(5):1-19,165.

67. 范梅南.教学机智:教育智慧的意蕴[M].李树英,译.北京:教育科学出版社,2001.

68. 范寿康.柏拉图[M].上海:商务印书馆,1919.

69. 方同义,黄瑞瑞.马克思人的本质理论的重新解读与探讨[J].浙江社会科学,2008(12):56-60.

70. 丰子恺.艺术趣味[M].长沙:湖南文艺出版社,2002.

71. 冯建军.关于建构教育人学的几点设想[J].华东师范大学学报(教育科学版),2017(2):57-67,120.

72. 冯梦龙.智囊全集[M].栾保群,吕宗力,校注.北京:中华书局,2007.

73. 冯契.认识世界和认识自己[M].上海:华东师范大学出版社,1996.

74. 冯契.人的自由和真善美[M].增订本.上海:华东师范大学出版社,2015.

75. 冯友兰.新原道[M].北京:生活·读书·新知三联书店,2007.

76. 冯友兰.觉解人生[M].杭州:浙江人民出版社,1996.

77. 冯友兰.哲学的精神[M].西安:陕西师范大学出版社,2008.

78. 弗莱雷.被压迫者教育学[M].顾建新,等译.上海:华东师范大学出版社,2001.

79. 弗洛姆.自为的人——伦理学的心理探究[M].万俊人,译.北京:国际文化出版公司,1988.

80. 福柯.福柯集[M].杜小真,译.上海:上海远东出版社,2003.

81. 傅淳华.论教师智慧的生活意蕴及其实践困境[J].教育理论与实践,2012(22):29-30.

82. 傅统先,张文郁.教育哲学[M].济南:山东教育出版社,1986.

83. 高伟.追问教育智慧——一种批判的视角[J].当代教育科学,2009(5):3-7.

84. 高觉敷.西方近代心理学史[M].北京:人民教育出版社,2011.

85. 龚波.课程改革呼唤教学文化的转型:从接受到批判[J].当代教育科学,2005(17):29-31.

86. 格伦瓦尔德.技术伦理学手册[M].吴宁,译.北京:社会科学文献出版社,2017.

87. 格尔兹.文化的解释[M].韩莉,译.南京:译林出版社,1999.

88. 谷传华.智慧的外显理论和内隐理论[J].山东师范大学学报(人文社会科学版),2014(1):118-123.

89. 顾建军.技术的现代维度与教育价值[J].华东师范大学学报(教育科学版),2018(6):1-18,154.

90. 关于艺术类考试"热"背后的"冷"思考[EB/OL].http://edu.qq.com/a/20120217/000335_1.htm,2012-02-17.

91. 郭峰.大学教师作为知识分子语境下的教学文化重构[J].教师教育研究,2012(4):13-18.

92. 郭平,黄正夫.大学内部治理结构的功能及其实现路径[J].教育研究,2013(7):68-73.

93. 郭晴秀,李瑞芳.教师教育智慧的意蕴与生成[J].基础教育研究,2012(8):20-21.

94. 郭晓娜,靳玉乐.反思教学与教师教育智慧的形成[J].当代教育科学,2006(19):21-22.

95. 郭勇健.重建文化教学——奥尔特加论大学教育改革[J].高等教育研究,2009(5):30-34.

96. 国家教育委员会.普通高等学校教育评估暂行规定[Z].1990-10-31.

97. 国务院法制办公室.中华人民共和国法规汇编(1993—1994)[M].北京:中国法制出版社,2005.

98. 哈贝马斯.后民族结构[M].曹卫东,译.上海:上海人民出版社,2002.

99. 哈贝马斯.现代性的哲学话语[M].曹卫东,译.南京:译林出版社,2004.

100. 哈格里夫斯.知识社会中的教学[M].熊建辉,等译.上海:华东师范大学出版社,2007.

101. 韩大林.教育事件·教育机智·教育智慧[J].湖南师范大学教育科学学报,2009(4):70-72.

102. 韩大林,刘文霞.教师教育智慧的含义与基本要素[J].内蒙古师范大学学报(教育科学版),2007(4):70-73.

103. 韩青民.当代哲学人类学:第1卷[M].北京:中国社会科学出版社,2015.

104. 韩庆祥.马克思的人学理论[M].郑州:河南人民出版社,2011.

105. 韩庆祥.现实逻辑中的人:马克思的人学理论研究[M].北京:北京师范大学出版社,2017.

106. 韩庆祥.人学何以可能——兼评近年来我国的人学研究[J].学术月刊,1997(1):28-35,47.

107. 韩延明.理念、教育理念及大学理念探析[J].教育研究,2003(9):50-56.

108. 韩延明,张洪高.我国大学教学文化建设探析[J].大学教育科学,2014(2):105-111.

109. 海德格尔.演讲与论文集[M].孙周兴,译.北京:商务印书馆,2018.

110. 何东昌.中华人民共和国重要教育文献(1998—2002)[M].海口:海南出版社,2003.

111. 赫舍尔.人是谁[M].隗仁莲,安希孟,陈维政,译.贵阳:贵州出版集团,2009.

112. 黑格尔.法哲学原理[M].范扬,张启泰,译.北京:商务印书馆,1961.

113. 黑格尔.美学[M].朱光潜,译.北京:商务印书馆,2006.

114. 侯祎.智慧的内隐理论研究:以大学生为例[M].北京:中国书籍出版社,2012.

115. 侯祎.大学生智慧的内隐理论研究[D].南京:南京师范大学,2009.

116. 侯祎,刘昌.智慧的内隐理论研究的回顾与展望[J].心理研究,2010(4):13-18.

117. 胡伟.技术对教育影响研究[D].杭州:浙江大学,2015.

118. 胡卫,张继玺.新观察:中国教育热点透视(2012—2014):上册[M].上海:上海人民出版社,2015.

119. 扈中平,蔡春,吴全华,等.教育人学论纲[M].北京:高等教育出版社,2015.

120. 怀特.再论教育目的[M].李永宏,译.北京:教育科学出版社,1997.

121. 怀特海.教育的目的[M].庄莲平,王立中,译注.上海:文汇出版社,2012.

122. 黄济.教育哲学初稿[M].北京:北京师范大学出版社,1982.

123. 黄济.美和美育[M]//成有信,编.教育学原理.开封:河南教育出版社,1993.

124. 黄君.音乐与空间推理能力[J].中央音乐学院学报,2010(2):124-129.

125. 黄楠森,夏甄陶,陈志尚.人学词典[M].北京:中国国际广播出版社,1990.

126. 黄楠森.黄楠森自选集[M].北京:学习出版社,2005.

127. 黄楠森.人学的科学之路[M].郑州:河南人民出版社,2011.

128. 黄希庭.人格心理学[M].杭州:浙江教育出版社,2002.

129. 黄晓伟,张成岗.技术决定论形成的历史进路及当代诠释[J].南京师大学报(社会科学版),2017(3):59-66.

130. 霍克海默,阿道尔诺.启蒙辩证法:哲学断片[M].渠敬东,曹卫东,译.上海:上海人民出版社,2006.

131. 吉登斯.现代性的后果[M].田禾,译.南京:译林出版社,2011.

132. 季广茂.反启蒙[M].北京:高等教育出版社,2016.

133. 伽达默尔.美的现实性[M].张志扬,译.北京:生活·读书·新知三联书店,1991.

134. 加德纳.关于音乐教育的讲话[M]//中国音协教育委员会,中国音乐函授学院,编.迎接美育的春天.太原:山西人民出版社,1988.

135. 加塞特.大学的使命[M].徐小洲,陈军,译.杭州:浙江教育出版社,2001.

136. 蒋冰海.美育学导论[M].上海:上海人民出版社,2001.

137. 蒋红斌,张传燧.教师课堂教育智慧及其生成[J].中国教育学刊,2012(9):41-42.

138. 蒋孔阳.美学原理[M].北京:中央民族大学出版社,2005.

139. 姜敏.大学教育去功利化路径研究:"以人为本"全面发展素质教育[J].北京社会科学,2014(1):33-39.

140. 教育部.关于批准实施"十二五"期间"高等学校本科教学质量与教学改革工程"2013年建设项目的通知[Z].2013-03-20.

141. 教育部办公厅.关于印发《普通高等学校本科教学工作水平评估方案(试行)》的通知[Z].2004-08-12.

142. 教育部办公厅关于做好2017年普通高等学校部分特殊类型招生工作的通知[Z].2012-07-12.

143. 教育部,财政部.关于"十二五"期间实施"高等学校本科教学质量与教学改革工程"的意见[Z].2011-07-01.

144. 教育部高等教育司.关于启动国家级教师教学发展示范中心建设工作的通知

145. 教育部高等教育司.关于批准厦门大学教师发展中心等30个"十二五"国家级教师教学发展示范中心的通知[Z].2012-10-31.

146. 金耀基.从传统到现代[M].北京:中国人民大学出版社,1999.

147. 金生鈜.论人的教育需要[J].中国人民大学教育学刊,2011(2):5-15.

148. 靳玉乐,王磊.消费社会境遇下教师身份的异化与重构[J].全球教育展望,2018(1):83-92.

149. 靖国平.论智慧的涵义及其特征[J].湖南师范大学教育科学学报,2004(2):14-15.

150. 靖国平.从狭义智慧教育到广义智慧教育[J].河北师范大学学报(教育科学版),2003(3):48-53.

151. 靖国平.关于智慧教育的几点思考[J].江苏教育研究,2010(6C):4-5.

152. 巨乃岐.技术价值论研究[D].太原:山西大学,2009.

153. 卡林内斯库.现代性的五副面孔[M].李瑞华,译.北京:商务印书馆,2002.

154. 卡西尔.人论:人类文化哲学导引[M].甘阳,译.上海:上海译文出版社,1998.

155. 康德.纯粹理性批判[M].邓晓芒,译.北京:人民出版社,2017.

156. 康德.道德形而上学原理[M].苗力田,译.上海:上海人民出版社,2002.

157. 康德.道德底形而上学之基础[M].李明辉,译.台北:联经出版事业股份有限公司,2003.

158. 康德.论教育学[M].赵鹏,何兆武,译.上海:上海人民出版社,2005.

159. 康德.判断力批判:上卷[M].宗白华,译.北京:商务印书馆,1964.

160. 康德.实践理性批判[M].韩水法,译.北京:商务印书馆,1999.

161. 康淑敏.大学教学文化的式微与重塑[J].教育研究,2017(12):60-67.

162. 科尔涅耶夫.现代哲学人类学批判[M].李昭时,译.北京:东方出版社,1987.

163. 克拉克.高等教育系统[M].王承绪,等译.杭州:杭州大学出版社,1994.

164. 克拉克.探究的场所——现代大学的科研和研究生教育[M].王承绪,译.杭州:浙江教育出版社,2001.

165. 克里希那穆提.教育就是解放心灵[M].张春城,唐超权,译.北京:九州出版社,2010.

166. 孔多塞.人类精神进步史表纲要[M].何兆武,何冰,译.北京:生活·读书·新知三联书店,2003.

167. 夸美纽斯.大教学论[M].傅任敢,译.北京:教育科学出版社,1999.

168. 莱恩.导读鲍德里亚[M].柏愔,童晓蕾,译.2版.重庆:重庆大学出版社,2016.

169. 勒维纳斯.上帝·死亡和时间[M].余中先,译.北京:生活·读书·新知三联书店,1997.

170. 李巧林,梁保国.论教师的教育智慧[J].合肥工业大学学报(社会科学版),2004(6):12-15.

171. 李润洲.教育智慧的四重境界[J].上海教育科研,2013(5):18-21.

172. 李淑梅.论人类自由:真、善、美的统一[J].教学与研究,1997(9):21-25.

173. 李田.美育是"美学方面的教育"[J].教育研究,1990(11):67-72.

174. 李晓红.回归人才培养本位 加快"双一流"建设步伐[J].中国大学教学,2016(5):4-8.

175. 李秀平.教学文化:师生生活方式的构建及呈现[J].天津市教科院学报,2006(4):48-50,53.

176. 李雨燕,郭华.消费主义:"物的依赖性"社会形式中人的生存境遇[J].学术论坛,2012(9):5-8.

177. 李泽厚.中国古代思想史论[M].北京:生活·读书·新知三联书店,2008.

178. 李泽厚,刘纲纪,主编.中国美学史:第1卷[M].北京:中国社会科学出版社,1984.

179. 李志厚.论教学文化的性质[J].课程·教材·教法,2008(3):13-17.

180. 李中华.中国人学思想史[M].北京:北京出版社,2004.

181. 黎启全.美是自由生命的表现[M].桂林:广西师范大学出版社,1999.

182. 利奥塔.后现代状况:关于知识的报告[M].岛子,译.长沙:湖南美术出版社,1996.

183. 列斐伏尔.日常生活批判:第1卷[M].叶齐茂,倪晓晖,译.北京:社会科学文献出版社,2018.

184. 林存华.人种志研究与教师智慧的生成[J].教育理论与实践,2006(15):41-44.

185. 刘创.教育智慧:教师专业素养的核心构成[J].湖南师范大学教育科学学报,2004(3):15-17.

186. 刘隽颖."教学学术"研究体系的四维建构及其实践机制[J].江苏高教,2019(1):74-82.

187. 刘沛.音乐与儿童智慧及儿童发展[J].中国音乐教育,1995(6):33-35.

188. 刘庆昌.教学文化的意义探寻[J].山西大学学报(哲学社会科学版),2008(2):73-77.

189. 刘铁芳.质疑创新教育[J].书屋,2001(11):45-50.

190. 刘铁芳.智慧之爱何以可能:苏格拉底爱的教育哲学一解[J].华东师范大学学报(教育科学版),2018(4):92-98,169.

191. 刘同舫.启蒙理性及现代性:马克思的批判性重构[J].中国社会科学,2015(2):4-23,202.

192. 刘玮.功能论证:从柏拉图到亚里士多德[J].道德与文明,2017(3):73-79.

193. 刘小枫,编译.柏拉图四书[M].北京:生活·读书·新知三联书店,2015.

194. 刘兆吉.美育心理研究[M].成都:四川教育出版社,1993.

195. 柳宗元.柳宗元集[M].北京:中华书局,1979.

196. 卢卡奇.历史与阶级意识[M].杜章智,任立,燕宏远,译.北京:商务印书馆,2017.

197. 卢风.超越物质主义[J].清华大学学报(哲学社会科学版),2016(4):154-160,197.

198. 卢乃桂.教育改革潮中的教师和教师教育[J].基础教育学报,2001(2):73-100.

199. 鲁洁.教育学[M].南京:河海大学出版社,1998.

200. 鲁洁.教育的返本归真——德育之根基所在[J].华东师范大学学报(教育科学版),2001(4):1-6,65.

201. 鲁洁.当代德育基本理论探讨[M].南京:江苏教育出版社,2010.

202. 陆九渊.陆九渊集[M].北京:中华书局,1980.

203. 吕建国.智慧·智慧教育·智慧文化[J].江苏教育研究,2015(12A):15-16.

204. 吕世伦,蔡宝刚."以人为本"的法哲学思考——马克思的理论阐释[J].法学家,2004(6):31-37.

205. 罗素.教育与美好生活[M].石家庄:河北人民出版社,1999.

206. 洛根.理解新媒介——延伸麦克卢汉[M].何道宽,译.上海:复旦大学出版社,2012.

207. 洛克.教育漫话[M].北京:教育科学出版社,1999.

208. 马克思.关于费尔巴哈的提纲[M]//中共中央马克思恩格斯列宁斯大林著作编译局,编译.马克思恩格斯选集:第1卷.北京:人民出版社,1995.

209. 马克思.1844年经济学—哲学手稿[M].中共中央马克思恩格斯列宁斯大林著作编译局,编译.北京:人民出版社,1979.

210. 马克思.1844年经济学哲学手稿[M].中共中央马克思恩格斯列宁斯大林著作编译局,编译.北京:人民出版社,2014.

211. 马克思.政治经济学批判[M]//中共中央马克思恩格斯列宁斯大林著作编译局,编译.马克思恩格斯选集:第2卷.北京:人民出版社,1995.

212. 马克思.资本论[M].中共中央马克思恩格斯列宁斯大林著作编译局,编译.北京:人民出版社,2018.

213. 马克思,恩格斯.共产党宣言[M]//中共中央马克思恩格斯列宁斯大林著作编译局,编译.马克思恩格斯选集:第1卷.北京:人民出版社,1995.

214. 马克思,恩格斯.马克思恩格斯全集:第42卷[M].中共中央马克思恩格斯列宁斯大林著作编译局,编译.北京:人民出版社,1979.

215. 马克思,恩格斯.马克思恩格斯全集:第 46 卷(下)[M].中共中央马克思恩格斯列宁斯大林著作编译局,编译.北京:人民出版社,1980.

216. 马克思,恩格斯.马克思恩格斯选集:第 1 卷[M].中共中央马克思恩格斯列宁斯大林著作编译局,编译.2 版.北京:人民出版社,1995.

217. 马尔库塞.现代文明与人的困境——马尔库塞文集[M].李小兵,等译.上海:上海三联书店,1989.

218. 马尔库塞.单向度的人:发达工业社会意识形态研究[M].刘继,译.上海:上海译文出版社,2008.

219. 马斯洛,等.人的潜能和价值[M].北京:华夏出版社,1987.

220. 马斯洛.动机与人格[M].许金声,程朝翔,译.北京:华夏出版社,1987.

221. 马斯洛.存在心理学探索[M].李文,译.昆明:云南人民出版社,1987.

222. 马斯洛.马斯洛说完美人格[M].高适,编译.武汉:华中科技大学出版社,2012.

223. 麦克利什.人类思想的主要观点——形成世界的观念:下卷[M].查常平,刘宗迪,胡继华,等译.北京:新华出版社,2004.

224. 毛齐明.试论智慧型教师的内涵及其基本素养[J].教育科学,2011(4):45-49.

225. 梅洛-庞蒂.知觉现象学[M].姜志辉,译.北京:商务印书馆,2001.

226. 梅洛-庞蒂.意义与无意义[M].张颖,译.北京:商务印书馆,2018.

227. 梅特里.人是机器[M].顾寿观,译.北京:商务印书馆,1959.

228. 米尔恩.人的权利与人的多样性——人权哲学[M].夏勇,等译.北京:中国大百科全书出版社,1995.

229. 莫兰.复杂性理论与教育问题[M].陈一壮,译.北京:北京大学出版社,2001.

230. 默顿.社会理论和社会结构[M].唐少杰,齐心,等译.南京:译林出版社,2006.

231. 母小勇,韦剑剑.论高等教育哲学的人学基础[J].教育研究,2012(12):29-34.

232. 纳伊曼.世界高等教育的探索[M].令华,严南德,译.北京:教育科学出版社,1982.

233. 南怀瑾.禅宗与道家[M].北京:东方出版社,2016.

234. 南京艺考报名现场排长队,报考人数创新高[EB/OL].http://news.163.com/photoview/00AP0001/83221.html,2015-01-21.

235. 倪梁康.胡塞尔现象学概念通释[M].北京:生活·读书·新知三联书店,2007.

236. 阎光才.识读大学:组织文化的视角[M].上海:华东师范大学出版社,2001.

237. 纽曼.大学的理想(节本)[M].徐辉,顾建新,何曙荣,译.杭州:浙江教育出版社,2009.

238. 潘懋元.高等教育质量与大学教师发展[J].高等教育研究,2015(1):48.

239. 潘懋元,陈春梅.高等教育质量建设的理论设计[J].高等教育研究,2016(3):1-5.

240. 庞学铨.新现象学之"新"——论新现象学的主要理论贡献[J].浙江学刊,2017(4):21-28.

241. 裴斯泰洛齐.裴斯泰洛齐教育论著选[M].夏之莲,译.北京:人民教育出版社,2001.

242. 彭富春.论中国的智慧[M].北京:人民出版社,2010.

243. 彭元.雅斯贝尔斯的大学观念解读[J].现代大学教育,2005(2):87-91.

244. 普莱.批评意识[M].郭宏安,译.南昌:百花洲文艺出版社,1992.

345. 戚万学.大学是文化的存在[N].光明日报,2016-12-19.

246. 祁志祥.人学原理[M].北京:商务印书馆,2012.

247. 钱学森.钱学森书信选:下卷[M].北京:国防工业出版社,2008.

248. 清华大学美术学院 2017 年本科招生简章[EB/OL]. http：// join-tsinghua. edu. cn/publish/bzw/7546/2017/20170103153841589890 480/20170103153841589890480_html,2017-01-03.

249. 仇春霖. 大学美育[M]. 北京：高等教育出版社,1997.

250. 色诺芬. 回忆苏格拉底[M]. 吴永泉,译. 北京：商务印书馆,1984.

251. 邵瑞珍. 教育心理学[M]. 修订本. 上海：上海教育出版社,1997.

252. 绍伊博尔德. 海德格尔分析新时代的技术[M]. 宋祖良,译. 北京：中国社会科学出版社,1973.

253. 舍勒. 哲学人类学[M]. 魏育青,罗悌伦,等译. 北京：北京师范大学出版社,2014.

254. 沈亚生,李莹,袁中树. 人学思潮前沿问题探究[M]. 北京：社会科学文献出版社,2010.

255. 施瓦布. 第四次工业革命[M]. 李菁,译. 北京：中信出版社,2016.

256. 施泰纳. 人学[M]. 颜维震,译. 台北：洪叶文化有限公司,2017.

257. 石中英. 教育智慧的根源[J]. 基础教育参考,2005(8):59.

258. 叔本华. 人生的智慧[M]. 张红玉,卢凯,译. 北京：台海出版社,2016.

259. 舒志定. 马克思为教育设定的人学前提[J]. 陕西师范大学学报(哲学社会科学版),2019(1):27-34.

260. 眭依凡. 大学使命:大学的定位理念及实践意义[J]. 教育发展研究,2000(9):18-22.

261. 斯宾塞. 教育论:智育、德育和体育[M]. 北京：人民教育出版社,1962.

262. 宋孝忠. 走向智慧教育[J]. 教育研究与实验,2005(2):24-26.

263. 苏霍姆林斯基. 给教师的建议:上册[M]. 杜殿坤,编译. 北京：教育科学出版社,1980.

264. 苏霍姆林斯基. 苏霍姆林斯基论美育[M]. 李范,编. 长沙：湖南人民出版社,1984.

265. 孙诒让.墨子闲诂[M].孙启治,点校.北京:中华书局,2001.

266. 孙元涛.身体问题的教育学思考[J].教育理论与实践,2006(19):5-8.

267. 索绪尔.普通语言学教程[M].高名凯,译.北京:商务印书馆,1980.

268. 泰勒.现代性之隐忧[M].程炼,译.北京:中央编译出版社,2001.

269. 梯利.西方哲学史:增补修订版[M].葛力,译.北京:商务印书馆,1995.

270. 田慧生.时代呼唤教育智慧及智慧型教师[J].教育研究,2005(2):50-57.

271. 托夫勒.未来的震荡[M].任小明,译.成都:四川人民出版社,1985.

272. 汪凤炎,郑红.智慧心理学的理论探索与应用研究[M].上海:上海教育出版社,2014.

273. 汪凤炎,郑红.品德与才智一体:智慧的本质与范畴[J].南京社会科学,2015(3):127-131.

274. 汪晖.去政治化的政治[M].北京:生活·读书·新知三联书店,2008.

275. 王承绪.现代西方教育论著选[M].北京:人民教育出版社,2001.

276. 王国维.论教育之宗旨[M]//舒新城.中国近代教育史资料:下册.北京:人民教育出版社,1961.

377. 王国维.王国维文集:第3卷[M].北京:中国文史出版社,1997.

278. 王海明.新伦理学:下册[M].修订版.北京:商务印书馆,2008.

379. 王建华.大学教师发展——"教学学术"的维度[J].现代大学教育,2007(2):1-5,100.

280. 王蒙.说"知"论"智"[N].光明日报,2011-01-07(15).

281. 王啸.教育人学——当代教育学的人学路向[M].南京:江苏教育出版社,2003.

282. 王岳川.美育本体论[J].人民音乐,1987(3):6-7.

283. 王志曲.新课程背景下课堂文化的重建[J].现代中小学教育,2005(11):30-32.

284. 威尔逊.人性是什么？——人类本性[M].宋文里,译.台北:心理出版社,1984.

285. 维柯.新科学[M].朱光潜,译.北京:商务印书馆,1989.

286. 韦伯.韦伯作品集Ⅴ:中国的宗教,宗教与世界[M].康乐,简惠美,译.桂林:广西师范大学出版社,2004.

287. 韦伯.经济与社会:上卷[M].林荣远,译.北京:商务印书馆,1997.

288. 魏贤超.道德判断的基本概念[J].华东师范大学学报(教育科学版),1986(2):30.

289. 魏贤超.德育课程论[M].哈尔滨:黑龙江教育出版社,2004.

290. 魏贤超,胡伟,邱昆树,等.教育原理散论[M].杭州:浙江大学出版社,2013.

291. 魏贤超,王小飞,等.价值教育散论[M].武汉:武汉大学出版社,2017.

292. 邬大光.教学文化:大学教师发展的根基[J].中国高等教育,2013(8):34-36.

293. 乌申斯基.人是教育的对象[M].李子卓,译.北京:科学出版社,1959.

294. 吴康宁.教育社会学[M].北京:人民教育出版社,1998.

295. 吴国盛.技术哲学讲演录[M].北京:中国人民大学出版社,2009.

296. 吴志宏.呼唤有智慧的教育[J].教师博览,2001(7):5-7.

297. 西美尔.时尚的哲学[M].费勇,译.北京:文化艺术出版社,2001.

298. 席勒.审美教育书简[M].冯至,范大灿,译.北京:北京大学出版社,1985.

299. 席勒. 美育书简[M]. 徐恒醇, 译. 北京:社会科学文献出版社,2016.

300. 先刚. 柏拉图与"智慧"[J]. 学术月刊,2014(2):49-57.

301. 肖兴安,陈敏. 我国本科教学评估政策的历史演变[J]. 国家教育行政学院学报,2009(2):71-77.

302. 幸克坚. 数学文化与基础教育课程改革[M]. 重庆:西南师范大学出版社,2006.

303. 熊川武. 论教师教育智慧发展的策略[J]. 贵州社会科学,2008(4):19-24.

304. 熊彼特. 资本主义、社会主义与民主[M]. 吴良健, 译. 北京:商务印书馆,1999.

305. 休谟. 人性论:上册[M]. 关文运, 译. 北京:商务印书馆,1980.

306. 徐继存. 教学技术化及其批判[J]. 教育理论与实践,2004(2):48-51.

307. 徐继存. 教学文化:一种体验教学总体问题的方式[J]. 教育研究,2008(4):46-48.

308. 徐晓宇. 康德的自由观及其人学维度[D]. 长春:吉林大学,2012.

309. 谢弗勒. 人类的潜能[M]. 石中英,涂元玲, 译. 上海:华东师范大学出版社,2005.

310. 谢清滢. 高等农业院校美育现状探讨[D]. 武汉:华中农业大学,2015.

311. 雅斯贝尔斯. 什么是教育[M]. 邹进, 译. 北京:生活·读书·新知三联书店,1991.

312. 雅斯贝尔斯. 时代的精神状况[M]. 王德峰, 译. 上海:上海译文出版社,1997.

313. 亚里士多德. 形而上学[M]. 吴寿彭, 译. 北京:商务印书馆,1959.

314. 亚里士多德. 尼各马可伦理学[M]. 廖申白, 译注. 北京:商务印书馆,2003.

315．杨大春.肉身化主体与主观的身体——米歇尔·亨利与身体现象学[J].江海学刊,2006(2):31-36.

316．杨大春.理解笛卡儿心灵哲学的三个维度[J].哲学研究,2016(3):61-68.

317．杨建.《圣经》中伊甸园神话的伦理意蕴[J].外国文学研究,2015(4):57-62.

318．杨庆峰.技术作为目的——超越工具主义的技术观念[D].上海:复旦大学,2003.

319．杨贤江.杨贤江全集:第1卷[M].郑州:河南教育出版社,1995.

320．杨小薇.课堂变革中教师智慧的成长[J].中国教育学刊,2006(6):70-73.

321．姚小平.洪堡特——人文研究和语言学研究[M].北京:外语教学与研究出版社,1995.

322．叶澜.教育研究方法论初探[M].上海:上海教育出版社,1999.

323．叶澜.新编教育学教程[M].上海:华东师范大学出版社,1991.

324．叶朗.德育不能包括美育[J].中国音乐教育,1997(4):41.

325．叶朗.美学原理[M].北京:北京大学出版社,2009.

326．叶妮,王宏波."乌托邦"与"实践性"——理解人工智能时代的物我关系[J].科学技术哲学研究,2017(6):113-119.

327．叶秀山,王树人.西方哲学史:第3卷[M].南京:江苏人民出版社,2005.

328．尹睿.当代学习环境结构的新界说——来自技术哲学关于"人—技术"关系的思考[J].电化教育研究,2012(11):24-29.

329．游旭群,王振宏.简论教师的教育智慧及获得[J].广州大学学报(社会科学版),2013(4):68-71.

330．于光远.自然辩证法百科全书[M].北京:中国大百科全书出版社,1995.

331．于泽元,田慧生.觉察力对教师教育智慧生成之研究[J].中国教育学刊,2011(3):61-68.

332. 余华东.论智慧[M].北京:中国社会科学出版社,2005.

333. 余纪元."活得好"与"做得好":亚里士多德幸福概念的两重含义[J].世界哲学,2011(2):246-260.

334. 袁祖社.现代社会价值本体确立与认同的困惑[J].哲学研究,2006(6):25-31.

335. 曾繁仁.试论美育的本质[J].文史哲,1985(1):53-60.

336. 曾繁仁,高旭东.审美教育新论[M].北京:北京大学出版社,1997.

337. 张楚廷.数学文化与人的发展[J].数学教育学报,2001(3):1-4.

338. 张登山.教师实践性智慧与教师专业成长途径[J].现代中小学教育,2009(8):56-59.

339. 张奎良.马克思人的本质思想的全景展示[J].天津社会科学,2014(1):4-5.

340. 张铭凯,廖婧茜,靳玉乐.技术与教学相遇:历程检视与进路选择[J].教育发展研究,2016(12):28-32.

241. 张尚仁,等.关于人的学说的哲学探讨[M].北京:人民出版社,1982.

342. 张维迎.如果没有思想市场,世界会怎么样?[EB/OL].[2018-11-26]. https://user.guancha.cn/main/content? id = 33601&comments-container.

343. 张卫东,董海涛.都市人智慧隐含理论的初步调查[J].心理科学,2003(3):419-421.

344. 张焱.诱惑、变革与守望:我国学术场域中的大学教师行为研究[M].南京:南京大学出版社,2014.

345. 张再林,王建华.梅洛-庞蒂的"身体意向性"与刘宗周的"意"的学说[J].江海学刊,2016(4):30-40.

346. 张志丹.解构与超越:当代物质主义的哲学追问[J].南京师大学报(社会科学版),2017(1):27-35.

347. 赵汀阳.文化为什么成了个问题[M]//赵汀阳.没有世界观的世界.北京:中国人民大学出版社,2005.

348. 赵敦华.西方人学观念史[M].北京:北京出版社,2005.

349. 赵复查.主体间性哲学视野中的教师文化[J].教育评论,2005(6):40-43.

350. 郑金洲,程亮.中国教育学研究的发展趋向[J].教育研究,2005(11):3-10.

351. 郑若玲.苦旅何以得纾解:高考改革困境与突破[M].南京:江苏教育出版社,2011.

352. 郑祥丽.教师教育智慧的表征与生成[J].吉林华侨外国语学院学报,2007(2):72-76.

353. 中国的艺术品投资市场异军突起[EB/OL].http://auction.artron.net/20150701/n755031.html,2015-7-1.

354. 中国教育年鉴编辑部.中国教育年鉴(1949—1981)[M].北京:中国大百科全书出版社,1984.

355. 中华人民共和国国家统计局.中国统计年鉴:2011[M].北京:中国统计出版社,2011.

356. 中央美术学院教育收费公示[EB/OL].http://cw.cafa.edu.cn/bszn/xssw/4683.htm,2017-10-11.

357. 周丽昀."伦理的身体"何以可能[J].学术月刊,2013(4):23-29.

358. 周星.2013中国艺术教育要况概评[J].艺术评论,2014(4):92-95.

359. 朱光潜.朱光潜全集:第4卷[M].合肥:安徽教育出版社,1987.

360. 朱光潜.文艺心理学[M].上海:复旦大学出版社,2009.

361. 朱永祥.认知的内隐理论及其分析方法[J].心理发展与教育,1991(4):32-37.

362. 祝智庭,彭红超,雷云鹤.智能教育:智慧教育的实践路径[J].开放教育研究,2018(4):13-23.

363. 庄孔韶. 人类学通论[M]. 太原:山西教育出版社,2003.

364. 宗白华. 宗白华讲稿[M]. 重庆:重庆大学出版社,2014.

365. 邹玲. 谈教育智慧和教师教育智慧的生成[J]. 内蒙古师范大学学报(教育科学版),2005(10):36-38.

366. 佐藤学. 学习的快乐——走向对话[M]. 钟启泉,译. 北京:教育科学出版社,2004.

二、英文文献

1. ARISTOTLE. Nicomachean Ethics[M]. 3rd ed. IRWIN T, trans. Indianapolis:Hackett Publishing Company,1999.

2. BALTES P B, SMITH J. The fascination of wisdom:Its nature, ontogeny, and function[J]. Perspectives on Psychological Science,2008,3(1):58.

3. BALTES P B, STAUDINGER U. Wisdom:A metaheuristic pragmatic to orchestrate mind and virtue toward excellence[J]. American Psychologist,2000,55(1):122-23.

4. BANGEN K J, MEEKS T W, JESTE D V. Defining and assessing wisdom:A review of the Literature[J]. Am J Geriatr Psychiatry,2013,21(12):1254-1266.

5. BARNETT R. Beyond all Reason:Living with Ideology in the University[M]. Buckingham:Society for Research into Higher Education/Open University Press,2003.

6. BLUCK S, GLÜCK J. Making things better and learning a lesson:"Wisdom of Experience" narratives across the lifespan[J]. Journal of Personality,2004(72):543-573.

7. BLUCK S, GLÜCK J. From the inside out:People's implicit theories of wisdom, in A Handbook of Wisdom:Psychological Perspectives[M]. edited by STERNBERG R J, JORDAN J. New York:Cambridge University Press,2005.

8. BOSHIER R. Why is the scholarship of teaching and learning

such a hard sell? [J]. Higher Education Research & Development, 2009, 28(1): 1-15.

9. BOYER E L. Scholarship Reconsidered: Priorities of the Professoriate[R]. New Jersey: The Carnegie Foundation for the Advancement of Teaching, Princeton University Press, 1990.

10. BUTCHVAROV P. The Concept of Knowledge[M]. Bvanston: Northwestern University Publications, 1970.

11. CHAN K, PRENDERGAST G. Materialism and social comparison among adolescents[J]. Social Behavior & Personality An International Journal, 2007, 35(2): 213-228.

12. CLAYTON V A. Multidimensional scaling analysis of the concept of wisdom[D]. USA: University of Southern California, 1976.

13. CLAYTON V P, BIRREN J. The development of wisdom across the lifespan: A reexamination of an ancient topic[J]. Lifespan Development and Behavior, 1980(3): 103-135.

14. DAHLSTROM D O. The Heidegger Dictionary[M]. New York: Bloomsbury Publishing Plc, 2013.

15. ERIKSON E H. Identity and Life Cycle[M]. New York: International University Press, 1959.

16. ERIKSON E H. The Life Cycle Completed[M]. New York: W. W. Norton, 1997.

17. FEIMAN-NEMSER S, FLODEN R E. The cultures of teaching[M] // WITTRICK M C. Handbook of Research on Teaching. 3rd ed. New York: Macmillan, 1986.

18. GLÜCK J, BLUCK S. Laypeople's conceptions of wisdom and its development: Cognitive and integrative views[J]. The Journal of Gerontology Series B: Psychological Sciences and Social Sciences, 2011, 66(3): 321.

19. HENDERSON P W, PETERSON R A. Mental accounting and categorization[J]. Organizational Behavior & Human Decision Process,

1992，51(92)：92-117.

20. HERSHEY D A, FARRELL A H. Perceptions of wisdom associated with selected occupations and personality characteristics[J]. Current Psychology: Developmental，Learning，Personality，Social，1997(16)：115-130.

21. HIRA F, FAULKENDER P. Perceiving wisdom: Do age and gender play a part? [J]. International Journal of Aging and Human Development，1997(44)：85-101.

22. HOARE C H. Erikson on Development: New Insights from the Unpublished Papers[M]. New York: Oxford University Press，2002.

23. HOLLIDAY S G, CHANDLER M J. Wisdom: Explorations in Adult Competence[M]. New York: Karger，1986.

24. HUME D A. Treatise of Human Nature: Volume 1[M]. NORTON D F, NORTON M J. eds. New York: Oxford University Press，2011.

25. JASON L A, REICHLER A, KING C, et al. The measurement of wisdom: A preliminary effort[J]. Journal of Community Psychology，2001(29)：585-598.

26. KAHN T C. An Introduction to Hominology: The Study of the Whole Man[M]. Springfield: Charles C Thomas Publisher，1969.

27. KNIGHT A, PARR W. Age as a factor in judgments of wisdom and creativity[J]. New Zealand Journal of Psychology，1999，28(1)：37-47.

28. LEVITT H M. The development of wisdom: An analysis of Tibetan Buddhist experience[J]. Journal of Humanistic Psychology，1999，39(2)：86-105.

29. LISA M. OSBECK, DANIEL N. ROBINSON. Philosophical theories of wisdom, in A Handbook of Wisdom: Psychological Perspectives[M]. edited by STERNBERG R J, JORDAN J. New York: Cambridge University Press，2005.

30. PAULHUS D L, WEHR P, HARMS P D, STRAUSSER D I. Use of exemplar surveys to reveal implicit types of intelligence[J]. Personality and Social Psychology Bulletin, 2002(28): 1051-1062.

31. PERLMUTTER M, ADAMS C, NYQUIST L, et al. Beliefs about wisdom [J]. Journal of Community Psychology, 1988 (10): 123-139.

32. RIEGEL K F. The development of dialectical operations[J]. Human Development, 1975(18): 1-3.

33. ROSS P S. A descriptive study of adjunct faculty motivation [D]. California: Pepperdine University, 2003.

34. SCHAFF A. A Philosophy of Man[M]. London: Lawrence & Wishart, 1963.

35. SHANI ROBINS. Wisdom therapy institute: Introduction[J]. Journal of Psychology Research, 2007(2): 33.

36. SHULMANS L S. Knowledge and teaching: Foundation of the new reform[J]. Harvard Educational Review, 1987, 57(1): 1-22.

37. SHULMAN L S. Teaching as community property: Putting an end to pedagogical solitude [J]. Change: The Magazine of Higher Learning, 1993, 25(6): 6-7.

38. SHULMAN L S. Taking learning seriously[J]. Change: The Magazine of Higher Learning, 1999, 31(4): 10-17.

39. SMITH M, MARX L. Does Technology Drive History? The Dilemma of Technological Determinism [M]. Cambridge: The MIT Press, 1994.

40. STANGE A, KUNZMANN U, BALTES P B. Perceived wisdom: The interplay of age, wisdom-related knowledge, and social behavior[C]// The Annual Convention of the American Psychological Association. Toronto: Canada Press, 2003.

41. STAUDINGER U M, MACIEL A G, SMITH J, BALTES P B. What predicts wisdom-related performance? A first look at personal-

ity, intelligence, and facilitative experiential contexts[J]. European Journal of Personality, 1998, 12(1): 1-17.

42. STERNBERG R J. Implicit theories of intelligence, creativity, and wisdom[J]. Journal of Personality and Social Psychology, 1985 (49): 607-627.

43. STERNBERG R J. A balance theory of wisdom[J]. Review of General Psychology, 1998, 2(4): 347-365.

44. STERNBERG R J. Human intelligence: The model is the message[J]. Science, 1998, 230(4730): 1111-1118.

45. STERNBERG R J. Words to the wise about wisdom? A commentary on Ardelt's critique of Baltes[J]. Human Development, 2004 (47): 287.

46. STERNBERG R J. A systems model of leadership: WICS[J]. American Psychologist, 2007, 62(1): 34.

47. TAKAYAMA M. The concept of wisdom and wise people in Japan[D]. Japan: Tokyo University, 2002.

48. TROWBRIDGE R H. The scientific approach of wisdom [EB/OL]. [2018-05-06]. http: // www. wisdompage. com/The scientific Approach to wisdom. doc.

49. Wisdom, in Stanford Encyclopedia of Philosophy[EB/OL]. [2017-03-09]. http: // plato. stanford. edu/entries/wisdom/.

50. YANG S. Conception of wisdom among Taiwanese Chinese [J]. Journal of Cross-Cultural Psychology, 2001(32): 662-680.

51. YOUN T, MURPHY P B. Organizational Studies in Higher Education[M]. New York: Garland Publishing Inc. , 1997.

图书在版编目（CIP）数据

教育人学散论 / 魏贤超等著. —杭州：浙江大学
出版社，2019.9
ISBN 978-7-308-19432-7

Ⅰ. ①教… Ⅱ. ①魏… Ⅲ. ①教育人类学－研究
Ⅳ. ①G40-056
中国版本图书馆 CIP 数据核字（2019）第 167068 号

教育人学散论

魏贤超　等著

责任编辑	余健波
责任校对	张振华　杨利军
封面设计	周　灵
出版发行	浙江大学出版社
	（杭州市天目山路 148 号　邮政编码 310007）
	（网址：http://www.zjupress.com）
排　　版	杭州好友排版工作室
印　　刷	浙江印刷集团有限公司
开　　本	710mm×1000mm　1/16
印　　张	24.25
字　　数	384 千
版 印 次	2019 年 9 月第 1 版　2019 年 9 月第 1 次印刷
书　　号	ISBN 978-7-308-19432-7
定　　价	78.00 元